本书是国家社科基金重大项目"数字人文背景下的重大历史典籍版本保护研究"(项目批准号 24&ZD234)的阶段性成果。

万安伦 著

出版学原理

Principles
of
Publishing
Studies

北京师范大学出版社

目　录

绪　言　论人类出版　　/ 1

第一章　出版本质及规律论　　/ 10
　第一节　出版的内涵与外延　　/ 12
　第二节　出版的历史分期和基本风貌　　/ 38
　第三节　出版载体、符号、技术的发展规律　　/ 52
　第四节　出版史与书籍史、印刷史、阅读史之辨析　　/ 76

第二章　出版思想及理念论　　/ 93
　第一节　中国的主要出版思想与理念　　/ 93
　第二节　外国的主要出版思想与理念　　/ 122
　第三节　中外出版思想及理念之比较　　/ 145

第三章　出版载体论　　/ 161
　第一节　论硬质出版载体　　/ 162
　第二节　论软质出版载体　　/ 187
　第三节　论虚拟出版载体　　/ 209

第四章　出版符号论　　/ 225
　第一节　论中国文字出版符号　　/ 226

第二节　论外国文字出版符号　/ 246

第三节　论中外非文字出版符号　/ 274

第五章　出版技术论　/ 296

第一节　论硬质出版技术　/ 298

第二节　论软质出版技术　/ 318

第三节　论虚拟出版技术　/ 349

第六章　出版活动及成就论　/ 372

第一节　论硬质出版时期主要活动及成就　/ 373

第二节　论软质出版时期主要活动及成就　/ 392

第三节　论虚拟出版时期主要活动及成就　/ 415

第七章　出版制度及版权论　/ 443

第一节　论中国的主要出版制度　/ 444

第二节　论外国的主要出版制度　/ 472

第三节　论版权及其贸易与管理　/ 493

参考文献　/ 507

后　记　/ 524

绪 言 | 论人类出版

一部出版史，就是一部人类文明史。出版既是通往人类文明的路径，也是标识人类文明的手段。四大古国因出版获得"文明古国"称誉，中国古代有甲骨文、青铜铭文及竹简木牍出版等，古埃及有亡灵书、方尖碑、梁柱文等石质出版及莎草纸出版，古巴比伦有泥版书出版及《汉谟拉比法典》石质出版等，古印度有印章文字及贝叶书出版。所谓出版，其实就是运用出版技术将出版符号与出版载体相结合的活动过程。在拙作《中外出版史》中，曾对出版给出过八个动词的定义性判断："出版的本质，实际上就是对人类知识和信息的收集、挖掘、整理、编选、校勘、把关、传播、传承的过程和活动。"[①]可以

---

① 万安伦：《中外出版史》，北京，高等教育出版社，2017，第3页。

推进性简化为:"出版是人类收录信息、整理知识、萃积文化、传承文明的重要活动。"①

中国古代有四大发明,其中两项属于出版领域,一是出版载体造纸术,二是出版技术印刷术。作为人类出版母国,中国不但应早日重返人类出版"峰巅",并对人类出版做出新的更大贡献,还应在出版学科建设上为世界开辟全新的出版理论和全新的出版学科范式。习近平总书记强调,要加强中国特色哲学社会科学学科体系、学术体系、话语体系建设,出版学科专业有别于一些西风东渐的舶来性学科专业,是最具有中国特色的本土性和民族性学科专业。建强中国特色出版学科专业是对中国特色哲学社会科学的"三大体系"建设的积极探索和重要支撑,是构建中国出版学自主知识体系的必然要求和必由之路。

一、人类出版的四大功能

认识及定义事物,可以有多个角度,较为常用的是功能性定义,比如我们用"制造和使用工具"来识别和定义"人"。从功能角度看,出版是人类收录信息、整理知识、萃积文化、传承文明的重要活动。

收录信息。纵观人类出版的历史,收录信息乃出版的第一功能,人类最早的出版活动便具有收录信息的属性。在文字符号尚未被发明之前,古代硬质出版时期的岩画出版,以刻在洞穴岩壁上的简单图画和线条勾勒出人类早期活动之信息,也开启人类出版之滥觞。无论是哪种出

---

① 万安伦、黄婧雯、曹培培:《对出版和出版学科的再认识》,《出版科学》2021年第2期。

版载体或出版技术，无不以收录信息作为最基础的功能手段，这也是时至今日出版形态虽经多次更迭依然秉持的"第一要务"。

整理知识。人类对于客观世界的认识是一个从低级到高级的过程。加之，"始生之物，其形必丑"，这些粗糙、杂乱甚至讹误的信息，在出版过程中经过筛选、精炼、校勘等整理性活动，逐渐形成系统性、规范性的人类知识。

萃积文化。"萃"有提取精华之义，"萃积"即萃取、积聚。出版承担着对人类知识和信息的"整理、编选、校勘、把关"的功能，在此过程中，出版完成对人类知识的"去粗取精""去伪存真"。由孔子编纂的《诗经》仅萃取305篇，为中国诗歌、中国文学奠定了"乐而不淫""哀而不伤""温柔敦厚""不语怪力乱神"的传统。狄德罗主持编撰《百科全书》，萃集当时先进文化，强力推动欧洲启蒙运动和文艺复兴。出版将人类历史长河中的优秀文化瑰宝层层精炼、代代积聚，将不适应人类进步、不符合公序良俗的文化渣滓淘洗清退，经反复萃取累积，终形成人类如今的文化全貌。

传承文明。出版发展与文明演进步调一致，以历史眼光看，自人类有了出版行为并产生出版作品，才逐渐走上脱离野蛮和蒙昧的文明和开化之路。或出版载体，或出版符号，或出版技术的每一次更新迭代，都伴随着人类文明的台阶式进步提升。人类出版符号从图画符号跃进到文字符号之际，即从史前史进入文明史；中国出版载体从甲骨、青铜全面升级为简牍之时，"百家争鸣"思想高峰形成；从刻抄、拓印、雕印、活印、机印到数字印刷的一路变革，带来的是人类文化总量从微量、少量、多量、大量、海量到无量的急速增加，人类文明形态也从原始形态文明、小农形态文明、手工形态文明、机器形态文明逐渐发展到今天的数字形态文明。出版创造文明，出版记载文明，出版传承文明。

二、人类出版的三元素

出版符号、出版载体、出版技术是人类出版的三元素。出版三元素分别对应的是出版的思想性、商品性、科技性。出版符号、出版载体、出版技术"三元素"加上"出版活动及成就"即为出版研究的四大维度，"出版活动及成就"中蕴含着"出版本质及规律""出版思想及理念""出版制度及版权"，这七个方面也是出版学研究的外延和边界。

出版符号。出版符号集中体现人类思想，可分为文字出版符号和非文字出版符号两大类。文字出版符号是人类探索出的各种系统成熟的或表音、或表意、或综合的文字符号。非文字出版符号，可细分为图画类出版符号、科学类出版符号（数学方程、物理公式、化学元素等）、触觉类出版符号（盲文、立体出版等）、嗅觉类出版符号、音频类出版符号、视频类出版符号等。

出版载体。人类在探索出版载体方面可谓不遗余力，硬介质的出版载体有洞壁、石碑、泥板、陶体、龟甲、兽骨、竹简、木牍、铜彝、铁券、莎草、贝叶、蜡版等，软介质的出版载体有绢帛、羊皮纸、植物纤维纸、塑料薄膜等，虚拟和半虚拟的出版载体有磁带、胶片、软盘、光盘、U盘、芯片、云盘等。人类在出版载体方面不懈探索并卓有成就，基本奠定人类信息、知识、文化、文明的展现和传承形态。出版载体因其物质属性较强，因而其商品属性突出。在硬质和软质出版时代，人们买书主要付出的成本（三分之二以上）都是载体成本，精装书比平装书价格高很多，贵的不是内容知识，而是载体材料和装帧工艺。

出版技术。硬质出版时代，人类主要出版技术是"刻铸"技术，后期逐渐探索出"抄写"技术；软质出版时代，前期延续硬质出版时代的"抄写"技术，后来逐渐探索出"印刷"技术，从拓印、雕印、活印、套印直至机铅活印；虚拟出版时代，人类又探索出数字化的"录显"技术，3R (VR/AR/MR)、4K、5G、大数据、人工智能等先进技术在出版领域得到深度运用。人类出版从来就与高新技术相依相伴，在石器时代早期人类将"刻"这种先进技术用于出版；金属冶炼技术发明后，人们又将"铸"这种先进技术用于出版；"抄"的科技含量既蕴含在抄的动作规程中，还蕴含在笔、墨等辅助材料的技术研发上；"印"的技术含量则更高，无论是雕印、活印、套印还是机铅活印，都是时代性高科技的集大成者。虚拟出版时代的"录显"技术更成为高科技的代名词。

三、人类出版的三大阶段

复杂漫长的人类出版，按出版介质划分大致可以划分为硬质出版、软质出版、虚拟出版三大阶段。

（一）开启文明的硬质出版

人类出版是由硬介质出版载体开启征程的。最早的人类出版活动可以追溯到岩画出版，岩画出版已具备出版"三要素"，那时，人类在其居住的洞穴岩壁上刻画他们狩猎、采摘、欢庆甚至战争的场景。这种从身边实用物体上探索出版载体的行为是逻辑必然。无论是中国还是外国，人类文明的曙光都是由硬介质的出版载体托起的。中国的硬质出版载体主要有崖壁、石碑、甲骨、铜彝、简牍等。外国的硬质出版载体主要有泥板、梁柱、墓壁、贝叶、莎草纸（因其不能折叠，故划入硬质出版范畴，但已显现向软质出版过渡之趋势)等。

(二)以柔克刚的软质出版

硬质出版载体具有不易灭失和流传久远等优点，但又有价格昂贵、刻铸困难、不易携带和承载信息量少等缺点。因此人们一直在探寻新的性能更优的出版载体，终于在公元前2世纪，中国发明植物纤维纸，欧洲开始广泛使用羊皮纸，东西方几乎同时迈入软质出版大门。羊皮纸和植物纤维纸开始逐渐取代此前探索出的硬质出版载体的主体地位，特别是中国发明的植物纤维纸，以其原料易得、价格低廉、可以折叠、便于携带、易于写印、能承载大量信息符号等诸多优点，最终击败此前发明的几乎所有出版载体，成为出版载体"以柔克刚"的典型代表。但探索远未停止。

(三)有容乃大的虚拟出版

虽然植物纤维纸有诸多优点，但其在信息承载量与传播上受限和仍需物理移动这两大根本缺点并未克服。19世纪，人类探索出声光电磁等虚拟出版载体，逐渐实现信息传播的"非物理移动"。20世纪，经过数字技术和网络技术的赋能加持，以数字出版为当下状态的虚拟出版飞速发展，人类开始摆脱出版载体对信息承载的容量限制和信息内容的强行捆绑，逐渐迈入"有容乃大的虚拟出版"新时代。人类出版的未来形态，将是人工智能出版和大脑意识出版。

四、出版学科专业的"三原一方"与新文科建设

哲学社会科学的学科核心组成，跳不出"三原一方"(原史、原著、

原理和方法论)的基本逻辑框架。文学学科基本由文学史、文学作品选、文学原理及比较文学、写作等方法论课程构建而成；史学学科基本由史学史、史学原著、史学原理及考古学、史料学等方法论课程构建而成；哲学学科基本由哲学史、哲学原著、哲学原理及逻辑学、分析哲学等方法论课程构建而成。原史、原著、原理和方法论四者可以说是一门学科的方鼎四足，或者更通俗一点说，是一个桌面的四条腿，该学科的基本面即由此支撑。在这一想法的支撑下，本人希望对出版学科专业建设做一点微薄的贡献。所谓"原史"，是指原初的、原始的、原发的出版历史，而不是二手的、改造的甚至伪造的出版历史。本人于 2017 年完成"原史"《中外出版史》出版，2021 年又出版具有科普意义的《中外出版简史》；2019 年完成"原著"《中外出版原著选读》(中国卷，外国卷)出版；在方法论课程建设方面，2017 年完成《数字出版研究》出版，2021 年又出版《数字出版导论》。于本人而言，最重要也是最艰难的，是这部《出版学原理》的撰写，本书动手最早，孕生最慢，产出最难。自 2012 年至今整整 13 年，我一直在思考和撰写这本"难产"的"原理"。国家倡导"新文科"建设，其核心要义就是多学科交叉、文理工融合。而转型升级呼声甚高的出版学，在人文性、科技性、经管性等方面属性突出，具有非常突出的大交叉大融合的"新文科"特质，本人希望在大力建设"新文科"的当下，能将这部《出版学原理》"生产"完成，为出版学的学理探索及新文科建设聊尽绵薄之力。

五、本书的逻辑构架

出版技术将出版符号与出版载体相结合，由此形成人类的出版活动并产生出版成就。由此,本人认为,"出版符号""出版载体""出版技术"是出版的三元素。三元素的相加就形成"出版活动及成就"。三元素与"出版活动及成就"组成出版的四大基本维度,在出版的第四维度"出版活动及成就"中,包含着"出版本质及规律""出版思想及理念""出版制度及版权"。这七个方面就是出版的外延,也是出版学研究的边界。

对"出版符号""出版载体""出版技术"三元素的研究,是出版学的三个原点性问题。对"出版活动及成就"的研究虽然不是出版学的原点性问题,但却是出版学最重要的展开性问题。"出版活动及成就"这个维度包含的内容极为丰富,"显在"的"出版活动",包括出版主体(出版人和出版机构),也包括出版活动流程(出版策划、出版编校、出版制作、出版印装、出版发行、出版营销)等,"隐含"在"出版活动"之中的,包括"出版本质"和"出版规律";"显在"的"出版成就"是出版的"实物成就"(出版物),而"隐在"的"出版成就"则包括"出版思想成就"和"出版制度成就"。

"出版符号""出版载体""出版技术""出版活动及成就",出版的四大外延维度,各自需要用一章的篇幅加以分析阐释。而"隐含"在"出版活动及成就"中的"出版本质及规律""出版思想及理念""出版制度及版权",也分别安排一章的篇幅加以释论。这样,就构成了这部《出版学原理》的绪言加七章的逻辑框架:出版本质及规律论;出版思想及理念论;出版载体论;出版符号论;出版技术论;出版活动及成就论;出版制度及版权论。

"告别铅与火,迎来光与电,奔向数与网。"人类对出版的探索创新必将为人类文化发展、文明演进及人类自身成长创造出更加美好和辉煌的未来。本人希望这部《出版学原理》,能为人类出版的理论研究提供一点新启示和新思考，也为出版学的学科专业建设贡献一点新素材和新动力，同时也希望为读者在探索人类文化积淀和文明发展的奥秘中贡献一点新视角和新路径，更希望在社会各界特别是出版政界和业界大力支持下，出版学界共同努力，能为曾长期居于世界峰巅地位的中国出版，创立具有"中国作风""中国气派"和"新文科特质"的崭新的"中国特色出版学"，并领跑世界。

第一章 出版本质及规律论

自从有人类的文明活动,就伴随着人类对出版的探索,出版探索与人类文明是如影随形和互为表里的关系。出版是对人类知识和信息的收集、挖掘、整理、编选、校勘、把关、传播、传承的过程和活动。简言之,出版是人类"收录信息、整理知识、萃积文化、传承文明"的重要活动。出版具有六个显著特征,即文明特征、编校特征、科技特征、传播特征、经管特征、实践特征,可以简练归纳为三大基本属性,即思想性、商品性、科技性,这三大属性与出版"三元素"(出版符号、出版载体、出版技术)密切相关。出版符号对应的是思想属性(意识形态属性),出版载体对应更多的是商品属性,出版技术则对应的是出版的科技属性兼及商品属性。这是出版的基本内涵。

出版的研究对象包括出版符号、出版载体、出版技术出版"三元素",还包括三者相加产生的出版活动及成就。出版"三元素"及其活动和成就,共同构成出版的四大基本维度。出版的第四维度出版活动及成就,内容极为丰富,既包含出版作品等实体性内容,也包含着出版本质及规律、出版思想及理念、出版制度及版权等非实体性内容。我们把出版符号、出版载体、出版技术、出版活动及成就、出版本质及规律、出版思想及理念、出版制度及版权七个板块看作出版学研究的外延和边界。

历史悠久的人类出版按其出版载体的介质属性可划分为"开启文明的硬质出版""以柔克刚的软质出版""有容乃大的虚拟出版"三大阶段。漫长的人类出版史,总体显现出"五洲协进"的"人类命运共同体"的风貌和趋势。上古是北非、中亚、东亚、南亚硬质出版走在前列,中古是东亚和欧洲软质出版领跑世界,近代是欧洲、美洲虚拟出版起步较早。东亚地区作为人类出版的发源地之一,近年来虚拟出版也呈现出蓬勃兴盛的发展态势,大有赶超甚至重新引领人类出版的新态势。长时段看,人类出版具有"五洲协进"的整体风貌。

出版符号、出版载体、出版技术三元素均有其自身的发展规律和发展逻辑。出版载体的质地表现出软化、虚化的发展趋势,出版载体的体量表现出轻量化、便携性的发展走向,出版载体的容量表现出从少量到大量、海量甚至无量的发展逻辑;出版符号表现出从象形到抽象、从繁杂到简约的发展规律,硬质出版时代以图画和象形文字符号为大宗,软质出版时代以表意和表音的抽象文字出版符号为大宗,虚拟出版时代出现了从抽象的文字出版符号向具象的非文字出版符号的转向,音频、视频、直播等大行其道；出版技术表现出从低效复制向高效复制的发展规律，出版技术与时代高新技术密切结合共同发展的规律，出版技术与出版载体相协和，从硬质出版的"刻铸"，到软质出版的"抄印"，再到虚拟出版的"录显"的发展规律。

第一节　出版的内涵与外延

出版学，首先应该解决的是有关出版的独立知识体系，或者有关出版的知识分类和学习科目等问题。出版学是一门古老又年轻的学科。说其古老，是自从有了原始人类的岩画出版，人们对于出版的感性认识和理性思考也就开始了，这是人类出版学的最初萌芽。19世纪中期，现代出版学科开始在德国诞生。20世纪20年代，中国的现代出版学开始萌芽。

一、"出版"概念演变及现代出版学科在国外的发展

"出版"（publish）概念经历漫长历史发展。早在公元前2世纪至4世纪，欧洲羊皮纸与莎草纸平行发展之际，古罗马的拉丁文中就已出现publicare一词，意思是"使……面向公众"。古罗马分裂，拉丁语与各地方言结合，逐渐衍生出欧洲诸语，拉丁语的publicare在10~13世纪逐渐演化成法语的publier，具有"传播"之意。14世纪中叶，publish一词在英语中出现，意指"make general know"（广而告之）和"make public announcement"（向民众发布通知）。受到同时期放逐（banish）、完成（finish）等词语影响，publish逐渐替代了14世纪早期的publicen。

publish 在 14 世纪末期开始具有了"向公众发行图书"的含义,其相关性动词 published,在中世纪还有比喻人口增长之意。15 世纪中叶,古腾堡①发明机械铅活字印刷技术,简称机铅活印技术,"出版"逐渐定型为通过编辑和复制作品并向公众发行的活动。欧洲出版史也从手抄复制发展到机铅活印新阶段,现代出版业随即快速生长。

现代出版学及其高等教育于 19 世纪中叶在德国率先诞生。德国由此成为现代出版业和现代出版学的发祥地。1853 年,斯图加特高等印刷与媒体专科学院创建,开启全球出版专业高等教育先河。德国目前实行的是"双元制"人才培养模式,强调理论教学和实践教学并重,即学校和企业协作完成学生职业能力培养。② 德国以"职业活动开展"为出版学教育的核心,主要开设图书与媒体、数字出版、数字技术、出版营销、版权等课程。德文 Buchwissenschaft 直译为"图书学",类似我国的出版学。目前,德国开设图书学专业的共有埃尔朗根-纽伦堡大学、美因茨大学、慕尼黑大学、莱比锡大学、莱比锡应用技术大学、斯图加特传媒学院六所高校。③

法国是现代出版学科开启较早的国家。1908 年,法国书业联谊会开设首批出版课程——"当代文学""目录学""图书历史",这三门课程分别由学界和业界名师担任。1948 年,法国开始推行出版学习证书制度。

---

① Gutenbery,中译时,有许多译作"古登堡"或"谷登堡",潘吉星译作"古腾堡",译音更准(ten,译为"腾"比"登"更准确),用字更如常("古"比"谷"更常用),故从潘译。

② 陈丹、周红:《德国双元制教育模式对我国数字出版人才培养的启示》,《科技与出版》2010 年第 12 期。

③ 张志强、姚瑶:《德国大学的数字出版类课程分析》,《出版发行研究》2015 年第 12 期。

1953年，法国政府正式承认联谊会开设的出版课程，并对结业合格的学员授予技术证书。1962年，出版技术证书演变为出版职业证书，学员经过两年学习及实习培训合格后可获此证书，学员第二学期可在"出版管理与销售"和"图书生产与书画刻印艺术"两个专业中选修一个。1973年，法国的出版高等教育迈上台阶，在政府提议和积极协调下，巴黎第十三大学与出版培训组织、法国出版商国家联盟签署协议，合作开设学制两年（含五个月实习期）的出版专业博士学位，每周36学时，答辩通过后授予博士学位。1985年，该出版博士学位课程为另外两种新的专业课程所替代。一种是以全部文化产品的销售和市场为专业，培养对象是销售和管理人员；另一种是"高级出版专家研究证书"，这个博士后课程共500学时，含"文化事业的社会经济学""编辑""管理""装帧设计""市场销售""版权"等10门课程。[1] 法国出版教育十分注重政产学研合作，并力求理论与实践相结合。

英国在1928年就开始了出版专业的教育培训工作，是现代出版学发展较早的国家之一。1961年，牛津技术学院（现名牛津布鲁克斯大学，Oxford Brookes University）开设了英国第一个出版专业，出版专业现设于艺术学院（School of Arts），学士学位为媒体、新闻和出版，全日制学习时长为三年，非全日制学习时长最多为六年。完成学业，授予文学（出版）学士学位。该校同时还开设有文学（出版）的硕士和博士学位项目。在英国通用学科专业目录JACS（共同学术编码系统）中，出版学与信息服务、新闻学、媒介研究、宣传研究并列，属于一级学

---

[1] 杨贵山：《国际出版教育模式概览》，《大学出版》2000年第3期。

科，归"大众传媒和文献"学科大类。出版一级学科下再分四个二级学科，分别为电子出版、多媒体出版、交互出版、出版及其他学科。英国出版学本科学历学习有全日制和非全日制两种学制，一般设为文学士(BA)。根据英国大学出版学科专业报告，其出版专业主要分布在文化、创意产业、媒体、艺术、人文、社会科学、表演艺术、信息专业、工程等学院。英国出版高等教育十分重视研究生教育，学生选择较为多元。

俄罗斯出版学办学历史较为悠久，经验也较为丰富。1930年在莫斯科艺术技术学院和圣彼得堡艺术技术学院的基础上组建形成莫斯科印刷学院，初设工艺系、工程经济系、出版绘画系。1936年该校成立副博士学位论文答辩学术委员会，1937年第一个印刷机械方向副博士学位申请者通过答辩，1944年第一篇博士学位论文《印刷染料》的写作者通过答辩，1948年学院正式成立编辑学专业副博士研究生部。俄罗斯编辑出版学有"出版事业与编辑专业""图书发行专业""图书学专业"三个专业方向。"出版事业与编辑专业"在各类高校中均有开设，"图书发行专业"则主要集中在经济管理类和文化艺术类大学及莫斯科出版大学，而"图书学专业"主要设在文化艺术类院校中。从开设出版专业的院系来看，综合性和师范大学主要开设在语文系，工程技术类大学设在人文科学系，文化艺术类大学则开办在信息资源系（图书情报系）。[1]

---

[1] 马海群、王迎胜：《俄罗斯的编辑出版学专业高等教育及对我们的启示》，《出版发行研究》2005年第5期。

1947年瑞迪克利夫学院创办的暑期出版研究班是美国出版高等教育的开端。"出版学"在美国的CIP(教育项目分类)中属于一级学科，与"新闻学""传播与媒介研究""公共关系、广告和应用传播学""广播电视和数字传播"并列。[1] 美国的出版高等教育类别主要包括：全日制三年或非全日制四年的本科生教育、一至两年学制的研究生教育、高校出版证书暑期课程(包括本科、研究生学历证书及非学历证书)及行业和企业举办的系列培训。美国院校未开设出版博士学位教育[2]，出版学位以硕士为主，如佩斯大学数十年专注于硕士研究生培养，其出版学硕士为理学硕士学位。

加拿大出版高等教育始于20世纪70年代。彼时，蓬勃发展的加拿大出版业对出版高等教育有较大需求，一些出版界人士便开设图书和期刊培训班，这些培训班为加拿大高校出版教育奠定良好基础，也逐渐开启高校与业界合作办学模式。西蒙佛雷泽大学出版学全日制专业硕士项目是联合加拿大出版研究中心而办，隶属人文学院，学制为四学期(共16个月)，较为重视技术与设计类课程，学习方式主要有专题讨论、专家讲座、技术培训及出版社实习，有业界经历是担任出版专业教师的首选条件。加拿大出版学位主要授予文学类的学士和专业硕士学位。

澳大利亚未开办专门的出版类大学或学院，澳大利亚开设硕士学位

---

[1] 张志强：《英美国家的出版学学科归属及对我国的启示》，《出版科学》2009年第5期。

[2] 张美娟、张婷、徐新：《英美出版高等教育现状述评》，《出版发行研究》2011年第12期。

教育的学校较开设本科教育的学校要多，以硕士学位教育为主，隶属于不同的学院，有的学校还要求申请读硕学生具有学士学位同时还要有编辑出版工作经历。以墨尔本大学为例，其出版与传播学硕士学位招生介绍中的有一段文字为：尽管你是出版和传播的大家，但你可以在电子书和应用程序等领域发现新的商业模式和扩大的数字足迹（Though the Master of Publishing and Communications you can discover new business models and an expanded digital footprint in areas such as eBooks and apps.）。由此可见，澳大利亚的出版学科十分注重对出版业界人士的再教育服务，学位制度灵活多元，墨尔本大学出版与传播学硕士根据不同人员需要，设置了两年制课程（200 学分）、一年半制课程（150 学分）以及专门为有两年以上出版核心领域工作经验者提供的一年制课程（100 学分）。澳大利亚出版专业高等教育的组织者和实施者包括了大学老师和业界人士，课程设置是由被称为"行走在学界与业界的双栖型人才"①的课程协调员负责的。

印度英文图书出版仅次于美、英，居世界第三。印度出版教育起步较早。1911 年，威廉·阿兰森·波登在巴洛达市中心图书馆开设培训课程。1915 年，旁遮普大学开设了图书馆及图书出版类相关培训课程。1950 年 1 月，印度独立。1954 年在教育文化部下设"图书馆和图书发展局"，1957 年成立版权局并颁布《版权法》。1958 年和 1971 年先后加入《世界版权公约》和《伯尔尼公约》。目前，印度图书出版由信息与广播管

---

① 杨金荣：《澳大利亚高等出版教育的定位、特点与启迪》，《中国编辑》2007 年第 4 期。

理局及新闻局负责管理。1973年,德里大学在职业教育学院下开设了印度第一个图书出版学系,为三年制文学学士,由于生源不足等,目前已停办,德里大学的大众传媒系仍有期刊出版专业,一些重要大学的传媒系中也有出版人才教育项目,英迪拉·甘地国立开放大学人文学院有图书出版研究生教育。2002年11月,印度出版商和书商协会签署协议,开办了印度出版商和书商协会出版学校,为年轻人进行出版发行基本技能培训和资格认证,包括了编辑、生产和营销等内容。① 印度学士学位分为荣誉学士学位和普通学士学位,硕士学位分为课程硕士和论文硕士,前者只需完成课业通过考试,后者则需要提交论文并通过答辩。②

日本是出版大国,有3000余家出版社和12000多家书店,③ 据日本出版协会发布的《出版指标年报2019》,2018年日本出版市场销售额共计15400亿日元(包括纸质和电子出版)。日本出版产业发达,但其出版学研究和教育未获得相应的积极发展。由于日本出版单位对应聘者所学专业和是否具备相应出版专业背景知识没有明确要求,在职员工培训主要在出版社内部进行,日本没有以出版为专攻方向的学科,呈现复合型人才培养特点,一般在新闻学、传播学、媒体艺术学、情报学等相关学科进行出版人才培养。④ 注重培养学生胜任新闻传播及编辑出版工作的复合型能力,以便未来可以在新闻业及图书出版业中顺

---

① 姜晓娟:《印度出版业发展状况》,《出版发行研究》2005年第2期。
② 刘丽华:《印度的学位与研究生教育》,《中国研究生》2005年第4期。
③ 陈建明:《2018年日本出版业发展状况分析》,《出版发行研究》2019年第8期。
④ 张美娟、张婷、王仕密:《媒介融合环境下日本出版高等教育现状述评》,《出版科学》2012年第1期。

利择业和发展。

韩国现代出版学科专业设置与学位制度开启于20世纪60年代。1966年，大韩出版文化协会向总统递交申请书，提议在大学设置出版学课程建议。① 同年，梨花女子大学研究生院图书馆系创设出版硕士专业。而后逐渐发展出两年制大学、四年制大学、研究生等学制学位形式。韩国将出版教育与本国发达的艺术学相结合②，其出版专业多列在艺术或工业院系内。进入21世纪，韩国出版业环境发生断崖式变化，出版社从最高的2万家骤降至数百家，出版高等教育也遭遇寒流，有的更换了名称，有的取消了专业。③ 近年来，伴随着数字媒体的兴起和普及，韩国数字出版高等教育不断升温，2013年，京畿大学研究生院数字出版研究生专业设立，此后，"数字出版""数字媒体和出版""数码编辑""多媒体与出版"等本科或研究生专业先后在世明、中央、西江、东国、庆熙、汉阳等大学开设。④

二、现代出版学科专业在中国的发展

"出版"的概念在中国也经历了漫长的发展过程。

中国古代把出版叫作"板印""版印""刊布""付梓"等，宋代科学家沈括在《梦溪笔谈》中说"版印书籍，唐人尚未盛为之"。"版印书籍"即

---

① 〔韩〕李钟国：《韩国出版教育考察》，《出版发行研究》2000年第3期。
② 罗勇：《浅析日韩出版教育对我国出版教育的启示》，《新闻前哨》2019年第11期。
③ 甄西：《韩国的大学出版教育现状》，《出版参考》2009年第33期。
④ 刘忠波、〔韩〕李贞玉：《韩国数字出版产业发展的战略布局与实施方式》，《出版科学》2017年第5期。

为雕版印刷之书籍。"刊布"的意思是"雕刻字符以后发布"。"付梓"代表出版,是因为木梓树质地细腻,密度较大,强度较好,加之生长广泛(乡梓之情),往往被用作木雕版或木活字的材料,故"付梓"表示出版之意。

中文"出版"一词经日文转译而来。1879年黄遵宪最早使用[①],后逐渐代替"版印""刊布""梓行"等原有称谓。1914年民国政府颁行《出版法》,"出版法""出版界""出版业"等词语逐渐行世。1925年上海南洋大学出版的《南洋周刊》首现"出版学"概念,这是中国现代出版学产生的标志性事件。后经20世纪30年代杨家骆《图书年鉴》等发展[②],"出版学"概念逐渐为社会认知认同。

出版学科专业建设在民国时期就有一定的理论和实践基础。中华人民共和国成立后,出版学科专业建设全面开启。1951年,北京师范大学就与新华书店联合,为其培训出版发行员工,这是高校培养出版发行人才的探索性创举。1953年上海印刷学校成立,出版人才培养从单一的业界培训进入学校培养和业界培训"双轮驱动"新阶段。1956年中国人民大学新闻系下设出版专业,出版学科专业高等教育大幕正式拉开。1958年文化部建立的文化学院,下设印刷工艺系,三年后文化学院撤销,印刷工艺系并入中央工艺美院。

改革开放之初,出版学科专业迎来发展繁荣之机。1978年,在中央工艺美院印刷工艺系基础上组建北京印刷学院,中国开始拥有独立

---

① 李英:《中华出版源起》,《出版参考》2014年第21期。
② 张志强:《"出版学"概念的历史考察》,《编辑学刊》2001年第2期。

的印刷出版类专业高校。1983年，宋原放提出"建立社会主义的出版学"①，在胡乔木、陈翰伯、宋木文等有识之士推动下，出版高等教育及出版学科专业建设全面展开。1983年武汉大学开办图书发行专业，1985年北京大学、南开大学、复旦大学在胡乔木的倡议推动下创办编辑出版专业，南京大学、北京师范大学等随后跟进。出版学科专业呈现蓬勃发展态势。该学科专业在1998年的学科规划中，未能作为一级学科列入学科目录，而是以"编辑出版"的二级学科之名位列新闻传播学一级学科之下。此后，出版学科发展态势明显变缓。时至今日，出版学虽有一定进步，但与经济学、法学等起步尚晚的学科相比，还有很大提升空间。伴随大力建设中国特色哲学社会科学学科体系及"出版强国"战略展开，在全面建设社会主义"文化强国"方针指引下，建设和升级中国特色出版学科专业的呼声日高。

从1925年"出版学"的正式提出，出版学科建设的理论思考和实践探索已有近百年历史。正式的出版学科专业教育近70年，比一般新兴学科的历史要长很多。而且，出版的教学和科研活动并不限于高校和科研院所，各出版机构也积极参与，已在出版学的理论体系、知识基础、研究对象、研究范式等方面形成共识。出版学学科边界及其内涵、外延都比较清晰，已经达到我国高等教育学科建设的规范性要求。② 目前，我国内地共有54所高校开设编辑出版专业，22所高校开设数字出版专业。仅开设出版专硕的高校就有28所，另有17所高校依托一级学科博

---

① 宋原放：《迫切需要建立社会主义出版学》，《出版工作》1984年第1期。
② 聂震宁：《出版学应该成为一级学科的五个理由》，《现代出版》2020年第3期。

士点招收出版博士生。2022年9月,国务院学位委员会和教育部印发《研究生教育学科专业目录(2022年)》,出版增列在"文学"大类之下,目录号为"0553",标志着出版学科专业可以招收和培养博士专业学位,由此形成中专、专科、本科、硕士研究生、博士研究生、博士后的全学段出版人才培养体系。近年来,在中宣部的推动下,在教育部大力支持下,着力开展出版学科专业兴建工作,贯通"政产学研用",凝聚各方力量,加强出版学科专业建设和共建工作。2023年12月,中宣部、教育部联合印发《关于推进出版学科专业共建工作的实施意见》,大力推进出版学科事业建设和共建,大力推进中国特色出版学自主知识体系构建。有关出版学的学科体系、学术体系、话语体系、教学范式、教材建设、师资队伍、科研成果等成绩斐然。

三、出版的四大核心功能

已有的关于出版的定义不下百十种,有从出版流程角度,有从出版实业角度,有从出版技术角度,有从出版传播角度,不一而足。这些对出版的认知性定义都或多或少地触及出版某些方面的本质和属性,但也都存在这样那样的问题。有的定义把印刷史当作出版史,有的定义把书籍史当作出版史,有的定义把传播史当作出版史,也有的把出版流程当作出版定义。这些对出版的认识,有的偏实务,有的偏传播,有的偏经营,有的偏管理,有的偏技术,有的偏载体,总体上说,都将出版概念看小了、看低了、看偏了。本质上,出版史其实就是人类的文明史,自人类出版活动产生之时起,出版即与人类文明形影相随,并推动人类从蒙昧迈入文明之门。出版既通往文明,也标志文明。出版的内涵异常丰富，从功能角度看，可将其提炼为四个关键词：收录信息、整理知识、萃积文化、传承文明。

（一）出版担负收录人类信息的首要任务

纵观人类出版的历史，收集和记录信息乃出版的"第一要务"，人类最早的出版活动便具有收录信息的属性。在文字符号尚未被发明之前，人类早期的出版形态是岩画出版，分岩刻和岩绘两种形式。岩画出版属于古代硬质出版范畴，其出版载体是石质岩壁，出版符号是图形绘画，出版技术是刻画和描绘。岩画已具备出版的基本要素，因此我们将其纳入出版的研究范围。由此，人类出版的历史就由目前通行的与5800年前的两河流域泥版书为源头，上溯到四万年前的人类最早的岩画出版。岩画出版以或刻或绘在洞穴岩壁上的简单图画和线条勾勒出人类早期活动之信息，也因此开启人类童年出版滥觞。早在距今三四万年前，岩画出版便已在世界各地陆续出现，代表性的有印尼苏拉威西岛岩画出版、南非布须曼岩画出版、坦桑尼亚岩画出版、西班牙阿尔塔米拉岩画出版、法国拉科斯岩画出版等。"全世界的岩画主要有五个母题：类人形、类动物形、物品、建筑和符号。""展现了人、自然与人类复杂概念的关系。"[1]这些岩画不仅仅是艺术作品，也是一种收集和记录人类早期活动信息的出版传播方式，是人类童年时期收录信息并传播传承的初始形态，背后展示的是人类在抽象思维能力发展、社会分工演化、文化模式建构等方面的精神生活图景。此后，人类收集和记录活动信息的方式包

---

[1] 〔意〕埃玛努埃尔·阿纳蒂、威丽斯：《岩画类型学》，《南方文物》2019年第2期。

括石刻碑文出版、泥版书出版、莎草纸出版、贝叶出版、龟甲兽骨出版、竹简木牍出版、铜彝铁券出版、帛书出版、羊皮纸出版、植物纤维纸出版等。收集和挖掘各种信息，对其进行归纳和整理，并将其刻画载录到各种出版载体上，从而实现信息的传播传承，是人类出版的首要功用。古代中国的"史官"和外国的"书吏"，他们担负古代"出版家"之职责，其首要的任务其实就是收集并记录各种重要信息。收集和记录信息是人类出版活动自诞生之时起便拥有的基础功能和首要任务，至今亦然。

(二)出版担负整理人类知识的重要功用

人类对于客观世界的认识是一个从低级到高级的过程，在这个过程中逐渐形成人类思想。信息是人类对于客观事物及属性的反映，知识则是在人脑获得信息的基础上赋予其意义后的产物。信息与知识的区别在于，知识必须是经过人脑处理的，属于认识范畴，是人类大脑思维的产物并为人类服务的。[1] 明确这一点，有助于理解出版的另一伟大功用——整理知识。庄子曰："始生之物，其形必丑。"人类原生态的知识是粗糙的和杂乱的，甚至有错讹，需要筛选和清理。出版的功能之一就是对收集和挖掘到的信息进行分类、归并、精炼及整合，这是对人类知识的提炼和升华过程。所谓整理知识，其实就是对纷繁散乱的知识进行再加工和再提纯。这一环节充分体现了人类的思想性和能动性，凝结着人类的聪明才智。出版是整理知识、启发民智的最

---

[1] 伍振华：《知识与信息的定义及其关系新探》，《图书情报工作》2003年第10期。

重要手段，人类对客观世界的信息经过思考处理形成知识，并将这些知识记录到诸如泥板、甲骨、莎草纸、贝叶、简牍、羊皮纸等出版载体上，成为物质载体和文本意义合二为一的"书籍"。正因为有了整理有序的人类出版，凝结着人类思想和经验的各种知识才能摆脱口耳相传的时空掣肘，实现人文知识体系和科技知识体系传播传承的迭代式发展和跨越式演进。

(三)出版担负萃积人类文化的神圣职责

萃积，即萃取、积聚。萃，有提取精华之义。出版承担着对人类知识和信息的"整理、编选、校勘、把关"之功能，在此过程中，出版完成对知识的"去粗取精""去伪存真"，使得知识的精华与文化的精粹得以用出版物的形式实现传播和传承。经过一代又一代出版人对知识文化的编校萃取和积聚累进，人类出版总体表现出"萃积文化"之特点。作为文化渊薮、千古巨制的《四库全书》，收录书籍达 3461 种，79337 卷；存目书籍 6793 种，93551 卷，总计 10254 种，172860 卷，汇集了从先秦至清乾隆前期中国历史上主要的文化典籍。为完成这部鸿篇巨制，清政府征访天下书籍，调动了近四千人参与《四库全书》的编纂、抄写和校订，这是对中国历史文化典籍的大型编选萃积活动。几乎与《四库全书》同时出版的还有法国狄德罗主编的《百科全书》，该书由 160 多位撰稿人合作编纂，汲取当时世界各国的知识积累和文化精粹，按字母顺序编排词条，《百科全书》的出版，成为欧洲启蒙运动的强力推手。诸如此类的文化典籍和全书的编辑出版，均是对人类文化知识的规模性"萃积"。出版将历史长河中的优秀文化瑰宝打磨抛光、叠加累进，将不适应社会进步、不符合公序良俗的文化渣滓淘洗清退，经层层萃积，终形成人类现今的文化大观。

(四)出版担负传承人类文明的光辉使命

文明的演进与历史的发展步履一致。以历史的眼光审视，自人类用出版技术将出版符号与出版载体结合并产生出版作品始，人类才逐渐摆脱蒙昧，走向文明开化之道。人类文明演进缺失行动力时，就需要通过较为激烈和明显的变革去激发新动力。而每一次的变革力量从积蓄到爆发，乃至最后推动新的文明状态替代旧的文明状态，都与出版息息相关。春秋战国时期，中国的出版载体历经大规模的迭代式变革，过去探索出的石质、甲骨、陶体、铜彝等出版载体已不能满足日益旺盛的文化消费需求和文化交流需要，探索和普及使用易于刻抄的新的出版载体成为时代命题。中国亚热带和温带季风气候适宜竹木生长，为竹简木牍的全域性开发和大规模使用提供可能，中国文化从龟甲兽骨和青铜铭文的片字只句，到逐渐出现《道德经》《论语》《庄子》这样的"鸿篇巨制"，开创了"百家争鸣"的文化盛况。汉代是简牍载体的鼎盛时期，出现52万多字的《史记》和74万多字的《汉书》。这些文化典籍的出版，成为萃积中华文化、传承中华文明的主渠道和主阵地，为日后形成以汉文化为主体、多民族文化交融共生的中国传统文化和中华文明生态奠定思想和文化基础。

15世纪中期，德国古腾堡受中国活印思想启发，发明机铅活印技术，西文拼音文字特点特别适宜活字印刷，加之稍前传入欧洲的中国造纸术，纸质书籍开始在欧洲大量出版印刷。人文思想和科学知识的普及为大航海时代的到来提供了智力支持，迪亚士、达·伽马、哥伦布等人的地理大发现，开创了人类历史的新纪元，逐渐将世界联结成为一体。

出版在推进人类文明演进的过程中，又将人类文明的演进足迹记录下来，播散开去。出版由此成为通往文明、标志文明、记录文明、传承文明的工具和路径。

四、出版的六个显著特征

出版是走向文明和标志文明的人类活动，因此"文明特征"是其第一特征。对于人类知识和信息的收集整理，必然需要出版人"去粗取精、去伪存真"的编校工作，因此"编校特征"是其第二特征。出版活动及出版过程中，运用先进技术将出版符号与出版载体相结合，需要刻、铸、抄、印、录、显等相关技术，因此"科技特征"是出版的第三特征。出版活动的出发点和落脚点都是"出""发""传""播"，"出示""发布""传承""传播"是出版的主要目的和直接结果，因此"传播特征"是出版的第四特征。随着出版商业属性的被放大及分工协作的被强化，出版的经营性和管理性问题越来越突出，因此"经管特征"是出版的第五特征。出版说到底仍然是一项人类的实践性探索活动，有极强的实务性和操作性特征，因此我们把"实践特征"看作出版的第六特征。古今中外，出版的这六大特征基本相同，概莫能外。

其一，文明特征。"人类悠久的出版史其实就是一部人类文明史的出版记录，而人类出版史本身又是人类文明的最基本的内容之一。"[①]出版与文明具有极强的正相关性。人类发展历史，其实就是人类不断探

[①] 田建平、黄丽欣：《出版学学科属性新探》，《河北大学学报（哲学社会科学版）》2008年第1期。

索、不断创新、不断进行文化积累和文明提升的历史。从出版史的角度看，人类文明的诞生、发展和演变，同时又是与文字符号的出现、出版载体的创新以及出版技术的改进相伴相生的。文明之间的交往，是文明进步的重要方式。恩格斯在《家庭、私有制和国家的起源》一文中指出："从铁矿石的冶炼开始，并由于拼音文字的发明及其应用于文献记录而过渡到文明时代。"[①]没有文字符号的文明，是难以想象的。我们判定文明的主要标准之一是系统成熟的"文字符号"出现。正是这种将"文字符号"与"出版载体"通过一定的"出版技术"结合起来的"出版"活动，才开启人类社会从蒙昧走向文明的辉煌历程。

其二，编校特征。出版承担着对人类知识和信息的"整理、编选、校勘、把关"功能，人类生产的原生态的知识和信息，刚开始都有纷繁芜杂、粗疏浅陋的一面，所谓"始生之物，其形必丑"。出版对人类原生态的知识和信息承担着一项非常重要的工作和任务就是"去粗取精""去伪存真"，这项工作和任务实际就是出版非常独特的编校属性。出版人依据一定的编选原则，对出版内容进行整理、编选、校勘、把关，孔子按照"乐而不淫""哀而不伤""温柔敦厚"等原则从上万首诗歌中精选出305篇，可见其执行编校性的原则是何等严格和坚定。如果没有大编辑家、大出版家孔子对包括《诗经》在内的先秦文献的编校，这些先秦文献绝无可能成为中华文明的传世经典和文化精粹。"编校性"是出版学科自带的重要又独特的属性，不仅有其思想的逻辑根基，也有其实践的应用特色。

其三，科技特征。将人类文明的表征之一"文字符号"与"出版载体"

[①] 《马克思恩格斯选集》（第4卷），北京，人民出版社，1995，第22页。

结合在一起，需要一定的"出版技术"，由此才能产生文化作品和文明结晶。"手推磨产生的是封建主为首的社会，蒸汽磨产生的是工业资本家为首的社会。"[1]人类在探索出版技术方面可谓不遗余力，在泥板上"压"，在龟甲兽骨上"刻"，在青铜尊鼎上"铸"，在竹简木牍上"刻"和"抄"，在贝叶上"画"，在莎草纸和羊皮纸上"抄"，在植物纤维纸上"抄"和"印"，等等。这些直接的出版技术（如印刷术）和间接的笔、墨、纸、砚制作技术等，都有非常突出的科技属性。从雕版印刷、活版印刷到套版印刷，科技的驱动是现代出版业诞生和迅速爆发的技术支撑。从声光电磁时代到数字出版，还有今天的 VR、AR、MR、元宇宙、大模型、人工智能出版，更是富含高新科技的特色。人类的出版史是人类科技发展史的缩影。

其四，传播特征。出版是一种传播行为，因此，"出版"经常与"传播"连用，称为"出版传播"。"传播特征"是出版的基本特征之一，但不是全部。出版的本质，实际上就是对人类知识和信息的"收集、挖掘、整理、编选、校勘、把关、传播、传承"的过程和活动。人类的有些知识和信息是不适合横向传播和纵向传承的，比如，每个时代、每个时期都有一定量的黄、赌、毒的知识和信息，有的黄、赌、毒的知识和信息甚至还有一定的文采和艺术性，但真正德才兼备的出版人实际担负的是人类知识和信息传播、传承过程中的"把关人"角色。出版唯其具有天然的传播性，出版人的"把关人"的角色和任务才越加繁复和重要。从传统的出版，到今天的数字出版，出版对内容的复制和发表，本身就是传播

---

[1]《斯大林文集(1934—1952 年)》，北京，人民出版社，1985，第 227 页。

活动，具有鲜明的传播特色，从根本看，出版更是一种文明传承和文化传播的手段，传播属性是出版与生俱来的基本属性。

其五，经管特征。在一定历史时期，出版是兼具意识形态属性、科技属性和商品属性的商业性文化活动，在商品交换时代，出版的作品，既包含出版内容的意识形态属性、出版技术的科技属性，也包含出版物品的商业属性，因此，出版既有经营性也有管理性，出版研究也关注出版的经济与产业属性。出版是涉及策划、编辑、校对、设计、装帧、印制、发行、营销等一系列复杂环节的产业链。出版的现代企业制度建立，更是凸显出版的经管属性。无论是对出版人员和出版机构的经营管理，还是对出版流程和编校质量的经营管理；也无论是对出版装帧和出版印制的经营管理，还是对出版发行和出版营销的经营管理，现代出版中，出版的经管属性有增无减。

其六，实践特征。出版是人类在思考和探索宇宙自然的文明活动和文化成果，也是增强人与人之间的交流和沟通的方法和手段，其实践性品格非常突出。出版的实务性和操作性非常强，没有出版实践，人类的思想和智慧就不能得到固化和保存，人类自身的智力和体力的发展也不能得到科学的促进和积极的增强。可以预见的是，无论人类社会发展到何种程度，出版都将是伴随人类生产和生活的一项强心智实践活动，只不过是出版的形态可能会从今天的"数字出版"发展到明天高级的"人工智能出版"，甚至后天更加高级的"大脑意识出版"。

五、出版的三大基本属性

与出版的六大特征密切联系的是出版的三大基本属性："思想性"

"商品性""科技性"。"文明特征""编校特征"对应"思想性","科技特征"对应"科技性","经管特征""传播特征"对应"商品性",而"实践特征"则包含有"思想性""商品性""科技性"。从"出版符号""出版载体""出版技术"的出版"三元素"角度看,"出版符号"对应的是"思想性","出版载体"对应的更多的是"商品性","出版技术"对应的正是"科技性"。当然这种对应并不是完全的、排他的,如科技属性有时也与商品属性密切相关,在某种新技术发明之初,新技术往往带来的是商品的高附加值,而当这种技术普及之后,技术能使得出版产品从珍稀物品变成日常物品,技术又能促使出版物价格大幅下降,成为大众读物。

(一)出版的思想属性(意识形态属性)

出版具有"思想属性",这是由出版三元素之一的"出版符号"的表意性决定的。出版的"思想属性"往往被看作"意识形态属性"。"意识形态"作为一个明确概念,是由法国思想家特拉西(Antoine Destutt Tracy)在其论文《关于思维能力的备忘录》中提出来的。在阶级社会中,意识形态是一个具有强烈政治倾向的专用术语,是统治阶级为维护其统治而建构的系统化、理论化的观念上层建筑,它是反映一个国家、地区的经济社会形态和社会政治制度的完整思想体系,具有浓厚的阶级性、实践性、理论性。意识形态的生命力在于其具有强大的统摄力,能为社会各阶级、阶层、社会集团、群体以及个人提供一套政治法律思想、道德伦理、艺术、宗教等价值认同体系,维护和巩固社会成员对该政权的合法性认同,并且成为协调社会各主体之间的基本行为准则,使其统一到为统治阶级根本利益而服务的方向和道路上来。意识形态的这一特性决定了其必然要对不同于本阶级意识形态的思想体系、观念进行批驳和排斥，攻击异己意识形态存在的合理性、合法性。无论是传统的纸质出版，还是新媒体出版或数字出版，只要出版符号的表意性存在，出版的思想属性或曰意识形态属性就不可能消失。

随着我国经济社会的不断发展与进步，文化成为社会主义精神文明建设的重点内容，要"牢牢掌握意识形态工作领导权"，意识形态促进文化事业的发展，决定其方向和发展道路。意识形态属性是出版的基本属性之一，出版工作者，必须为人民、为时代奉献出"积极、健康、进步"和"向上、向善、向美"的精神食粮。

(二)出版的商品属性

出版的商品属性是由对出版内容和出版载体进行知识信息及实物载体的交换形成的。商品具有两个因素：价值和使用价值。商品的价值是人类一般劳动的凝结，而商品的使用价值则是指商品对其消费(使用)者的有用性或效用，是商品本身能满足人们的某种需要的属性所形成的(如粮食可充饥、衣服可御寒、钢铁可制造器械等)。出版的商品属性主要表现在三个方面，其一是出版符号的知识价值和信息价值，其二是出版载体的物理价值，其三是出版技术的附加价值。

其一，出版符号的知识价值和信息价值。出版的商品属性，首先体现在出版符号的知识价值和信息价值上，知识服务的有偿性其实就是出版内容的有价售卖。

其二，出版载体的物理价值。出版的商品属性，本应该主要表现在出版符号的知识价值和信息价值上，但实际上，人们往往在知识付费上表现得极为吝啬，而在载体付费上却极为慷慨。我们购书所支付的成本70％以上支付的是纸张油墨的物理成本。人们还表现出对精装书的极大兴趣，其实精装书在知识服务和信息价值上与平装书是一样的，但价格却比平装书贵很多，书的增值部分主要体现在出版载体上。

其三，出版技术的附加价值。出版的商品属性还体现在出版技术的附加价值上，质量精良的出版物往往要比低劣的出版物价格更高。编校质量、装帧质量、印制质量等都与出版物的商品属性密切相关。出版物也有因技术发展而提高出版效率逐渐造成出版物价格下降和出版物普及的情况。因而，出版技术对出版商品价值的影响是双向的。

(三)出版的科技属性

人类出版与科学技术具有天然关系。早在石器时代，人类不但使用或打制或磨制的石器从事打猎、收割等物质生产，也使用石器在居住的洞穴岩壁上刻画各种动物、人物、场景等符号，这种"岩画出版"其实是当时的高科技的代名词。人类进入金属冶炼时代，人们又用当时的高精尖的铸范技术来从事青铜铭文出版、金牌铁券出版，更不用说后来拓印、雕印、活印、套印等出版技术本身的高科技属性了。

人类早期使用的是硬介质的出版载体，我们把这一时期称为"硬质出版"时期，在硬质出版时期，人们用"刻铸"作为主要出版技术手段。在公元前2世纪，中国发明植物纤维纸，欧洲的羊皮纸开始普及使用，东西方几乎同时迈入软质出版的大门，在"软质出版"时期，人们主要采用"抄""印"这两种出版复制技术，抄写技术中的制笔技术、制墨技术、造纸技术都是科技含量非常突出的。印刷技术更是时代性高新技术的集大成者，无论是敷纸拓印还是雕版印刷，也无论是活字印刷还是套版印刷，其中的高科技含量都是时代的前沿性技术。19世纪初，随着"声光电磁"的发明发现，人类进入"虚拟出版"新时代，20世纪网络技术和数字技术的加持，数字出版等成为虚拟出版新样态，"录""显"技术作为虚拟出版的主要技术，其高科技含量越来越凸显。

一言以蔽之，出版一直与高科技同向同行，出版机构不重视出版技术的升级迭代，迟早是要被淘汰出局的。

六、出版的外延及研究边界

出版的外延问题，即出版研究的边界划分问题，是出版学原理的原点性问题之一。我们认为"出版载体""出版符号""出版技术""出版活动及成就"是出版的四大基本维度。这里需要指出的是，第四维度"出版活动及成就"包含着"出版本质及规律""出版思想及理念""出版制度及版权"。这四大维度就是出版的外延，也是出版研究的边界。"出版"的一切现象归根结底都可以用出版载体、出版符号、出版技术、出版活动及成就(本质规律、思想观念、制度规约)来进行外延界定的。出版研究的边界是由出版的外延决定的。出版的四大维度，即是出版学应重点给予关注并必须给予回答的问题。

(一)出版载体及其研究

出版载体是出版的第一个外延维度，也是出版研究的第一个大的板块。根据文明演进的发展进程和出版进步的生产力标准，人类在探索出版载体方面，表现出非常鲜明的阶段性特征。我们把人类文明早期探索出的陶器泥板、龟甲兽骨、金石鼎碑、竹简木牍、纸莎草、贝叶、桦树皮等硬质出版载体阶段称为"开启文明的硬质出版"阶段；把人类此后又逐渐探索出绢帛、羊皮纸、植物纤维纸及塑料布等的软介质出版载体阶段称为"以柔克刚的软质出版"阶段；把近两百年来探索出的声、光、电、磁、芯片、云存储等虚拟和半虚拟出版载体和介质阶段称为"有容乃大的虚拟出版"阶段。"按载体不同将整个人类出版历史划分成'硬质出版''软质出版''虚拟出版'三大阶段，符合历史科学中的生产力标准。"[①]未来出版还将发展到"人工智能出版"和"大脑意识出版"这样更加虚拟化和智能化的出版新阶段。出版研究必须重视出版载体(介质)研究，这是出版研究的题中应有之义，也是出版学的原点性问题之一。

(二)出版符号及其研究

出版符号是出版的第二个外延维度，也是出版研究的第二个大的板块。出版其实就是运用出版技术将出版符号(主要是文字符号，也包括图像符号、音乐符号、科学符号、音像符号等)与出版载体结合在一起。出版符号、出版载体和出版技术这三大要素的良性互动促进人类出版实践的发生发展和更迭革新。在出版的三大原始要素中，最有文化特性和最具文明特征的是出版的文字符号系统。人类文明的出现都是以文字符

---

① 郝振省：《出版史研究的新视角》，《出版发行研究》2017年第10期。

号的创制为标志的。从出版学的角度来看，文字符号是记录、保存和传承人类文明的基础手段和重要条件之一。两河流域的楔形文字、古埃及的象形文字、古中国文字、古印度文字、古玛雅文字等，这些文字符号的发明和创造是人类文明和出版历史的大事件，这些文字符号通过人类出版活动得以保留和传承，而人类的文化和文明也通过这些出版符号和出版活动得以发扬和光大。出版符号分为"文字出版符号"和"非文字类出版符号"两大类。"文字出版符号"分为"象形文字出版符号""拼音文字出版符号""表意文字出版符号""混合文字出版符号"四种类型；"非文字出版符号"分为"图画出版符号""影像出版符号""乐谱出版符号""科学出版符号（数理化等公式、方程、定律等）""音视频出版符号""盲文触觉出版符号""新型嗅觉出版符号"等。这是我们对出版符号的新思考和新认识。对于出版符号的研究，学术界此前重视不够，这是对出版的外延认识不清晰造成的，今后应重视和加强这方面的研究，这是出版学的原点性问题之二。

(三)出版技术及其研究

出版技术是出版的第三个外延维度，也是出版研究的第三个大的板块。人类文明的早期是硬质出版载体，甲骨、钟鼎、石碑、简牍、莎草纸、贝叶等主要是以刻、画、铸、写等为出版技术手段的。特别是刻和写，是硬质出版载体最常见的两种出版复制技术。因此，人们常常把从事文字工作的专业人员称作"刀笔吏"。名副其实的"出版"或"版印"，实际上要从7世纪中国唐代的雕版印刷开始算起。到11世纪，中国宋代毕昇发明胶泥活字印刷术，开启现代活字印刷技术的滥觞。15世纪中叶，德国古腾堡机铅活字印刷技术的发明和广泛应用，标志着现代出版业的诞生。两河流域的楔形文字（又称为"钉头文字"）就是用小木棍和芦苇秆，在泥板上压印上楔形文字符号。莎草纸上的古埃及象形文字符号适合用笔写画。贝叶上的古印度文字符号适合用铁笔刻画。中国文字符号逐渐方块化的特点，注定其在古代印刷技术的发展过程中，将以雕版印刷为主要出版技术手段。而西文这种拼音文字字母的组合特点，则非常符合活版印刷的特点。由此可见，出版技术与文字符号系统的特色和出版载体的特性高度关联。近现代以来，人类相继发现"声光电磁"、计算机技术及数字技术等并将其快速应用于出版。目前，人类在数字出版技术和人工智能出版方面的探索又取得新突破和新成就。人类在探索出版技术方面不遗余力，而学者也应更加关注对于出版技术的研究，这是出版学的原点性问题之三。

(四)出版活动、成就及其研究

出版活动及成就是出版的外延维度之四，也是出版研究的第四个大的板块。这是一个综合性的研究领域和研究维度，也是传统出版研究所重点关注的领域和对象。研究主要包括参与出版活动的出版主体(出版人、出版家、出版机构)、出版活动的具体过程(出版策划、出版编校、出版制作、出版印装、出版发行、出版传播、出版经营)、出版活动取得的相关成就(出版思想成就、出版作品成就、出版制度成就)、出版活动所依赖的相关条件(出版环境、出版流程、出版创新)等。简言之，就是"出版者""出版物""出版事"。"出版者"其实就是作为出版主体的出版人、出版家及出版机构；"出版物"就是出版的实物成就；"出版事"包含的内容较多，包括出版活动、出版过程、出版环境、出版经管、出版思想、出版规律、出版制度等。

研究"出版活动及成就"不是出版学的原点性问题，但却是出版学最重要的展开性问题。这个维度包含的内容极为丰富。"显性"的"出版活动及成就"，包括出版主体（出版人和出版机构），也包括出版成果（出版作品），还包括出版活动流程（出版策划、出版编校、出版制作、出版印装、出版发行、出版传播、出版经营），这本身可构成出版研究的第四个维度。"隐性"的"出版活动及成就"包括"出版本质及规律""出版思想及理念""出版制度及版权"三个板块。需要强调的是，"出版活动"中包含出版本质和出版规律，换句话说，研究"出版活动"必须研究出版的本质和出版的内部运行规律；"出版成就"则包括"出版实物成就""出版思想成就"及"出版制度成就"。因此，出版研究可以在出版四大维度基础上增加三个研究板块，即出版本质及规律研究、出版思想及理念研究和出版制度及版权研究。

这样，就构成了本书的七大研究板块的逻辑框架：一、出版本质及规律论；二、出版思想及理念论；三、出版载体论；四、出版符号论；五、出版技术论；六、出版活动及成就论；七、出版制度及版权论。

第二节　出版的历史分期和基本风貌

通过对古今中外的出版现象和出版历史的全貌考察，我们发现，人类出版在出版载体的形制流变上有鲜明的阶段性特征，按照出版载体质地硬度，可将人类漫长的出版历史划分为"开启文明的硬质出版""以柔克刚的软质出版""有容乃大的虚拟出版"三大历史阶段。

在出版风貌上，亚洲、非洲、欧洲、美洲和大洋洲的出版探索，表现出"接力协进"的整体状态。

一、人类出版的三大分期

我们以出版载体的形制流变作为一级分期逻辑，把人类出版划分为"开启文明的硬质出版""以柔克刚的软质出版""有容乃大的虚拟出版"三大阶段，避免了以往出版史分期在载体、技术、符号、活动等方面的多重标准和逻辑纠缠。

(一)开启文明的硬质出版(史前—公元前2世纪)

人类出版的早期，多采用身边可得到的有一定硬度的固态物体和实用器物作为出版内容的承载体，这是可以想象的，也是符合历史事实的。因而，人类早期的出版载体以泥块、石质、骨质、竹木、金属器物、植物茎叶为主，主要包括泥板、陶器、石碑、墙壁、岩壁、梁柱、玉片、龟甲、兽骨、青铜鼎彝、竹简木牍、莎草片、桦树皮、贝叶等，这些出版载体，都具有一定的硬度，具备硬质出版载体的特点。从一定意义上说，无论是中国还是外国，人类的文明都是由硬质出版开启的。这种硬质载体特征，非常有利于出版内容的长期保存和庄严发布。人类早期的出版内容也多与宗教、皇权相关，因而硬质出版时期的出版载体更具有神圣性和权威性，其出版活动更多由官方开展，不具有世俗性的特征。而这种最初形态的出版介质，虽然刻写不易，出版艰难，但仍能简约记录远古事件和人类活动，将古代文明传承后世。古代非洲、两河流域、中国、印度、中美洲等人类古文明发祥地的硬质出版，证实了

"出版史就是人类文明史"这一思想，展现了早期人类文明和出版文化的密切关联和基本特征。

我们把硬介质主导的人类出版历史阶段称之为"开启文明的硬质出版"阶段，这个阶段的历史非常漫长，从大约4万年前人类最早的岩画出版直到公元前2世纪（中国植物纤维纸的发明使用和欧洲羊皮纸的推广应用之时间节点），这是硬质出版载体主导的历史时期。

（二）以柔克刚的软质出版（公元前2世纪—公元19世纪）

软质出版最早是由中国的绢帛启幕的，绢帛的主要功用是供王室、贵族成员当作衣物和饰物，但偶尔也作为文图复制载体，史料证明，中国至晚在公元前8世纪便已开始使用绢帛作为出版载体了，这个时期大致在西周、东周转换之际。春秋战国时，绢帛作为出版载体的记载逐渐频繁起来，如鲁仲连将帛书用弓箭射到城中劝降成功；陈胜、吴广将写有"大楚兴，陈胜王"的帛书"置鱼腹中"，为起义做舆论准备；刘邦将帛书射入沛县城中，号召城中百姓杀死本来说好要起义、后来又反悔关上城门拒绝刘邦入城的县令，在帛书的帮助下，刘邦完成了沛县的反秦起义。这些都是绢帛作为出版载体的史料记载。但绢帛价格昂贵，普通百姓一生都难得有一件绢帛制作的衣裳，他们只能穿布衣或葛衣。"缣贵"的问题一直影响绢帛作为出版载体的实际应用。中国虽然在很早就发明绢帛这种软质出版载体，但实际应用的规模和频次还是非常有限的，因此我们仅把绢帛作为拉开中国软质出版载体序幕的启幕者，而真正将中国出版从硬质出版阶段带入软质出版时代的，是中国西汉时期植物纤维纸的发明。目前六大考古发现将中国植物纤维纸制造技术的发明使用确定在西汉时期，我们将中国的硬质出版进入软质出版的时间从公元前 8 世纪的绢帛，后移至造纸术发明的公元前 2 世纪。

外国的软质出版时代是由羊皮纸开启的。大约在古希腊时期，欧洲最早出现羊皮纸和"兽皮书记员"，时间为公元前 6 世纪。但由于羊皮纸制作必须要用真羊皮或牛皮，而且制作工序复杂，成本极其昂贵，因此从公元前 6 世纪至公元前 2 世纪，羊皮纸只是作为莎草纸大面积使用时的零星补充。事情的突变，发生在公元前 2 世纪帕加马王朝与托勒密王朝的莎草纸及其原料的贸易战中，贸易战的结局是托勒密王朝彻底中断对帕加马王朝的莎草纸及其原料的供应，帕加马王朝被迫将此前零星使用的羊皮纸加以工艺改良和政策鼓励，使之成为当时的主要出版载体。因此我们认为，西方从硬质出版迈入软质出版的时代也是在公元前 2 世纪。

也就是说，公元前 2 世纪，东西方几乎同时从硬质出版时代迈入软质出版时代，这是历史的巧合，也是历史的必然，值得我们研究和深思。

无论是中国的缣帛还是外国的兽皮，这种软介质的载体相较于石质、骨质、金属、简牍和莎草纸等硬质载体最大的优点在于其可以折叠和便于携带。但缺点是共同的，那就是昂贵难得。直到中国在西汉时期发明植物纤维纸并经东汉宦官蔡伦的重大改良，一种先进、轻便且低廉的软质出版载体正式登台，并逐渐成为整个世界最主流的出版载体。软质出版载体逐渐取代硬质出版载体主体地位的出版史阶段，我们称之为"以柔克刚的软质出版"阶段，这个阶段一直持续到 19 世纪。随着中国植物纤维纸发明发展和传扬传播，不要说硬质出版载体不能与其比肩，即使是原有的中国缣帛软质出版载体，西方兽皮软质出版载体也无法比拟。相较于此前的任何出版载体，植物纤维纸的优越性都是无可争辩的。这种软质出版载体为人们记录历史、传播知识、传承文化发挥了巨大的作用，即对整个人类文明的促进提升作用，无论怎样高估都不为过。我们把从公元前 2 世纪至公元 19 世纪这 2100 年出版时代称为"以柔克刚的软质出版"时代。

(三)有容乃大的虚拟出版(19 世纪至今)

人类的虚拟出版并不是从 20 世纪启幕。早在 19 世纪，声光电磁的发明发现，即已开启虚拟出版新时代。从 19 世纪到 20 世纪仍是软质出版主导的历史时期，但却是虚拟出版萌芽和潜滋暗长的历史时期。

告别铅与火，迎来声光电，奔向数与网。[1] 人类对出版的探索永无止境。在经历"开启文明的硬质出版"阶段和"以柔克刚的软质出版"阶段之后，整个人类社会的出版历史开始迈入"有容乃大的虚拟出版"阶段。19 世纪声光电磁的发明发现，很快被应用到出版领域，人类实际上是悄然拉开了虚拟出版的序幕，从 19 世纪初到 20 世纪中叶，是虚拟出版的萌芽期。

1946 年计算机诞生，虚拟出版开始进入成长期。

21 世纪，全球性的数字出版风潮，标志着人类全面迈入虚拟出版

---

[1] 万安伦、王剑飞、李宜飞:《出版载体视角下中外出版史分期新论》,《中国出版》2018 年第 4 期。

新时代。

在"有容乃大的虚拟出版"时代,人类的出版载体不再局限于一定的物理形态,呈现"虚化"和"半虚化"倾向。网络和数字技术在出版领域的深度运用,使得出版流程和出版效率大大提升。数字化技术使其体积大大缩小,成为存储在云端的"虚拟书籍"。[①] 在出版载体"虚化"和"半虚化"的同时,出版符号与出版载体之间的关系也从硬质出版时代和软质出版时代的"执子之手,与子偕老",变化为"瞬间结合,长时分离",无论是文字符号还是图片、声音、影像都可以在同一屏幕上历时性出版显示,而且只有在你需要的时候相关出版符号才出现在你眼前,其他时间,它们都潜藏在小小的芯片之中或云端。这种出版符号与出版载体的"瞬合长离"现象,是虚拟出版时代的新逻辑和新范式。

虚拟出版时代,信息承载出现"有容乃大"的"海量"甚至"无量"趋势。数字出版改变了人类的阅读习惯,也改变了社会的发展形态,整个社会呈现出数字化转型的发展态势,虚拟出版的程度在不断加深。未来将朝着人工智能出版和大脑意识出版的方向发展。

二、五大洲"接力协进"的出版风貌

在探索人类出版的历史进程中,亚洲、非洲、欧洲、美洲和大洋洲的古今人类共同奋进,出现了"人类命运共同体"视野下的接力奋进、协

[①] 万安伦、曹楚、周家翠:《阿基米德 FM 有声书场景建构的得失思考》,《科技与出版》2018 年第 10 期。

同发展的出版状态和风貌。①

（一）非洲：硬质出版"木秀于林"，软质出版"稍逊风骚"，虚拟出版"尚属起步"

1. 古代非洲的硬质出版"木秀于林"

人类最早从非洲丛林走出，非洲是人类文明最早的发祥地，也是人类出版文化最早的发祥地之一。黑格尔把非洲分成"非洲本土""欧洲的非洲"和"亚洲的非洲"。②古代非洲的硬质出版大致可分为三个阶段：一是非洲史前无文字记载时期的岩画出版阶段。"史前岩画，是指刻或画在史前洞穴、岩壁或露天岩壁上的原始壁画。"③非洲是世界上现存人类古老岩画最多的大陆之一。④南非布须曼岩画及坦桑尼亚古岩画，反映了非洲史前人类对自然的思考和自我的认知。二是非洲象形文字诞生后的铭文出版阶段。公元前3100年左右，古埃及原始的图画文字发展成了象形文字。三是莎草纸作为出版载体的莎草纸出版阶段。公元前3000年左右出现的莎草纸，是人类出版史上影响深远的出版载体。莎草纸的硬质略软的独特性能，又开启了人类出版从硬质向软质过渡的新航程。

2. 古代非洲的软质出版"稍逊风骚"

古代非洲的软质出版总体上较为逊色，基本失去其硬质载体时期的

---

① 万安伦：《论人类出版的内涵、外延、阶段及风貌》，《出版参考》2019年第1期。
② 〔德〕黑格尔：《历史哲学》，王造时、谢诒征译，上海，商务印书馆，1937，第151~166页。
③ 傅志毅：《非洲史前岩画的世俗性审美初探》，《西南民族学院学报(哲学社会科学版)》2002年第4期。
④ 李安山：《非洲古代王国》，北京，北京大学出版社，2011，第2页。

出版辉煌。值得一提的是，公元 9 世纪末，中国造纸术沿"丝绸之路"经中亚、西亚传入北非，非洲第一家植物纤维纸的造纸厂在尼罗河三角洲的开罗设立，工匠在造纸过程中，不断创新改进技术，推陈出新，在原有造纸原料麻、桑等植物中加入本地盛产的棉花，生产出品质更为精良的"开罗纸"。公元 1100 年前后，摩洛哥首都菲斯建立了造纸厂。莎草纸遭遇前所未有的劲敌，逐渐退出历史舞台。更有意义的是，中国造纸术不但在非洲全境传播，而且"跨海远传"至欧洲的西班牙和意大利，而后对欧洲文艺复兴的发生发展起到直接推动作用。

3. 近现代非洲的虚拟出版"尚属起步"

互联网技术与数字技术给出版业带来的变革是世界性的，没有哪个地方能够避开软质出版向虚拟出版的变革态势，非洲也不例外。2020 年，非洲地区互联网用户已超过 4 亿（非洲总人口为 12.8 亿），但是非洲大陆的虚拟出版业远远落后于世界整体水平，一方面是出版内容的匮乏，另一方面是技术的落后。因此非洲大陆的虚拟出版产业形势较其他国家、地区来说更为严峻。非洲的虚拟出版刚刚起步，还有较长的追赶之路。

（二）亚洲：硬质出版"三峰并峙"，软质出版"中国领跑"，虚拟出版"近身跟跑"

1. 古代亚洲的硬质出版"三峰并峙"

印度尼西亚横跨亚洲和大洋洲，在行政区划上属于东南亚国家，近年来这里发现迄今为止人类最早的岩画出版——印尼苏拉威西地区的疣猪岩画出版，距今至少有 4 万年历史，这是目前能够找到的人类硬质出版的最早起点。更为重要的是西亚、东亚和南亚的硬质出版呈现"三峰并峙"状况。

西亚是古代硬质出版的高峰之地。两河流域苏美尔人发明的楔形文字是目前发现的历史最悠久的文字符号系统，有 5800 年的历史。他们还创造了独特的硬质出版载体——泥板，书吏在泥板半干的状态下用芦苇笔或小木棍"压印"上一头大一头小的楔形文字，形成人类最早的书制形式——泥版书。此外两河流域还有一些石质（《汉谟拉比法典》）、木质、陶质等硬质出版形式。

南亚是古代硬质出版的另一座高峰。大约公元前 3000 年，古代印度人就创造了印章文字。古代印度河文明毁灭后，印章文字失传，到再次出现文字已是阿育王时期的铭文，后演变为梵文。南亚对于人类文明史和出版史的最重要贡献是距今 2500 年前独创的贝叶这种硬质出版载体，他们在加工处理过的贝多罗树叶上用铁笔刻画图文符号，再擦上颜料或油料使图文清晰，制成"贝叶书"，因宗教经典多用贝叶制成，因此又常称"贝叶经"。"梵夹装"是他们独创的书籍装帧形制。唐僧西天取经，取回的就是梵夹装的"贝叶经"。

东亚中国硬质出版的地位极其崇高，与两河流域、古印度共同构成"三峰并峙"的古代亚洲硬质出版格局。中国在出版载体、出版符号、出版技术探索方面均有大成。出版载体：陶器、石器、玉器、甲骨、青铜、铁券（丹书铁券）等，简牍是我国硬质出版的"主要载体形式"，[①] 也

[①] 万安伦、崔潇宇、刘苏：《论汉文版式竖排转横的历史动因及影响》，《现代出版》2018 年第 5 期。

是中国对于世界硬质出版载体的杰出贡献。出版技术：中国古代硬质出版的主要技术有刻、铸、描、抄等——在甲骨上刻、在青铜上铸、在陶器上描、在简牍上刻或抄。出版符号：中国的汉字符号系统虽经结绳字、鸟虫字、甲骨文、大篆、小篆、隶书、楷书、行书的发展演变，但从未中断，因此中华文明得以连绵性传承，这是出版对于中华文化和中华文明的贡献。我们说中华文明五千年没有中断，其实就是我们汉字的文字符号系统没有中断。因此，我们要像爱护眼睛一样，爱护我们的汉字文字符号系统，爱护我们五千年的出版文化和出版文明。

2. 东亚中国：软质出版"领跑世界"

东亚中国，在人类软质出版的创新发展中，继续硬质出版的辉煌高阶，又上层楼，清代之前在出版载体、出版技术、书籍形制方面取得骄人成就，并"领跑世界"。近现代软质出版才日渐落后。出版载体：早在公元前8世纪西东周易代之际甚至更早，中国就探索出绢帛这种软质出版载体，因价格昂贵，推广不易，中国真正的软质出版时代应该从公元前2世纪西汉发明造纸术开始算起，后经东汉蔡伦重大改良后，经"一带一路"传向世界各地，逐渐发展成为全世界的主导型出版载体。出版技术：在拓印、印章、制版印染的共同启发推动下，中国发明雕版印刷术。[①] 此后，又相继发明活字印刷技术、套版印刷术及饾版拱花技术，中国古代的印刷技术与植物纤维纸完美匹配，推动中国乃至世界软质出版跨越发展。书籍形制：中国在软质出版的书籍形制上多有创

---

① 万安伦、王剑飞、李仪：《论中国雕版印刷术的三大源头》，《中国出版》2018年第18期。

造——简册装、卷轴装、经折装、旋风装、蝴蝶装、包背装、线装等丰富多变。

3. 亚洲的虚拟出版"近身跟跑"

虚拟出版开启于19世纪声光电磁的发明发现，从录音录像技术初步发展的虚拟出版萌芽期，到计算机革命的虚拟出版发展期，再到数字出版的虚拟出版当下期，欧洲和北美一直是处在"领跑"状态，亚洲，特别是新中国经历了"站起来""富起来""强起来"的70多年奋发进取，终于赶上英、法、德、俄、日、澳等，与领跑者美国处于"近身跟跑"状态，赶上和超过领跑者只是时间问题。

(三)欧洲：硬质出版"尚有特色"，软质出版"创新有成"，虚拟出版"较为先进"

1. 欧洲的硬质出版"尚有特色"

欧洲文明同样是由欧洲的硬质出版开启的，欧洲出版自史前岩画开始，在石碑出版中发展，在莎草出版中壮大，主要书写载体每一个阶段的转变都是出版文明的递进。距今12000年的西班牙北部桑提亚纳德玛的阿尔塔米拉洞窟岩画，1875年被牧羊人发现，被称为"史前西斯廷"[①]，"受伤的野牛"极负盛名。法国拉斯科洞窟岩画被赞誉为"史前罗浮宫"。源自埃及的古希腊莎草纸出版、古希腊陶片出版及古罗马的墙体出版、蜡版出版、木版出版等，都是欧洲"尚有特色"的硬质出版成就。

---

① 西斯廷是梵蒂冈宗座宫殿内的天主教小堂，其壁画艺术堪称一绝。

2. 欧洲的软质出版"创新有成"

欧洲的软质出版创新成就巨大，具体体现在三个方面。

出版载体。公元前8世纪左右莎草纸传入古希腊，逐渐被广泛使用。如前所述，公元前2世纪，托勒密国王禁止向帕加马出口莎草纸及其原料，帕加马王朝被迫开始推广使用羊皮纸。欧洲与中国几乎同时开启软质出版新时代，一为羊皮纸，一为植物纤维纸。

出版技术。中世纪，欧洲出版业一直处于手工抄复制阶段，受到教会的严格控制，出版业未得到较大发展。15世纪中叶，被誉为"近代印刷业之父"的古腾堡发明机铅活字印刷技术。从羽毛笔到铅活字，从抄书人到印刷机，从小作坊生产到大规模的机械印刷，欧洲的出版业凭借新的印刷技术发展壮大。工业革命又使出版业实现机械化大生产，欧洲最早迈入现代出版新阶段，并跨入世界舞台中央。

出版符号。欧洲的出版文字符号经历了从腓尼基字母到希腊文，再到拉丁文，最后分裂形成欧洲诸语的发展过程。受古埃及象形文字和两河流域楔形文字影响，世界上最早的字母文字腓尼基文字形成，它只有辅音字母，没有元音字母。智慧的希腊人在腓尼基字母中加入元音系统，使拼音文字的清晰度和表意能力大大增强，降低了辅音系统带来的语音含混和语义歧义。[①] 罗马帝国兴盛时期，希腊字母被拉丁字母取代。罗马帝国分裂，拉丁字母逐渐分裂发展成英、德、意、法、俄、西、葡、波等欧洲主要的现代语言。

---

① 〔加〕罗伯特•洛根：《字母表效应：拼音文字与西方文明》，何道宽译，上海，复旦大学出版社，2012，第81页。

3. 欧洲的虚拟出版"较为先进"

欧洲是工业革命的发源地，英国曾据此成为"日不落帝国"。但作为两次世界大战主战场，欧洲受战争创伤深重。美国则在战争中获利，跃升为头号强国，此后，信息和网络技术一路领先。在新一轮信息技术革命时代，欧洲的技术基础加上与美国的天然盟友关系，使其在新一轮虚拟出版发展中仅次于美国，与中国较为接近，是"较为先进"的。

（四）美洲：硬质出版"可圈可点"，软质出版"后来居上"，虚拟出版"一马当先"

1. 古代美洲的硬质出版"可圈可点"

美洲大陆最早的硬质出版成就是由美洲印第安人创造的。玛雅象形文字是玛雅人在公元前后发明的，是世界上较早成熟的古老文字之一，有象形，有会意，有形声，是一种兼有意形和意音功能的文字。字体分"头字体""几何体""全身体"。玛雅文字至今能译解的不足三分之一。[①]玛雅人在前古典时期创造了类似中国毛笔的玛雅毛发笔，也存在记述宗谱、战争、国王世系的石刻硬质出版。印加石质出版多为宗教图腾与壁画。海拔2300米的马丘比丘遗址主要是陶器出版、石质出版及骨质出版等硬质出版作品。

2. 美洲的软质出版"后来居上"

美洲大陆土著人最早使用石片、木片等硬质载体作为书写材料。后

[①] 侯霞：《甲骨文与玛雅文象形字取象方式比较》，《中国海洋大学学报（社会科学版）》2010年第3期。

来新移民少量使用羊皮纸这种软质出版载体，大量使用的是从欧洲带来的植物纤维纸。1575年西班牙人在墨西哥建造纸厂，中国造纸术正式传入美洲。美国，1694年第一家造纸厂出现在费城，仅有4名造纸工人；1638年，坎布里奇出现第一个印刷所；1744年美国出现第一份学术期刊。美国现代软质出版"后来居上"，形成波士顿、费城和纽约等软质出版中心，领导现代软质出版世界潮流。加拿大的《环球邮报》《多伦多明星报》也曾是软质出版的佼佼者。

3. 美洲的虚拟出版"一马当先"

美洲的虚拟出版主要以美国为代表，"一马当先"是对美国虚拟出版的当下描述。美国是世界上互联网技术与数字技术最发达的国家，硅谷原创能力极强。美国的虚拟出版开启既早，发展且快，虚拟出版已渗透公众生活方方面面，彻底改变人们的阅读方式和生活方式。作为虚拟出版当下状态的数字出版有如下特点：数字阅读产品增长迅猛；有声读物如雨后春笋；数字出版物分拆销售成为新趋势。

(五)大洋洲：硬质出版"史迹稀见"，软质出版"发展较晚"，虚拟出版"紧追不舍"

1. 大洋洲的硬质出版"史迹稀见"

大洋洲有一定量的岩画出版，澳大利亚复活节岛有较为集中的分布。澳大利亚北面有"汪吉纳风格""米米风格"等岩画群。昆士兰州劳拉崖壁画，大约有12000年的历史。卡么龙西山上有塔斯马尼亚岛岩刻的分布，可能是当地祭祀仪式的一种风尚记录。新西兰的毛利"木雕"出版，较有特色。总的来说，大洋洲的硬质出版的史迹遗存比其他四大洲少很多。

2. 大洋洲的软质出版"发展较晚"

大洋洲的现代出版载体和出版技术传入较晚，中国造纸术于19世纪后期才传入。1868年，墨尔本附近建立起第一家造纸厂。造纸术自西汉发明后开启传播之旅，从中国出发，经过2000年的环球旅行，植物纤维纸及其制造技术终于传遍五大洲。1788年，英国输送囚犯的舰队，带来澳大利亚第一台印刷机。1795年，总督亨特任命有印刷经验的囚犯乔治·修斯充当政府印刷工，印制政府文件。1803年，《悉尼公报》出版。总体来说，大洋洲的软质出版发展较晚，但后期以默多克为代表的软质出版大亨成绩斐然。

3. 大洋洲的虚拟出版"紧追不舍"

澳大利亚是奉行多元文化的移民国家，是继美、英之后的第三大英语图书市场国。其虚拟出版产业在世界总体居中等地位，但大部分大型出版商都属于美、英出版商的分支机构。出版业中数字出版占比"22%"，其虚拟出版基本处于"紧追不舍"的状态。

第三节 出版载体、符号、技术的发展规律

出版是人类知识文化生产和传承的最重要手段。因此从出版研究的理论外延和学术边界来看，出版载体、出版符号、出版技术的发展，体现了人类文明的进步与变迁，对于出版"三元素"即出版载体、出版符号、出版技术的研究，本质上来说就是对人类文明的探索和对出版内在规律的追求，三者的发展相辅相成，携手共进，共同打造了

人类绚烂的出版文化。

一、出版载体的发展规律

整个人类的出版历史可以由出版载体的形制和特征做出明确区分，即硬质出版时代、软质出版时代和虚拟出版时代。出版载体在发展的过程中，呈现了由硬变软、由大变小、由宏变微、由承载很少的信息量到承载海量信息的发展过程。但出版载体演进并不是瞬间转型，而是在出版整体发展的过程中慢慢过渡变化和传承发展的，硬质载体、软质载体、虚拟载体也不是水火难容、有你无我，只是主导地位的揖让而已。从最早的岩画石刻、陶器泥版、龟甲兽骨、金石鼎碑、竹简木牍，到"略有软化"的硬质载体如莎草纸、贝叶、桦树皮，再到软质的绢帛、兽皮、植物纤维纸、塑料薄膜，直至声光电磁、计算机与数字出版，出版载体经历了硬质—软质—虚拟三个阶段的发展，在虚拟出版时代又表现出了虚拟载体与"数字录显"相结合的特点，呈现出载体形式越来越丰富，可承载的信息量越来越大的发展规律。

(一)出版载体的质地硬度表现出软化虚化的发展规律

硬质出版载体是人类文明起源的标志。最早的硬质出版载体来源于古代人类身边最易获得的物品，如石块、岩壁、木板等，但这些初级的硬质载体可承载的信息量非常小，且不易刻写内容、不易携带保存。也有一些出版载体与出版符号、出版技术边界不清，如绳结既是载体，也是符号，甚至还是技术。于是人们为了刻写记录方便，开始制作适合硬质出版的载体如古埃及的方尖碑、墓壁、陶器、石板，两河流域的泥板与石碑，古代中国的龟甲兽骨、印章铜鼎等。出版载体与出版符号是"执子之手，与子偕老"的关系。从较长的历史时段看，出版载体的质地总体上表现出逐渐软化和逐渐虚化的发展规律及趋势。

硬质出版载体虽然多种多样，但伴随着人类文明的进步发展，越来越难满足人们对于大信息量和轻量、易存、便携的追求。如泥版书虽然已经具备了书籍的风貌，打造了人类早期出版的繁荣图景，但制作困难、阅读不易、保存条件复杂，因而，只有极少数的专职"书吏"有能力制作、释读及保存。再如纸莎草，产地单一，除尼罗河三角洲，世界上其他地区均不出产，没有随处易得的制作莎草纸的优质原材料，莎草纸作为出版载体局限性就非常突出。其他如钟鼎、石碑等载体也均有刻写不易、移动艰难等相同问题。在强烈的信息交流需求下，更多新的硬质载体逐渐被探索发明出来，有的已呈现明显的"软化"特征，除莎草纸外，贝叶、桦树皮等出版载体的质地本身也有向"软化"发展过渡的趋势。古代中国的竹简木牍，虽然载体质地是硬质的，但在用丝绳等编连成"册"的过程中，以另一种形式"软化"了。这是出版载体由硬质向软质转化的关键步骤，部分解决了硬质出版载体的携带、保存困难的问题，但其局限仍然不能完全解决，于是人类为了解决信息和知识的生产、携带、保存、传播等效率问题，逐渐探索出绢帛、羊皮纸、植物纤维纸等真正的软质出版载体，人类出版跨步进入"以柔克刚"的软质出版新时代。

软质出版载体的问世是人类出版史上的台阶式跨越，但却不是发展的尽头。出版载体的变革发展，整体上走的是一条软化和虚化之路。工业革命后，新技术、新思想对于出版载体发展有极大的推动，从19世纪以来，声光电磁的发明发现使出版载体在软化和虚化的发展方向上阔步跃进，人类出版走上"告别铅与火、迎来光与电、奔向数与网"的新征程，开始用各种新的介质和载体来代替软质出版载体，以记录声音、图像、动态影像等。从声光电磁到计算机革命，再到现在的数字技术和移动互联网时代，出版载体越来越虚拟化、云端化。相信在不久的将来，当我们完全进入"人工智能"和"大脑意识"出版时代，出版载体将全部体现为网络和数字形式，甚至更高维度的虚拟形式。

(二)出版载体的体量表现出轻量化、便携性的发展规律

硬质出版载体虽然有坚固庄重、不易损毁、传存久远等优点，但缺点也是非常明显的：生产成本高，携带保存不易，不可折叠，等等。即使到了硬质出版后期阶段，莎草纸、贝叶书、简牍等"轻量级"的硬质载体被发明出来，但囿于世界各地的自然地理条件，这些硬质载体无法完全"统一生产、统一制造"，在生产、保存、运输、传播等方面仍然有很大缺陷。因此一旦有质地柔性、原料易得、易携带、可折叠、成本低的软质载体出现，硬质出版载体的主体地位必然会受到严峻挑战。用更轻量的出版载体，承载更多的信息内涵，是出版载体发展的又一规律。在此背景下，中国发明了绢帛、欧洲发明了羊皮纸等软质出版载体。这些出版载体虽然在轻量化、便携性方面完胜所有硬质出版载体，但并没有完全代替后者。原因在于绢帛和羊皮纸价格高昂，成本高出硬质出版载体许多，直到中国西汉发明原料便宜易得的植物纤维纸，经东汉蔡伦重大改良后，可以规模用于写印。植物纤维纸这种软质出版载体，超越此前探索出的所有出版载体，极大地促进了人类文化的裂变式增长，也极

大地推动了人类文明的台阶式进步。

以植物纤维纸为代表的软质出版载体虽然轻便,但是相对硬质出版载体而言,大量的纸质出版物累加起来,从重量和快速传播来说,仍然不是最完美的状态。当今社会,纸张的制造技术和书籍的装订技术已登峰造极,纸质出版物的重量、体积、便携程度已经无法实质性优化。一般为了追求出版物印刷的清晰与精美程度,内文纸往往选择克重为70～80克的轻型纸、纯质胶版纸或道林纸,封面选用克重为150～220克的铜版纸、高阶纸或白卡纸,采用胶订或锁线装订等形式,按上述规格,一本32开、320页(10个印张)的书也要重到300～500克,从便携与轻量化的角度来说,纸质图书的科技树已经生长到顶峰。但人们对于出版载体更加轻量便携的需求仍然存在,因此进入虚拟出版时代以后,体积重量更加轻便的半虚拟出版载体不断被发明出来,如胶片、磁带、光盘、U盘等。从早期的声光电磁载体,到后期可移动存储介质,人们逐渐"可以把一座图书馆带在身上"。可以预见的是,出版载体会一直沿着轻量化、便携化的方向发展,体积重量再度减小不再是新鲜事。在完全网络化和数字化时代,出版载体更加虚化,如云存储。或者完全虚拟地存储在光、电、声波、空气甚至大脑中,这是笔者目前能想象到的出版载体的最终形态。

(三)出版载体的容量表现出从少量到大量及海量的发展规律

出版载体的发展,核心的动力就是人类对知识和信息的需求,出版载体发展的三个阶段,本质上就是"载体可呈现信息量"逐渐增多的过程。出版载体的体量遵循了微化、软化、虚化、轻量化、便携化的发展规律，虽然载体越来越轻薄甚至虚化，但其承载的信息量却越来越多，呈现出了从少量走向大量、海量甚至无量的规律性特征。

相比软质出版载体和虚拟出版载体，硬质出版载体最大的不足就是信息容量小。无论是早期的岩画、岩绘、绳结，还是中后期的泥版书、甲骨书、简牍书、纸草书、贝叶书等，虽然载体越来越轻量化，但囿于载体特性，仍无法承载太多的信息。其中绳结还是一种出版载体与出版符号、出版技术一体化的文化生产样态。正是由于人们对于信息精准度和信息承载量的需求，绳结作为符号的意义才慢慢隐退到后来的文字符号中。硬质出版载体的发展过程，就是载体蕴含信息量逐渐增多的过程，硬质出版时代后期的竹简木牍、莎草纸、泥板等载体，所包含的信息量明显高于早期的泥板、甲骨和石碑等。

硬质出版载体所能容纳的信息量非常有限，软质出版时代到来后，载体对于信息量的承载迎来了第一次爆发式增长，人们可以用更加少量、轻量的载体来容纳更多的信息。在植物纤维纸广泛运用后，过去软质出版载体（绢帛和羊皮纸等）较为昂贵的缺陷也被补足，伴随着雕印、活印、套印及机铅活印的飞跃式技术进步及其广泛应用，人类出版载体"以柔克刚"的进程以近乎飞快的速度席卷全世界，软质出版载体成为全世界文明发展与传播的主流，在此阶段，人类大部分的信息都是由软质出版载体所承载和传承传播的。

人类对于信息量的追求永无止境，但无论是硬质出版载体还是软质出版载体都有"科技树"生长到顶峰的时候。在纸质出版物的出版技术还没进阶到顶级状态的时候，人类就开始研究下一个可以承载携带更多信息量的出版载体。19世纪，人类探索出声光电磁作为出版传播的新介质,并逐渐将其发展成全新形态的虚拟和半虚拟的出版载体。之后就是顺理成章走上"告别铅与火、迎来光与电、奔向数与网"的出版发展进程。人类开始用新载体记录声音、图像、文字、动态影像等多个形式、多个维度的信息,这是软质出版载体无法支撑的,虚拟出版载体由此被确立下来。从初期的"声光电磁",到中期的"计算机革命",再到现在的"数字技术和移动互联网时代",虚拟载体的外在形态越来越小,但可承载的信息量是软质出版载体不可想象的海量甚至无量信息。数字出版的实践如火如荼,在可见的将来,虚拟出版载体势必会走上完全智能化、人性化、脑电化的道路,数字出版的下一个形态即人工智能出版与大脑意识出版与我们的距离并不遥远。

出版载体的阶段性发展是人类文明进程中的自觉选择,在某一时期往往是多种出版载体同时并存的。载体的变迁并不是出版发展的唯一动因,但载体的发展带来了符号的转向和技术的变迁,影响了出版发展的向度、广度和深度。

二、出版符号的发展规律

从出版符号的角度来看,出版是运用出版技术,将出版符号结合到出版载体上的过程。不同时代,出版的三元素体现出不同的特征,出版符号与出版载体结合的特点有所不同。在出版三元素中,出版符号是最具有文化特性和文明特征的元素,人类文明的出现都是以文字符号的创制为主要标志和证明的。出版符号与另外两大元素之间存在非常密切的内在关系,出版符号与出版技术和出版载体的特点高度关联,三者协同发展,使得不同出版时代呈现出不同的出版风貌。在出版载体和出版技术发展的推动下，出版符号表现出形态抽象化、表意精准化、形式多样化、含义丰富化的整体发展趋势。

(一)出版符号表现出非常鲜明的阶段性特征和符号日益精准化的发展规律

出版与文明具有极强的正相关性。在硬质出版时代，图画符号和象形文字是主流的出版符号，其中亚洲、非洲、欧洲等的原始岩画出版和石刻出版可称为人类文明的第一缕曙光。古代埃及、两河流域、古代印度、古代中国的硬质出版共同开创了人类早期文明的繁荣图景。在漫长的人类出版史上，出版符号的发展呈现出鲜明的阶段性特征，即硬质出版时代主要是表形的图画符号、图形文字符号和象形文字符号，软质出版时代主要是高度抽象的字母文字和表意文字符号，虚拟出版时代主要是音频、视频为主的场景符号。同时出版符号所表达的意思也越来越精准化、明确化、精细化和丰满化。

在人类漫长的出版历史中，一方面，出版符号的发展呈现出鲜明的阶段性特征，另一方面，出版符号所表达的意思越来越精准化、明确化和精细化。以非洲的硬质出版为例，早在公元前9000年左右，人类就广泛进行了岩画出版实践活动。最有代表性的是公元前5000年左右的南非布须曼岩画。这些岩画出版物具有强烈的叙事风格与时代气息，但这一时期的图画线条粗糙简练，表意模糊，并未形成完整的符号体系，是出版符号的萌芽状态。到了公元前3500年左右，象形文字被古埃及人发明，逐渐代替了过去粗糙的岩画符号，标志着非洲大陆进入了文字记载时代。象形文字是人类最早的成熟文字符号系统，广泛应用于各种铭文出版，如墓铭、碑铭、庙铭、采石场铭文等。莎草纸发明后，象形文字符号又与新的出版载体结合，产生莎草纸出版，其出版作品被称为纸草卷。在这一过程中由于出版载体的更新换代，象形文字作为出版符号也有了长足的发展，表意越来越精准、越来越明晰、越来越丰富。表现在象形文字的字体演变上，古埃及的象形文字（Hieroglyphs）一词，来自希腊语，由"神圣的"（Hieros）和"雕刻"（Glūpho）两词合成，意为"神圣的雕刻"（Sacred Sculptures），根据神话传说，古埃及人将其文字称为"神的言辞"（the God's Words）。

古埃及象形文字历经"祭司体"到"世俗体"的演变，后期发展成为科普特文字。符号数量变多，笔画逐渐简化，书写速度越来越快。成熟时期的象形文字，"文字不再像图画，而成为单纯的文字"。特别是世俗体文字，主要用于记录日常生活及事务性内容，简化和连写已经成为惯常之法，形式更加简洁，表意却更加丰富。与岩画符号和象形文字的发展路径类似，两河流域的楔形文字、古代中国的甲骨文和钟鼎文、古代印度的梵文发展均延续了相似的阶段性发展特征，外形逐渐简化、抽象，表意却逐渐精准、细化。纵观整个硬质出版时代，人们渐渐接受了"将出版符号经由一定的出版技术，刻写在出版载体上"这一过程，奠定了出版符号在出版过程中的灵魂和核心地位。在这一时期，各个地区创造的出版符号都有其独特之处，但尚未融通普及，大多是地域性的出版符号。伴随着历史进程，硬质出版时代具象的图画符号和象形文字等出版符号的发展，为软质出版时代抽象性文字符号的演化与成熟打下基础。

进入软质出版时代后，出版符号的主流形式从硬质出版时代的具象性表形文字符号逐渐转变为抽象性的表意和表音文字符号。这一时期无论是中国的文字出版符号还是外国的文字出版符号，同样体现出高度抽象性的阶段性特征。出版符号均由具象性的图画符号、图形文字和象形文字发展演变至高度抽象、高度简约、丰富精准的成熟的表意或表音文字符号系统，这是出版符号发展的内在逻辑规定的。从某种意义上说，象形文字符号，并不能算是成熟完备的符号系统，首先象形文字描物摹形，字形上必然表现出复杂烦琐的一面，学习和书写必然非常不易，更困难的是，有很多人、物、景、事、情并不能直接描画出来，即使描画出来，外人也不易理解和记忆，更不容易复写和再现，此外还存在表现和再现的效率低下问题。这是人类早期图画文字和象形文字所共有的缺点。此外，人们对出版载体的体量有苛刻要求，而对其信息承载量却有着无限期待，加之对出版效率和出版技术的无限追求，这就决定了人类的出版符号必然会走上简约化、抽象化和完全指代化的发展演变之路。

象形文字的发展演化有四条主要路径：一是走向高阶的表形文字；二是走向表音文字；三是走向表意文字；四是走向表形、表音、表意的综合性文字。

第一条路径是走向高阶的表形文字。即在原有基础上不断简化、规范，发展到无以复加的完善程度，直至灭亡，或被其他更优秀的文字符号所取代，或与其他文字符号融合成为新型的文字符号系统。两河流域的楔形文字、古埃及的象形文字、古印度的象形文字都是这一路径。

第二条路径是走向表音文字。表音文字较之于象形文字，有无可比拟的巨大优越性。首先是其字母元素少，便于学习、记忆、传播、传承，更重要的是"文语同构"，即文字和语言完全一致，文字即是书面的语言，语言即是口头的文字。这种从内容到形式的"我手写我口"，大大缩小了书面表达和口语表达的间隔。但是，从象形文字到拼音文字的发展，历经了漫长和艰难的融合发展过程，终于在公元前1000年左右，在古埃及象形文字（圣体书）"之母"和两河流域楔形文字"之父"的融合孕育催生下，腓尼基人（Phoenician）创造出了人类历史上第一批字母文字，共22个字母。这是人类历史上第一个半成熟的拼音文字。为什么说它是"半成熟"的呢？因为它只有辅音字母，没有元音字母，其字母读音须由上下文推断而出，发出来的拼音是不清晰的。但它毕竟是人类历史上的第一个堪称成功的走表音方向的字母文字符号系统。此后人类探索出的主要字母文字体系，几乎都可追溯到腓尼基字母，如希腊字母、拉丁字母、希伯来字母、阿拉伯字母等。腓尼基字母（Phoenicia Alphabet）由此成为人类字母文字的开端。由此派生出了古希腊字母，智慧的古希腊人将腓尼基字母改造成有元音的希腊字母，希腊字母文字即成为人类历史上第一个既有元音字母又有辅音字母的"完全成熟"的字母文字符号系统。后来希腊字母又发展为拉丁字母。古罗马帝国分裂后，古罗马的拉丁字母与各地的方言结合，发展成为英语、法语、德语、俄语、西班牙语等。腓尼基字母还派生出了阿拉美亚字母，进一步演化出印度、阿拉伯、希伯来、波斯等民族字母。

第三条路径是走向表意文字。表意文字包括词字、词素字等类型。其通过象征性图形符号，来表达语言中的词或者语素的意义。图形符号往往通过结构成分和结构关系来表达简单或复杂的意义，图形符号的意义并不能"直接看出来"。其文字的意义和所记录语词的读音也往往具有对应的关系。因此，表意文字是系统严整的文字符号体系，能够记录语言中的词汇，也能够记录和表现语言的语法关系。截至目前，仍在使用的表意文字有汉字、彝文、东巴文、格巴文等。汉字是世界上使用时间最长、范围最广、使用人数最多的有综合性倾向的表意文字符号系统。

第四条路径是走向表形、表音、表意的综合性文字。其实汉字也有综合性的发展成分，其主体成分是表意字，但也有相当多的汉字是形声字，有表音功能，还有一些汉字有表形功能，如"火""雨""田""井"等。所以汉字既是表意文字，也是吸收了表意、表音、表形三种功能的综合性文字符号系统。这就是汉字五千年从萌芽到成熟再一路发展演变，五千年栉风沐雨仍然蓬勃兴旺的缘由。我们说中华文化五千年连绵不绝，究其实，乃是汉字符号系统的未曾断绝。这一点需要特别予以指出和强调。

中国人发明了软质出版时代最先进的出版载体——植物纤维纸和最先进的出版技术——印刷术。这两项技术大大提高了软质出版的效率，也大大降低了软质出版的成本，世界上其他各国在这一时期的出版符号大多在造纸术和印刷术基础上有了明显的发展。

出版载体和出版技术的发展助推了欧洲文字符号的系统成熟。公元前8世纪，莎草纸传入欧洲，在漫长的历史发展过程中，助推了欧洲文字符号从腓尼基字母到希腊字母的发展演进。公元前2世纪，新的出版载体羊皮纸及新的出版技术羽毛笔，对于拉丁文的字体成熟规范及手抄复制的形式美起到了极大的促进作用。羊皮纸替代沙草纸，羽毛笔替代芦苇笔，使得抄写复制更加流畅便捷，希腊字母和拉丁字母的各种体式都逐渐发展成熟，字母文字符号逐渐标准化和规范化，而且还衍生出大小写、花体字等字体字形。中国植物纤维纸制造技术和印刷技术传入欧洲后，二者形成完美匹配，希腊语、拉丁语逐渐式微，各民族的语言文字开始大放异彩。之后古腾堡在中国雕印及活印思想和技术影响下发明了机铅活字印刷技术，欧洲全面结束手抄复制时代，快速进入规模印刷复制时代。由于植物纤维纸的吃墨性和可承印性优良，加上金属活字的不变形特性，保证了所有字母的完全标准化和排版规范化，出版符号借助印刷技术走向了规范统一和系统完善之路。包括欧洲诸语在内的世界各国的出版符号体系逐步走向抽象化、规范化和标准化。抽象的出版符号相较于具象的出版符号，基本摆脱了符号与实物一一对应的关系，通过有规律的排列组合和约定俗成，表意和表音更加精细化，消除了具象出版符号因人而异的描画不规范带来的表达歧义之困扰。

需要注意的是，虽然软质出版时代最主流的出版形式是文字符号类出版物，但并不表明这一时期的出版符号仅为文字符号，非文字符号也是软质出版时代重要的出版符号形式。除去绘本、画册等以图片形式为主的出版物外，其他软质出版形式如纸牌、招贴画、传单、幕布、横幅等也多是以图片为主或多种出版符号组合而成的出版形式。

在符号多元化的软质出版探索过程中，人们逐渐发现软质出版载体无法承载动态影像符号，也无法承载声音符号。在此背景下，人们开始探索出版符号的下一阶段发展路径，即虚拟出版时代文图声像混成出版符号的可能性发展方向。"告别铅与火、迎来光与电、奔向数与网"是虚拟出版时代最显著的特征，出版符号在这一时期也有了新的发展——由抽象文字符号转向非文字出版符号与文字出版符号混成共生。从声光电磁的应用开始，出版技术逐渐从"印刷"转向了"录显"，虚拟出版符号也顺应"录显"技术的发展，开始呈现多维度的非文字形式，如视频、有声书、直播等形态。

借助出版载体更加虚化和轻量化的特征，搭配出版技术的"录显转向"，特别是其承载信息量的台阶式递增，虚拟出版时代由声音出版开启，之后可显现图像的屏幕被发明出来，实现了人类对于声音和动态影像的"即景式"出版复制需求。从录音技术到录像技术，音像出版成为虚拟出版时代初期的主流形式。到了互联网时代，虚拟出版时代的非文字出版呈现出"场景化""全息化""融合性"的发展特征，借助移动互联网技术的快速发展，出现了多种音画组合及单一符号的出版形式，如视频、直播、有声书等，这些形态促进了人类阅读的感官解放，改变了人类感知出版物的单一状态，即过去只能通过"口传耳听"或"视觉阅读"来实现消费和阅读，在虚拟出版时代则可通过视觉、听觉、触觉甚至嗅觉和味觉来共同完成"阅读"行为。这样的发展解放了双手和双眼，人们可以从更多维度获取信息、消费出版内容，在提升信息获取效率的同时，也降低了信息获取的成本。

此外，虚拟出版时期出版符号与过去硬质、软质出版时期出版符号最大的不同，就是编写形式与呈现形式有了质的变化：无论是硬质出版符号还是软质出版符号，从生产到阅读的维度都是一维的，"所写即所得，所见即所写"，出版人在载体上输出什么信息，阅读者收到的就是什么信息。但虚拟出版不同，它的出版符号是二维的甚至是多维的，用户可阅读的形式是线上图文、音频、视频、AR/VR/MR等外显符号，而这些外显符号并不像过去的刻铸或抄印，虚拟出版的底层编写逻辑是通过二进制编码和计算机编辑语言来完成的，说得通俗一点，硬质、软质出版符号的呈现路径是创作—刻铸、抄印—发布发行—阅读,而虚拟出版符号的呈现逻辑则是创作—二进制式录入—通过计算机语言编译显示—阅读。硬质、软质出版符号是单一的、平面式的线性出版符号,虚拟出版符号是二维的编创录制—译写显示,由底层语言符号叠加外显符号共同呈现。由于计算机编译程序是统一输入—统一输出的形式,即可以将各种繁复的符号编译成同样的代码,经由统一的逻辑输出。虽然虚拟出版符号增加了这道编译的工序,但这并不意味着出版过程迟缓或出版效率的降低。正是因为有了这种统一输入叠加统一输出的模式,出版变得更高效,出版符号所蕴含的信息量与过去相比多了很多,符号的组合、符号的意义也变得内涵丰富、形式多样。表形、表音、表意也更加精准化、实景化、多元化及鲜活化。

可以预见的是,随着虚拟出版的持续深入发展,目前这种"二维编创—译写"的模式,会逐渐向更多维度的虚拟符号编译方向发展。在未来的人工智能出版和大脑意识出版时代,有可能会出现三维、四维甚至更高维度的虚拟出版符号编译与显现方式,蕴含的信息量会更多,阅读的成本会更低,编译的时间会更短,直至出版的边际成本趋于零。虚拟出版由声光电磁开端,到"录显时代",再到未来的人工智能出版,同样也体现了出版符号发展的阶段性特征,表形、表音、表意逐渐精准化和场景化。

(二)出版符号从象形到抽象又回归具象的发展规律

从硬质出版时代主要表形的图画符号、图形文字、象形文字等具象出版符号,走向软质出版时代的高度抽象的表音、表意及综合性文字符号，再进一步发展到虚拟出版时代的线上图文、音频、视频、动态影像混成的场景化新具象出版符号，人类出版符号经历了从肯定到否定，再到否定之否定的一个波浪式前进和螺旋式上升的过程。

出版符号发展过程中，较为明确的一个发展规律是，由具象化的出版符号转向抽象化的出版符号，经过融合演化后，又回归具象化的出版符号。这是一个从低级向高级的内生过程，不是"轮回式"的重复过程。人类最初的出版符号诞生于硬质出版时代，这一时期出版符号最主要的特征之一就是"象形"化，出版符号代表的是一个个的具体实物，核心特征是"见物摹形"，符号含义与实物对应。无论是古代岩画出版，还是两河流域的楔形文字，或是古代埃及的象形文字、古代印度的印章文字、古代中国的甲骨文等，均呈现这一特点。符号传递的信息就是符号背后实物的信息，较少"言外之意"。这一时期，出版符号呈现了外形由图画到象形文字、形式由复杂到简单、表意由模糊到清晰、数量由贫瘠到丰富的发展过程。虽说硬质出版时代图画符号和象形文字发展较为成熟，但出版符号依然没有摆脱与实物之间的对应关系，架构繁复，写认两难，导致信息传递难度大，传输成本高。

到了软质出版时代，出版符号开始从以具象思维为主的图画符号和象形文字符号，转向以抽象思维为主的、或表音或表意或综合性的文字符号。这些表音、表意、综合性的文字符号系统高度抽象，指称性和代号性特征更加鲜明。汉字符号系统从最早的结绳记事，到鸟虫文、甲骨文、大篆，其文字出版符号的弧形图画特征一直非常鲜明。秦始皇统一中国后，颁布了"书同文"的政策，汉字统一为秦小篆，弧形特征弱化。隶书、楷书、行书等结构制式，弧形及具象意义渐渐被抹去，抽象意义不断被赋予，形成了抽象的、完整的并一脉相承的文字系统。秦汉之际的小篆隶变，汉字笔法从弧线向直线发展，但仍然保留有波磔的尾巴，直到汉晋之际的楷变，汉字才最终完成从"具象摹形"向"抽象表意"的转型发展。换句话说，古代中国硬质出版时代的出版符号是由具体的事物形态衍生而来，符号的形状基本是事物形态的描绘，表达的意思也是某个具体事物本身，抽象含义并不明显。到汉代，新的出版载体植物纤维纸被发明出来，出版迈入软质出版时代的大门，拓印技术开始出现，汉字出版符号完成抽象化历史转型。之后汉字符号系统越来越成熟，也越来越规范。这既是出版符号内在发展逻辑使然，也是逐渐"软"化的出版载体、逐渐"印"化的出版技术共同推动的结果。在出版符号从具象走向抽象的演进发展中，出版技术从拓印、雕印、活印、套印一路创新发展，改写了人类出版的演进逻辑。

口语词一般都是其表征事物的抽象，而书面语则是口语的进一步抽象。在古代，世界各地的软质出版时期出版符号的发展规律与汉字相同，从古埃及的象形文字和两河流域的楔形文字发端，到只有辅音字母的人类第一套字母文字腓尼基字母文字诞生，再到辅音字母和元音字母俱全的希腊字母符号系统的完成完善，人类完全抽象性的字母文字经过三级跳跃，完成从具象到抽象的完美转型。古希腊人在创制自己的拼音文字符号时，借用了腓尼基字母的辅音系统，添加了完整的元音符号，消除了没有元音字母带来的语音含混和语意分歧，使其拼音文字的表音和表意能力大大增强。之后希腊字母传入亚平宁半岛，经过当地人进一步加工形成了埃特鲁斯坎字母，再后来进入罗马帝国时期，这一文字符号体系再次进化，形成了当时世界通用的拉丁字母。罗马帝国分裂后，拉丁字母文字与欧洲各民族方言、文化等结合，形成以抽象性为核心灵魂，以表音为基干特征的英语、法语、德语、俄语、西班牙语等欧洲诸种语言。概言之，无论是亚洲、欧洲，还是世界其他地区，软质出版时代最显著的特征就是出版符号的抽象化。

进入虚拟出版时代后，出版符号再次"回归具象"。这里的"回归具象"不再是"见物摹形"，而是更高层面的"所见即所得"。虚拟出版时代出版符号的具象化回归，是历史上又一次跃进式的时代性变革。在此时期，人类对于出版符号不再是硬质出版时代那样刻板描摹和被动接受，而是经过深思熟虑后针对不同的符号做出相应的价值判断。与此前简单的读写符号性质完全不同，虚拟出版时代的出版符号是经过个人主观价值评估后的融合性出版符号。"奔向数与网"的时代特征赋予了虚拟出版新的能量，出版模式走向了形态多媒体、符号多维度的"集成融合出版模式"，即出版技术不再是单一的刻、铸、抄、印，出版符号也不再是单一的图、文、声、像，而是多种抽象文字符号和非文字符号的集成融合式应用，且以具象的非文字出版符号应用更多、更主流化。在虚拟出版时代，集成融合式的符号是"所见即所得"的立体性具象化展现，该时代的非文字出版符号承载的信息量远远超过了硬质出版时代的图画符号和象形文字，且并不是单一的信息呈现，而是多维度、多层次、多元化的信息载传模式。其信息传递的效率更高，完全打破了时间和空间制约，这是出版符号由抽象回归具象后的新特征之一。

(三)出版符号从繁杂到简约又重回场景的发展规律

出版符号的第三个发展规律，就是从描画繁杂的象形文字，到简洁明快的抽象符号,再到打破樊篱的多媒体、多维度、场景化的"集成融合性"的场景符号形态。

四大文明古国的出版符号均以图画符号和象形文字为主,这些代表人类出版文明早期繁荣图景的出版符号囿于出版载体和出版技术,体现的是单纯外形描摹的"具象化",即每个出版符号背后都要有对应的实物。在硬质出版时代,出版符号在发明和应用的过程中必须体现"象形符号"的本质,即符号与实物的样式不能相差太远,而实物外形样式繁杂万千,因此对应到出版符号上,也体现出繁杂的特性。还有一些动作性、神态性、过程性的事物更是难以描画,如"走""跑""思""恐""惊"等很难准确描画,也很难被人理解。因此图画文字和象形文字有些很好写画和识读,有些则很难写画、很难识读。且囿于出版技术与出版载体,每个出版符号被创制出来后,每次的"刻画"并不能保证符号的样式完全一致,或多或少都会有些许变形,在信息传递的过程中,为了保证符号表达的意思不失真,就需要添加各种限定符号,后期还叠加表音符号等其他符号,出版符号在"刻画"时会越来越繁杂。

随着人类对描摹事物、表达情感和交流信息之需求的不断增加,其对出版符号表形、表音、表意的需求也不断增长,因此,出版符号数量随之增多。在软质出版时代,出版符号迎来了历史上的第一次转型革新,即前文提到的由"具象化"转变为"抽象化"。抽象视域下的出版符号拥有了完整的体系逻辑,不必再像过去一样每个符号必须对应某个实物,而是按照一定规律,通过不同的符号组合,表达出不同的意思。出版符号的表现形式不再像硬质出版时代那样繁杂,可以按照不同语言文字体系表意和表音规律,简化出版符号"抄印"的形态,形成书写有规律的代称性文字形式。出版符号的抽象化与简约化互为因果。

虚拟出版时代，出版符号与出版载体的关系发生颠覆性变革，从硬质和软质出版时代的"执子之手，与子偕老"转向了"瞬间结合，长时分离"，即出版符号与出版载体"瞬合长离"。在硬质出版时代，出版符号被"刻""铸"在出版载体上，软质出版时代则是"抄""印"在出版载体上，出版载体与出版符号牢牢绑定，不可分离。到了虚拟出版时代，"录""显"技术改变了这一传承了数千年的关系，文字、图片、声音、动态影像等多种出版符号都可以同时出现在同一显示设备上，出版符号与出版载体之间的关系从"荣辱与共"变化为"按需离合"。

这一变革打破了时空的限制，改变了整个出版业的形态，引发了阅读场景、阅读空间的革命性变革。可以明确的是，虚拟出版就是出版场景化的重构与重建：以虚拟出版符号为连接基础，个体阅读空间和公共阅读空间不再分离，实体物理阅读场景也转变为虚拟阅读场景，虚拟出版符号脱离了硬质载体和软质载体的束缚，阅读形式从"读书"转变为"读屏"，随着技术的革新，屏幕也越来越小，可穿戴设备的更新迭代，使得阅读场景更加虚拟化和人性化。相信在未来的人工智能出版和大脑意识出版阶段，实物载体会逐渐消失，出版符号可能呈现出"飘浮在空中"或"悬浮在脑海"等其他的展现形式，阅读场景会逐渐实现时空上的完全解放。

三、出版技术的发展规律

出版技术的发展主要体现在两方面：一方面是将出版符号与出版载体结合起来的直接性出版技术，另一方面是包括出版载体等在内的纸、墨、笔等出版辅助技术。两方面的进步相辅相成，缺一不可。直接性的出版技术对于出版的发展是决定性的，一方面可以推动出版载体的革新和升级，另一方面也能促进出版符号的转向和发展。之后三方协力，共同描绘出人类繁荣的出版图景，也共同铸就人类辉煌的出版成就。出版技术的内在发展动因，体现了出版发展的本质性要求，即信息海量化、技术尖端化、发展协同化。

(一)出版技术从低效复制走向高效复制的发展规律

硬质出版时代，出版技术较为简单，岩画出版、铭文出版、象形文字出版、楔形文字出版、龟甲兽骨出版、青铜铭文出版、竹简木牍出版、蜡版书出版的出版技术主要是"刻"和"铸"。硬质出版后期，随着制笔技术和制墨技术的发展，"抄"的出版技术逐渐发展成熟，因此人们常常把从事"刻""抄"工作的文字工作者称为"刀笔吏"。硬质出版的制作成本与复制难度较高，而承载的信息量却很少，不利于信息的传播与扩散。到了硬质出版载体向软质出版载体的过渡阶段，即莎草纸和贝叶出版盛行时期，人们发现载体轻量化、柔软化、便携化的变革发展可以大大降低出版的成本，提升出版传播的效率，因此增加载体信息承载量，提升信息复制的效率成了出版技术发展趋势的首位追求。

在绢帛和羊皮纸作为出版载体得到应用后，即使这些初期的软质载体价格昂贵，仍代替了不少硬质载体的出版功能。直到蔡伦改良了植物纤维纸的制造方法，革新了出版载体的制造技术，软质出版载体的制作成本大大降低，而信息承载量却大幅度增加，人类从"刻铸"时代进入"抄画"时代。由于植物纤维纸的可承印性，人们首先探索出拓印技术，进一步探索出雕印技术和活印技术。人类从"抄画"时代全面迈入"印刷"时代。出版载体制造技术的发展带动出版符号复制技术的进步，而出版符号复制技术的进步又反过来促进出版载体制造技术的发展完善，二者之间形成良性互动关系。

"告别铅与火，迎来光与电"，纸质出版物的生产与复制虽然日臻完善，但仍然存在信息传播的致命弱点，即必须进行物理移动，才能实现信息传播。如何克服硬质出版和软质出版共有的弊端成为一道命题，于是新的虚拟出版形态被探索出来，声音出版、影像出版等，人类开始"奔向数与网"。在软质出版时代，批量信息的快速复制需要动用大规模的设备和资源才可完成，如印刷机、装订机、成吨的纸张、大量的人力。到了虚拟出版时代，个人仅需轻轻敲动键盘，便可完成信息的复制过程。出版载体的轻量化、便携化、虚拟化和信息存储的海量化发展趋势，随着出版符号录入成本的降低及出版符号复制效率的提高，本质来说就是出版载体和出版技术的双重演进。

(二)出版技术与时代高新技术密切结合共同发展的规律

无论是"笔墨纸砚"等辅助性出版技术，还是"刻铸抄印"等直接性出版技术，都与彼时最先进的高新技术密切关联。在硬质出版时代，早期最先进的制造技术是石制器物的打磨制造，之后是陶器、竹木制品、金属器物等的制作，这些制造技术就是当时人类的高新技术。这些高新技术甫一发明就被用于文化生产即出版活动中。

到软质出版时代，同样秉承了"时代高新技术带动出版技术发展"的逻辑，造纸术和印刷术是当时最先进的高新技术。蔡伦改良造纸术时，基于当时出现的蒸煮工艺与特殊工具"筈""簧"的广泛应用，发明了抄纸法，而雕版印刷术及其衍生出的套版印制、饾版、拱花、活字印刷等技术，也是基于当时造纸技术、制墨技术、纺织技术与装帧技术等基础的高新技术，纸、墨、书册形制是印刷术外在的三个支撑性条件。15世纪中叶古腾堡发明机铅活印技术，这是出版史上的重要事件，不仅首次将机械技术思想应用到出版技术变革中，还结合了当时最尖端的冶金技术、铸造技术等，以至于有观点认为古腾堡的主要发明不是印刷机，而是铸造机以及活字生产的冶金技术。工业革命使印刷术的动力来源由人力—畜力的发展路径，一跃为蒸汽机械动力，后又将蒸汽动力革新为电力，大大提高了出版的生产效率，也变革了整个出版的演进逻辑。

到了虚拟出版时代，高新技术推动出版技术发展这一规律愈发明显，从最早的声光电磁开始，机械技术的精密化推动了声音的录播出版，光学技术的应用推动了音像出版，推动"屏显出版"走上历史舞台。电子技术的革新，使得声音与影像结合，创生出动态影像出版。计算机革命后，虚拟出版快速发展，数字技术、多媒体技术、网络技术催生出了体积更小的出版载体和更加多元化的出版符号录入方式，聊天室、即时通信工具、社交媒体、网络游戏、电子书等各式出版物被发明出来。伴随着高新技术的不断发展，出版技术从中获取了更多发展机会，到了移动互联网时代，视频、直播、AR/VR/MR等新的形式占据了出版的重要地位，这一切都要归功于5G和数字硬件设备等高新技术的快速进步。随着3R(XR)技术、可穿戴设备技术、人工智能技术等高新科技的不断优化，出版技术的迭代速度会越来越快，相信在不久的将来，新的高新技术一定会将我们带入人工智能出版时代和大脑意识出版的崭新时代，也会给出版业带来更多的技术性硕果。

(三)技术与载体和符号"相协":从"刻铸"到"抄印"再到"录显"的发展规律

出版技术分为"刻铸""抄印""录显"三个主要时期,分别对应硬质出版载体、软质出版载体、虚拟出版载体。在硬质出版时期,由于出版载体制造技术较为原始,人类早期只能通过"刻"的方式将出版符号结合到出版载体上。竹简木牍、贝叶等出版载体制造技术被发明,出版符号从过去的"刻划"变为了"刻写",为下一步进入软质出版时代转为"抄写"奠定了基础。随着出版载体制造技术的发展,金属器具被发明出来,这时出现了"铸造"的符号制作技术。

到了软质出版时期,出版载体制造技术、出版符号复制技术同时跃进,并相互促进,出版载体制造技术带动出版符号复制技术发展这一特点变得明显。在蔡伦改良植物纤维纸后的几百年里,中国又陆续发明出领先于世界的雕版印刷术、活字印刷术、套版印刷术。欧洲的羊皮纸直接推动抄写技术发展到巅峰状态。纵观软质出版时代,出版载体制造技术与出版符号复制技术往往呈现出前者带动后者进步的特征。

在虚拟出版萌芽时期,软质出版时代的技术进步,基本都是围绕出版符号复制技术展开的,甚至部分涉及数字出版的技术如激光照排、电子化海德堡六色机等新发明,本质上还是与软质出版载体协同。直到计算机革命,人类才算真正进入虚拟出版时代。无论是"迎来光与电",还是"奔向数与网",或是未来的"人工智能出版"与"大脑意识出版",出版载体制造技术与出版符号复制技术基本是协同发展、共同进步的,呈现出逐渐虚化直到完全虚化的特征。虚拟出版技术不但与出版载体"相协",也要与出版符号"相协"。随着"录显"出版技术的进步,出版符号呈现出具象化、场景化等多重的变革。在此趋势下，未来虚拟出版时期的出版载体和出版符号与出版技术会更加高效统一，真正实现技术与载体、符号的完全协同。

第四节　出版史与书籍史、印刷史、阅读史之辨析

学科发展历史是学科存在与发展的基础，出版学科专业建设也应以出版史作为学科研究的原点之一。雕版印刷、活版印刷和套版印刷都是中国发明的，在中国出版和印刷往往连绵使用，以至于很多人分不清"出版"与"印刷"的关系，更不能很好地辨析"出版史""印刷史""书籍史""阅读史"之间的区别和联系。长期以来，我们对"出版史""书籍史""印刷史""阅读史"等概念的内涵和外延辨析不清，经常混淆使用。其实，"出版史"既不是"书籍史"，也不是"印刷史"和"阅读史"。"书籍史""印刷史""阅读史"是与"出版史"存在亲属关系的"亲缘性"概念，科学严谨地辨析三者与"出版史"之间的关系，有助于对出版学科专业的科学认识，也有助于对出版学原理的深度理解。

人类的出版历史贯穿古今，丰饶厚重。"历史研究为理论研究提供经过梳理的历史的实践经验"[1]。梳理研究出版史，对于出版学理研究和学科专业建设有着至关重要的先导性和奠基性作用。出版史研究的是出版活动的历史，是基于史学理论的研究范围。一般而言，某一史学理论的研究范围，应包括对其研究意义、研究对象、研究范围与内容、研究方法、与

---

[1]　刘果：《对编辑史、出版史研究的一点想法》，《中国出版》1999 年第 6 期。

其他学科的关系等方面的探讨。[①] 在众多历史学科分支中，书籍史、印刷史、阅读史与出版史关系最为密切。通过梳理出版史与书籍史、印刷史、阅读史之间的关系，可以窥见出版史在出版学理论研究和学科专业建设中的重要地位，有利于对出版学理论的探研和对出版学科专业的底层逻辑构建。

一、研究出版必须科学界定"出版史"的内涵和外延

所谓出版，就是运用出版技术将出版符号与出版载体进行结合并产生成果的过程。因而，出版史的内涵可以从出版载体史、出版符号史、出版技术史、出版活动及成就史四重向度深入剖析。出版史的外延则体现在时间上的纵深性和空间上的跨越性。科学界定出版史的内涵和外延，是建设出版学科专业的原点性问题之一。

(一)出版史内涵的四重向度

出版史是人类文明从荒蛮到灿烂的见证者与记录者。出版史虽与历史学"同气连声"，也带有深深的出版学科专业特质和烙印。在漫长的人类文明发展进程中，出版史与文明史形影相随，其载体的变迁、符号的发展、技术的迭代，以及因此而产生的系列活动及卓越成就共同构成了一部宏伟壮阔的出版大历史。

出版载体史，研究的是以载体变迁为阶段性特征的出版现象。出版

[①] 郭平兴、张志强：《论中国印刷史研究的现状及其重构的基点》，《河南大学学报（社会科学版）》2016年第2期。

载体经历了从"硬质出版载体"到"软质出版载体"再到"虚拟出版载体"的时代变迁，所承载的信息更是从寥寥数字到海量甚至无量。出版载体由"硬"到"软"再到"虚"的三大阶段，符合马克思主义政治经济学的生产力标准，出版载体史也是以出版物物理形态变化为切入点深入研究出版史的重要视角。以此视角观察，可以将人类漫长的出版历史粗略划分为"硬质""软质""虚拟"三大出版阶段。

出版符号史，关注的是出版物内容呈现形式的变化。出版符号与出版载体、出版技术是人类出版的三大原始要素。出版符号分为"文字出版符号"和"非文字出版符号"两大类。"文字出版符号"包括整个人类历史上各地域、各国家、各民族探索出来的文字符号系统，表形的、表意的、表音的及综合的。"非文字出版符号"包括视觉出版符号（图画、影像等）、听觉出版符号（音乐、有声书等）、嗅觉出版符号（带气味的出版物等）、触觉出版符号（盲文、触摸读物等）、科学出版符号（数理化公式、脑电图谱等）、多感官混合出版符号（VR/AR/MR 等）。出版符号史是从出版的文化属性层面研究出版史，其文化意义不言而喻。

出版技术史，考量的是技术的迭代进步对出版的影响。硬质出版时代，人类最初的出版技术是"刻"与"铸"，并伴有一定量的"画"与"抄"。到了软质出版时代初期，在绢帛和羊皮纸上的"抄"开始成为主要出版技术。而后中国发明植物纤维纸制造技术及雕版、活版、套版系列印刷技术，"印"的出版技术开始发扬光大，廉价的植物纤维纸和高效的印刷复制技术沿"一带一路"向全世界传播，受中国活印思想和活印技术的启发，古腾堡机铅活印技术问世，开始创领人类文化生产新模式，人类的思想文化出现大繁荣大发展景观。步入虚拟出版时代后，声光电磁、二进制、人工智能、3R(VR/AR/MR)、5G等竞相登场,"录"和"显"的出版技术开始推动出版业态的创新改良。出版技术将出版符号与出版载体深度结合,使得出版在技术的更新迭代下呈现出新形态和新面貌。

出版活动及成就史,主要考察运用出版技术将出版符号与出版载体结合的过程及产生的成就。出版作为一种具有商业价值的文化活动,文化属性、商品属性及技术属性是其兼具的三重属性。因此,古今中外对于出版和出版物都有社会效益、经济效益及质量要求。现在我们坚持的是把社会效益放在首位,实现社会效益与经济效益相统一之原则。① 出版活动及成就史,内容较为丰富,包括的内容非常之多,出版人、出版物、出版事,均属其范围。出版活动及成就史是出版载体、符号、技术这出版三元素发展历史的大综合与大呈现。

需要强调的是,对于出版本质和出版规律的研究,则蕴含和内置于对出版载体、符号、技术、活动及成就的归纳和提炼之中。

(二)出版史外延的时空延展

在时间维度上,出版担负的是标识人类文明和传承人类文化的神圣使命,出版史的时间跨越之大是书籍史、印刷史所不能企及的。出版史研究的是人类全部出版活动的总和,其时间维度外延体现在,它涵盖的不仅是过去全部出版历史,也包括正在进行的出版活动,甚至包括对未来出版的前瞻与把握。历史不仅仅代表已逝,也应融合当下和未来,所谓"过去未

---

① 中共中央办公厅、国务院办公厅:《关于推动国有文化企业把社会效益放在首位、实现社会效益和经济效益相统一的指导意见》,http://www.gov.cn/xinwen/2015-09/14/content_2931437.htm,2015-9-14。

去,现在正在,未来已来"。以此维度考察,出版史是极具纵深性的。

在空间维度上,出版史又是跨越国界与语言的。我国的出版史著作多分为中国出版史和外国出版史两部分,将中国与外国的出版历史分别放置于各自的时代进行研究,缺乏在空间维度上的融合思辨。在人类文明进程中,出版的历史发展虽然在不同国家、不同地区、不同民族都各有其特色,在载体、符号、技术、活动、成就、思想、制度等方面也有差异,但不可否认的是,出版史是属于全人类文明的智慧结晶,是跨越国界、种族而铸造的"人类命运共同体"的历史叙说。从这个意义上讲,出版史应从属于全人类的文化史和文明史。

二、书籍史之于出版史:某种形态的出版物历史与全部出版活动史

出版史与书籍史之间存在何种关系,研究者一直未有清晰的结论。有一种观点认为,书籍史包括出版史,代表性学者是英国的戴维·芬克尔斯坦和阿里斯泰尔·麦克利里。他们认为书籍史融合了有关书籍的各种研究,如编辑史、印刷史、出版史、发行史、藏书史、阅读史等全部的历史。[①] 这种观点是值得商榷的。出版史是所有形态的出版物发生发展史,而书籍史只是某种形态的出版物发生发展史。因此,我们持出版史包含书籍史之观点,而不是相反。

(一)"编连成册(卷)"是出版物成为书籍的关键要素

要厘清出版史与书籍史之间的关系,首先必须辨析何为"书"或"书

[①] 〔英〕芬克尔斯坦、〔英〕麦克利里:《书史导论》,何朝晖译,北京,商务印书馆,2012,第6页。

籍"，要明确"书籍"的定义、起源及形成要素。

"书"或"书籍"就是按照编连的次序，将书页按规律、有次序编排的出版物。从外在形式来看，既称之为"书"，必然有文图、写印材料并将其"编连成册(卷)"。从出版的角度来看，作为出版符号的文图等、作为出版载体的写印材料、作为出版技术的"编连成册(卷)"，三者构成一本书的基础元素。

殷商中后期刻有甲骨文的龟甲兽骨是我国"书"的早期雏形。其中有一些改制的龟背甲，即将背甲改制成中部有孔的椭圆片(类似鞋底形)，考古人员推断殷人可能将甲骨穿成册页。同时，发现了墨书或朱书文字，表明殷代已有书写的毛笔和颜料。[①] 甲骨上的穿孔，是甲骨按次编排成"书"的重要证据，这可能是我国最早的"书"。书史专家钱存训认为："书籍的起源，当追溯到竹简和木牍，编以书绳，聚简成篇，如同今日的书籍册页一般。"[②] 林剑鸣在《简牍概述》一书中指出："简牍的使用，最早可能在殷商时代。"[③] 周革殷命之后，周公旦对殷商贵族训话："唯尔知，唯殷先人，有册有典，殷革夏命。"由此推断，在殷商早期，我国已有简牍，也就是有正式的书籍形制了。

简牍之所以被认定为书籍，是因为简牍作为书写材料，上面以刻或写的方式，用文字符号等记录了信息，并加以编连成册。甘肃武威出土的九篇完整的《仪礼》，不是散乱的残简零札，而是完整齐全、具

[①] 《两次殷墟甲骨发掘的亲历者——刘一曼先生访谈》，《中国书法》2019年第23期。

[②] 钱存训：《书于竹帛：中国古代的文字记录》，上海，上海书店出版社，2004，第71页。

[③] 林剑鸣：《简牍概述》，西安，陕西人民出版社，1984，前言，第2页。

有页码的书册，凡编绳所过之处都空格不写，除表现简册的长度、行款、书写、标号、修制、削改、应用外，还表现出该简牍是如何编次成册的。

人类更早的书籍是两河流域的泥版书，除了具备作为书写材料的泥板和作为书写符号的楔形文字，还将一块块刻字泥版编连成内容有逻辑关联的"书"。编连成书的方法主要有两种，一是用当时特殊的筹码进行编码串联，二是后一块泥版的第一行重复前一块泥版的最后一行，这样构成书页的前后顺序，形成泥版书，这是两河流域泥版的"书籍化"过程。对照中国的甲骨书制和简牍书制，能够发现，"编连成册（卷）"是形成"书"或"书籍"的关键要素。

（二）书籍必定是出版物，而出版物并不必定是书籍

文本和承载文本的物质形态，是书籍的两个最基本特征。[①] 书籍是以物的形态出现在人类的视野里，其承载的文图符号等所赋予文本的文化意义则是书籍史研究的另外一层内容。书籍是承载文化意义的出版物的某种形态，但不是全部。出版史比书籍史的研究范围更加广博，追溯其源头更为久远，可以与人类文明史比肩。在人类出版早期，书籍尚未出现，因而更无从谈及书籍史。

"出版物"的最典型代表就是"书"或"书籍"。书籍史的研究起点应以书籍出现作为标志。从这个角度看，古今中外的书籍生产，其实都是典

---

① 戴联斌：《从书籍史到阅读史：阅读史研究理论与方法》，北京，新星出版社，2017，第51页。

型的出版活动，其取得的作品成就，主要体现在书籍出版物上。而书籍与出版物之间又是什么关系呢？

书籍必定是出版物，其包含着出版的基本要素。书籍是经过一定的出版技术将出版符号与出版载体相结合产生的典型出版物，无论是莎草卷、贝叶书、羊皮书，还是纸质书，在这一点都是共同的。

但不是所有的出版物都可以被称为"书籍"。古代出版物不属于"书籍"的有很多，如史前的岩画出版物、结绳记事出版物、摩崖石刻出版物、青铜铭文出版物等。即使是现代，也有很多类型的出版物不能被称为"书籍"，如包装类出版物、张贴类出版物、悬挂类出版物等。

(三) 出版史范畴大于书籍史

书籍史在研究书籍形态的基础上衍生出许多与书籍文本研究相关的内容。书籍最基础的物质形态应是书籍史研究的起点，在该层面上出版史与书籍史有着共同的研究范围。但出版史研究范畴不仅仅局限于此。

出版史在外延上大于书籍史。人类最早的出版活动是岩画出版，目前所知最古老的岩画出版是印度尼西亚的苏拉威西岛南部岩洞的疣猪岩画出版，有4万多年历史。岩画出版的代表有法国拉斯科史前岩画和西班牙阿尔塔米拉史前岩画，距今12000年以上。这些岩画出版物虽然还不能被称为"书"或"书籍"，但因其具有出版载体、出版符号、出版技术"三要素"，所以属于出版史研究对象。此类还包括结绳记事、单片勒石、青铜铭文等，这些都属于出版史研究范畴，但不属于书籍史的研究范畴。

出版史在历史起点上远远早于书籍史。从岩画出版算起，出版史至少有 4 万年历史，而书籍史则短得多。人类公认的最早的"书籍"，是两河流域的泥版书，最早的距今只有 5800 年。中国的甲骨书制和简牍书制，基本可确定在殷商时期，只有 3000 多年的历史。

三、印刷史之于出版史：某种出版技术史与全程出版发展史

中国是人类出版技术的原创母国。中国唐代发明的雕版印刷术、北宋发明的活版印刷术、元代发明的套版印刷术，这些系列性的出版技术极大改善和提升了人类知识生产的模式和文化传播的效率。15 世纪中叶，德国古腾堡在中国印刷思想和印刷技术启发下发明了机铅活印技术，人类逐渐迈入机器印刷时代。印刷技术的不断迭代升级，带动出版模式和文明演进范式的翻天变革。印刷史改写了人类中古以来的文明史。但印刷技术终究只是像历史上的"刻""抄"（刀笔吏）等出版技术一样，属于某种卓越的出版技术，其主体地位注定要被虚拟出版时代的"录""显"等出版技术所取代。印刷史只是某种杰出的出版技术史，而出版史则是全程全域的出版发展史。

（一）"雕印""活印""套印"是人类出版技术史上的系列革命

硬质出版时代，人类主要的出版技术是"刻""铸"技术，辅之以"抄"；软质出版时代，人类主要的出版技术是"抄""印"技术；虚拟出版时代，人类逐渐探索出"录""显"的新型出版技术，目前正在被发扬光大。所谓印刷史，其实就是印刷出版技术的发生发展史。

中国在"印"的出版技术方面独步天下。中国古代在"雕印""活印"

"套印"等系列性印刷技术方面的探索革命及突出成就造福了人类。人类最早的印刷技术是雕版印刷技术,基本实现"雕一版而印无穷"的复制理想。印刷是工艺技术,属科技文化范畴。印刷又是应用技术,应用技术离不开相关科技和物质条件的支持。[①] 无论是工艺技术还是应用技术,雕版印刷在中国唐代创世发明绝非偶然,政治、经济、文化、科技的协同发展,使得印章、拓印、制版印染这"三印"技术汇流融合,成为雕版印刷技术发明的三大源头。"三印"技术在出版思想、出版功用和复制技术上都为雕版印刷术的发明提供了重要启发和实物借鉴。印章的"转印符号"出版思想、"反刻正用"出版技术、"章为印用"出版功用等为雕版印刷所继承;拓印的"敷纸拓扫"出版形制、"以纸就版"出版范式、"较大平面"版样制式等为雕版印刷所吸纳;制版印染的"刻图敷墨"的出版流程、"制版印染"的出版样态等为雕版印刷所借鉴。[②]

北宋庆历年间,毕昇通过改良雕版印刷费料、费工、灵活性差的缺点,创制了胶泥活字印刷术。根据沈括《梦溪笔谈》记载,活字印刷术从制字、排版、固版、敷墨、印刷到贮字等工序上,都极为科学。元代王祯又发明木活字印刷技术及转轮排字盘。此后,铜活字、锡活字、铅活字印刷技术方兴未艾。清代运用活字印刷技术大规模排印了《古今图书集成》和《武英殿聚珍版丛书》。

[①] 张树栋等:《中华印刷通史》,北京,印刷工业出版社,1999,序言,第5~11页。

[②] 万安伦、王剑飞、李仪:《论中国雕版印刷术的三大源头》,《中国出版》2018年第18期。

套版印刷是印刷技术的又一台阶式"升级"。套印是在制版印染和雕版印刷术的基础上，实现在同一版面上印刷出不同的符号和色彩。元代是"弓马天下"王朝，货币流通摒弃金属货币，采用纸币作为全朝全域法币，这在中国古代王朝中是孤例。元代纸币印刷量大质优，为精美及防伪需要，纸币雕印中逐渐采用"植字""套刻"等套版印刷技术，套印技术在元代迅速发展成熟。除套印纸币外，1340年元代还使用朱墨双色套版印制《金刚经》，经文内容为红色，注文内容为黑色，首页配图的灵芝也是朱墨双色套印。明代是套印的繁盛期，套印技术已由朱墨双色发展到了五色套印。套版印刷是中国古代系列印刷技术的又一重大发明，值得学术界及社会各界重视。

(二)近现代印刷技术发展使得印刷史凸显于出版史

印刷术在中国发明后，近传至东亚、南亚、中亚、西亚，远传至非洲、欧洲及世界各地。13~14世纪，植物纤维纸制造技术与紧随其后传入欧洲的印刷术两相结合，大大改善了此前依靠手抄复制传播知识信息的低效情况。更为重要的是，1450年前后古腾堡在中国活印思想及印刷技术启发下，探索发明出机械铅活字印刷技术，并成功印出了每页42行的《圣经》(少数页码除外)，引发了印刷史的革命性变革，使得印刷史开始凸显于出版史。机铅活字印刷的背后包括设计字模、铸造活字、改良油墨、机械动力等一系列技术，这些技术共同造就了全新高效的印刷系统。古腾堡当之无愧地被称为"现代印刷之父"。[①]

---

① 苏新平：《版画技法(上)》，北京，北京大学出版社，2008，第103页。

19世纪工业革命的浪潮带动出版业的现代转型，新的造纸技术和大机器印刷技术完美匹配，极大地提高了印制速度和复制效率，极大地促进了思想、文化、教育、科技的发展及整个社会的进步。印刷技术开始成为出版领域的基础性和标志性技术。排版、装帧、插画等平面设计和印制技术也在书报刊出版中广泛应用，印刷品的质量不断提升。现代印刷业推动出版业的生产方式和组织形式在现代化的道路上飞速跃进，各种文印社、印书馆、印刷院校、印刷博物馆等相继建立，印刷史在出版史中的地位日益凸显，以至于有人误将印刷史等同于整个出版史。

四、阅读史之于出版史：一枚硬币的正反两面

阅读史与出版史的关系十分密切，形象说来，正如硬币之两面，没有不为阅读的出版，也不存在无须出版的阅读。出版与阅读适用于马克思消费理论中生产与消费的关系。出版史是人类的文化创造史，阅读史则是人类精神形成史。

(一)马克思消费理论视域下的出版与阅读

人类对"阅读"这一现象的认识和研究很早就开始了，随着阅读研究的不断发展，人们从心理学、生理学、行为学、语言学、文化学、教育学、阐释学等多个角度出发，对阅读的概念做了不同的理解和阐释。这些定义或侧重于读者个体在阅读过程中的心理行为，或着眼于读者对文本的接受和诠释，或关注于阅读的形成机制和阅读原理的分析。本文对其他研究视角不多作分析与评述，只探讨出版与阅读之间的关系。阅读，是一种主要依靠视觉感官获取信息的过程，也是人们对文图等信息

进行认知的过程。它不单是一种人类行为，同时也是一种文化现象。出版活动的直接产物是"出版物"，出版物生产的终极目的其实是满足人类的阅读需求。从这个意义上讲，出版与阅读的关系，本质上是生产与消费的关系。

古典政治经济学家把生产看作社会生产环节的起点，消费看作终点，分配和交换只是中间环节，马克思认为这是"肤浅的表象"，①他认为消费与生产、分配和交换之间是密不可分、缺一不可、辩证统一的关系，并着重阐述了消费和生产的辩证同一性。马克思指出，"生产不仅直接是消费，消费也不仅直接是生产"②。以马克思的消费理论重新审视出版与阅读，不难发现，出版是知识和信息的生产，阅读是知识和信息的消费，有了作为生产的出版，才有作为消费的阅读行为的发生。同时，作为消费的阅读也为作为生产的出版创造了动力和目的。出版与阅读同生产与消费一样，紧密相关，互为因果。出版内容，决定了阅读内容，而阅读的需求，同样也会反作用于出版内容的选择与改变。换句话说，阅读的需要决定着出版与再出版。马克思的消费理论，为理解出版与阅读的关系提供了更为科学的路径，同时也为认识出版与阅读受生产与消费客观规律影响提供了原理性支撑。

(二)出版史与阅读史的相融并进

出版史与阅读史是人类从愚昧无知走向文明开化的双足支撑。人类

---

① 《马克思恩格斯选集》(第2卷)，北京，人民出版社，1995，第6页。
② 《马克思恩格斯选集》(第2卷)，北京，人民出版社，1995，第11页。

生存发展需要阅读,要阅读就要有出版。通过出版满足日益增长的阅读需求,而不断发展壮大的出版又反过来引领、推动人们新的更多、更好的阅读需求,这就是人类出版发展的历史,一部阅读与出版共生发展的历史。①

硬质出版早期,远古先人就在洞穴石壁上刻下各式各样的图画,先人们通过阅读图画得知自然界的各种境况和日常生活的各种信息。澳大利亚"汪吉纳风格"岩画、法国的拉斯科洞窟岩画、南非的布须曼岩画等,都展示了丰富多彩的狩猎、捕鱼、采集、舞蹈、战争、欢庆等生活场景。文字符号的诞生让出版史和阅读史翻开了崭新的一页。两河流域的楔形文字、古埃及的象形文字、古印度的印章文字、中国的鸟虫文和甲骨文、玛雅的象形文字等相继出现,对这些系统性文字符号的出版和阅读,既丰富准确地传播传承了知识信息,又极大地促进了人类大脑的发育发展。出版史与阅读史共同推动着文明曙光对人类的普照。

软质出版时代,植物纤维纸的发明和出版技术的迭代更新使得出版史和阅读史走向了大发展大繁荣。绢帛、羊皮纸、植物纤维纸、塑料薄膜等软质出版载体,以"刻""铸"为主体的"艰难"硬质出版,发展到以"抄""印"为主体的"容易"软质出版,更为重要的是出版的容量从"少量"走向"大量"。"大量"出版的诗词歌赋、儒家经典、科学著作、宗教教义等能够为更多的人所阅读,推动了文化教育的普及,更多的平民子弟可以通过阅读成为文化的拥有者和知识的传播人,促进了知识文化和人类社会的双重发展。

---

① 聂震宁:《新时代:阅读与出版共生发展》,《编辑之友》2020 年第 4 期。

虚拟出版时代，出版史和阅读史在突破时空限制的信息大爆炸中发生着链式裂变。以"抄""印"为主体的"容易"软质出版，进步为以"录""显"为主体的"随意"虚拟出版。人类知识和信息生产从"大量"走向"海量"甚至"无量"。出版符号不再拘泥于固定载体，催生了出版载体与出版符号"瞬合长离"（瞬间结合，长时分离）[1]的新型虚拟出版范式。在移动互联时代，出版与阅读的关系发生了革命性的重构，出版不再囿于文图内容和纸质出版物，而是形成将视觉、听觉、嗅觉、触觉等人类感官全面交融的"融合出版"，"读书""读屏""听书""沉浸式阅读"等虚拟出版时代的阅读范式方兴未艾。作者和读者角色的快速互换，出版史与阅读史呈现出"你中有我，我中有你"的深度融合状态。

五、建设植根于人类出版史的中国特色出版学

我国的出版学科专业建设在几代出版人的不懈努力下已经大有起色，作为独立的学科专业进行再建设和再发展的条件趋于成熟。鉴于出版史在出版学科体系的构建中处于基础性和原点性的位置，构建以出版史为基础的中国特色出版学显得重要而迫切。

（一）有别于"书籍史""印刷史""阅读史"的"出版史"是出版学的基石

"历史研究是一切社会科学的基础，承担着'究天人之际，通古今之

---

[1] 万安伦、胡晓、王剑飞：《论 5G 时代虚拟出版的发展进路与盈利模式》，《出版科学》2020 年第 1 期。

变'的使命。"①与其他人文社会学科一样，出版史在出版学科专业建设中的作用也是基础性、基点性、基石性的。出版史与书籍史、印刷史、阅读史之间有着天然的"亲缘性"：书籍史是某种形态的出版物的发生发展史，印刷史是某种出版技术的发展应用史，而阅读史则是人类对出版物的认读和体悟史。但出版史研究范畴之广、研究内容之博、研究跨度之长、研究对象之多，令书籍史、印刷史和阅读史难以望其项背。因此，建设中国特色出版学，首先应根植于中外出版史，重视对中外出版史的纵深研究，以史为镜、以史为鉴，并将出版史放置于前沿科技和国际视野的大背景之下，从而建构起具有扎实底层逻辑的学科专业框架。

(二)将史脉绵长、角色关键的出版学科专业升级为一级学科仍是当务之急

自1953年中国人民大学创办出版专业开始算起，我国出版学科专业高等教育已经走过了70年的历程。作为一门偏重实践的综合性学科专业，出版学始终处于"挂靠"状态，依附于"中国语言文学""新闻传播学""图书馆、情报与档案管理"等一级学科之下。长久以来，这种"挂靠"发展，使得出版学科出现了学科归属"上位乱"、出版学科与相近学科之间的"中位乱"、出版学科之下的专业方向设置的"下位乱"现象。②作为史脉绵长、角色关键的出版学科专业，肩负文化发展和与文明演进的双重使命，只有加强出版学科专业的顶层设计，在目前可以招收和培

---

① 《习近平致第二十二届国际历史科学大会的贺信》，《光明日报》2015-08-24。
② 万安伦、曹晶晶、曹继华：《对出版学科理论逻辑和结构范式的思考》，《出版发行研究》2018年第4期。

养出版博士专业学位的基础上，再前进一步，给予其招收和培养学术博士地位，即将出版学科专业升级为一级学科，实现真正的"独立"，才能逐渐改变"三乱"现状和出版高层次人才严重短缺局面，助力中国从"出版大国"迈向"出版强国"。

第二章 | 出版思想及理念论

"出版"创造人类文明，出版标志人类文明，出版也传播和传承人类文明。古今中外，人类关于出版的思想和观点极其丰富。本章"出版思想及理念论"，重点阐述中国的主要出版思想及理念和外国的主要出版思想及理念，并从出版载体、出版符号、出版技术、出版制度、出版功用、出版传播等方面对中外的出版思想及理念之异同进行比较分析。

第一节　中国的主要出版思想与理念

在中国，出版传播着中华文化、传承着中华文明。在五千多年悠久的文明长河里，极具个性的出版思想和出版实践，成就了有别于西方文化的中华文化的独特韵味。站在人类命运共同体的角度上，纵观中国出版史，可以领略到其与众不同的东方智慧和巧思，独具魅力的出版理念，以及对文明传承载体别样思考下的出版活动及成就。这一切，都根植于中国文化的土壤，又反过来滋养和影响中国出版的发展，形成意蕴丰满而富有特色的出版思想。从龟甲兽骨、金石鼎碑、竹简木牍到植物纤维纸等出版载体，从出版载体的甲骨文到今天的文字出版符号，以及从雕版印刷、活字印刷、套版印刷等出版技术一路走来，我们其实可以从中国出版的发展历程中，窥探并解读到富有东方旨趣的出版思想和出版理念。这些出版思想及理念引导着出版活动，出版活动又反作用于这些出版思想及理念。梳理中国先贤近哲在出版历程中所形成的一系列独特的出版思想与出版理念，对当下有重要启示价值。

一、"巫祝史录"的出版起源

所谓出版，其实就是用出版技术将出版符号结合到一定的出版载体之上的活动及过程。出版符号多种多样，包括图画符号、文字符号、音乐符号、科技符号等，但最典型、最集中的代表是文字符号。探讨中国的文字出版符号，是探索出版起源的重要一端。虽然出版符号不仅仅是文字出版符号，还有图画出版符号、音乐出版符号、科技出版符号等，但对文字符号的出版毕竟是出版的主体和大宗。探究出版起源就不能不考察文字出版符号的发生和发展。在中国，关于文字出版符号的创世有多种说法，其中就涉及神话传说。中国文字出版符号的发明创生，最早是与神话巫祝有着密切关联的。中国很早就有仓颉造字的神话传说。《吕氏春秋·君守篇》说："奚仲作车，仓颉作书，后稷作稼，皋陶作刑，昆吾作陶，夏鲧作城，此六人者，所作当矣。"①这里所说的"书"，其实就是文字符号。

古人认为，文字出版符号的诞生，具有神的旨意。东汉许慎在《说文解字》中说："古者庖犧氏之王天下也。仰则观象于天。俯则观法于地。视鸟兽之文。与地之宜。近取诸身。远取诸物。于是始作易八卦。以垂宪象。及神农氏结绳为治。而统其事。庶业其繁。饰伪萌生。黄帝之史仓颉见鸟兽蹄迒之迹。知分理之可相别异也。初造书契。百工以乂，万品以察。"②

在中国关于文字出版符号的源头有多种说法，主要分为两大类。一大类是认为中国古代的文字符号是中国古代劳动人民在长期的社会实践中逐渐总结形成的；另一大类认为是"智者个体创造说"，主要有"黄帝史官仓颉造字说""伏羲周文王演八卦造字说"等。如前所述，较为主流的说法是认定中国古代的汉字符号系统是仓颉所造。遗憾的是，这位史前传说中的"文字之祖"在战国以前的典籍中，从未被记载或提及，因此很难认定仓颉是真实的历史人物。在汉代及此后的众多描述记载中，仓颉成了半人半神的形象，给中国文字出版符号的诞生，披上了一层神秘的面纱。

仓颉连同其造字的行为及后果，在后世的诸多记载中，神与巫的色彩极为浓厚。西汉武帝时代成书的《淮南子·本经》记："昔者仓颉作书，而天雨粟，鬼夜哭。"西汉末年成书的《春秋元命苞》记："（仓颉）龙颜侈

---

① 许维遹：《吕氏春秋集释（上）》，北京，中华书局，2009，第443页。
② （汉）许慎撰、（清）段玉裁注：《说文解字注（第2版）》，上海，上海古籍出版社，1988，第753页。

侈,四目灵光,实有睿德,生而能书。于是穷天地之变,仰观奎星圆曲之势,俯察鬼文鸟羽山川,指掌而创文字,天为雨粟,鬼为夜哭,龙乃潜藏。"唐代张彦远的《历代名画记·叙画之源流》载:"颉有四目,仰观天象。因俪乌龟之迹,遂定书字之形。造化不能藏其秘,故天雨粟;灵怪不能遁其形,故鬼夜哭。"

在众多的典籍记载中,仓颉其实无论从形象记载还是行为记载,都给远古华夏民族带来了文字符号,把人们从蛮荒时代带进了文明门槛。文字符号本身就被认为是一种具有宗教意味的"术"。从中华文化对于出版文字符号诞生起源的描述中,可见先人对于仓颉带有宗教般的崇拜。至今,全国尚有众多纪念仓颉的遗迹,有仓颉陵、仓颉庙、造字台等。

在中国古人的思想中,文字作为出版符号本身就具有祭祀占卜之功用。文字的起源充满了宗教神话色彩,而古代最早的文字的功用,更是具有神巫色彩。中国古代的甲骨文,又称契文、甲骨卜辞,就是殷人占卜和祭祀时的一种记录,当时的人们对天、地、鬼、神都充满了膜拜,很多事情都要进行占卜。"祭祀时,用文字昭告鬼神来享受祭祀。祈祷时,也用文字来表达愿望……占卜时,占人常将所占问的事刻在龟甲或牛骨上,有时并将应验的事,契刻在所卜问的事件之后。"[1]可见,在中国古代,文字与记载这些出版起源的行为活动,即宗教祭祀之间有着密不可分的关系。

文字符号与出版载体共同构成了中国古人思想中的神与巫等祭祀活

---

[1] 钱存训:《中国古代书籍纸墨及印刷术》,北京,北京图书馆出版社,2002,第4页。

动的重要部分,绵延至今。商周时期,不少祭祀占卜等文字内容是书于竹帛、刻于甲骨之上。青铜铭文同样如此,上面大多刻写的是受祭祖先和作器人的名字。石碑与玉版上也常刻有祝祷文字。竹木简册,有时也会作为祭祀用品,甲骨文中的"册"字,有时加一"示"旁,以表祭祀之意。封建时期诸侯之间盟约,一般也多将盟约内容的文本样式等,供奉神灵之前,让神灵共同见证,以此作为信守承诺的庄严仪式和程序。先秦诸子中,常常述及帛书也用于祭祀鬼神,尤其卜巫一类超自然的神秘文字,也多记载在帛书。① 时至今日,人们仍把焚纸作为祭祀的重要风俗,这是因为后来纸诞生之后,恰好可以作为祭祀的廉价替代品。在古代人们的世界观里,鬼神都是认字的,文字符号以及纸币等出版载体形式,可以利用焚化的方式,完成人与鬼神之间的沟通,并以有据可载的文字来替代口头的祷告。

关于中国图书的起源,同样是来自神话传说,即"河图洛书"。在出版起源的神话中,图书的诞生本身就是神秘事件。《周易·系辞上》中记载:"河出图,洛出书,圣人则之。"传说中,这个圣人就是伏羲,而"河图""洛书"也被认为是中华出版文化的最早起源。"河图"和"洛书"是两个神话传说。相传,在河南洛阳东北孟津区境内的黄河中浮出龙马,背有"河图",奉给了伏羲;大禹时期,在洛阳西洛宁县洛河中浮出了神龟,背负"洛书",献给了大禹。无论"龙马负图"还是"神龟载书",都具有宗教神话色彩,赋予了神的旨意,从流传至今的相关内容可见,"河

---

① 钱存训:《中国古代书籍纸墨及印刷术》,北京,北京图书馆出版社,2002,第5页。

图"和"洛书"都是充满了神秘的图案和符号的"天书"。据说正是借助这些充满神秘的图案和符号的"图"和"书"帮助，伏羲画成了八卦，经周文王的接力推进，最终形成《周易》。也正是受到洛书启发，大禹治水才获得成功。有学者指出："它是由自然界的天然痕迹——龟甲发展而成的抽象符号，是中国第一部图书，并认为《河图》与《洛书》在中华文明史上曾起到了重要的启蒙作用。"[1]可见，"河图""洛书"所传达的中国图书出版的起源传说，与神话、宗教、祭祀、占卜之间有着非常紧密的关联。

　　文字、图书诞生于"神授"的观点，也即出版起源有"天意"色彩，在世界各国的文字起源中并不鲜见。于是，在中国先民的思想中，其包含了宗教与神旨的色彩，无比神圣。从此，在漫长的中国历史上，凡涉及出版的事，都是与颂神和记史相关联的大事。除了宗教巫术方面的出版思想理念外，与之最为相关的便是"史"。从思想理念角度观察，古代早期"巫"与"史"并不是分离隔开的，而是相互交融和相伴相生的。造字的神话英雄"仓颉"，在东汉许慎的《说文解字》中就提到其身份是黄帝的史官，而他最早记录历史事件的方式是"始作书契，以代结绳"。他发明文字的初衷就是记数录史。中国历史上，关于出版的工作，最早其实都是掌握在史官的手中，在古代往往只有知识分子、贵族才有可能参与到记史与出版的工作中。《礼记·玉藻》中提到"动则左史书之，言则右史书之"；《汉书·艺文志》中则又谓"左史记言，右史记事"。其中所提到的，无论是"左史"还是"右史"，都是史官的名称。他们的主要工作，除了记录君王身上发生的重要事件、君王与诸侯卿大夫等人的交谈与活动，同

---

[1] 肖东发：《中国图书出版印刷史论》，北京，北京大学出版社，2001，第10页。

时也要从事宗教祭祀占卜等活动。

　　史官大多来源于具有贵族身份的知识分子，早期的书籍都是由他们进行写作、编辑和保管，中国古代图书出版的活动与实践，大多集中在史官手中。在古代王朝中，这一岗位有着举足轻重的作用，通常还有世袭的特色。而这一重要岗位的特征，与中华先民对历史的崇拜与敬畏也是分不开的。最早的图书出版，是以记载历史为主，毕竟在古代，书写与出版难度较大，对书写者的学识身份也提出很高的要求。因此，"载入史册"这一概念，也是"册"最早的核心功能。从巫到史，从祭祀文化到历史书写，再到印刷术的发明，出版起源与宗教之间有着密不可分的渊源，在中华文化的历史上，始终披着"神圣"的面纱，也为后世人们对出版的敬畏与尊崇思想奠定了基础，"敬惜字纸"在中国是家喻户晓的行为规范和文化传统。

二、"尚美求真"的出版编校

　　围绕着中国古人对于出版的尊崇、对于著书立说的追求，在不断发展的出版活动与事业中，慢慢发展和衍生出了一套完整的系统学科。"博大精深"的出版编校体系，这一庞杂体系的精细程度，也令人叹为观止，在世界出版史上也是独树一帜的，这实际上也体现了中国古人对于出版的思考乃至思想。中国古代的出版编校思想及理念主要体现在"尚美"和"求真"两大方面。

　　一是"尚美"，体现在对出版形式上美的追求，即追求书制的形式美。古人对于出版装帧形制、内容格式等，进行了富有成效的探索，并形成了一系列的流程规范。这一探索也是基于古人对于书籍的热爱。随着书籍出版数量的增加，历史年代的越来越久长，为了让书籍便于检阅、利于保护，中国古代出版人开始了书籍形制的探索和革新。中国古代主要有两种形式的出版载体，一种是硬质出版载体，另一种是软质出版载体。甲骨文和青铜铭文是硬质出版滥觞时期的书制形式；石鼓文和连缀碑刻是硬质出版发展时期的书制形式；竹简木牍是硬质出版高峰时期的书制形式。特别是简牍的书制形式与中国长达两千多年的"右起竖排"的书写和印刷版式，及跨越多个历史时期的卷轴装书制形式的形成和发展关系很大。中国古代软质出版的主要载体形式有动物皮、绢帛和植物纤维纸，近现代又从石油中提炼制造出塑料薄膜。软质出版载体的初期主要有折叠装和卷轴装两种类型，卷轴装是从硬质出版载体简牍的书籍装帧形式发展演变而来，而折叠装则逐渐发展演化出多种形式的册页装书籍形制。手抄复制时期，卷轴装是主导性书制形式，雕版印刷术在唐代发明后，知识复制和书籍制作开始进入印本时代，印本时期的主要书籍形制则为册页装，册页装的具体形式多种多样，有经折装、梵夹装、蝴蝶装、包背装、旋风装、线装、胶订装等一系列种类。从具体的版式上来看，也非常讲究，有一套完整的规则：有天头、地脚、象鼻、鱼尾、边栏、界行、版心、中缝等，还有一部分要分出首、脑、口、耳、眼、鼻、脊、尾、心、角、根等部位。现在我们看上去似乎很陌生的概念，乃是古代读书人和出版人的基本常识。与典籍出版相关的细分概念，非常庞杂，又自成系统，但其基本的价值追求主要在于方便阅读和审美愉悦两大方面，而"尚美"传统一直延续到今天的纸质书和电子书的出版编校的方方面面和角角落落。

二是"求真"。古人对于出版的极度重视乃至神圣尊崇，特别是出版编校的"求真"思想，衍生出一门学科，就是面对中国古代浩瀚的典籍文献，研究整理文献方法的学科，即校勘学。这也是出版活动中独具中国特色的一大门类。广义的校勘学，实际上是包括了版本、校勘、目录、考证等多个方面。校勘学始于汉，成于宋，大盛于清。先秦时期的古籍中便有校勘方面内容的记载，西汉刘向父子将其在整理皇家藏书过程中实践所得和理论思考相结合，编纂了《别录》和《七略》。章炳麟说："刘向父子总治《七略》，入者出之，出者入之，穷其原始，极其短长，此即与正考父、孔子何异？辨次众本，定异书，理讹乱，至于杀青可写，复与子夏同流。"[1]宋代之前，校勘主要是以勘定传本、审定篇次、校正文字等为内容，宋代之后则走向了理论化的方向，并且出现了涉及校勘著作以及归纳校勘原则、通例的著作。直到清代，对古代传统典籍的规模整理，形成了以文字、音韵、训诂为基础，包括了目录、版本、校勘在内的系列学科体系，涉及文字校勘、版本考证、史实考订、古籍分类、目录编纂、内容核校等古籍出版整理中的众多环节。

中国古代出版编校的"求真"思想，集中体现在"辨章学术、考镜源流"的目录学求索上。这是清代的目录学家章学诚提出的思想，也就是说要把各类著作按照科学、系统、辩证、规范的原则进行分类，对这些内容、派别、论著等进行系统化的梳理，使其来龙去脉如镜子一样明净透彻。这种对各类图书的分门别类和追根溯源，导致中国发展出全世界最早和最成熟完善的目录学。清代学者王鸣盛曾在《十七史商榷》中强调了他对目录学的态度：目录之学，学中第一紧要事，必从此问途，方能

---

[1] 章太炎：《国故论衡》，上海，上海古籍出版社，2006，第55页。

得其门而入。他强烈推荐学者要将目录学专著作为读书做学问的入门要津：不通《汉艺文志》，不可以读天下书。《艺文志》者，学问之眉目、著述之门户也。① 这里所说的《汉艺文志》，也就是东汉班固的《汉书·艺文志》。这是汉代时期的图书，也是中国现存最早的目录学文献。在种类上，有官修目录、史志目录、私藏目录、专科目录、特种目录，每类都是一个大系列，均有各自的特点、源流、价值。② 其中的每一个种类都还可以继续细分类别。

然而，在这些方面的过分追求与遵从，提倡一种"述而不作，信而好古"的思想，也导致了中国古人对于出版编校的过于迷恋，从而出现了一些抱残守旧的固化思想理念。后世的文献资料中，出现了大量对于古代典籍的解释研究类的作品。比如，大家可以发现的大量的以经学为主的注解类作品，各种类型的"传""训""解""证""笺"等。有不少古代文人把自己的终身事业，放在旁征博引和考证校对上，把自己埋在古人的典籍作品中，对其进行考证、校勘，而不敢质疑和创新，也在一定程度上禁锢了出版思想与出版理念的解放和进步。

三、"尊礼崇德"的出版品格

中国古代对于出版物的内容，有着极高的道德准则和伦理要求。其中主要受儒家思想的影响，先秦儒家"道德的政治"思想，实质上就是以

---

① （清）王鸣盛编、黄曙辉点校：《十七史商榷》，上海，上海书店出版社，2005，第162页。

② 肖东发：《中国古代图书事业总体特点的分析——中国古代出版印刷史专论之十（上）》，《编辑之友》1992年第2期。

"道"与"德"作为核心的价值追求和价值理想。古语中所谓"三不朽",首条便是"立德"。古代典籍出版的作品内容,以中国最早的诗歌总集《诗经》为例,孔子的编选原则是坚决摒弃"诲淫诲盗"作品,他将"诗三百"作为对人进行道德品格修养的重要内容进行编选和传承。《论语·泰伯》中,子曰"兴于诗,立于礼,成于乐",所表达的意思就是,人的道德修养首先就是由诗歌发端的,诗歌的教化功能非常突出。因此,《论语·为政》总结说:"诗三百,一言以蔽之,曰'思无邪'。"可见,出版物对"礼"和"德"的意义是不言而喻的。这是因为,出版物中的出版内容,是具有传播效果的重要意识形态内容,其大众传播效果会影响到受众的道德水准、思维方式甚至行为方式。历朝历代,对出版内容和出版品格的高要求就成为"尊礼崇德"的表现形式之一。不少朝代也为此专门实施了相关的针对性管控措施,来保证出版内容的道德品格。

例如,两宋时期,出版管理有"限"与"禁"的区别。"限",是限私刻保官刻,即维护某些领域官方出版的垄断权;而"禁",则是指禁止出版和传播涉及社会教化、军事机密、政权稳定、国家安全等内容。宋代在具体的实施过程中,还设立了一系列出版管理制度,包括预先审查、事后查验、奖励检举等。除宋代外,元代、明代、清代在图书出版的管制方面虽各有不同,但有一点是共同的,那就是对出版物内容的"尊礼崇德"之要求。元代,图书管制的主要范围则包括:第一,禁止出售图谶、天文、阴阳伪书;第二,禁恶言犯上词曲;第三,禁毁道藏。明代整体上一开始比较宽松,后来逐渐加强,图书管制主要包括:第一,严禁诡辞欺世和天文图谶之书;第二,禁"奸党"文字;第三,禁侮辱帝王贤者的小说和词曲;第四,禁冒犯程朱理学;第五,禁八股文选本;第六,禁对官府颁布的教材进行违规改制。清代对出版管制达到最为严酷的状态，"文字狱"骇人听闻。在这些出版管制中核心思想有两个，一是维护本朝统治，二是维护道德礼法。

古代不少名家，也用自己的方式，践行"尊礼崇德"的出版思想。孔子作为儒家学派的创始人，在《论语》中，就有大量讲述道德重要性的句子。"苟志于仁，无恶也""有德者，必有言"，这种对于道德的尊崇在各类出版中成为一种普遍追求。出版物不仅可以传播，更可以传世，按照儒家思想观点，有些内容可以传播，有些东西则不适合横向传播，更不适合纵向传承。关于道德、礼法这些具有成风化人内容的东西，可以不断传扬，但是"诲淫诲盗"的东西和影响统治者利益的内容，都会被予以各种管控。孔子强调道德，兴"仁"重"礼"。倡导"仁者爱人""克己复礼"，以实现"博施于民，而能济众"的人生理想。他将这一思想付诸对上古典籍的编撰遴选之中。这些都是受到历代统治者欢迎的出版思想及理念，这也是儒家思想能成为一统出版物的主体观念的重要原因。

孔子在从事编辑出版活动时，有自己明确的出版思想与理念。范文澜先生在《中国通史》中说："（孔子）整理六经有三个准绳：一个是'述而不作'，保持原来的文辞；一个是'不语怪、力、乱、神'（《论语·述而》），删去芜杂的篇章；一个是'攻（治）乎异端（杂学），斯害也已'（《论语·为政》），排斥一切反中庸之道的议论。"[1]其中的"子不语怪、力、乱、神"，这不仅是孔子的一个教书育人的准则，也是他在针对出版编纂时的一个基本态度，他是根据这一思想理念进行编辑出版和删减文献

---

[1] 范文澜：《中国通史》第一册，北京，人民出版社，1978，第170页。

材料的。

经学研究的核心著作、被历代儒家学者作为经典的"十三经",更是"尊礼崇德"思想的重要的出版诠释。儒家的十三部经书,即《易》《书》《诗》《周礼》《仪礼》《礼记》《春秋左传》《春秋公羊传》《春秋穀梁传》《论语》《孝经》《尔雅》《孟子》。两千多年的经学史,基本上就是围绕着这十三部经书的确立、考订、阐发和注解不断延伸、考辨和发展的。这个过程,实际上就是出版发展传承的历史脉络。

其中,《尚书》是夏、商、周时代一些文献和传说资料的汇编,后来成为儒家宣扬二帝、三王及周公、孔子之道的圣典,其中展示的是古之圣贤和帝王之德;《仪礼》是现存最早记载古代礼仪的书;《礼记》则进一步论述了典礼制度的意义和作用,理论上阐述了儒家的"礼治"思想;《周礼》则是记述周代政治制度的书;《论语》是春秋时孔子弟子与孔子的语录笔记,也是孔子及其弟子的言行记录,其中涉及大量的与"礼"和"德"相关的言论,也成为后世学习儒家思想最重要的内容;《孟子》则是孟子言论行事以及他和门徒弟子之间问答的记录,同样尊"礼"颂"德";《孝经》则是讲上至天子、下至庶人的各类人如何行孝的,以孝的讲述进而劝忠。简单一览,可见在古代,对"十三经"的注疏、出版、传承等活动,在中国封建时期一直是文化出版活动的核心主题。这些"经"书核心精髓所在,就是"尊礼崇德"。"尊礼崇德"也是中国古代出版思想的重要一极。

此外,除了基本的道德追求,对于世界经验的把握和真理的追求,也是中国古代出版的重要价值维度。比如"十三经"中的《周易》,原本是占卜之书,但其思想也是对天地之间原道的探究。西汉刘安招集门客编辑出版《淮南子》,其所遵从的宗旨正如《要略》开篇即云:"夫作为书论者,所以纪纲道德,经纬人事,上考之天,下揆之地,中通诸理。"又云:言道不言事,则无以与世浮沉;言事而不言道,则无以与化游息。周易①这里就解释了刘安所要编撰此书的一大追求,就是追求"道"。在《淮南子》编撰者看来,"道"为宇宙本体,是绝对真理,千古不易。② 这样的"道",超越了一般的"道德",可以流传百世,也是作者本人追求道德功名的一种方式。

四、"教化天下"的出版功用

出版的教化作用,在中国,自古以来就彰显着独特的地位和价值。在中国历史上,最早的思想是"以文教化"和"以文化成"。《周易·贲卦·象传》中提到:"刚柔交错,天文也;文明以止,人文也。观乎天文以察时变,观乎人文以化成天下。"此话的含义是,观察天道运行的规律,以此来认知时节的变化。注重人事伦理道德,用教化普施于天下。中国自古以来都非常重视"以文教化"的功能,而"以文教化"的主要载体就是出版物与出版活动。

"以文教化"的具体实施,古代的科举制度是主要抓手之一。通过对科举制度考试内容的规范厘定和顶层设计,将"以文教化"思想贯彻到所有的考试内容之中。科举制度是对中国封建社会时期设立的专门科目进行考试,用来选拔官员和管理者的制度,肇始于隋,形成于唐,经宋辽

---

① 《诸子集成(7)》,上海,上海书店出版社,1986,第369页。
② 吴平、钱荣贵:《中国编辑思想发展史》,武汉,武汉大学出版社,2014,第370页。

金元明，一直持续到清末，于 1905 年被废止。在儒家思想中，读书考试做官，这是最理想的职业生涯规划。实际上，在漫长的封建社会中，科举制就是以考查考生对于儒家知识和观念的了解程度作为选择标准的选官制度。因此，让天下读书人获得教化的方式，就是利用科举制度的方式来决定学什么。而一般来说，儒家经典成为历朝历代科举选拔中最主要的考查内容。科举制度也极大影响了图书出版的内容，决定着图书出版的数量和类型，对古代出版事业起到了巨大推动作用。科举制度与图书出版之间产生了良性的互动关系。

"非为利也"的官刻是"教化天下"出版思想的又一大体现。所谓官刻，就是指由政府机关出资组织的出版印行的图书。按照出资的渠道，又可以分为中央官刻和地方官刻。《续资治通鉴长编》中提到宋真宗就明示国子监刻书印书宗旨："此固非为利，正欲文籍流布耳。"国子监是国家最高的文化教育机构，《宋史·职官五》记载其职能："掌印经史群书，以备朝廷宣索赐予之用，及出鬻而收其直以上于官。"由此可见，国子监刻书印书主要是供朝廷人员使用参考，向社会售卖不以营利为目的，且发行面广、发行量大，客观上能很好地起到传播思想、普及文化的巨大作用。

其实，国子监作为中国古代的高等教育机构，其担负着重要的文化传播功能和教育教化功能。在承担这些功能时，最重要的手段就是由他们提供或勘定的出版物。国子监的校勘者一般都由博学通晓古今的学者担当，相当于是当时最权威的"教材"，质量有保证。作为国家最高教育机构，国子监无疑具有人才优势。比如宋初《五经正义》主要为善楷隶的赵安仁所书，常成为地方翻刻的蓝本，被誉为"京师本"。

中国古代的书院以及书院的图书收藏，便是这一思想的具体呈现方式。早期的书院，主要活动就是典籍的收藏和管理，到了宋代，书院发展成为一种较为完善的教育制度，并由政府扶持和倡导。两宋时期的书院达到了397所，不仅是典籍收藏整理中心，而且成为教育和学术活动的中心。宋代著名的书院有白鹿洞书院、岳麓书院、应天书院等。从唐代作为一种修书为主的机构，到宋代成为私人或者官府设立的供人读书、讲学的处所，其实书院成了集藏书、教学和研究为一体的高等教育机构。书院也成了封建王朝最重要的承载教化天下的机构，其核心功能与基本路径是以编书、出书、教书、藏书为主轴的。

"教化天下"还有一大目的，就是利用出版功能，通过科举或学校制度，进一步维护统治者的统治。"经世致用"思想是出版事业发展的又一重要理念。所谓"经世致用"，一是利用出版，如修书，或者其中作品的教化之意，以帝王和官僚作为对象，以达到治国安邦的效果；二是用出版内容，向广大的知识分子，进行心性道德的影响教育，以此维护社会制度，建立良好的社会风气；三是用出版为广大老百姓服务，包括了科举选拔和日常阅读服务等。这一系列举措本身就是对整个社会的意识形态进行管理的一种方式。

比如修书，也是"教化天下"的常用方式。宋太宗时修书就很用力："太宗皇帝，始则编小说而成《广记》，纂百氏而著《御览》，集章句而制《文苑》，聚方书而撰《神医》；次复刊广疏于《九经》，校阙疑于三史，修古学于篆籀，总妙言于释老。"[①]宋代的皇室坚持以文化成天下的政策，

---

① （南宋）王应麟：《玉海》卷五十四。

影响甚为深远。既通过科举考试选拔出适合意识形态建设的教化人才队伍，也利用编纂大型类书的方式来解决教化天下的文化资源问题。鲁迅曾说政府的目的，不过利用这事业，收养名人，以图减其对于政治上之反动而已。因此，"教化"的不仅是读书学子，也不仅是想通过科举制度进入官场的士子们，更为重要的是通过读书人把"教化天下"的使命担负起来。历代统治者也正是利用出版的这一突出功能，对"天下"的意识形态进行有效的管控和有的放矢的"教化"。

五、"创新不止"的出版技术

中国古代四大发明中，有两大发明是属于出版领域的，分别是造纸术与印刷术，这是对世界文明发展起到了重要推动作用的技术创新。中国能出现一系列在出版技术层面具有重大原创性的发明，是与中国传统文化中的出版思想及理念密切相关的。我们可以从出版技术的内容当中，寻觅到"创新不止"的出版技术的思想原动力之根基。

我们认为，出版技术创新不止的背后思想支撑是儒释道。

下面，我们分别解读三者对出版的影响。

从儒家思想角度看，鼓励人们积极进取、建功立业。"仓颉造字"的神话故事，对后世改良造纸术的蔡伦、发明活字印刷术的毕昇等这些"革新家"起到了重大思想启蒙作用。不论是蔡伦，还是毕昇，在中国文化发展史上，都建立了功业，赢得了不朽之名，各自谱写了浓墨重彩的历史篇章。

首先来看蔡伦，他是东汉皇宫里的宦官尚方令，专门负责管理皇宫的器物。尚方（皇家工厂）中聚集着大量的拥有丰富生产经验和熟练技的一流工匠。蔡伦在担任了尚方令后，经常深入生产实践第一线。《后汉书·蔡伦传》记载："每至休沐，辄闭门绝宾，暴体田野。"蔡伦集中了造纸工人的实践经验，改进造纸工艺。"自古书契多编以竹简，其用缣帛者谓之纸，缣贵而简重，并不便于人。伦乃造意，用树肤、麻头及敝布、鱼网以为纸。元兴元年奏上之，帝善其能，自是莫不从用焉，故天下咸称蔡侯纸。"[1]东汉元兴元年（105年），蔡伦将其改良成功的造纸术向汉和帝上奏。功成之后，向统治者上奏，这实际上就是儒家的建功立业的思想。

史料记载中的毕昇，虽然只是一介"布衣"，但其改进印刷技艺，发明了胶泥活字印刷术的事件，足以让他千古留名，成就中华文化史上一大功业。这一功业，对后世王祯的木活字印刷术，应该有巨大的积极影响。王祯当时担任旌德县令，他创制木活字印刷《旌德县志》。印制一县之志，也是公家之事，本身也是追求青史留名之功业。

在漫长的封建社会里，中国的统治者一直把儒家思想，作为正统的文化思想加以推广，把儒家先贤典籍称作"经"，把研究与阐发儒学经典的学问叫作"经学"。儒家经典主要是指"十三经"，也包括历代儒家学者的评注和解说。从传统观念看来，《易》《诗》《书》《礼》《春秋》谓之"经"，《左传》《公羊传》《穀梁传》属于《春秋经》之"传"，《礼记》《孝经》《论语》《孟子》均为"记"，《尔雅》则是汉代经师的训诂之作。在董仲舒的"罢黜百家，独尊儒术"的建议被统治者采纳之后，儒家学术便成为官学。此后，从太学到后来的各类科举考试，都需要以儒家典籍作为主要的

---

[1] （南朝）范晔：《后汉书·蔡伦传》。

考试内容。这一对儒家思想和儒家经典的推崇思想，也进一步推动了儒家经典的出版事业，后世的不少出版技术的探索与开拓亦与此有密切关联。

在中国出版技术探索的历程中，尤其是雕版印刷的发明过程中，佛教文化与佛教思想为其提供了最为坚实的内容支撑。佛教起源于印度，秦汉之际传入中国。史载："及开西域，遣张骞使大夏还，传其旁有身毒国，一名天竺，始闻有浮屠之教。"[1]敦煌莫高窟的壁画上，也有张骞出使西域的内容。《汉书》曾记载了东汉明帝夜梦金人，遣大臣等前往印度取回《四十二章经》与释迦牟尼像，供奉在中国历史上第一座佛寺洛阳白马寺中。宫廷的画师还创作了有名的《千乘万骑绕塔礼佛三匝图》壁画，这些佛像壁画与贝叶经、佛像画开启了佛教在中国传播发展的先声。

从早期印刷品和文献以及现存实物可以得到印证：年代最古的为佛像，数量最多的为经咒，印刷水平最高的为佛经。[2] 有学者认为："只要抓住佛教传播这个线索，原来模糊的时间等问题就能理清头绪，把握住印刷术发明发展脉络：雕版印刷术产生于初唐至盛唐之际。"[3]按照这一观点，我们把佛教传播作为特殊的时空线索，就找到雕版印刷术三源头(印章、拓印和制版印染)，三者融合汇流最终成就了雕版印刷术的创世发明。

---

[1] （北魏）魏收：《魏书·释老志》。
[2] 肖东发：《中国图书出版印刷史论》，北京，北京大学出版社，2001，第45页。
[3] 肖东发：《佛教传播与雕版印刷术的发明——中国古代出版印刷史专论之一》，《编辑之友》1990年第1期。

捶拓与印章"这样两者结合的最初产品，仍是由寺院完成的。英、法、德等国博物馆不但藏有我国西北出土的大量的模印的'千佛像'，而且还藏有将捶拓和印章技术结合在一起的版面较大的雕版佛像。"[1]可见，拓印和印章的早期结合的重要汇流点就在佛像复制，而且数量庞大。

从制版印染角度看，佛教制版印染是中国版画印染发展史的重要内容和重要环节。从佛教传播的效果来看，面对普罗大众的宗教传播，直观的图画传播效果最佳。现存最早的佛经制版印染作品同时也是现存最早的印本书籍《陀罗尼经咒》，于1944年在四川成都附近的唐墓中被发现，大约是唐肃宗时期的作品。制版印染让这些佛教作品，不论从艺术性上还是审美性上，都达到了较高的成就。此外，佛经制版印染是印度佛教与中国文化结合的产物。佛教文化通过制版印染达到了一种艺术和技术的升华效果。

此外，佛教本身也极为重视出版与传播，佛教的传播需求也促进了上述三个源头的汇流，并使雕版印刷术的发明成为可能。"僧侣们为了广泛宣扬佛教，就不得不去寻找大量复制佛经和佛像的方法，一旦印刷术有了萌芽，僧侣就有首先使用的可能。"[2]佛教徒的信仰追求和传播需要，对雕版印刷术的诞生起到了巨大的推动作用。

道家思想以及从道家衍生出的天人合一的思想，对中国出版影响极大。老子说："人法地，地法天，天法道，道法自然。"此外，《庄

---

[1] 肖东发：《佛教传播与雕版印刷术的发明——中国古代出版印刷史专论之一》，《编辑之友》1990年第1期。

[2] 胡媛媛、苏金成：《佛经版画起源及其发展过程》，《美术学报》2013年第2期。

子·达生》中载:"天地者,万物之父母也。"中国出版技术的探索与创新,也正是贯穿了这一思想。最早的出版技术,就是出版者对大自然中获取的出版载体进行的刻画。这些出版载体有陶器、石器、玉器、甲骨、青铜、简牍、瓦当等;刻画之后,又有抄写、拓印、雕印、活印、套印等,这一路走来的出版技术,都是人类在探求自然的活动中发明发现的。

造纸技术,源自大自然中的"树肤、麻头"等;制笔技术,也主要来自大自然中的兽类,初用兔毛,后来也用羊、貂、狼、鸡、鼠等动物毛;墨则是用油或树脂烧出的烟末调入胶和药材等制成的。这些技术的发明与诞生,往往都是利用大自然中的现成物品,结合中国先人的升华改造而发明的。类似于雕版印刷术也是脱胎于拓印、印章、制版印染和这些传统的古老工艺之中。我们从中国历史上不断创新的出版技术中,可以充分体味到"天人合一"的独特东方巧思。

六、"探索有成"的出版载体

人类对于出版载体的探索,从硬质出版、软质出版到虚拟出版,在这开拓发展过程中,发明了多种多样的出版载体。中国在探索出版载体方面成就突出,因而中国的出版载体具有极大的多样性,其丰富程度在世界上首屈一指。而最初的出版行为,从载体角度看,一定是从身边最易获得的实用物体上开始做文章的。

先看硬质时期,首先便是结绳记事,《易·系辞下》云:"上古结绳而治,后世圣人易之以书契。"此时的出版载体与出版符号、出版技术融汇于"绳"一身。此时的绳,根据古文字学家徐中舒先生研究,结绳用途有三个：一是计数，二是记事，三是记世系。此外还有一个用途是"为约"，也就是双方与多方需要共同遵守的一种"约定"。从这里可以看到，出版从结绳时代，就具有了记载功能和信用功能，正所谓"结绳之政"和"结绳之治"。

殷商时期，龟甲兽骨上，刻有目前可知我国最早的成熟文字甲骨文。在这一时期的硬质出版活动中，也就是从三千多年前的这些龟甲兽骨上，我们也可以窥探到当时人们在追求文字符号记刻思维的一种出版思想。甲骨材料种类甚多，有龟腹甲、龟背甲、龟甲桥、牛胛骨、牛肋骨等，这些不同部位的骨头，先人们会自发"随形而刻"，"面对这些不同形状的文字载体，贞卜之人自然会选择较为扁平的部位进行刻辞。'随形而刻'可说是卜贞之人版面选择的总体思想。这种思想，在早期是一种自发行为，但也渐渐产生出'功能分区'思想，即在甲骨的不同部位契刻不同性质的文字"[1]。其实正是先人的这种追逐实用性与便利性的出版思想，才有了出版载体由硬变软、由大变小、由宏变微、由承载很少的信息量到承载海量的信息量的发展过程。这一过程与人类不断进化的过程也相吻合并且相互促进。从书写方便到携带方便，追求出版的便捷性，不仅是中国先人的出版思想，同样也是人类永恒的出版追求。于是，进入了竹简木牍的时代，再到绢帛和纸，如今又进入了数字时代的虚拟出版，对于便捷和容量的追求思想，让人类与出版载体一起"进化"。

---

[1] 吴平、钱荣贵：《中国编辑思想发展史》，武汉，武汉大学出版社，2014，第82页。

中国人对于出版载体的探索，还有一大思想理念，就是能够更好地保存，以达到传世和不朽的效果。比如，甲骨后的青铜器载体出版，也是我国的一大特色，其坚固的程度和保存的时间都大大超过前代的载体，因此，如果能将文字内容铸刻在青铜器皿上，就可以传世。《墨子》中的《鲁问》篇说："攻其邻国，杀其民人，取其牛马粟米货财，则书之于竹帛，镂之于金石，以为铭于钟鼎，传遗后世子孙。"《尚贤》篇："古者圣王既审尚贤，欲以为政，故书于竹帛，琢之盘盂，传以遗后世子孙。"这些思想理念，都诠释了中国人对"不朽"出版事业的无尽追索。

出版载体的不断探索发展，也产生了东方美学思想。从出版载体与出版符号的共处中，先人慢慢发现了一种出版符号与出版载体和谐共生的美学思想。从远古的甲骨文开始，面对甲骨的形状而进行随形审美刻画；还有因为先人占卜之用，在甲骨刻辞中出现大量的对称图案，形成了对称审美观。"这种对称的编码规则是同殷商人阴阳相对、相反相成的思想观点和二进位数理逻辑思维方式分不开的。"[1]出版载体上的美学观念最早从占卜中走来，在青铜器出版时期，则出现了对于文饰之美的一种自觉追求。在青铜铭文上，总体的版面风格显得更加规整、庄重和成熟，图文编排出版有着鲜明的逻辑和美学特征："似可以看出上古夏商西周人们对'图文并茂'审美追求轨迹：'图文混排'→'图文并茂'→'图文合一'。这种审美追求是在逐渐向更高层次、更深层次演进的。"[2]

中国古代出版载体与出版符号的进一步融合发展，造就了关于出版

---

[1] 王振铎、王刘纯：《由甲骨版片探编辑出版之源》，《编辑之友》2001年第3期。
[2] 吴平、钱荣贵：《中国编辑思想发展史》，武汉，武汉大学出版社，2014，第103页。

符号且具有东方特色的书法审美艺术思想。在汉字发明之后，在出版载体的不断探索有成中，祖先又发明了毛笔书写，产生了书法。书法主要是依托中国古代文房四宝作为工具，书写出版符号的一种方式。但这一由毛笔记录的出版符号在东方美学的发展中，逐渐形成了一套系统性的审美特色。在经历载体不断探索和变化中，中国特有的出版符号汉字，也经历了从甲骨文、金文演变而成为大篆、小篆、隶书，到东汉、魏、晋的草书、楷书、行书，形成了一整套的出版符号审美思想体系。比如说，书法中如何表现"神、气、骨、肉、血"等。这一套书法艺术的审美思想，也与出版载体的发展变迁产生着密切的互动关联。

人类出版在经历了"开启文明的硬质出版"时代和"以柔克刚的软质出版"时代后，逐渐发展到了"有容乃大的虚拟出版"时代。虚拟出版时代，主要的核心概念包括两个，一个是"有容乃大"，一个是"虚拟出版"。从声光电磁时代，飞跃到计算机时代，出版进入数字时期，其技术的发明主要来自西方，而中国的用户也在虚拟出版时期，以东方思想，追踪、应用并探索出独特的一些出版理念。首先就是汉字符号的数字化，把绵延了数千年的象形文字符号，成功地搬入虚拟世界，赶上了世界的潮流。其次，是弯道超越的数字出版潮流。虽然技术的发明是由西方引领的，但是从数字出版和数字阅读来看，从 PC 时代到移动时代，以及今天的知识付费，中国人对数字出版的接受与应用的比例，也已经走在了世界前列，目前，已逐渐显现技术引领的趋势。

七、"记功续绝"的出版传承

《左传·襄公二十四年》谓："豹闻之，'太上有立德，其次有立功，其次有立言',虽久不废,此谓之三不朽。"这里所说的"三不朽"也就是古人对一个人的人生价值的核心判断。然而,这里的"立德""立功"对于文人来说显得较为遥远,"立言"对于文人则是通过自己的努力可以达到的。唐代的孔颖达在《春秋左传正义》中说,"立言谓言得其要,理足可传"。于是,"立言"就成了广大文人的人生第一要务,以此来追求不朽伟业。正如曹丕在《典论·论文》中说:"盖文章,经国之大业,不朽之盛事。"曹丕不仅一语点出了这一思想,还道出了其原委:"年寿有时而尽,荣乐止乎其身,二者必至之常期,未若文章之无穷。是以古之作者,寄身于翰墨,见意于篇籍,不假良史之辞,不托飞驰之势,而声名自传于后。"[1]追求身后不朽之功名,这一伟大的理想,激励着文人不断突破自我,把著书立说出版传播当作一生的使命。

文人们把立言作为"不朽"的追求,而编书选本和注解,也是表达编者思想的载体。"诗以言志""文以载道",诗与文的出版符号和内容,都通过书的载体方式得以呈现,如何选编,事关传承,也关乎传播效果。编书同样也是可以追求不朽的伟业,因此,可以发现在中国古代,文学作品的"选",成为出版史上的又一大景观。"选"的思路与方向,则往往与时代有关,也会反作用于当时的社会思潮。选家们按照其对文化的理解,从抒发个人审美思想的角度,完成"选"的工作,达到选本的呈现,同样也是一种"立言"方式,不过显得比较隐晦,并且长期以来,并不太受到出版研究者的关注。"编著合一"也是一种出版思想,如何选作品,

---

[1] 郁沅、张明高:《魏晋南北朝文论选》,北京,人民文学出版社,1999,第14页。

反映着一种出版传承思想。鲁迅先生说:"凡选本,往往能比所选各家的全集流行,更有作用……凡是对于文术,自有主张的作家,他所赖以发表和流布自己的主张的手段,倒并不在作文心、文则、诗品、诗话,而在出选本。"①

另一种出版思想,则是"注疏"。宋朝的陆九渊《语录》载:"或问先生:何不著书?对曰:'六经注我,我注六经。'"②其实在对典籍的注解整理过程中,本质上也是文人自我思想的释放与舒展。东汉后期的经学大师郑玄,一生致力于著述典籍,其间虽遇党锢之祸,被囚禁多年,但矢志不渝,"括囊大典,网罗众家,删裁繁诬,刊改漏失"③,最终成为一代大家,他的作品,世称"郑学"。他曾在《诫子益恩书》中表明了他的人生志向和追求的目标:"但念述先圣之元意,思整百家之不齐。"

著书立说,修书藏书,这样的出版活动,不光是中国文人个体不朽功业的追求,历朝各代统治者也把"盛世修典"以及收集藏书等作为一大历史和文化功德,给予巨大的人力物力投入。长久以来,出版修缮、藏书以及传承也是一项官府工程。这样的传统由来已久,《史记·老子韩非列传》中记载:"老子者,楚苦县厉乡曲仁里人也,姓李氏,名耳,字聃,周守藏室之史也。"说明老子曾经就是周朝的史官,负责收藏典籍等。秦始皇在统一六国之后,除了焚书坑儒,也做了一些有益于文化发展的事情,如统一出版符号为秦小篆,建立了多处宫廷和政府的藏书机

---

① 《鲁迅全集》(第7卷),广州,花城出版社,2021,第265页。
② (南宋)陆九渊:《陆九渊集》,北京,中华书局,1980,第399页。
③ (南朝)范晔:《后汉书·郑玄传》,北京,中华书局,1965,第1213页。

构。正如前文所提到，宋太宗时期，修书盛况空前，其中《太平广记》《太平御览》等都是浩大工程。明朝的《永乐大典》是官府修书中最大的一部类书。"参加该书编纂和誊写工作的共2167人，从七八千种图书中辑成22877卷，凡例、目录60卷，装成11095册。"[1]清朝康熙年间也修编了数十部大类书，其中影响最大的是《古今图书集成》，在国外被称为《康熙百科全书》。清朝的《四库全书》是我国最大的一部丛书，收书达到3461种，79309卷。"先后参与编纂的人员多达360人……负责缮写的书工多达3826人。"[2]修典是历代统治者极其重视的工程，也是彰显其功德的最佳方式之一，同时也可让文人学者能埋头到典籍修整大业之中，更好维护统治。

八、"小错大惩"的出版追责

出版在中国古代政治文化生活中享有崇高地位，具有重要的意识形态色彩，也是统治者进行统治的重要手段，因此涉及出版方面的精神产品，容不得丝毫的差池。由于经济基础决定上层建筑，一定的文化也是一定社会的政治和经济在观念形态上的反映。在封建时代，每个朝代的统治者都需要有与自己统治相匹配的文化意识形态，并对一些不相匹配的"异端"文化给予扼杀或追惩。

一个时代的文化最重要的呈现与反映，主要在出版上。因此，我们会看到，在古代，统治者常常把一些有关出版的字句方面的小问题，或

---

[1] 谢灼华：《中国图书和图书馆史》，武汉，武汉大学出版社，2005，第167页。
[2] 谢灼华：《中国图书和图书馆史》，武汉，武汉大学出版社，2005，第170页。

者一些似是而非的所谓"问题内容",上升到国家政治层面,给予严酷处理,正所谓"小题大做""小错大惩"。古代统治者针对出版的某些行为与举动,往往会诱发成为针对整个出版界的某种政策,甚至形成某个历史时期占主导地位的出版思想和出版政策。

首先就是在出版方面的"禁毁书"思想。"禁毁书"在中国,由来已久,先秦时期的商鞅、韩非等都曾提倡过。大规模禁书焚书的行为,是从秦始皇开始的。公元前213年,秦丞相李斯进言:"臣请史官非秦记皆烧之。非博士官所职,天下敢有藏《诗》《书》、百家语者,悉诣守、尉杂烧之。有敢偶语《诗》《书》者弃市。以古非今者族。吏见知不举者与同罪。令下三十日不烧,黥为城旦。所不去者,医药卜筮种树之书。若欲有学法令,以吏为师。制曰:'可'。"①

这是中国文化史上影响最为重大的一次"禁毁书"事件,从此,"禁毁书"成为中国封建时期出版业中如影随形的一道独特"风景",也成为不少出版人、文化人心中挥之不去的梦魇。它具有一种出版文化思想的"紧箍咒"的色彩。在这一思想影响下的禁毁书行动也是"一波还未平息,一波又来侵袭"。随着出版业在载体、技术、流程等方面的不断发展,关于出版的禁忌也愈来愈多,也愈加受到了统治者的高度重视。西汉末,王莽篡权后禁谶纬;西晋泰始四年,司马炎禁天文、星气、谶纬;前秦苻坚、北魏孝文帝、梁武帝、隋文帝禁谶纬;后周太祖广顺三年禁玄象器物、天文、图书、谶书、七曜历、《太一》《雷公式》;唐玄宗禁诸阴阳术数;北宋太祖时期,禁玄象器物、天文、图

---

① (汉)司马迁:《史记·卷六·秦始皇本纪》,北京,中华书局,1959,第255页。

书、谶书、兵书、七曜历、《太一》《雷公式》；宋真宗禁毁图纬、推步、天象器物、谶、候之书；元代禁天文、图书、《雷公式》、七曜历、推背图等；明代的禁书以程朱理学为标准，手段更为严酷，包括禁止《水浒传》等小说的流传。

清乾隆三十九年（1774年），上谕说："明季末造，野史甚多，其间毁益任意，传闻异辞，必有抵触本朝之语，正当及此一番查办，尽行销毁，杜遏邪言，以正人心而厚风俗。"[①]在当时，纂修《四库全书》之际，既是一次文化整理的工作，保留了大量的文献资料，也借此删、改、烧、禁了一大批书籍。

正是受到了上层建筑影响才出现了这样一种出版思想，甚至在古代的目录学中的特种目录中，还出现了禁毁书目录，在《宋史·艺文志》中就有《禁书目录》。在中国的出版历史上，始终伴随着禁毁书，出版史也就与禁毁书史是相伴相生的。清代还出现了很多禁毁书目录，如《四库馆奏准销毁抽毁书目》《禁书总目》《违碍书籍目录》《清代禁书知见录》等。可见，对于出版中的"问题"书籍给予查禁，主要有两种情况：一种是对文明传承中的糟粕给予销毁，另一种就是对于影响统治者进行意识形态管理的书籍给予禁毁。对出版的管制和管理，在维护上层统治和主流意识形态的同时，有时也具有维护公序良俗和清理文化糟粕的客观作用。

以上是对书（出版物）的严酷管理，而更加令人心惊胆寒的是对于出

[①] 中国第一历史档案馆编：《纂修四库全书档案》，上海，上海古籍出版社，1997，第240页。

版活动的主体即出版人、传阅人的一种追惩，最负恶名的便是"文字狱"。周谷城先生在《中国政治史》一书中，言及文字狱时说："因著书立说而引起的惩罚，厥为文字之狱。"①自秦到清，文字狱绵延数千年之久，也成为中国出版史上"血腥"与"残酷"的记忆。秦代，"焚书"的同时还"坑儒"，对文人的追惩从那时已经开始。两宋时期，往往被称为"诗狱"或"诗案"。到明朝则又被称为"表笺祸"。到了清朝，则叫作"史狱"或"史案"，多起文字狱都与刻抄明史相关。清代"文字狱"发生的频率达到了历史的高点，或被称为"书案"。

因文触祸的出版事件，在中国封建时期的出版史上，屡见不鲜。其背后则是封建统治阶级对于出版意识形态属性的偏狭认知，这对编撰者和出版人都形成无形的压力。"小错大惩"的出版追责，始终是中国古代出版人心头挥之不去的阴影，也影响着一代代的出版人及其文化活动。清代小学（文字学）发达与"文字狱"关系绝大，大批知识分子和出版人热衷于研究与现实政治关系疏离的文字学，"小学"故而在清朝大盛。

第二节　外国的主要出版思想与理念

外国的主要出版思想及理念分以下几个部分展开论述：一是马克思主义出版观的诞生；二是出版管制与争取言论和出版自由思想的斗争；三是现代版权思想的萌芽、发展和成熟；四是技术逻辑下出版思想的演

---

① 周谷城：《中国政治史》，北京，中华书局，1982，第248页。

变；五是当今社会乃至未来人工智能时代，人工智能的发展对出版行业的赋能。

一、马克思主义出版观的创始奠基和初步发展

马克思主义是马克思主义理论体系的简称，马克思主义理论体系覆盖了马克思关于科学社会主义的全部观点和全部学说。马克思主义出版观即是其中关于编辑出版相关思想、理论、观念的重要部分。理论来源于实践，并反作用于实践活动。实践是检验真理的唯一标准。因此，掌握马克思主义出版观要以了解马克思主义主要创造者和继承者的出版活动为前提。

(一)马克思主义出版观创始奠基的思想起源

卡尔·马克思（1818—1883年），无产阶级领袖，共产主义先驱，伟大的思想家，著有《资本论》《共产党宣言》等享誉世界的经典作品，也是著名的政治家、哲学家、经济学家和革命家。他和恩格斯共同创立的马克思主义学说，是指引世界各地劳动人民为实现社会主义和共产主义伟大理想而奋斗的行动纲领和理论武器。

"如果我们选择了最能为人类而工作的职业，那么，重担就不能把我们压倒，因为这是为大家作出的牺牲；那时我们所享受的就不是可怜的、有限的、自私的乐趣，我们的幸福将属于千百万人，我们的事业将悄然无声地存在下去，但是它会永远发挥作用，而面对我们的骨灰，高

尚的人们将洒下热泪。"①马克思在其中学毕业作文《青年在选择职业时的考虑》中这样讲道。可以说，马克思从小便对人生道路选择进行了重要思考，萌发了为人类服务的远大抱负。而马克思关于出版的实践和认知也与当时严格的出版审查制度——书报检查令密切相关。

1818年5月5日，卡尔·马克思出生于德意志联邦普鲁士王国莱茵省特里尔城的一个律师家庭。祖父洛宾·列维是一名犹太律法学家。1830年，12岁的马克思进入特里尔中学学习。中学毕业后进入波恩大学，18岁转学到柏林大学正式学习法律专业，但他的大部分精力在学习哲学和历史。

1840年，普鲁士新国王腓特烈·威廉四世即位，要求所有出版物必须经过严格审查，大学失去学术自由。马克思博士论文中关于哲学高过神学的立场自然无法通过新国王任命的大学教授们的审查，因此，马克思的博士论文改寄给萨克森-魏玛-艾森纳赫大公国的耶拿大学进行审查。1841年，卡尔·马克思以《德谟克利特的自然哲学和伊壁鸠鲁的自然哲学之区别》申请博士学位，得到委员会的一致认可，顺利获得耶拿大学哲学博士学位。这一年，马克思23岁，开始参与德国第一张民族主义报《莱茵报》的创刊工作，后担任《莱茵报》主编，开始从事新闻出版领域的探索和实践。

在此过程中，马克思发表多篇文章抨击书报检查令和对新闻出版自由思想压制的一系列制度。其中一篇是《评普鲁士最近的书报检查令》，写于1842年2月10日，这是马克思以"莱茵省一居民"的名字撰写的他

---

① 《马克思恩格斯全集》(第1卷)，北京，人民出版社，1995，第459~460页。

的第一篇政论文。由于当时社会严厉的书报检查制度的限制，文章在德国未能得到发表。

1843年2月，该文最后在瑞士出版。文中，马克思针对书报检查制度进行了深刻的批判，并由此阐述新闻出版自由的原理。书报检查制度的本质是"官方的批评"，而官方的根本目的便是防止人们对国家或政府提出批评；严控书报检查令、压制新闻出版自由，目的是控制人民的思想，禁止人民思想的觉醒。[1]

第六届莱茵省议会于1841年5月23日至7月25日在杜塞尔多夫举行，马克思为此次议会撰写了系列文章，发表在《莱茵报》上，第一篇就是《关于新闻出版自由和公布省等级会议辩论情况的辩论》。这一系列文章进一步阐述了马克思对出版自由的肯定，提出"自由报刊"的观点，并认为新闻出版自由是其他一切自由的前提，他明确指出：没有新闻出版自由，其他一切自由都会成为泡影。[2] 马克思认为，"自由报刊是人民精神的洞察一切的慧眼，是人民自我信任的体现"[3]。

弗里德里希·恩格斯（1820—1895年），德国思想家、哲学家、革命家，同时也是马克思主义的创始人之一。恩格斯是卡尔·马克思的重要挚友和亲密战友。恩格斯出生于德意志莱茵省巴门市（今伍珀塔尔市），父亲是工厂主，带有普鲁士贵族血统，母亲遵守礼教，喜爱文学历史。中学时，父亲要求他辍学经商，于是恩格斯成为一家商行的办事员。此时，德国面临着民族统一和民主革命的任务，恩格斯被

---

[1] 龚刃韧：《马克思新闻出版自由经典理论之重温》，《法学》2010年第7期。
[2] 龚刃韧：《马克思新闻出版自由经典理论之重温》，《法学》2010年第7期。
[3] 《马克思恩格斯全集》（第1卷），北京，人民出版社，1995年，第179页。

民主主义的政治思潮吸引。1839年,恩格斯在青年德意志运动的机关刊物《德意志电讯》上发表了《乌培河谷来信》,揭示封建专制制度和宗教虔诚主义的黑暗,表达了对劳动人民的同情。此后,恩格斯在各种刊物上发表文章,抨击德国封建专制制度。值得关注的是,1844年2月,恩格斯在马克思主编的《德法年鉴》上发表了《政治经济学批判大纲》,并于同年8月会见了马克思,开始了二人一生亲密无间的携手征程。

1849年,恩格斯在《新莱茵报》上发表《关于招贴法的辩论》,阐述了他关于出版自由的看法。恩格斯认为,招贴也是一种出版,是捍卫无产阶级自由的一种方式,对无产阶级工人具有重要的意义。政府以"这种方式的不成熟"为借口,来反对招贴,反对出版自由,其本质是害怕开化民智,是一种愚民政策。总之,恩格斯对招贴的出版方式给予了肯定,期望保障公民的出版自由。

这些都是马克思、恩格斯的新闻出版实践和关于出版自由思想等的思考,是马克思主义出版观的重要思想起源和理论资源。

(二)马克思、恩格斯、列宁的出版思想

马克思、恩格斯作为早期的思想家和革命家,各种书报刊的编辑出版活动是其革命工作的很大一部分。众所周知,马克思主义者的全部事业都是围绕为人类更高更远的未来展开的,编辑出版活动的目的也是为广大读者不断提供更科学、更广泛的社会和历史知识。马克思主义的出版思想对今天的编辑出版工作实践也具有非常重要的现实指导意义。

马克思一生著述颇丰,对于自己的出版作品从不含糊,精益求精,力求达到艺术性和思想性的有机统一。"我不能下决心在一个完整的东西还没有摆在我面前时,就寄出任何一部分,不论我的著作有什么缺点,它们都有长处,即是一个艺术的整体。但是要达到这一点,只有用我的方法,在它们没有完整地摆在我面前时,不拿去付印。"马克思认为编辑出版工作必须对读者负责,因此他非常重视编辑校对工作,他希望将内涵丰富而没有差错的出版物呈现给读者。

此外,马克思和恩格斯也特别注意出版作品的书名编辑。例如,1860年,马克思便颇费心思地为一本抨击庸俗民主主义者卡尔·福格特的小册子拟定书名。在通信中,他们相继提出了《前帝国的福格特》《卡尔·福格特》《达-达·福格特》等,最后选用了《福格特先生》作为最终书名。革命时期,掌握丰富而充分的信息对革命活动的开展至关重要。因此,马克思、恩格斯重视编辑出版活动的时效性,即使在恶劣的政治文化环境中,他们也力争将出版物及时送到读者手中。为此,马克思、恩格斯对当局的书报检查制度进行了多次辩论和抨击,想方设法尽快出版发行作品,服务于读者。这也是"人民报刊"与其他报刊的本质差别所在。所有的"人民出版物"都要旗帜鲜明地讲政治、讲党性,只有获得人民的认可,出版物才能获得立足之本,只有充分表现党性立场和观点,出版物才能不偏离正确的政治方向。

马克思、恩格斯注意观察社会的基本状况,了解读者的第一手资料,照顾读者的阅读习惯,在写作时采用最易被广大受众接受的写作手法和编辑方式,对于任何可能造成传播不畅的出版物进行修改加工。《资本论》作为一部高深的经济学著作,为使其能够被广大工人阶级读懂和理解,马克思、恩格斯认为必须再出版一部专供工人阅读的通俗小册子,为此,二人进行了大量的准备工作,后出于种种原因未能出版。马克思、恩格斯一生致力于通过出版物向人民群众宣传无产阶级的科学理论和纲领路线,以便将精神力量转化为改造社会和改造世界的物质力量,他们认为,必须"保证一切捍卫共产主义的出版物的广泛传播"。

列宁是马克思主义出版观的继承者和弘扬者,并对马克思、恩格斯创始奠基的马克思主义出版观进行了初步发展。

列宁(1870—1924年),无产阶级革命家、思想家、政治家和理论家,是世界上第一个社会主义国家的缔造者,十月革命的主要领导人,也是著名的马克思主义者。

1870年4月22日,列宁出生在伏尔加河畔的一个知识分子家庭,父亲是省教育厅长。列宁15岁便阅读了《资本论》,成为一名马克思主义者。1895年,他来到彼得堡领导当地的工人斗争协会工作。因从事革命工作,1896年被判处四年流放。其间,列宁给《工人报》写了多篇稿子都未能发表。这些稿子于"十月革命"胜利后,在警察局的档案里被发现。

1900年,列宁得以释放,之后他和劳动解放社的领导人普列汉诺夫协商创办了《火星报》,承担起通信任务,联系着全国各地的马克思主义小组。

1905年11月13日列宁写的《党的组织和党的出版物》,1918年9月18日又发表了《论我们报纸的性质》等,阐述了无产阶级报刊的"党性"内涵,提出和论述了党的出版物的原则,评判了资产阶级"创作的绝对自由"的虚伪性。《真理报》是由列宁创办的,当时叫《群众性工人日报》,1914年至1917年因第一次世界大战停刊,1917年复刊后成为俄共中央机关报。

列宁在革命实践和出版活动中形成并提出"党的出版物的党性""我们要创办自由的报刊""应当把书送到读者手里"等一系列出版思想。特别是列宁关于出版物的党性论断，主要体现在两个方面：一是在观念上，党的出版物是党的事业的一部分，是整个社会民主主义机器的齿轮和螺丝钉，但是允许个人的创造性和爱好，给予形式和内容广阔的发展天地；二是党报、党刊、出版社、印刷厂、图书馆等接受党的组织领导。

以上三位是马克思主义出版观创始奠基和初步发展者。正如马克思主义处于一个不断丰富发展的过程，马克思主义出版观亦是如此，其始终不变的是对出版党性和人民性及出版自由的追求。它在与实际的接触碰撞中不断丰盛起来，对当今出版依然具有重要的指导意义。

新闻出版工作是党和人民的喉舌，是党的重要的宣传阵地，是先进文化的建设者和传播者；编辑出版工作必须以读者为中心，对读者负责，一切服务于读者。马克思主义的核心出版思想理应成为当今出版工作者遵循的基本原则。出版行业能否繁荣发展，关系到社会主义意识形态安全和文化安全，关系到社会主义科学教育文化事业的繁荣，关系到改革开放、发展稳定的大局，关系到社会主义科学、教育、经济和政治的协调发展，特别在当今，人们往往重视经济利益，出版工作更应该将出版物的社会效益放在首位，加强编辑出版队伍的思想建设和道德建设。

二、宗教文化和出版思想

（一）莎草纸出版与《亡灵书》

非洲是人类文明的发源地之一，也是世界出版文明发展较早的地区。古埃及是典型的多神教国家,古埃及宗教是古埃及奴隶制时代的国家宗教,起源于石器时代的氏族宗教和部落宗教。可以说宗教文化在古埃及出版中占有主导地位。

莎草纸的诞生便与古埃及的宗教密切相关。莎草纸产生于距今四千多年的古埃及法老时代。彼时,古埃及分为上埃及和下埃及。纸莎草是一种尼罗河三角洲特产的水生草本植物,形状和芦苇类似。其高可达两米,在纸莎草顶部还带有辐射状的细缨,茎秆的横截面呈三角形状,纸莎草和荷花①、椰枣②一起,被古埃及人民当作神圣之物崇拜。古埃及人对太阳有极大的尊崇,纸莎草顶部的细缨展开,仿佛太阳一般,象征着太阳的光辉,而横截面的三角形状昭示着金字塔的样子,因而古埃及人对纸莎草同样格外崇敬。

纸莎草是古埃及文明的重要组成部分,古埃及人崇尚纸莎草,将它看作北方王国的象征。古埃及文学最具代表性的出版作品是《亡灵书》,它是古埃及文学的汇编,汇编的内容主要来自《金字塔铭文》和《石棺铭文》,题材主要为诗歌、神话、符箓、宗教礼仪等。

《亡灵书》是古埃及重要的出版物之一,内容为用象形文字写在纸草卷上的各种咒文、祷文和颂歌。现今保存完整的《亡灵书》,多数来自金字塔和古代陵墓。《亡灵书》中包含着大量的文字和彩色插图。它是古埃及人宗教信仰的结晶,也是保存和记录埃及早期社会现实生活和人们思想意识的重要出版作品。古埃及人向往美好幸福的生活,深切期待来世

---

① 荷花是上埃及的象征。
② 椰枣是埃及人重要的食物。

的愿望都在《亡灵书》的咒语中得以体现，这一切都基于一种朴素的信念：以永久活着的形象来表明永恒的生命。其中，《阿尼的纸草》作为重要的莎草纸出版作品，承载了《亡灵书》绝大部分的内容。

(二)贝叶书出版与印度教

印度半岛出产一种特殊的植物，即贝多罗树，四季常青，寿命很长。贝多罗树叶，简称贝叶，硕大柔韧，像一把张开的蒲扇。贝叶经过一系列制作流程后成为南亚重要的出版载体，用来刻写经文、典籍。由此，被人们称为贝叶经或贝叶书。贝叶经或贝叶书产生于古代印度，就是刻写在特制的贝多罗树叶上的文字，且大多数为佛学经典，还有一些古代印度梵文典籍。在印度人尚未掌握造纸术以前，他们主要使用这种特制的贝多罗树叶作为出版载体。贝叶书从产生至今已有 2500 多年的历史，与我国的竹简木牍盛行的历史时期大致相同。贝叶书或贝叶经的保存，为研究古代印度的文化艺术、出版事业提供了珍贵的史料，具有极高的文物价值。贝叶书或贝叶经的制作工艺流传到我国西藏、云南等地区，对我国的宗教文化等产生了重要影响。中国西藏地区保存有不少以梵文书写的贝叶经孤本、善本、珍本。因此在研究南亚次大陆的硬质出版的时候，也会涉及我国西南地区的贝叶书。

贝叶书这种早期的出版实践与宗教文化关系密切。贝叶书多为佛学典籍，除此之外，还有一些古代印度的梵文典籍，史料价值很高。现今世界佛教中，最主要的三个流派——汉传佛教、南传佛教及藏传佛教，它们最早的经典都源于佛教贝叶经。可以说，贝叶经对佛教的发扬光大起到了重要的促进作用。

无论是古埃及的莎草纸出版，还是古印度的贝叶书出版，都是在传播宗教文化的需求下所产生的出版实践，服务于宗教，推动了宗教文化的传播。反之，宗教文化的盛行，需要大量、易于保存和传播的流通载体，促进出版载体的产生、改进和出版活动的丰富。宗教文化与古代出版处于一种良性的互动状态，二者相互促进，而后又延伸至世俗生活的方方面面。

三、神权、王权、现代国家对出版的管制管理思想

在英国历史上，1215年诺曼王朝在大封建领主、教士、骑士和市民的联合施压下签署了《自由大宪章》。这项文件是英国封建时期的重要宪法性文件，对王权进行了一定程度的限制，相对保障了封建贵族、教会的特权和骑士、市民的某些权益。由此，英国封建时期的王权、贵族、市民三种政治势力长期形成对立的局面。

(一)英国出版特许制度和"星法院"

中国印刷术传入欧洲之后，随着欧洲政治、宗教斗争的不断激化，印刷的扩大及印刷品的传播逐渐威胁到王权的势力。1528年开始，英国的历任国王对出版实行了一系列的管制措施。

一是建立皇家出版特许制度。1528年，英国国王亨利八世下令对印刷产业的发展进行限制。1538年，规定所有出版物必须经过特许，否则一律不得出版。1557年，女王下令成立英国皇家特许出版公司，这样一来，只有经过女王特许的印刷商才可成为皇家特许出版公司的会员，只有此类会员和其他特许出版者才有资格从事印刷出版。

二是建立皇家出版法庭，即"星法院"。1570年，伊丽莎白一世将枢密院的司法委员会改组为直属女王的皇家出版法庭，规定在英国印刷的一切出版物必须经由皇家特许出版公司登记，皇家特许出版公司具有搜查、扣押和没收非法出版物以及逮捕嫌疑犯的权力。这项制度限制和控制着英国的出版业长达百年之久，直到1641年才被取缔。

16世纪中期至17世纪中期是英国对出版管制最严格的时期，通过王室特权、专利垄断、许可制度和书商公会的注册登记等手段对出版行业进行了有力的掌控和审查。在这一时期，体现了王权对出版的严密管制，王权定义出版的"合法"性。但各种"非法印书"活动在高压体制下已"初现端倪"。

(二)王权和神权对出版的争夺

英国詹姆斯一世统治时期，国王亲自著书立说，宣传政治、宗教政策，以及颁布王室公告、任命官方审查员对出版实施监管等。[①]

与此同时，罗马教皇却视詹姆斯为"异端"。1609年詹姆斯一世向欧洲各国君主赠送他的著作《预兆》，但受到教皇的查禁：这本书充满了邪恶的异端理论，必须承认它是一本异端著作。教皇认为禁止该书不被任何人了解不但是正确的而且是必需的，继而发布一个教谕，命令所有书商不得出售该书，违者轻则监禁，重则处死。[②]

在出版管制的相关措施中，我们可以从詹姆斯一世案例之一斑，窥

---

① 陈金锋：《媒介与权力：詹姆斯一世时期的印刷媒介管制》，《济南大学学报（社会科学版）》，2014年第4期。

② Cyndia Susan Clegg. *Press Censorship in Jacobean England*. Cambridge：Cambridge University Press，2001：78-79.

见封建王权对出版的认识和态度之全豹。例如,詹姆斯一世通过写作、出版政治理论方面的著作宣扬"君权神授"观点。他认为印刷出版是澄清谣言、使言论存储久远的有效途径。这说明,无论在当今社会对舆论的管控,还是在封建历史时期,出版媒介对文明的记载和传播是一件意义重大而影响深远的事情。国王通过著书立说,进行自我宣传,拉近与臣民的距离,以达到维护和巩固统治的目的。

纵览其他国家的出版自由进程,如法国封建王朝时期,其编制禁书目录、建立出版检查制度、印刷出版特许制等,无一不是利用出版来管控臣民的言论自由、思想自由,遏制异端思想的萌生,宣传和维护王权、神权和统治秩序。

四、出版自由思想及论战

在外国出版思想史上,出版自由是一个不可避免要论及的话题。各个国家和地区为追求出版自由进行了多次激烈的论战和抗争,在世界出版史上留下了精彩的篇章。

(一)法国:狄德罗的《百科全书》与出版自由思想

德尼·狄德罗(1713—1784年),法国著名的启蒙思想家,百科全书派的代表人物。狄德罗精通英国、意大利等多国文字,以翻译《德性研究》著称。1745年,狄德罗受到法国出版商布雷顿的邀请,准备将英国《百科全书》翻译成法文。在翻译的过程中,狄德罗发现,英国这套《百科全书》内容零散、观点陈旧,宗教思想充斥其中,充满了压制自由、令人窒息的论调。鉴于此,狄德罗萌发了重新编写《百科全书》的想法,这个想法得到了出版商的赞同。于是狄德罗担任主编的《百科全书》在一批科学和文化名流及出版人的共同努力下，历时25年完成。《百科全书》是对人类一切知识门类或某一知识门类进行总结和简要记述的工具书，主要用来供人们查阅所需的知识和事实资料，被誉为"没有围墙的大学"。

在此书中，有相关文字论及言论自由和出版自由思想。编写人员之一的德·若古在其中写道，言论自由、出版自由作为一种政治权利，是公民所必须享有的，理应成为世界性的普遍权利，任何政府都应当保障这一自由的实施。若公民害怕发表言论和表达自己的思想，那么由此可能会出现的谣言、小道消息等，会模糊事实，以讹传讹，对公民自身、国家、政府都是有百害而无一利的。他对英国的言论和出版检查制度也是抱有一种审慎甚至否定的态度。

(二)法国：罗伯斯比尔宣扬出版自由思想

罗伯斯比尔(1758—1794年)，法国革命家，法国大革命时期重要的领袖人物。出生于法国北部，父亲、祖父和曾祖父都是当地律师。《革命法制和审判》是罗伯斯比尔的重要著作，收录了他于1783年至1794年所发表的一部分重要论文和演说。全书共有23篇，按发表的时间先后顺序排列，在一定程度上反映了罗伯斯比尔革命思想的形成和发展过程。

"出版自由和言论自由不可能有区别；两种自由像自然界一样，都是神圣的；出版自由也像社会本身一样，是必需的。"[①]罗伯斯比尔在此

---

① 〔法〕罗伯斯比尔：《革命法制和审判》，赵涵舆译，北京，商务印书馆，1965，第51页。

书中论及出版自由，认为它和言论自由一样是神圣不可侵犯的。出版自由是"表达共同愿望，唤醒社会舆论"的必然手段，同时，压迫出版自由会导致偏见、腐败和懦弱丛生。罗伯斯比尔认为出版自由是一项全民的权利，所有的国民在出版自由这项权利上一律平等。

罗伯斯比尔关于出版自由相关问题的思想阐述，丰富和发展了法国的出版自由思想，在世界范围内产生了重大而深远的影响。作为18世纪大革命时期资产阶级改革派的新闻出版思想，它也鼓舞了当时与日后的出版人士为争取出版自由而进行斗争。

(三) 美国：杰斐逊主张出版自由思想

托马斯·杰斐逊(1743—1826年)，美国《独立宣言》的起草人之一，北美大陆第一个提出为言论出版自由立法并努力促成的革命家，1801年至1809年担任美国总统。由于他的努力，1789年美国国会通过宪法的十条修正案，也称《权利法案》。

1776年，杰斐逊草拟的《独立宣言》中提出这个真理是神圣的和无法否认的：人人生下来就是平等和独立的，因而他们都应该享有与生俱来的、不能转让的权利，其中包括生命的保存、自由和追求幸福的权利。在他看来，这些不可让渡且应该得到宪法保护的"天赋人权"主要有三：一是言论自由；二是出版自由；三是宗教自由。

杰斐逊关于言论、出版自由的观点主要体现在以下几个方面。他认为一个共和政府必须尊重人民的言论自由，并从法律上加以保障。政府不应该干涉意见的表达。人民如能充分地享有言论自由，真理才能越辩越明；出版自由则比言论自由更为重要，因为出版自由可以影响更多的人，特别是还可以防止野心家篡夺国家大权。言论自由和出版自由与正派政府的秩序在根本上是一致的，言论自由和出版自由不可能打败正派的政府。除非对公民的荣誉造成损害，否则绝不能限制出版印刷的自由。

(四)英国和北美：汉密尔顿捍卫出版自由思想

安德鲁·汉密尔顿(1676—1741年)，北美殖民地非常著名的法庭律师，1717年至1724年担任宾夕法尼亚的首席检察官，并两次担任宾夕法尼亚众议院的发言人。1735年8月，汉密尔顿接手北美轰动一时的曾格案，为其担任辩护律师，并最终取得胜利。而他在法庭上所发表的言论，成为出版史上争取出版自由的重要思想。

曾格案的起因是这样的。1733年，德国移民曾格在纽约创办了《纽约周报》。该报是小型四页报纸，文章大部分为平民派领袖所写，大多数是批评总督威廉·科斯比和地方议会的内容。一年后，科斯比指使首席法官以"对政府进行无耻的中伤、恶毒谩骂和煽动性责难"的罪名，对曾格提起诉讼，1734年11月曾格被逮捕。1735年8月法庭开审，汉密尔顿出庭为曾格辩护。按照当时英国和北美的惯例，凡是对政府进行批评，不管内容是否真实，一律视为诽谤，若言论属实，其煽动作用更为明显，所以事实是比谎言更大的诽谤。汉密尔顿首先承认原告对曾格的指控属实，即曾格的确在报上发表过抨击总督及殖民当局的言论。但他接着指出，陈述无可非议的真相乃是每一个生来自由的人所享有的神圣权利，只要不违背事实，就不能算作诽谤，只有"虚假的、恶意的和煽动性的"谎言才构成诽谤，这样一来，便从根本上推翻了殖民地法庭对诽谤的解释，颠覆了"越是事实，就越是诽谤"的说法。其实汉密尔顿所表述的是一个不证自明的公理，就连殖民地的宗主国即英国的一位法学家后来也承认，汉密尔顿的辩护词"虽不是法律，但优于法律，实应成为法律，而且在任何正义伸张之处，一定永为法律"。

曾格案是建立美国新闻出版自由传统的基石。自它而始，人们拥有了自由发表言论的权利，并被写进了美国宪法第一条修正案。更为重要的是，曾格案确立了一个重要原则：对政府官员进行批评是新闻出版自由的支柱之一。这一原则延存至今。

但美国的新闻出版自由原则也并非自这个案件后便在各个州完全得以确认，在此后仍旧有许多同类的案件涌现，至1925年美国最高法院才将新闻出版自由的原则扩大到各州，为保障新闻出版自由权提供了法律保障。需要指出的美西方的新闻出版自由既有其阶级性，也有其虚伪性。

五、现代版权思想及理念的确立与发展

（一）版权思想及理念的萌芽

15世纪以前的欧洲，古腾堡的印刷技术尚未出现，作品复制和流传往往使用手抄复制方法，低效的传抄方式限制了抄本的传播。随着中国印刷术传入使用及古腾堡机铅活印所带来的印刷时代，改进印刷机器、技术和工艺，大大提高了书籍的印刷出版效率，图书的传播更加广泛。再加上当时欧洲文艺复兴和宗教改革的思潮，学习热和宗教热在社会上应运而生，人们对印刷书籍的需求迫切。在这种情形下，原本只能依靠传抄的手稿，经过印刷技术可以大量复制印刷，装帧出版、高价销

售，印刷出版业在当时很快得到发展。统治者为了管制和约束出版业，禁止异己思想的作品传播，实行审查、许可证等手段限制印刷商，规定"印刷图书要由统治者授予特别许可证"，有人认为这是最早的版权形式。所以，有人把版权称为"印刷出版之子"是有道理的。①

关于版权概念还有一种说法，即版权历来存在，只是在它的初期没有通过立法形式进行确立。因为印刷品作为一种智力作品，在作者对其作品拥有经济权利之前，是根据财产法管理的。在古罗马时期，剽窃的行为是可耻的，会受到指责。那时的作者已经知道从自己的作品中获取一定的利益，出版和使用他人作品成为一项涉及物质和精神方面的权利。

(二)版权思想及理念的产生和发展

版权制度来自版权思想及理念。15世纪晚期，欧洲的出版业逐渐繁荣，非法翻印作品的行为随之产生。于是，一些书商和印刷商开始探索保护自己特权和利益的方法。最基本的认识是类似知识产权的思想，即作者对自己的作品拥有控制、处理的权利，以及是否分享给他人。18世纪，经过几个世纪的努力，在欧洲资产阶级革命时期，现代版权思想初步形成。1710年4月英国政府应书商们的迫切要求，颁布了世界上第一部现代意义的版权法，即《安妮女王法》，规定：对于已经印制的图书，作者享有为期21年的印制该图书的专有权利，侵权图书将被没收并按侵权图书每页1便士罚款。《安妮女王法》问世是现代版权思想初步成熟的标志。

---

① 王骅：《版权的产生与发展述略》，《学术论坛》1987年第2期。

这一时期，法国的文学产权理念逐步取代出版业的特权制度。其他国家相继制定和颁布了版权法，版权思想在许多国家逐渐产生和发展起来。

19世纪初期，世界上的许多国家，包括拉丁美洲的一些国家都已颁布了版权法，而随着出版业态和载体、内容的不断丰富，版权法的内容随之经常进行修改。其中一个突出的特征是版权法的地域局限问题越来越突出。许多作者的作品版权在国外受到侵犯的现象时有发生，版权保护的重点扩展到国际上。

在此状况下，19世纪晚期，在一些国家的共同努力下，《伯尔尼保护文学和艺术品公约》（简称《伯尔尼公约》）诞生。这是一部关于著作权法保护的国际条约，也是世界上第一部国际版权公约，确立了一个能够为多数国家接受的最低限度地保护著作权的国际标准。该公约由世界知识产权组织管理，在英、法、德等10个国家共同倡议下签订，于1887年生效，其间修订和补充过7次。1992年10月14日，中国正式加入该公约。截至2021年，该公约缔约方总数已达到179个。

关于《安妮女王法》《伯尔尼公约》的具体内容会在第七章"出版制度及版权论"中进一步阐释。

(三)现代版权思想的特征

版权保护以不妨碍文学、科学作品的广泛传播为前提，这是现代版权立法的一个原则，也是世界各国版权立法所公认的原则。[①] 然而，不同时期，囿于不同的历史发展、文化基础、社会经济和政治制度，各国

---

① 王骅：《版权的产生与发展述略》，《学术论坛》1987年第2期。

的版权思想和立法原则也有一定的差异。

世界各国各地区的版权思想，大致可以分为三类。

其一是罗马法系国家认为，版权是一种"天赋人权"。作为自然权利，版权是一项基本的人权，是作者个人劳动产品所产生的一种权利。人人有权自由参加社会文化生活，享受艺术，并分享科学进步及其产生的精神的物质的利益，有享受保护的权利。[1] 这种理论认为版权是人人都享有的、神圣不可侵犯的权利，是"天赋人权"的一部分。这种权利受法律保护。

其二是英美法系国家的"个人财产论"。这种观点认为作品是作者的个人财产，作为个人智力劳动成果，归个人所特有，是个体的一种经济财富。应像保护财产一样保护版权。

其三是苏联和东欧的一些国家认为，科学、文学作品既是作者人格和愿望的一种表现形式，也是社会劳动和个人劳动相结合的产物。版权是智力劳动成果所享有的一种特殊权利。[2]

以上三种关于版权的出版思想，虽然出发点和论调不同，但其目的和原则基本一致，即保护作者和作品的传播者，规范使用者，促进出版产物的创作和传播向着有利于社会文化发展的方向走去，满足和丰富人们日益增长的文化需要。可以说，版权的思想特征重要的不在于理论，而在于具体的实践。

六、技术逻辑下的出版思想演变

从出版史的角度来梳理欧洲的出版形态的演进，大致可以将其分为

---

[1] 王骅：《版权的产生与发展述略》，《学术论坛》1987年第2期。
[2] 王骅：《版权的产生与发展述略》，《学术论坛》1987年第2期。

几个阶段，分别是：文字的文明及其演进阶段，莎草纸和羊皮纸占主导地位的传播阶段，中国造纸术和印刷术的西传以及随之产生的印刷书籍和小册子盛行阶段，手抄小报以及现代报刊的萌芽阶段，现代报刊出版的大众传播阶段等。出版技术的每一次突破性进展，都在一定程度上提高了出版载体承载和传递信息的能力，伴随着出版技术的演进，出版方式和信息传播不断改善。

在18世纪以前的欧洲，"从古希腊和古罗马奴隶社会到中世纪封建社会再到现代资本主义的演变过程，实质上也是文字传媒从由极少数人独占和垄断到由越来越多的社会阶层分享和共享的过程"[1]。在这个过程中，人们对出版符号的认识有了极大的改变，文字符号的传播、出版方式的扩大，打破了原有口语社会的秩序，信息存在的时间和空间得以延伸。

早期的出版技术以原始的自然界事物为基石，例如，岩画出版、摩崖石刻、壁画出版等。文字符号的形成和发展扩大了出版的内容。而古埃及莎草纸的广泛应用，以及莎草纸出版开始盛行并远传欧洲，有利于古希腊和古罗马奴隶制社会经济、社会、文化的发展以及当时统治者对国家实施的有效管理。价格昂贵但耐久保存的羊皮纸书记载了大量宗教教义，适用于保存和传播宗教典籍，这种出版形态较好地增强了罗马天主教会的影响，促进了西欧中世纪封建社会教俗二元社会结构的形成。[2]

---

[1] 孙宝国：《18世纪以前欧洲文字传媒与社会发展研究》，博士学位论文，东北师范大学，2005。

[2] 孙宝国：《18世纪以前欧洲文字传媒与社会发展研究》，博士学位论文，东北师范大学，2005。

随着中国印刷术传入欧洲以及古腾堡机铅活印技术的发明，批量生产印刷书籍、小册子成为可能，并成为宗教改革思想和启蒙思想传播的利器，以一种强有力的方式动摇着罗马天主教会的权威。出版技术的不断改进，促进作为政治斗争、舆论表达、普及知识和商业广告载体的现代报刊的发展，开辟了大众传播时代。

从技术逻辑来看，每一次出版技术的演进和革新，都在一定程度上打破了原有的社会传播秩序，延伸了信息存在的时间和空间。值得关注的是，新技术与旧技术之间并非完全的替代关系，每一次出版技术的变迁都是对原有技术和传播模式的一种叠加和整合。

正如加拿大著名传播学者麦克卢汉在《理解媒介》一书中提出的"媒介即讯息"的理论，媒介在人们的理解中只不过是传播工具，在麦克卢汉的理论中，媒介概念的内涵和外延与通常的理解是存在着差异的。"媒介即讯息"包含着这样的含义：其一，一种媒介的产生会在社会中产生新的行为标准和方式；媒介(技术)创造了新的环境，环境又影响着人们的生活和思维方式。其二，媒介之间是互相关联的，一种媒介注定是另一种媒介的内容。媒介即讯息的理论对指导大众传媒的实践具有重要意义。

七、虚拟出版思想的发生发展

(一)音像技术开启虚拟出版思想

1887年爱迪生发明了留声机，在大众的认知中，这一件"会说话的机器"被认为是人类对声音的最早记录，其实还有更早的，目前已知的最早的人类录音是1857年至1860年间，在烟熏过的纸上留下一段音轨。这一发现成为人类虚拟出版的萌芽。从实体出版到虚拟出版的关键一步由此迈出。此后，声波记录仪、留声机、唱片等标志着声音的出版日益丰富而成熟。

光学技术的发展与影像出版密切相关。1839年8月19日，法国画家发明"达盖尔银版摄影术"，可以说是世界上最早的可携式木箱照相机。1839年，《疯狂的达盖尔法摄影》中记录了摄影在当时巴黎的盛况：人们在照相机前排着蛇形长队，等待着关于自己的影像记录——照片。而在这种静态影像技术的基础之上，一系列连续拍摄的照片，在高频连续放映的状态下就会呈现出动态的影像[1]，摄像技术便由此产生。无论是纪实性影片，还是经由内容选择、后期加工制作的电影，不仅标志着艺术创作上的成熟，也标志着电影作为出版物的成熟。

(二)虚拟出版思想的长足发展

1946年世界上第一台计算机在美国诞生，标志着信息社会的到来。计算机技术与出版技术的碰撞与融合，开辟了虚拟出版的广阔天地，虚拟出版得到长足发展。

虚拟出版的发展，与互联网技术快速发展密不可分。在计算机技术的推动下，虚拟出版载体不断涌现，以显示屏取代纸，用键盘代笔，以光盘、U盘代替书架等，大数据、云计算、人工智能等赋能出版业，大大加速和扩展了知识和信息传播的速度与存储空间，促进了信息传播手段的数字化、智能化和现代化。

---

[1] 罗莉：《技术与电影艺术的发展》，博士学位论文，湖南师范大学，2016。

人工智能技术在出版发行、印刷、数据加工、数字阅读、数字教育等领域得到广泛应用，为出版业的转型升级带来了更多的支撑。同时，人工智能在出版流程再造的各个方面也提供了很多可能，例如，语音录入、机器协助校稿、机器写作等，人工智能在增强用户交互体验方面也逐步得到应用。

数据在出版的多个环节具有重要的意义。例如在内容生产选题策划方面，可以根据互联网热门事件、热点词汇、传播热度和频度，智能选择选题；在图书的营销决策方面，可以根据图书的阅读数据、图书论坛、传播数据和销售数据等分析图书的影响力。传统出版物以纸质为载体，而数字出版的出版物载体为信息技术，是一个虚拟的产物。因此，较之以前，数字出版时代的出版理念、出版模式、出版内容、出版资源的获取等都有了极大变化。

虚拟出版作为新兴事物，许多思想和理论问题尚未深入展开研究，可以说，现今出版业界的出版实践多由出版技术引领着向前跨越发展。有学者认为，目前虚拟出版从理论上来看，主要思想集中在四个方面，分别是：虚拟出版产业政策体系、虚拟出版流程构建和融合发展、虚拟出版商业模式问题以及虚拟出版的专业技术创新问题等。[①]

第三节　中外出版思想及理念之比较

无论在中国，还是在西方，我们认为人类的出版史有着惊人的相似

[①]　陈洁：《数字出版商业模式研究》，北京，中国社会科学出版社，2017，第1页。

之处。随着科技的不断进步和发展，各国的信息化和互联化，地球变成了一个地球村，东西方出版发展的进程与步伐渐趋一致。不过，在这些惊人相似到渐趋一致的表面下，东西方文明的思维方式和思维逻辑仍有非常显著的不同之处。可以说中外出版思想及理念是同中有异。正是这些同中有异的出版思想及理念，构建了各具特色的出版发展史，而探讨这些出版思想的异同，可以为我们更好地从宏观角度把握人类出版提供更为精准的参照系。

一、"出版史是人类文明史"的共同思想认识

站在人类命运共同体的视角下，可以发现，出版史就是一部人类的文明史。人类的文明进程，无论在东方还是西方，虽然有时间进程的早晚差别，有宗教信仰的区别，也有生产力的差别，但是只要放到历史的长河中，再放到人类命运共同体的架构中看，对于出版追求的共同思想，属于全人类的历史思维，就具有惊人的一致性。

首先，关于出版载体的思想。无论是在中国还是在西方，自从人类有了出版活动之后，都对出版载体有着共同的追求，那就是对永无止境的便捷化和容量最大化的追索。正是基于这样的共同的思想，也是人类共同的人性使然，出版载体的历史发展进程有了趋同的历史时期和历史走向。那便是具有相对类似的时间脉络的三大时期，即"开启文明的硬质出版""以柔克刚的软质出版""有容乃大的虚拟出版"。总体来看，出版载体经历了由硬变软、由大变小、由宏变微、由承载很少的信息量到承载海量的信息量的发展过程。在经历了龟甲兽骨、陶器泥板、金石鼎碑、竹简木牍、纸莎草、贝叶、桦树皮等硬质出版载体后，中国和西方

先后进入了植物纤维纸为主导的出版载体之格局。之后又继续探索出声、光、电、磁、芯片等虚拟和半虚拟出版载体和介质，由此开启了声光电磁出版、计算机出版和数字出版等虚拟出版形态。目前的虚拟出版，正在以一日千里的速度飞跃发展着，当下的人工智能出版已经初现端倪，未来还将发展到大脑意识出版这样更加虚化和智能化的虚拟出版新形态。纵观中西方，出版载体是不断虚化、不断便携、容量不断增加的过程。

其次，从出版符号角度看出版思想。人类文明的起源，都是以文字符号的创制为标志的。无论从文明史的角度还是出版史的角度看，出版的文字符号系统（包括图画符号）都是极为重要的。无论在中国还是西方，出版符号作为文明传播的基本工具，给出版的诞生提供了基本要素。文字符号是记录、保存和传承人类文明的基础手段和重要条件之一。两河流域的楔形文字、古埃及的象形文字、古中国文字、古印度文字、古玛雅文字等，这些文字出版符号的发明和创造，共同开启了人类出版活动。这些文字符号也通过人类的出版活动得以传播和传承，人类的文化和文明也通过这些出版符号和出版活动得以发扬和光大。

再次，从出版技术的角度来看出版思想。人类文明在早期时，基本使用硬质出版载体，诸如甲骨、钟鼎、石碑、简牍、莎草、贝叶等，主要就是以刻、画、铸、写等为出版技术手段，东西方出版技术也基本都是从这里开始起步的。古代出版技术发展的最大一次进步，是雕版印刷术和活字印刷术的诞生，中国和外国在印刷术发明的时间上虽有前后之差别，但其面对文字符号系统，用版印方式来解决印刷复制难题的思想，也是人类共同的思考。一般认为雕版印刷术诞生的时间是 7 世纪的唐代，11世纪初宋代的毕昇发明了胶泥活字印刷术，开启了现代活字印刷技术的滥觞。在西方，15世纪中叶，德国古腾堡机铅活印技术发明，标志着现代出版业的诞生。近现代以来，人类文明发现了"声光电磁"，在高新技术驱动引领下，东西方迈入虚拟出版时代，从音像出版新技术，到计算机和二进制数字出版技术的发明，当下人类也共同进入对虚拟出版技术的深度探索之中。

此外，在人类文明和人类出版发展历史上，无论中外，都受到了宗教的影响。从早期的出版起源，到印刷术发明的过程中，宗教的文化内容、传播特性以及其数量庞大的信徒，都为出版的发展，提供了巨大的机遇与空间。出版技术在中国，更多是受到佛教影响，后期的雕版印刷术的诞生，就受到了佛教传播的巨大影响。

由上可见，中国和外国对于出版载体、出版符号和出版技术的不断追索，其实都是基于人类文明和思维的逻辑，放在人类命运共同体的宏大视角中，我们能清晰地勾勒出历史的脉络是惊人相似的。这种出版思想的共同特色，除了受人类自身特点的影响，也是由人类社会属性决定的，其中，就特别受到了生产力和生产关系的制约和决定。因此人类关于出版思想的共同特征，也是人类生产力和人类思维在人类发展历史不同阶段的一种彰显。

二、中外关于出版载体的思想异同

从人类出版载体发展的历史看，具有中国特征的出版载体有龟甲兽骨、金石鼎碑以及竹简木牍等，而外国的出版载体则有泥板、纸莎草、贝叶、桦树皮等。在出版活动中，基于各种不同的地域、文化、思维的层面，诞生了不同的载体，而这些不同的出版载体，也以其独特的方式，重构了其文化母体的出版思想。

从宗教角度审视出版载体的诞生，探源出版载体，我们发现，最早的出版载体，无论中外，都与宗教和祭祀有密切关联。不过，面对祭祀时，西方的文化往往是口头祷告或者默默祷告，而中国则用文字记录在载体上。在祭祀时，中国先人要把与神灵或祖先对话的内容刻写在载体上，这显然和西方文化中的口祷或默祷者不同①。因而，早期的西方文明往往具有口述传统，像《伊利亚特》《奥德赛》都是口传诗。技术的进步和重要的书写材料的发展，使得从口头文化到书写文化的转变变得更为容易。② 这是出版载体在起源时期，两种文化之间的一大差异。

出版载体又影响着出版思想和出版规制。在中外比较中，先选取比较富有特色的载体来看。比如，竹简木牍是中国较早的书写材料，这样的载体在中国传统文化中，有着极为重要和深远的意义。在纸发明之前，竹简木牍是中国最普遍的书写材料，在中国的历史上，其被采用的时间比其他材料更悠久，这也是不同于西方书写材料的一种重要出版载体。处在亚热带季风气候的中国盛产竹木，后来的文字中，有很多受到竹简木牍的影响。比如"册"字，是用书绳串起的简牍之象形；还有"典"，则是放在桌子上的"册"之象形。

简牍构造了中国早期的书册形式。简牍狭长，直书一行，用丝绳、

---

① 钱存训：《中国古代书籍纸墨及印刷术》，北京，北京图书馆出版社，2002，第4页。
② 〔英〕芬克尔斯坦、〔英〕麦克利里：《书史导论》，何朝晖译，北京，商务印书馆，2012，第63～64页。

麻绳或皮条编而成册。古代的简牍长度有一定的规律，如经典著作的竹简，一般是二尺四寸、一尺二寸和八寸。汉代以后，书信等日用的简牍标准定为一尺。简牍书册对中国书制的形成与发展影响极大。单片简牍由上往下竖写，多片简牍右起竖排、从左向右编连，形成简牍书册。这是后来的"卷轴书制"和"右起竖排"印刷的历史根源。简牍书册，既影响了中国传统的书制形式，也影响了中国传统的阅读习惯，甚至还影响了中国传统的思维和行为方式。

外国的出版载体以莎草纸为例，这也是人类出版载体由硬质向软质过渡的一种出版介质形式。莎草纸可以由莎草片粘贴连成长长的一幅，可以卷起来，但还无法折叠。这些书卷一般长6～8米，上面的文字每行15到30字，每栏25到45行，栏与栏是并列平行的，每页从300到1350个字符不等。[①] 这在某种程度上对后来的西方出版版面规制也产生了潜移默化的影响。

不同的出版载体，需要匹配不同的出版工具，由此形成不同的出版方式，进而产生不同的出版思想。两河流域的楔形文字就是用小木棍和芦苇秆，在泥板上刻印或压印上楔形文字符号。莎草纸上的古埃及象形文字符号适合用笔写画。贝叶上的古印度文字符号适合用铁笔刻画。可见，中外的出版载体直接影响不同的出版工具和出版行为。

不同的出版载体也影响了辅助性出版工具如"笔"的诞生，不同的

---

① 〔英〕芬克尔斯坦、〔英〕麦克利里：《书史导论》，何朝晖译，北京，商务印书馆，2012，第64页。

笔也让出版思想的模式走上不同的路径。从中世纪到公元19世纪，西方都是以羽毛笔作为其主要的书写工具。羽毛笔也比较适合在羊皮纸上进行书写。中国古代所用的毛笔，重在毛，初用兔毛，后也用羊、鼬、鸡、鼠等其他动物毛。如今，西方的羽毛笔已经被钢笔等替代，而中国的毛笔因其独特性能和地位而无法被替代。毛笔书写出来的出版符号，其具有特质的东方审美意蕴的书法，让文字有了本体的审美效果。甚至在后来的中国出版历史上，不少出版物是以字帖和书法字体之美而流传至今的。在这一点上，东西方有着较大的审美区别。

三、中外关于出版符号的思想异同

出版符号是出版活动中承载内容的信息标记，也是信息传播、传承中最重要的信息概念。从这一角度看，中外出版符号存在一些差别。

东西方出版符号的差别很大。中国的汉字是一种表意兼表音的语言体系，而西方的文字则是由拼音字母构成的表音语言体系。中国的文字起源于象形文字，逐渐发展成表意兼表音的方块汉字，每个汉字都是一个单独的符号，中国汉字的数量极大，有10万之多。西方的文字则是起源于腓尼基字母，腓尼基人是历史上一个古老的民族，他们借鉴古埃及人的象形文字，同时简化苏美尔人的若干楔形文字，把数千个不同图像变为简单而书写便利的22个辅音字母（没有元音字母）。

中国文字是视觉信息具象化的产物，而西方的字母则是视觉转换为听觉的一种抽象产物，这两种出版符号的方向性差异，造成了中西方巨大的思想差异。中国的文字是在"象形"基础之上发展起来的表意兼表音的方块字,"象"也是中国文化的精髓,由于是一种相象,往往具有一种模糊的会意和指向。

汉字的象形效果,也让中国的画和语言文字之间是灵魂相通的。文字本身可以单独作为书法来审美,也可以被看作"书画"。中国画所追求和构造的境界,也并不是完全明晰的,主要是建构"模糊"意境。西方的画追求的是具象和准确。于是,中国关于出版符号的思想基于汉字,更多的是"意味"。中国的画也离不中国的诗和印,中国画是一种意境的图画,往往是将诗、书、画、印融为具有"意味"的统一整体。

再从出版符号的语言结构看,汉语其实并不是严密的形式语言或者说结构语言。例如,"鱼吃啦?"在不同情景下,表达的意思是完全不同的。如妻子站在餐桌旁问丈夫,意思是问:"我做的鱼,你吃啦?"如站在鱼缸边看着金鱼问这句话,意思则是问:"我们的金鱼吃食啦?"若是站在垂钓的丈夫身边看到鱼漂在动时问这句话,意思则是问:"是鱼在咬钩吗?"这种情况在表音的英语中是很难想象的。英语基本是结构性语言或者叫形式语言,主要依靠语法结构来表达意义,以上三种情况则分别表达为:

1. Did you eat the fish I cooked?
2. Have eaten our goldfish?
3. Is it a fish baiting?

由此可见,汉语"鱼吃啦?"具体表达何种意义,主要是依据语言环境，复义甚至歧义较多。与西方的结构语言性比较来看，中国人思维上存在着一种天然的"模糊化"和"关联性思维"的习惯和方法。这样的思想特点是从事物的相近、类似等角度出发给予联系、联想和类推，这样的思维方式也导致了中国人思维的科学性和逻辑性稍显薄弱，而感悟性和整体性思维则较为突出。

相比较而言，西方文字作为音节性文字，字母自身是没有意义的，只是用来注音，是一个抽象的声音概念符号。这样的抽象概念符号要完成从视觉到听觉符号的转换，成为一种文字语言，必须要有准确的词序、严格的结构和逻辑性，包括要用词根、前缀、后缀等严格的语法来给予这些字母文字构成的句式以准确的规定性。不同于汉语属于会意性文字，西文一般都是结构性文字，需要从出版符号的概念出发，这是西方人进行思维和逻辑建构的基础。必须具备足够的抽象性，才能帮助西方人完成思维和判断。这样才能对事物不断分析、肢解以及追溯源头，并拥有逻辑和辩证的思考方式。

与西方的拼音文字相比，中国古代典籍虽然经历了不同出版字体的转变，从甲骨文、篆书到隶书再到楷体、行书等，但一直使用的是同一种语言符号——汉字——进行出版活动，这更好地促进了文化的积累沉淀和传承发展。中西方出版文字符号间的差异，对于中西方出版的成就也有所影响。中国一脉相承的出版符号使得其出版成就传承性较强并且意蕴丰富。西方严密的结构语言则使得其在科学性和逻辑性方面发展较好。

以雕版印刷术为例，中西方印刷出版的符号内容，也有巨大的差异。在中国，雕版印刷内容长期就是以佛教经典和儒家经典为主，在西方,被迅速地应用到除宗教以外的数学、医学解剖、历史、地图等领域。① 例如,1482 年印刷的欧几里得的《几何原本》的首页上,就有雕版印刷的印记。文艺复兴之后,中西方在出版成就上的创新性差距被不断拉大。

出版符号的巨大差异,在印刷术产生的历史过程中,对中西方发展历史进程和思维方式,具有重大影响。中国文字逐渐发展成为一种方块化的字体,这种字体比西方的文字要繁复,书写起来也更加费时,如果是书写正式或者是需要正楷字体的时候,更是如此。因此在古代印刷术发展的过程中,在印章、拓印和制版印染的三者交融发展中,中国发明了雕版印刷术,并一直沿用到印刷术的现代转型时期。西方的拼音字母文字组合特点更加符合活版印刷的特点。因此,德国著名出版家古腾堡在研制活字印刷术时,就是利用每个活字对应一个字母的特点,只要能制造出体积足够小而强度足够大的字母活字字模,就成功了一半。西文字母特质的出版符号系统,为古腾堡的活字印刷术诞生,提供了符号基础,由此发明了机铅活印技术。此后,该技术得到了广泛应用,并对整个西方文明起到了巨大提升作用。而在中国,毕昇的泥活字印刷术在发明之后,由于汉字符号系统的非拼音特征以及相关的其他一些社会条件限制,导致了活字印刷术在中国反而没有得到广泛的应用和传播。

四、中外关于出版技术的思想异同

在出版技术发展的轨迹上,出现了一种非常奇特的现象,最重要的

---

① 李晓菲:《试比较中西雕版印刷文化的差异》,《探索与交流》2005 年第 3 期。

出版领域的技术发明即造纸术和印刷术都诞生于中国。然而在古代中国，这些技术对于社会、思想等的突破，却远远不及这些发明在传播到西方之后产生的影响。从逻辑判断上看，这是匪夷所思的。然而，通过对于东西方出版技术的思想考察，我们发现，这又是一种历史的必然。

在中国，传统文化思想把出版技术一直视作"奇技淫巧"。儒家思想在整个中国占据了主导地位，知识分子长期以来关于图书方面的追求，基本上是以科举中需要考核的"四书五经"等内容为主。这些书籍的出版内容一旦确定之后，基本上就固定不变了。因循守旧、崇礼复古以及墨守成规，成为中国古代所固守的理念。虽然，探索中国出版技术方面，中国人民充满智慧，创新不止，探索有成，完成了造纸术、雕版印刷、活字印刷、套版印刷等伟大的发明，但没有激励的政策、没有大量读书人的文化需求，只要能很好地承担了对中国古代经典书籍的出版任务，其角色任务就算基本完成了，持续创新的动力稍显不足。

古代欧洲，出版技术发展早期一直滞后，构成了一种"阻碍瓶颈"，造纸术在12世纪至13世纪才传入欧洲，印刷术传入稍晚。这就使得文艺复兴之前，西方的印刷出版远没有中国繁荣。不过，在中国的造纸术和印刷术传入西方之后，西方的文明完成了飞跃式的发展，西方国家利用他们字母文字适合活印的特点以及工业进步，大力推进出版业的技术革新与工业化应用。而同时期的中国，则相对保守、封闭、自足，导致了19世纪以来被动接受西方文化的东渐，在"社会文化被迫转型"的大背景下，出版业（出版技术、出版内容、出版组织、出版模式等）才开始了全面转型。

基于出版符号差异，对于出版技术革新思维的影响也充满不同之处。以活字印刷技术的发展为例，首先是汉字的数量极为庞大，常用的汉字近万个，全部汉字更是多达 10 万之巨。活字字模数量大得惊人，这种基于文字符号的先天条件，导致了活字印刷术的普及使用和广泛应用难度极大。另外，古代的汉字笔画复杂，给活字印刷雕刻铸造字模等也带来了很大挑战。而同样是活字印刷，西方用字母，就简单多了，英文只有 26 个字母，就可以解决一些繁复文本的活字印刷问题。活版汉字字模拣排起来非常不方便，而西文字母字模的拣排则简单易行。出版符号的文字表现样式，就是一种思想的逻辑表现形式，从这里可以发现，出版文字符号的样式，对出版技术的影响是巨大的。

出版技术背后的城市文明背景也迥异。古腾堡的印刷技术诞生于商业高度发达的城市文明之中，古腾堡正是基于市场目的和城市需要而改进印刷术的。11 世纪毕昇发明了活字印刷方法，但由于缺乏降低成本的推动，并没有达到欧洲那样大众化和低廉化程度，主要限于官用。[1] 同样的活字印刷出版技术，在不同的城市化背景和商业化逻辑下，则分别走上了不同的发展路径。

此外，文化制度等社会原因造成的思想生产的逻辑系统也存在差别。长久以来，中国出版文化的核心，在于经、史、子、集等方面，后来的科举考试也仅仅是以经典的儒经书籍为主，四书五经就是当时文化人的"红宝书"，经典书籍的经典性，也造就了这些内容实际上一旦雕版印刷成功之后，就可以长期使用了。一次雕版成功之后，可以历经多个

---

[1] 魏建国：《西方字母文字、印刷术、报纸与城市化及民主法制》，《史学理论研究》2014 年第 2 期。

朝代继续使用，所谓"三朝本""邋遢本"说的就是这个意思。此现象背后是出版思想的固化和文化发展的创新性不足，在这种背景下，类似于活字印刷这样的新技术并没有充分应用和改良的空间。某种程度上看，雕版印刷术的发明与应用后，一方面，进一步维护了儒家经典等书籍的统治与统领地位；另一方面，维持了历代统治者的主流意识形态。

在民族思想文化的逻辑根基方面，中外在印刷术发明之后所产生的效果，也存在巨大差别。一种是暴风骤雨式的革命，另一种则是润物细无声式的演化。在西方15世纪中叶欧洲古腾堡机械化铅活字印刷术发明之后，在短短的半个世纪，欧洲各国所印制的所谓"摇篮本"即达30000种，每种平均印刷200部，而德国所印就占其中三分之一。[1] 这一技术的发明是革命性的，并且与当时的社会文化制度之间完成了一次绝妙的"化学反应"，对于印刷品的如饥似渴的需求，本质上是一次西方思想解放运动的物质表达方式。印刷术与印刷作品共同点燃了西方宗教改革和文艺复兴的火炬。这一石激起千层浪的效果，也是革命性的效果。反观中国，虽然印刷术最早诞生于中国，但雕版印刷术尚未发现其发明之标志性事件，也没有出现类似于活字印刷术毕昇式的标志性人物。雕版印刷术的诞生是印章、拓印和制版印染这些中国传统"三印"工艺在漫长的历史长河里，经过慢慢地融合发展而最终形成。形成之后则是大大加强了经典著作的主体性和社会性出版，也进一步维持了儒家思想的正统地位，巩固了上层统治在意识形态方面的垄断地位。在中国，活字印刷术发明之后，其实没有发生类似古腾堡活字印刷术对西方社会思潮那样充

---

[1] 肖东发：《中国图书出版印刷史论》，北京，北京大学出版社，2001，第343页。

满了革命性变化的影响,原本可能产生的文化生产模式的台阶式影响不甚鲜明。

五、中外关于出版制度的思想异同

不同的历史时期,中外的出版制度有各自不同的发展演变路径,而对中外出版制度的思想认识亦存在相同和不同之处。出版制度不仅仅是统治者或管理者对出版业的规制,更值得注意的是出版制度所体现的出版理念和出版价值观等。

中外出版制度在思想认识方面的不同,其一是价值引导,其二是行为指南。中国出版制度在价值引导方面,主要体现在出版活动主体的政治和文化追求上。中国古代的出版活动,早期是由社会中的精英知识分子发起的,他们为使自己学派的主张得到君主的欣赏和接纳,而游说各国,阐发观点。随着专制集权制度的发展,君主对出版活动进行强有力的管制,例如,"焚书坑儒"、禁书制度、"文字狱"等体现了封建统治集团管控出版活动进而掌控人们的思想。在行为指南方面,所谓"盛世修典",中国古代《太平御览》《永乐大典》《四库全书》等的编纂,便是在最高统治者安排下进行的大型出版活动。当然其对文化典籍的传藏功不可没。

外国出版制度在价值引导和行为指导方面大同小异。英、法、德、俄等国的书报检查制度,体现了统治者对符合其思想的出版活动的支持以及对不符合其统治的出版活动的查禁。

六、中外关于出版功用的思想异同

自古以来,中国出版活动都是中华文化的重要组成部分,是中华文化成果的传播体与聚合体。"中国传统文化又属于以'求治'为目标的'政治型'文化,其各个侧面无不深深依附于政治、效力政治。"①例如,中国古代图书中的"经""史"部分,这两部图书诞生的初衷多是服务于资政和劝谏。中国出版文化传播的重要特征是经世致用。当前,党和国家的出版行业已成为社会主义事业的重要组成部分,成为教育、鼓舞、武装人民的思想武器,是实现"文化强国"战略的重要支柱。

国外早期的出版活动,多掌握在宗教和王权手中。例如古埃及的《亡灵书》、欧洲中世纪的教会出版等。宗教教皇和国王分别将书籍出版作为拉近与臣民的距离、宣传自己主张和思想的重要手段。此外,文艺复兴时期,随着印刷书籍的发展,资产阶级革命思想通过出版活动得到扩散和发展。总之,出版作为传播思想、宣传主张的重要手段,被各个阶级利用。随着出版言论自由斗争的日益发展,人民有权利用报刊、书籍等自由发表意见、表达观点,出版实践成为全民所享的重要文化资源。

七、中外关于出版传播的思想异同

中外出版传播思想方面的异同点主要体现在以下方面。中国出版传播思想在各个历史时期具有各自不同的侧重点。中国古代对出版传播活动的认识,主要体现在对中国传统文化的继承和发扬上。例如,先秦时期,孔子、孟子等儒家思想家以及其他学派的思想家通过出版活动宣传自家主张,力求为统治者所采纳使用、服务国家治理等。随着中国造纸术和印刷术的发明,统治者逐渐开始重视印刷出版活动的重要性,中国

---

① 杨军:《出版制度文化论析》,《思想战线》2012年第3期。

古代的禁书制度体现了古代中国封建统治者对出版传播活动的管控态度。中国近代出版传播活动，相当多的是不同党派人士进行舆论宣传的重要工具，如报刊政论文体产生等。当今中国，出版活动及出版形态日益丰富，须将社会效益置于首位，实现经济效益与社会效益相统一。

外国出版传播的思想主要为马克思主义出版观的创立和继承发展、宗教文化与出版活动的双向互动、神权王权以及现代国家对出版的管制、现代版权意识的萌发和发展以及技术逻辑下出版传播方式的迅猛发展等。

比较中外出版传播思想可以发现，中外出版传播都或多或少地受到传播主体对出版活动的管制和利用。传播主体通过出版活动进行思想宣传和舆论掌控，以服务于其传播目的，强化其主流意识形态，并巩固其统治地位。

第三章 出版载体论

出版就其本质而言，是一个将出版符号和出版载体相结合的过程。出版载体是一个完整的出版活动中必不可少的基础条件。纵观整个人类的出版历史，出版载体的演变有着显著的特征性与阶段性。"其中最大的特征是出版载体由硬变软、由大变小、由宏变微、由承载很少的信息量到承载海量的信息量的发展过程。在经历了陶器泥版、龟甲兽骨、金石鼎碑、竹简木牍、莎草纸、贝叶、桦树皮等硬质出版载体后，人类又逐渐探索出绢帛、兽皮、植物纤维纸及塑料布等的软质出版载体，而后又继续探索出声、光、电、磁、芯片等虚拟和半虚拟出版载体和介质，由此开启声光电磁出版、计算机出版和数字出版等虚拟出版新形态。"①

硬质出版载体是人类最先接触到的自然出版载体，相对于软质出版载体和虚拟出版载体而言只需进行简单的物理加工便可加以使用，硬质出版载体以其材料易得、不易泯灭、传承久远等优点为我们了解人类文明最初的形态提供了渠道，而其文本容量小、不易携带、书写不便等缺点呼唤着软质出版载体的到来。具有价廉物美、柔韧性好、文本容量大、携带方便、易于书写与传播等优势的软质出版载体探索大成，极大地促进了人类文明的大发展与大繁荣。而随着信息科技的进步，软质出版载体的质量从不断转化到实现虚化，文本容量从较为大量到无限海量，至此，虚拟出版载体成为人类目前为止最先进的出版载体。

在这三个特征鲜明的出版阶段中，虽然每个阶段的主导性载体非常鲜明而且特征突出，但是每个阶段内部的演变和每个阶段之间的进阶都并非零和博弈关系，更多是共存与互补的关系。未来，必将是一个以虚拟出版载体主导、其他出版载体辅助的多元载体"竞合"的时代。

第一节　论硬质出版载体

人类早期的出版载体多是利用自然界已存在的实物，如石头、岩壁、兽骨、木片等，根据其坚硬的载体属性，我们将其统称为硬质出版载体。硬质出版载体虽然具有文本容量小、携带不便、不易储存等缺点，但是却

---

① 万安伦、王剑飞、李宜飞：《出版载体视角下中外出版史分期新论》，《中国出版》2018年第4期。

是人类出版史的开端,闪烁着先民从事文化生产的杰出智慧。

根据对人类早期硬质出版载体的总结,主要的硬质载体类别可以分为陶体和泥板等泥质类出版载体;岩刻、梁柱、石鼓、碑刻、盟书等石玉类出版载体;龟甲、兽骨等骨质类出版载体;青铜、铁券、铭牌、奖牌等金属类出版载体;方板、简牍、树皮等竹木类出版载体;纸莎草、贝叶等茎叶类出版载体。认识这些硬质出版载体的生产制作、历史演变过程乃至在人类文明史上的地位,是学习和掌握人类出版发生发展的重要逻辑线索之一。

一、陶体和泥板等泥质类出版载体

泥土是万物生长的基础,人类早期的硬质出版载体便是从泥土开始的。其中具有代表性的便是陶体、泥板、瓦当等。

(一)陶体

陶器,是用黏土或陶土经捏制成型后烧制而成的器具。陶器历史悠久,在新石器时代就已初见简单粗糙的陶器,多作为生活用品被发现。它的发明是人类社会由旧石器时代发展到新石器时代的标志之一。正是在这种古老的器具上,体现了人类对世界最早的认识和审美。

陶器是以黏土为原料,利用高温烧制而成。从黏土的选择、搅拌再到制胎成型、烧制与火候掌握,需要大量烦琐的工艺。与同类型的石玉、兽骨、树木、茎叶等其他硬质出版载体相比,陶制器皿的使用,不仅是人类开发自然的新一页,也突破了人类硬质出版载体只能从自然界就地取材的限制,丰富了人类的出版介质。

陶器作为一种硬质出版载体在很多国家和地区都得到利用，尤其是在亚洲地区。对于陶器的烧制和应用，中国出土的裴李岗时期、仰韶时期和大河村时期的陶器文物比较具有代表性，如人面鱼纹陶盆、鱼鸟纹彩陶葫芦瓶和网纹彩陶船形壶等。这些陶器不仅是在制作工艺上比较先进，还出现了初具文字字形的刻符，根据学者考察，陶器刻符内容多为对日月山川的刻画或者生活场景的表达。换言之，人们开始在陶器上对日常生活中的所见所闻进行抽象化的表达。同时在朝鲜半岛，新石器时代初期，渤海沿海地区，包含朝鲜半岛在内，开始出现带有纹理的陶器，这些纹理基本都是通过压制和印制而形成的凸起符号。这种陶器的纹理特点是在陶器进行高温烧烤之前，将有关图文符号刻描在陶坯上。陶器纹路、符号、图画和制作工艺的日渐丰富成熟体现了人类审美的进步。在同一种出版载体的演变上我们可以看出，出版作为一种文化生产活动，在人类文明发展过程中的重要地位。

原始陶体出版在世界各个地区都有发现，虽然由于不同地区的环境、地理和人文风尚各有不同，其应用的形式、用途和内容也各有差异，但是作为出版载体的陶器本身具有共性的优长，也存在共同的弊端，如强度不够，容易破碎，陶体可供刻画出版的地方并不宽绰，传播范围十分有限等。在陶器上进行图文刻画，然后烧制硬化的活动，具备了用一定的出版技术（刻画后烧制）将出版载体和出版符号相结合的出版本质特征。因此，陶体出版是古代硬质出版的重要形式。

(二)泥板

泥板是指将淤积的黏土揉打成型，然后风干、烤干或烧干成板状用于书写的硬质出版载体。说到泥板，最具代表性的便是两河流域的泥版书——一种将楔形文字符号刻印在泥板上的出版物，两河流域的文明得以传承发扬很大程度上有赖于泥版书的存在。从公元前四千年到公元前四世纪，开拓了两河流域及其附近地区的苏美尔人、阿卡德人、巴比伦人、亚述人、赫梯人和波斯人，主要以泥板为书写材料。[①] 这与两河流域特殊的地理环境有关。两河流域的地形多为底格里斯河和幼发拉底河形成的冲积平原，这里黏土淤积，并且在河水的长期冲刷下，土质具有黏而硬的特点。生活在两河流域的人们，水和黏土是他们生活中需要频繁接触和使用的事物，因此利用黏土来从事农业、制陶、文化生产也就并不奇怪。

泥板作为当时两河流域主要的硬质出版载体，在广泛使用的过程中逐渐形成了不同大小和形状，代表不同意义的表征系统。泥板的类型按形状和用途大体可分为两大类：一类是矩形泥板，主要用来记录经济和行政管理信息、契约和私人信件等；另一类是方形泥板，往往作为记账凭证。就像我们今天不同的单据一样，每一种单据有不同的功能，在当时也有类似于我们今天收据的泥板，这足以说明两河流域人民的智慧。这是一种借贷收据，记录卢宁舒布尔交给了王宫的 8 锱（约 64 克）银被某位官吏收到。[②]

泥板相较于陶器而言，更具出版意味，主要是因为泥板用途明确、体积较大，书写面积较广，能够形成系统的有广度和深度的文献资料。泥板印压上楔形文字符号，并编码排序，变成举世闻名的"泥版书"。载

[①] 徐健：《外国手工制作书的历史》，《津图学刊》1994 年第 4 期。
[②] 吴宇虹等：《泥板上不朽的苏美尔文明》，北京，北京大学出版社，2013，第 42 页。

体的进步和文字符号演进促进社会文化的发展，在当时就产生了为收藏和存储泥版书而建立的图书馆，如尼尼微图书馆。《乌尔纳木法典》等重大文物的出土，使泥板作为硬质出版载体的一种形式在人类文明史中留下浓墨重彩的一笔。

(三) 其他泥质载体

泥质出版除陶体出版、泥版书出版外，还有筹码出版、瓦当出版、砖体出版等。筹码出版是两河流域一种泥制出版形式，筹码一般用泥捏成，上面刻有特殊的数字符号，形成独有的筹码记录和计数系统。瓦当是指中国古代建筑中覆盖建筑檐头筒瓦前端的遮挡，瓦当上刻有文字、图案，是中国特有的文化艺术遗产和硬质出版形式之一。砖体出版指在烧制的砖体上刻铸文图。砖体出版以南京明城墙为代表，每一块城墙砖上都刻铸有制砖者、监督者、带班人等多位责任人姓名，是我国现存规模最大的砖文群。

二、岩刻、梁柱、碑刻、石鼓、盟书等石玉类出版载体

石玉出版载体也是从古至今常见的硬质出版载体，石头和玉器作为自然界已有的无须复杂加工便可直接使用的出版载体，在不同的国家地区都十分常见。

(一) 岩刻

岩刻是指利用雕刻技术在岩石上的出版实践，是早期人类出版活动萌芽的重要探索。岩刻多以石窟壁画的形式呈现。

纵观世界，岩石是大部分国家都存在的石质出版载体，不同国家地区的岩刻呈现出不同的内容和风格。古代非洲岩石艺术历史悠久，存有大量写实岩画，如著名的撒哈拉岩刻。非洲原始人的岩刻艺术中，主要的形象是大量的野生动物，这些岩刻作品主要运用了红、绿、褐等天然矿物颜色，整个画面色彩层次较为丰富。据考证，这种图画符号与原始部落的图腾崇拜有关。原始民族面对宇宙间无数未知的现象，产生了神灵观念，原始图腾崇拜就成了史前文化中极为普遍的认识世界的方式。

在南亚次大陆，印度的阿旃陀石窟蜚声国际。在阿旃陀石窟中，壁画的数量非常庞大，不仅展示了佛教文化中的故事传说，也展示了普通百姓和王公贵族的生活场景。涉及的意象非常宽泛，包括宫廷、山脉、树木、田地、征战等景象及音乐、跳舞等生活画面。其中有大量涉及普通大众的如打猎、耕种题材的壁画，表现了古代印度的社会经济状况。一些涉及外交的壁画，如印度与中亚地区的交通和往来等，由于其独特的风格，实现了艺术价值和史料价值的双丰收。从壁画的风格和绘画手法来看，这些壁画作品中有不少与我国敦煌莫高窟中的壁画相类似，从这里也可以看出当时我国与印度在"丝绸之路"上的密切交流与往来。

由于此类岩刻多在较封闭的山洞石窟中，因此较陶器、泥板、石碑等硬质出版载体保存时间更长，而且由于岩石刻写面积较大，多为技艺高超的技师集大成之作，因此成为更易呈现瑰丽雄伟的石质出版作品，如印度的阿旃陀石窟、中国的敦煌莫高窟等，这使岩刻在硬质出版载体中更加突出。

(二)梁柱与碑刻

梁是指横在房屋上部与地面水平，起横向端力作用的部分；柱是指与房屋地基垂直，起支撑作用的部分。重要建筑的梁柱材料多为石质，少数为木质等其他材质，梁柱文即刻在梁柱上的石刻文字。碑刻，即在石碑上刻写。梁柱和碑刻都是在不同形制的石柱上进行刻写，这两种硬质出版样式在古代非洲硬质出版阶段较为常见，以古埃及为代表。

将梁柱和石碑作为硬质出版载体使用多出现于神庙、陵墓、采石场等场所，从现今出土的考古实物来看，古埃及的硬质出版文献大致分为墓铭、庙铭、碑铭以及采石场铭文。这些石柱出版是至今保存完好的最重要的古埃及出版文物之一，它们的主要功能是用于供奉和纪念，也有一些石柱用来限制和界定土地边界，比较具有代表性的就是古埃及卢克索神庙的梁柱文和巴勒莫石碑。方尖碑则有"石柱图书馆"之美誉。

古埃及用作梁柱或者石碑的石柱原料通常是沙石岩或花岗岩、闪长岩等更加坚硬的石头。古代非洲，岩石是常见的自然材料，晚期也出现木头材质。这些石柱形状各式各样，通常呈长方形，顶部的棱角或方或圆，高度在 40 厘米（16 英寸）到 4 米（13 英尺）之间，独自竖立或嵌入墙壁中。石柱上的象形文字碑文和图案通常采用凹雕制作。

梁柱和石碑相较于其他石质出版载体而言，它们是以更加坚硬的砂石岩或花岗岩等岩石作为原材料，在对外公示上更具神圣不可侵犯和无上庄严的意味，因此在使用上也多是用于神庙的装饰和贵族墓铭的表达，强调特权和庄严。

(三) 石鼓与盟书

石头上刻符早在新石器时代已经出现，石鼓是我们所知的中国较早的石刻形式，被称为"石刻之祖"。但就具体石鼓产生的年代而言，学者们有不同的看法。刻写在石鼓上的石鼓文是篆体之祖，无论在历史考古方面，还是在文学史、文字发展史和书法艺术史及硬质出版史上都占有十分重要的地位。让石鼓在众多硬质出版载体中熠熠生辉的主要原因在于石鼓文，也就是刻在石鼓上的文字符号。从字体来看，石鼓文属于"大篆"字体，是对西周金文的继承，及对秦代小篆的开启。

石质出版中值得关注的还有石经刻写和各类盟书刻写。石经是指刻在石碑上的儒家经典，具有代表性的有"熹平石经""正始石经""开成石经""广政石经"等。

盟书又称"载书"。古代记载盟誓各方缔约内容的文书材料，多为玉石薄片制成。春秋战国时期，天子与诸侯之间、诸侯与诸侯之间、诸侯与卿大夫之间，为政治目的常举行盟誓活动。盟书一式二份，一份藏于盟府，一份埋入地下或沉入河里，以凭鉴于神鬼，较为著名的有"侯马盟书"。

与其他硬质出版载体相比，石质出版有以下独特优势：首先，金属类载体如青铜在作为出版载体之前是作为器皿存在，有一定的器铭形式，且金属类的载体一般制作工艺复杂，铸写的符号多有庄重威严之意，而刻石的体例较自由，几乎和简牍、绢帛一样，同时也可以和铜器千古流传优势相媲美。其次，简牍类载体虽然具备体积小、携带方便等优势，但是相对于石刻来说私人性更强，没有石刻文字垂存久远之特点。最后，石质类出版载体是世界各地先民通用的早期硬质出版载体，既适合一些权威性、经典性作品的展示与保存，原料又较为易得，因此使用极为广泛。

三、龟甲、兽骨等骨质类出版载体

甲骨，是中国殷商时期重要的硬质出版载体，契刻在龟甲、兽骨上面的文字符号被称作甲骨文，目前公认的中国最早的文字便是殷商时期的甲骨文，郭沫若曾经感叹："其契之精而字之美，每令吾辈数千载后神往。"

（一）占卜中的甲骨

在殷商时期龟甲、兽骨主要用于占卜。"殷商是甲骨占卜的巅峰时代，因为占卜的需要，殷人形成了一套分工明确、体系完整的占卜制度，在此基础上形成了殷商独特的占卜礼制，殷商甲骨占卜包括了社会生活各个方面的内容，乐舞、征伐、田猎、天象等诸多事项——包含在内，构成了我们理解殷商文化的重要语境。"[①]

从甲骨载体使用的情况来看，殷商时代形成了较为成熟的甲骨占卜体系，已经基本摆脱了原始占卜的随意盲目的状态，《周礼·春官》记载："凡取龟，用秋时；攻龟，用春时，各以其物，入于龟室。上春衅龟，祭祀先卜。若有祭事，则奉龟以往。"可以看出，捕龟的时间、治龟的季节、龟甲的分类、龟甲的使用都有清晰明确的制度规定，有学者将甲骨占卜过程总结为五步：一是卜事准备，取龟、攻龟、治龟、钻凿、备灼具；二是

[①] 李振峰：《甲骨卜辞与殷商时代的文学和艺术研究》，博士学位论文，哈尔滨师范大学，2012年。

命龟，告龟所卜之事；三是灼龟见兆，灼龟寻求对于所卜问的回答；四是占龟，视兆定吉凶；五是书辞，记录命龟之辞或兆象。相传商王每事必占卜，因此殷商时期甲骨文的内容涉及当时社会的方方面面。

在整个占卜过程中，第一步和第二步与甲骨实体本身联系最为密切。第一步卜事准备的过程其实就是制作甲骨载体的过程，占卜时龟骨并用，利用刮、削、锯、切、磨、修、穿孔等工艺打造适用于占卜的甲骨，第五步书辞就是甲骨占卜主要流程结束之后，需要把有关卜问事项的内容契刻在甲骨上，这些内容就是通常所说的"卜辞"，镌刻的文字符号也就是我们所知的甲骨文。

现有关于甲骨的研究多与甲骨文有关，大多是研究甲骨的制作、形制、来源以及在占卜过程中的应用、寓意等，缺乏从出版的角度去看待作为出版载体的甲骨的性能、形制以及它是如何发挥传承文字符号的功能等。

(二)甲骨的制作与形制

在甲骨占卜初期，利用的大多是猪、羊、牛、鹿的肩胛骨作占卜材料。殷商王朝是一个非常迷信的王朝，占卜之风盛行，"商文化层出土的牛、鹿胛骨和龟腹甲，牛、鹿骨经刮削粗磨，有的加工较精，骨脊削平，周边修平，关节锯除，有钻有灼，钻有单钻、双联钻、三联钻之分。龟腹甲背部经刮削粗磨，有大小钻孔和灼，正面有焦痕，还有短直卜兆裂纹"[①]。这一时期甲骨的制作已经相对成熟，所采用的材料更加

---

① 慧超：《论甲骨占卜的发展历程及卜骨特点》，《华夏考古》2006年第1期。

丰富，总的来看，已出土的甲骨占卜材料主要包括龟背甲、龟腹甲、龟甲桥等。人们通过挑选合适大小的甲骨进行刮削打磨，在占卜过后将占卜的内容和结果契刻在平滑的地方，随着甲骨占卜的发展，人们在选择载体刻画区域过程中，逐步形成"功能分区"[①]。这种功能分区如果说开始是便于刻画的话，后来就是有意识地自觉了。

甲骨的平面为甲骨文的契刻提供了场所，研究发现文字字符的空间布局多呈对称分布。骨刻文中大多数是一块骨头上刻 10～15 个字，也有部分是 15 字以上甚至几十个字的骨片。从单片甲骨，到多片甲骨的串联，甲骨的书制形式开始逐渐形成。

(三)出版视角下的甲骨

从载体的角度看，龟甲、兽骨等骨质出版载体确有很多的不足，比如，文本容量过小，载体本身多以碎片的方式存在，难以编连和携带，而且刻写也具有相当大的难度。与已经存在的陶器、青铜铭器等其他硬质出版载体相比，甲骨的特殊之处在于它处于一个占卜之风盛行的时期，其材质本身的纹理特性让其拥有其他载体没有的含义表征，加上甲骨之上刻写了中国最早的文字符号甲骨文，使得甲骨这类骨质出版载体具有特殊的研究价值。

单从符号的角度看，甲骨文字不仅是中国最早的文字，还是最早的书法表达，对后世形成各式书法的艺术类型有很大的启发作用，它不仅

[①] 吴平、钱荣贵：《中国编辑思想发展史》，武汉，武汉大学出版社，2014，第82页。

具有文字符号的一般功能，同时又具有艺术符号的特性。殷商时代已经有较为成熟的文字体系，殷商甲骨之上出现了系统规范的文字契刻，从而造就了殷商时代独特的书法艺术。① 甲骨卜辞的契刻是中国书法艺术的源头，形成了若干风格类型，甲骨文已具备了中国书法用笔、结字、章法三个基本要素，形成了庄重、肃穆的书风，是一种古老而造极的书体。

人类从结绳记事走到甲骨记事，一种新的出版载体的出现会相对弥补已存在载体的不足，这是出版载体自身演变的内在规律之一。从仓颉造字到甲骨文的出现，是文字的迈进，更是人们改造自然、认识社会的进步。不管是作为硬质出版载体的甲骨还是作为出版符号的甲骨文，它们对出版史的意义都是史无前例的。

四、青铜、铁券、铭牌、奖牌等金属类出版载体

(一)青铜与铁券

青铜器的出现无疑是中国早期文明的一次突进，也是古代硬质出版一次质的飞跃。陶器易碎、玉石器使用范围有限，青铜器作为铜锡合金的金属，规避了这些问题，也解决了甲骨符刻在保存时间上的诸多难题。青铜器作为出版载体，是礼法的选择，更是历史的选择。作为国之重器的青铜礼器，其稳固难移的属性使得其具有至高无上的威严；在传之久远的物理属性上，其有着自身的优越性。载体的延展，象征着出版

---

① 李振峰：《甲骨卜辞与殷商时代的文学和艺术研究》，博士学位论文，哈尔滨师范大学，2012年。

技术的进步，使得文字符号承载的空间得以拓展，从寥寥数字到几百字，内容从记事、记物到记人不断丰富。

从西周到战国末期的八百多年是中国古代金文①发展的鼎盛时期，这一时期的很多青铜器表面铸有铭文，有的甚至是长达数百字的长篇铭文。青铜器外表面通常都有纹饰，因此铭文大多位于器物内表面，制范时文字就以阳文或阴文的方式熔铸在内范之上。这就与甲骨文的刻录方式不同，大部分青铜铭文是铸造而成的，即在铸造青铜器时就将所需的文字浇铸在陶范上。在春秋战国时期，也出现了少量刻制的铭文，即先铸造青铜器，然后用尖利工具在器物表面刻字。

铁券，是中国君主专制时代皇帝赐给功臣或重臣的，并且允许其世代享有的一种带有奖赏和盟约性质的凭证，类似于现代的勋章。按朝廷的有关法律，持有铁券的功臣、重臣及其后代，可以享受皇帝赐予的种种特权，这种铁券制度直到清代才走向消亡。文献所见最早有关铁券的记载是在《汉书·高帝纪》中"命萧何次律令，韩信申军法，张苍定章程，叔孙通制礼仪，陆贾造《新语》。又与功臣剖符作誓，丹书铁契，金匮石室，藏之宗庙"，其中"铁契"就是指铁券。

铁券是外形如筒瓦状的铁制品，铁券在不同的朝代有不同形式的体现和变化。最初铁券上的内容是用丹砂填字，称为"丹书铁契"；梁时称"银券"，用银色填字；隋时用金色填字，因此称"金券"或"金书"，所以后世又称"铁券"为"金书铁券"。因铁券可以世代相传，又被称为"世券"。铁券镌刻的内容一般包括赐券的日期，赐予对象的姓名、官爵、

---

① 指铸造在商周青铜器上的铭文，也叫钟鼎文。

邑地等信息；被赐者对朝廷的功勋业绩；皇帝给被赐者的特权，如免死等；皇帝承诺性誓言等。

(二)铭牌与奖牌

铭牌，又称标牌，指固定在产品上向用户提供厂家商标识别、品牌区分、产品参数等信息的金属牌。铭牌主要用来记载生产厂家及额定工作情况下的一些技术数据，以供正确使用而不致损坏设备。例如电器上有金属板铭牌，主要记载有产家名号、产品的额定技术数据等。

铭牌分凹凸铭牌和平面铭牌。普通凹凸铭牌，是将铭牌正面全部喷漆，然后再将字体或图案部分的漆去除，裸露出金属字面或图案线条。平面铭牌主要使用铝合金材料，其面上的颜色是通过阳极氧化后染上去的颜色，并非油漆喷涂形成，根据工艺方法不同，可以是单色的，也可以是多种颜色的。平面铭牌具有较高的装饰性能，且价格也较便宜。其他还有丝网漏印铭牌，用的颜色是油墨调色而成。

奖牌和铭牌类似，一般用金属制成，不过奖牌的功能更多的是发给各种各样竞赛的优胜者的证明，它根据工艺材料不同可以分为金牌、银牌、铜牌、铝板丝印牌、不锈钢牌、钛金牌、镀金牌等。

青铜铭器、铁券、铭牌的相似之处都在于所刻写的内容能够公开展示并且永久流传，同时金属的属性和独特工艺的打造让此类载体在诞生之时便自带与石玉出版载体相似甚至是更强烈的高贵、权威气质，这是人们考虑使用金属类出版载体的一大因素，这种优势让它在与其他硬质出版载体的比较中脱颖而出。金属类出版载体也由于其造价昂贵、成本较高，在适用范围上多为在皇室或贵族礼制中使用，有着高规格的形制要求，因此在外观上较其他类型的硬质出版载体更为精美、庄严、肃穆。

五、方板、简牍、树皮及其他出版载体

早在文字符号系统被发明之前，远古人类已经开始把各种图形画刻在不同的材质上面。当时，人们也开始在木板上进行雕刻，通过考古发现的文物可知，当时人们用木板更多的是进行图画雕刻，作为一些建筑的装饰物。中国部分地区是亚热带季风气候，适合竹木生长，在文字符号出现后，将竹木出版载体与出版符号相结合是出版发展的必然趋势。

（一）方板

方板就是指方形木板，在《仪礼·既夕礼》中有"书赗于方，若九，若七，若五。书遣于策。乃代哭，如初"，大意为在葬礼中要将赠物之人名和赠物之数量记载于方板上，每块方板书写九行，或七行，或五行。从中可以看到，在入葬之时，主人要将宾客赠送给死者的物品记录在木板上一同下葬。

这里出现的方板，即对方形木板这一硬质出版载体的描述。对于普通人家而言，宽木板材料较之龟甲兽骨、青铜铁券等更容易获得，制作工艺也相对简单，在制笔技术和制墨技术配套发展的情况下，方板在先秦时代与简牍一道被作为出版载体运用到日常生活中。文中描绘的葬礼情形下方板的作用其实就是充当了简牍载体的作用，将各种宾客信息、物品信息等记录在案。方板在先秦时期的出版载体价值有

待我们进一步认识。

但是由于历史资料的缺乏,关于方板的大小规格、使用范围等无法得出精准的结论。可以确定的是,方板作为木质出版载体,是与当时的竹简木牍共存的,在某些竹简木牍不适用的场景中起到特殊的补充作用。

在古罗马时期,人们也利用木板刻写文字符号。由于木板自身坚硬粗糙、刻写困难的缺点,当时的人们在木板的基础上进行优化,发展出了一种新的硬质出版载体——蜡板。蜡板就是在木板上涂上一层薄蜡,在蜡上刻画文字符号,蜡板价格便宜,并可以反复使用。但蜡本身作为一种油性半固体材料,耐久性较差,遇热易融化,难以长时间保存文本信息,而且蜡板的文本容量小,因此并没有得到大规模推广,使用范围有限,只能作为羊皮纸的配角存在。

早期对木板这一载体的使用多为简单的刻写,但随着出版技术的进步对木质载体的使用更加形式多样、精致复杂,其中典型代表就是木版画。木版画,就是木刻版画,即在木质载体上用刀具雕刻出目标图样,然后可付诸大规模的复制印刷。中国古代木刻版画是集绘画、雕刻、印刷于一体的出版样式。有别于今天的创作型版画,中国古代的木刻版画是一种雕版复制印刷形式,在古代出版活动中扮演重要角色。[1] 后人在木刻版画的基础上,创新改良发明饾版、拱花等彩色套印技术。在版画领域同样占有重要地位的还有日本的"浮世绘",即日

---

[1] 万安伦、位聪聪:《论中国古代木刻版画的出版史地位》,《中国出版》2017年第3期。

本版画，一般是专指彩色印刷的木版画，它是日本江户时代兴起的一种独特的民族艺术，主要描绘人们日常生活、风景和神话等。木版画不仅是精美的雕刻艺术，也是高超的出版技术，对当代美术史和出版史均具影响。

(二)简牍

简牍是对竹简木牍的简称，竹简木牍是春秋战国时期使用最为普遍的出版载体。在中国古代硬质出版载体中，简牍是应用范围最广的出版载体，世界其他地区虽也有使用竹木载体，但是如春秋战国至汉代这般大范围使用以及对后世文化发展造成深远影响的几乎没有，简牍载体的普及使用在人类出版载体史上具有重要意义。

简即竹简，牍即木牍，因此简牍是两种不同的硬质出版载体，但是由于"简"和"牍"形状相近，功能类似，因此习惯将二者合称为"简牍"。关于简牍的起源目前并没有准确的说法，根据《尚书·多士》中"惟殷先人，有册有典"，以及甲骨文中关于"册"和"典"字的记载，简牍起源至少可以上溯到殷商早期。因此，简牍可能自殷商时代到东晋桓玄下令"以纸代简"这段时间，一直是社会所选择的主要出版载体。

这与简牍自身的特点和优势息息相关。在简牍出现之前的硬质出版载体多为龟甲兽骨、青铜石器等，这些硬质出版载体因刻写不易及文本容量小而无法进行大规模文化生产，加之载体材料不易获得，无法规模化普及使用，以及载体本身笨重不便携带，无法进行良好的文化传播与传承。正是这些硬质出版载体的种种缺点与不足衬托出竹简木牍出版载体的优长。

简牍作为硬质出版载体，有三大优势是其他硬质出版载体难以比拟的。一是多片连缀的简牍的文本容量大，便于携带，具有传播优势。简牍的长度根据不同功能用途而有所不同，"诏书律令类的长三尺（约67.5厘米），抄写经书类的长二尺四寸（约56厘米），民间书信类的长一尺（约23厘米）"①，但总体而言，简牍呈片状，单片简牍承载的文字量有限，但通过编连成册的方式就可以形成系统的文字记录成为"典册"。而且这种"典册"是便于携带的，百姓日常写信用的"尺牍"每片重量不足20克，即使一卷简牍也不足1千克，就体积和质量而言远小于一些摩崖石刻、青铜器皿，就算是大型的典籍资料，也可以采用车乘的方式进行移动，这就使知识的传播传承变得更加方便和活跃。二是简牍取材容易，制作简单，具有平民性。简牍的原材料就是竹子和木头，相较于龟甲兽骨、青铜铁券等的材料稀少而言，简牍对古代社会来说是轻易可得的原材料。同时简牍制作过程简单，主要包括取材、杀青和书写三大步骤，因此简牍载体适合在全社会范围内推广普及，普通平民也可以使用，比起工艺复杂、成本高昂的青铜器皿，简牍成为通用出版载体是历史必然。三是规制整齐，便于储藏。简牍载体的一大进步就是出现了专业的出版规范。如在长度上，不同功能、用途的简牍有不同的长度要求；在书写上，简牍从上往下书写，从右到左用细绳编连成册，形成统一的书制和阅读规范；在存储上，由于简牍易于移动运输、便于抄写复制，士大夫阶层皆乐于抄书收藏，形成许

---

① 万安伦：《中外出版史》，北京，高等教育出版社，2017，第108页。

多著名的公私藏书楼。

从出版的角度看，简牍载体是中国硬质出版载体的集大成者。一是简牍的广泛使用，促进了出版规范的形成，它有了严格意义上的图书内容，具备了古代卷轴书制的雏形，影响后世竖起右排的印刷排版规制，培养起人们两千多年从上往下、从右到左的阅读习惯。二是简牍载体促进了笔墨砚刀技术的进步，简牍制作需要书刀的打磨，《考工记》有记载："筑氏为削，长尺博寸，合六而成规。欲新而无穷，敝尽而无恶。"也就是说用于制作简牍的书刀是有严格要求的，书刀长一尺宽一寸，把六把书刀合在一起就能围成一个圆形，这是强调书刀刀脊弯曲弧度，同时还要求书刀的刃口始终像新的一样，即使锋口磨损了，铜质还是没有瑕疵。仅从这点就可以看出，载体的发展会伴随着对出版技术要求的提高而提高。笔墨技术的发展也是如此，从公元前14世纪至公元4世纪间，在甲骨、玉石、陶泥、简牍、缣帛及纸张上以黑墨或彩色所书写之实物，是中国最早用墨的例证。当用刀刻满足不了文化生产的速度和产量的时候，更为便捷的用笔书写就成为让人更为青睐的出版技术了。三是简牍载体对出版符号也产生了积极影响，在秦始皇"车同轨，书同文"之前，各个诸侯国所使用的文字符号有所不同，不同的文字符号在简牍流通的过程中交流融合，为书法艺术的发展提供了肥沃的土壤。从文化的角度看，因为简牍的出现和广泛使用，大规模的文化生产活动才得以实现。春秋战国时期，正逢百家争鸣，知识分子表达欲望强烈，思想不断交锋，简牍载体的使用无疑极大促进了当时社会的思想解放。从纵向的历史发展来看，正是由于简牍载体的应用，才让诸子百家的著作得以传承和发扬，为中国的传统文化的传承与发展留下了珍贵的文献基础。

(三)树皮及其他出版载体

树皮作为硬质出版载体常常不为人注意，这里讨论的树皮载体主要指北纬 40°的桦树皮出版文化圈和蒙古国的桦树皮出版。

桦树是一种在北纬 40°到 70°之间广泛分布的树木，生长于阔叶林或针阔叶林混交林带，海拔多在 1000 米左右，树高 20 余米，直径可达 1 米多。就生长范围而言，桦树是世界范围的，因此在桦树基础上形成的桦树皮文化也是世界性的。在我国，桦树主要分布在东北地区、内蒙古北部和新疆北部地区，由于高纬度地区少数民族较多，桦树皮文化大多数是北半球高纬度桦树林生长带中少数民族的共有文化。

当桦树皮用于记录信息、图画等出版符号时其角色就转换为出版载体，由于北半球高纬度地区桦树数量大，因地制宜采用桦树皮作为出版载体是合乎逻辑的。于是，在亚洲和欧洲，桦树皮都是一种寻常的硬质书写材料。20 世纪 90 年代，蒙古国出土了大量的桦树皮文献，开启了桦树皮文献研究的先河。

桦树皮文化是依托北方丰富的桦树资源而创立的生活文化，在生活中表现为丰富多彩的桦树皮制品，是北方民族物质文化的重要内容；同时蕴藏于各种桦树皮制品之中的是丰富的精神文化，包括加工技艺、功能、作用、艺术表现、象征意义等内容。[①] 有学者认为桦树皮文化是一

---

① 于学斌：《北方民族的桦树皮文化：历史学考古学民族学的会通》，《满语研究》2006 年第 1 期。

种生活文化,可以从四个层次去解读:一是物质形式,二是技艺技能,三是功能,四是艺术表现和象征意义。每一种桦树皮制品无论是造型还是各种纹饰都具有很强的艺术性,每一种纹饰、颜色都具有一定的象征意义。①

竹木类出版载体除了方板、简牍和树皮外,还有如蜡板等演化形式。与之前或是同时期的泥质、石质硬质出版载体相比较,竹木作为出版载体更为轻便,携带更加便捷,可承载的出版符号容量扩大,大大促进了同一时期的文化生产。文化创意的竹木类出版载体对现代社会仍具有较大影响。

六、莎草纸、贝叶等茎叶类出版载体

(一)莎草纸的诞生与传播

在植物纤维纸发明之前,人们先后在泥板、莎草纸、贝叶、树皮、简牍、蜡板上刻写。莎草纸是由生长在尼罗河三角洲地区的纸莎草加工而成的,莎草纸硬质偏软的特性,标志着人类的出版载体逐渐发展到从硬质出版载体向软质出版载体的过渡状态。

纸莎草,一种水生植物,直立、坚硬、高大,形似芦苇,主要生长在非洲北部尼罗河三角洲地区。纸莎草是古埃及文明的一个重要组成部分,古埃及人利用这种草制成的莎草纸这一出版载体被腓尼基人、希腊人、罗马人、阿拉伯人使用。莎草纸,又称纸莎草纸,即以纸莎草为原

---

① 于学斌:《北方民族的桦树皮文化:历史学考古学民族学的会通》,《满语研究》2006年第1期。

料的薄片"纸"生产，在莎草纸上出版的作品纸草书卷，被视为世界上较为原始的图书之一。

早在埃及第一王朝时期(约公元前3100～前2840年)，大臣荷玛卡的坟墓中就曾出土一张没有被书写过的莎草纸。最初的莎草纸常用来书写宗教书籍，莎草纸的生产被王室和贵族垄断。随后在新王国时期(约公元前16～前11世纪)，莎草纸逐渐传入民间，并出现抄写莎草纸文书的专职人员。公元前8世纪前后，莎草纸的制作方法传到古代希腊等地中海沿岸地区，源源不断的莎草纸供给促进了古希腊和古罗马帝国图书馆的建立，以及书籍贸易的繁荣。而日益增长的纸张需求导致了莎草纸供应的短缺。在屋大维时期，莎草纸的种植、制造和销售都在私人手里。运输税替代出口税，因为罗马是主要的进口地。莎草纸的生产从小村落移到重要城市。手工匠成为工厂的工人。尼罗河三角洲的泥沼地提供了方便书写、价格合理的材料，从不列颠到两河流域的广袤疆域里都使用莎草纸。后来莎草纸进一步传至欧洲内陆和西亚地区，成为北非地区主要收入来源。

公元前2世纪后，方便折叠、适宜书写的羊皮纸成为古罗马地区的主要出版载体。12世纪从阿拉伯及开罗传入的廉价植物纤维纸及其制造技术，开始逐渐取代了使用数千年的莎草纸，莎草纸慢慢退出历史舞台。

(二)莎草纸的制作和类型

老普林尼在其著作《自然史》中对莎草纸有着较为详细和全面的介绍，莎草纸的制作必须经历剥皮、刨片、浸泡、捶击、挤压、打磨等一系列工序，可以使用植物本身挤压所产生的汁液作为黏合剂，或者使用一种由面粉、沸水和醋混合而成的糨糊作为黏合剂，最终生产出优质的莎草纸。同时，人们采用多种方法保存书籍，使得莎草纸上的书写记录具有更强的持久性。

根据《自然史》的记载，古埃及人依据纸张质量的不同把莎草纸划分为七个等级，并分别命名，其中第一等级的纸是奥古斯都纸（Augusta），奥古斯都全名为盖维斯·屋大维·奥古斯都，是罗马帝国的第一位君主。第二等级的纸是利维娅纸（Liviana），以奥古斯都妻子的名字命名。第三等级的纸是僧侣纸（Hieratic），用于与宗教有关的书籍。第四等级的纸是圆形剧场纸（Amphitheatre），这是根据这种纸的制作场所命名的。第五等级的纸是赛第纸（Saitic），这个名字来自生产该纸最大规模的城镇名，由低级的废料制成。第六等级的纸是泰尼奥提克纸（Taeneotic），这种纸由更靠近纸莎草外部的纤维制作而成。第七等级的纸是集市纸（Emporitica），又称包装纸，这种纸张适用于对物品或者文件的包装，而不适合书写。不同类型的纸张有不同的细度、厚度、白度和平滑度。

关于莎草纸目前存在一个争议，即由于莎草纸的这种生产技术，改变的只是纸莎草的物理属性，因此国内以潘吉星为代表的一批学者并不认为古埃及的莎草纸制作工艺是真正意义上的造"纸"术。但欧美等世界多数地区认为莎草纸的出现可以看作世界上最早的"纸"，并且英文单词"纸张（paper）"就是从"纸莎草（Cyperus papyrus）"的拉丁文名称发展而来的。目前这个争议尚无结论，但是莎草纸的历史影响却是毋庸置疑的。古埃及遗存的莎草纸出版作品对早期非洲、欧洲乃至世界文明的传播和传承具有关键而深远的意义,在世界出版史上占据着极其重要的地位,是后世人们通过文献了解古埃及文明甚至古代非洲、欧洲和亚洲部分地区文明的重要窗口。

(三)贝叶的诞生与传播

贝叶,是贝多罗树叶的简称。贝多罗树生长于热带、亚热带地区,是一种类似棕榈树的四季常青乔木,生长缓慢,其寿命长达百年之久,叶子硕大,如同一把张开的蒲扇。这种巨大的贝叶经过煮制、风干等流程后,就成为经久不烂的书写载体。

唐人段成式在《酉阳杂俎·广动植之三》中有记载:"贝多树出摩伽陀国,长六七丈,经冬不凋。此树有三种……西域经书,用此三种皮叶。"作为一种出版载体,贝叶最早在印度半岛被使用,新鲜的贝叶经过特定的工艺流程被制作成可书写的载体,再装订成册,便成为贝叶书。贝叶主要用于刻写佛经,这种刻写在贝叶上的经书被称为贝叶经,贝叶经因其具有极高的历史价值和文物价值被称为"佛教熊猫"。

古印度人在尚未掌握造纸术以前,就开始使用特制的贝多罗树叶作为写作的载体。贝叶经从产生至今已有2500余年的历史,与我国的竹简木牍所产生的历史时期大致相同。贝叶经的传播和佛教的传播息息相关。我国佛教便是肇始于从西双版纳最先传入的印度的佛教,佛教传入西双版纳以后,用于刻写经文的贝叶经及其制造技术随之传入,后经过中国又传入了朝鲜和日本。贝叶经承载的佛教文化,经历了在各个地方本土化的发展演变后,在世界上的影响力越来越大,并最终演变为世界三大宗教之一。

贝叶经为研究古代印度半岛的宗教文化、世俗生活、出版文化等提供了珍贵的史料，具有极高的文物价值，它代表了南亚次大陆硬质出版的主要成就。

(四)贝叶书的制作及其形制

贝叶书根据书写方式可以分为贝叶写书和贝叶刻书。贝叶写书是用笔墨在贝叶上书写抄录的书籍，而贝叶刻书是用铁制针形笔把文字刺写在贝叶上，正反两面均刻字以后，涂以碳粉，能防水、防腐、防蛀。[1]具体来说将贝多罗树的树叶加工成能够书写的出版载体需要分为以下几个主要步骤。首先是选择大小合适的贝叶，并将其从树上砍下来，然后按照一定的规格裁剪，制成长约50厘米、宽6～8厘米的长方形叶片；其次将这些长方形贝叶压平，用绳子将叶片捆扎后放入加了酸角、柠檬等材料的沸水中蒸煮，将贝叶煮至泛白之后便可放入清水中洗净，然后晒干压平，用墨线弹成可以书写的行距；最后是用铁笔按行刻写，在刻写完成后在满是文字符号的贝叶上涂上墨水，让墨汁渗入刻痕内达到字迹清晰的效果，再装订成册。

贝叶书的装订形制有着与众不同的特色，它是依次将刻写好的多片贝叶摞好，在其上、下各夹配一块与贝叶经大小基本相同（略大）的竹片或木板，并在夹板中段打两个孔，用绳索穿入，将绳索结扣。这种夹子被称为"梵夹"，这样的书籍装帧形式被称为"梵夹装"，隋代杜

---

[1] 肖东发、于文：《中外出版史》，北京，中国人民大学出版社，2010，第161页。

宝《大业杂记》云："新翻经本从外国来，用贝多罗树叶。叶形似枇杷，叶面厚大，横作行书。约经多少，缀其一边，牒牒然，今呼为梵。"梵夹的这种形式不仅可以使贝叶的表面更加光滑和平整，也更便于携带和阅读，而且还可以对其进行雕琢设计，使贝叶经更加美观大方，这些优点都为贝叶经的携带与传播提供了极大便利。晋代高僧法显、唐代高僧玄奘从印度取回来的佛经，就是梵夹装的贝叶经。至今在南亚、东南亚和我国云南等地区，仍流传着制作贝叶书的传统方法。

莎草纸和贝叶这两种出版载体作为茎叶类的出版载体具有明显的优劣势。其优势就在于取材便利，质地轻便，刻写面积较大，能承载较多的出版符号，莎草纸还能适当卷曲，开启硬质出版载体向软质出版载体过渡的新征程。同时，茎叶类出版载体的显著缺点就是不耐潮、不耐腐，不能折叠，便携性比不上可以折叠的植物纤维纸和羊皮纸等。这也就是软质出版载体制作工艺成熟之后能取代硬质出版载体主体地位的一大原因。但莎草纸、贝叶等茎叶类出版载体作为人类历史上出版载体软质化的开端，在出版史上的重要地位是独一无二的。

第二节　论软质出版载体

在前文的论述中，可以看出硬质出版载体的一大缺点就是不易携带与传播，这在很大程度上限制了文化的发展与传播，随着社会生产的进步，出现适用性和实用性更强的出版载体便是大势所趋。古埃及的莎草纸出版便是硬质出版载体向软质出版载体过渡的体现，中国造纸术的发明与传播更是全面升级了软质出版载体，支撑了两千年来人类文明的传承与发展。

人类目前使用过的软质出版载体，大致可以总结为以缣帛为主的丝质类出版载体、以羊皮纸为主的皮质类出版载体、以植物纤维纸为主的纸质类出版载体以及以塑料布为主的薄膜类出版载体，下面将从制作、形制、优缺点等不同角度讨论不同材质的软质出版载体。

一、以缣帛为主的丝质类出版载体

(一)缣帛：较早的软质出版载体

缣是指双经或双纬织成的粗厚丝织物，帛是秦汉以前丝织物的统称，缣帛常常是绢类的丝织物统称，在古代多用作赏赐酬谢之物，亦用作货币，同时也可作为一种出版载体供书写用。《史记·滑稽列传》曰："数赐缣帛，檐揭而去。"《后汉书·宦者传·蔡伦》载："自古书契多编以竹简，其用缣帛者谓之为纸。缣贵而简重，并不便于人。伦乃造意，用树肤、麻头及敝布、鱼网以为纸。"缣帛能够作为一种出版载体得到一定范围的使用，与古代中国丝织业的发展密切相关。

缣帛是人类探索出的最早的软质出版载体之一。早在原始社会初期，中国的先民已发明了麻纺织、毛纺织、丝纺织和棉纺织技术。据《禹贡》的记述，在原始社会末期，中国的一些地方已能制造织锦和类似锦绮的高级丝织品。[①] 春秋战国时期，是社会大变革时期，在奴隶

---

① 黄赞雄：《中国古代丝绸文化的历史地位》，《浙江丝绸工学院学报》1993年第3期。

制解体过程中，以家庭为主体的个体经济大量出现，家庭手工业和独立经营的个体手工业开始发展起来。其中手工业主要类型之一就是种桑养蚕的纺织业，人们把纺织作为主要副业经营起来，"男耕女织"形容最为贴切。因此，在这个时期，纺织业形成了较为完整的工艺流程和稳定的生产模式，能够长期定量地为社会提供不同工艺的丝织品。丝织业的长足发展为缣帛成为软质出版载体奠定了良好的物质基础。

硬质出版载体如龟甲兽骨、金石简牍都存在过于笨重、不便携带、承载信息量少等缺点，于是春秋战国（或更早）时期，缣帛等丝织品开始被用于书写，称为"帛书"。作为出版载体，帛书柔软轻便，易携带，吸墨性好，书写效果佳。在春秋战国时期，帛书与简牍平行发展，并称"竹帛"，《墨子·明鬼篇》中记有"书于竹帛，镂于金石"，《韩非子》曰"先王寄理于竹帛"，可见当时出版载体主要是"竹帛"并行。

但是由于缣帛过于贵重，在书写于缣帛之前需要在简牍上进行书写校勘，确认无误后方可书于缣帛。如《太平御览》曰："汉刘向为孝成皇帝典校书籍二十余年，皆先书竹，为易刊定，可缮写者，以上素也。"与简牍相比，缣帛虽然有很多优势，但毕竟其成本较高。因此，缣帛始终无法取代简牍，但是缣帛作为对简牍这类硬质出版载体的补充，在中国出版史上是出版载体轻量化、软质化的先锋。

(二)帛书的制作与形制

由于帛书的书写载体是缣帛等丝质出版载体，缣帛平整光滑，拥有固定的宽度和长度，书写面积较大，如果多行并列，文字不易对齐。因此，用于书写的缣帛，一般都会事先画好行格。目前已经出土的帛书显示，帛书的形制大体上可以分为两类，一类是折叠式，一类是卷轴式。折叠式是像叠手绢那样，先横折，再竖叠(或顺序相反)，最后叠成一小块(现在部分小型地图还采用此式)。① 卷轴式则是以木板或者木棍等为轴，将缣帛循环依次缠绕卷起，形制上类似于简牍从左至右卷起放置。在帛书时代，人们以"卷"作为计量文字单位。

帛书的收存形式对后世纸质书籍的形制有深远影响。卷轴式的收存方式流行于魏晋隋唐；折叠式则对后代各种册页式古书(经折装、旋风装、蝴蝶装、包背装、线装)有一定影响。后世纸本卷轴装和帛书的卷轴式关系极大。

二、以羊皮纸为主的皮质类出版载体

(一)羊皮纸的兴起与传播

在公元前3世纪，泥板、兽皮和莎草纸作为出版载体在古埃及、古罗马等地是共行并存的，但兽皮主要是用于书写有价值的重要文献。羊皮纸作为出版载体是人们从对比其他兽皮的使用演化而来，据史料记载，最早的皮纸的确不是羊皮制成，而是骆驼皮纸，这种骆驼皮纸在约旦地区的希伯伦被考古学家发现，大概可以追溯到公元前8世纪，远远早于帕加马王朝使用羊皮纸。但是羊皮纸的兴盛并得到大范围推广，和小亚细亚半岛上的帕加马王国紧密相关。

---

① 李零：《简帛古书的整理与研究》，《中国典籍与文化》2003年第4期。

前文提及，羊皮纸的发展兴盛，与公元前2世纪小亚细亚半岛上的帕加马王国与埃及托勒密王国之间的图书馆建设竞争有关。小亚细亚半岛北临黑海，西临爱琴海，南濒地中海，东接亚美尼亚高原，温带大陆性气候明显，并不适合喜潮湿的纸莎草的生长。坐落在小亚细亚半岛的帕加马王国缺乏制作莎草纸的原材料，主要从纸莎草的原产地埃及大量进口。在公元前2世纪，帕加马王朝创建了一座规模宏伟的图书馆，在一步步的扩充中，该图书馆可以和当时世界最大的托勒密王国亚历山大里亚图书馆相抗衡，双方很快发生莎草纸的贸易摩擦并导致贸易战。在此情形下，帕加马国王计划秘密劫持亚历山大里亚图书馆馆长阿里斯托芬尼斯并带走一批莎草纸文献。事情败露后，托勒密王国将阿里斯托芬尼斯逮捕下狱，并禁止向帕加马王朝出口莎草纸和纸莎草，这直接导致帕加马王国莎草纸的枯竭。帕加马王朝被迫转向其他可利用的出版载体，于是大力发展此前零星生产的羊皮纸，并不断改进和提高羊皮纸的制作技术和皮纸质量，同时降低成本，使羊皮纸在莎草纸的贸易战中脱颖而出，逐渐成为主流出版载体。羊皮纸的英文单词"parchment"正是来源于"帕加马城"的音译。

羊皮纸作为一种出版载体的使用很快便传遍欧洲。在世界范围内，从前2世纪到3世纪，是羊皮纸与莎草纸争夺主导权的时段。羊皮纸在欧洲最终成为主流出版载体得益于基督教会的支持。罗马教会在欧洲建立支配性话语、传播及舆论体系过程中，《圣经》的传抄与保存成为修道院里修士的重要工作内容。教会与政府联手推动羊皮纸普及工作，并在羊皮纸的使用上一马当先。羊皮纸在欧洲逐渐取代莎草纸占据出版载体统治地位千余年。直到13世纪植物纤维纸制造技术传入欧洲并得到普及性传播后,羊皮纸才逐渐退居次要地位,成为补充性出版载体。

(二)羊皮纸的材料与制作

羊皮纸是通过对动物的皮进行处理后形成的坚硬、耐用、白色的,不透明、均匀厚度的,用颜料、染料或者墨水以适当的方式来书写的材料。① 正如前文所说,羊皮是利用动物皮制作成出版载体的一种,此外还有牛皮、猪皮、骆驼皮、驴皮等都可以作为皮质出版载体。但是相对于羊来说,耕牛对农业生产更具重要性,因此不能随意宰杀牛群制作成皮纸。猪皮相对来说皮质较薄,韧度不够。骆驼和驴的饲养与分布更是局限于一隅,没有养羊普遍。于是在皮质出版载体中,羊皮脱颖而出成了最佳的制作材料。

帕加马王国在莎草纸进口受限后,大力改进羊皮纸的制作工艺,因此羊皮纸形成了比较科学清晰的制作流程。首先,认真地清洗羊皮,除去皮毛,将皮刮磨打薄,浸入石灰水中去脂。其次,干燥后用浮石摩擦羊皮使其两面光滑。最后,涂以白垩土,这样便制作出淡黄色、两面光滑、持久耐用、适宜书写的羊皮纸。当然,即使在经过层层工艺处理之后,羊皮纸的两面仍有不同之处。其中,毛面颜色黯淡一些,皮质也粗糙一些,但毛面墨水的颜色呈现效果更好。而另一面肉面颜色更白一些,也更柔顺光滑一些,因此视觉观感更好,但相对于毛面而言,对于

---

① 付淑峦:《论17世纪前的欧洲媒介嬗变与传播:文明史视阈的考察》,博士学位论文,东北师范大学,2015。

墨水呈现和保持的效果略逊。

(三)羊皮书

受纸草卷影响,早期人们制作的羊皮纸书是卷轴式的,即把剪裁以后的羊皮用胶粘连成为长幅。"羊皮纸宽一般为30～40厘米,长50～90厘米,古希腊人常将长文章分段写在羊皮纸上。写到50～90厘米长时,便以一木棍为轴,将羊皮纸卷在上面,即成为'卷轴'。"[1]古希腊、古罗马时代的许多历史、文学、哲学作品都是书写在羊皮纸上,并以我们所熟悉的卷轴装装帧传世。著名的有分成24卷的荷马史诗《伊利亚特》和《奥德赛》,以及分成9卷的希罗多德的《历史》等。

到公元后则出现了羊皮纸的折页本书,据说最早是被基督教徒用来抄写经典的。到10世纪,羊皮纸才更多以笔记簿的形式出现在公众手中,但是笔记簿通常是需要装订的,不能像莎草纸卷子一样反复展开、合拢。就在皮纸笔记簿的流传过程中,在古希腊、古罗马蜡版书的基础上,出现了使用册页装订的羊皮书。两面书写的羊皮书使大量文字可以被更少的书页容纳,而册页装订的方式与卷轴相比,能使读者更容易翻检到所需的内容。最初由于使用习惯的原因,羊皮纸书籍也使用卷轴装法,在初期的册页装订中,每帖排列许多页数,然后把许多帖装订在一起。很快,册页装的羊皮书籍便减少了每帖的页数,并固定幅面,通过折叠确定开本大小。古罗马时期的羊皮纸书籍开本都较小,显得不如后

---

[1] 宁永彦:《泥板·纸草·羊皮纸——古代世界几种书写材料》,《中学历史教学参考》1995年第12期。

世精致，但已经出现相当数量的绘画装饰，这与除了数学公式外少有插图的莎草纸书籍相比，无疑是一种进步。

在中世纪的欧洲，由于教会的统治和对知识文化的绝对垄断与控制，加上羊皮纸本身昂贵，因此羊皮纸多用于书写《圣经》或宗教教义、教条，最初使用羊皮纸的人主要是各个修道院的修士。此后在羊皮纸上书写逐渐演化成为一种专门的职业。后来随着文艺复兴运动的兴起，人们对书的需求量大增，产生了以抄书为业的"抄书人"。抄书人基本的职业要求就是能够写一手漂亮的字，因此我们可以发现大部分的羊皮书文本内容精美，一些内容重要或者是重要人物下令抄写的羊皮书，在装帧上一律要用深红色的天鹅绒，并配上白银制的搭扣，以凸显其庄重的地位。羊皮书制作精美，不仅是出版装帧设计上的一大进步，也是欧洲文化史和出版史上浓墨重彩的一笔。

(四) 羊皮纸战胜莎草纸

从莎草纸和羊皮纸一段时间的共存，到羊皮纸战胜莎草纸，在双方博弈过程中可以看到出版载体演变的某些规律。

首先就载体本身的客观条件来说，羊皮纸文本容量更大，更加柔韧，可以折叠，使鹅毛笔的书写色彩更饱满，还可以切割剪裁，更易保管和储藏，利于文献的传播，而且羊皮可获得的宽广范围比莎草纸的单一产地更显优越。但是羊皮纸的造价也比较昂贵，因此在一开始与莎草纸并行使用。后来，羊皮纸制作工艺得到改善，价格降低，而莎草纸由于原料产地单一、不能折叠、不便传播、不易检索、容易损坏、容纳文字过少等问题最终被取代了主体地位。同时，由于罗马帝国的分裂、埃及行省与罗马帝国的矛盾等种种原因，莎草纸的原料获取变得愈发困难，最后莎草纸因贸易战而被迫让位于羊皮纸。

当然羊皮纸也存在明显的缺憾，一是对羊皮的用量过大，一本《圣经》就要用近250张羊皮，如果要将中世纪欧洲的科学论著全部抄写在羊皮纸上，那么就得将当时全欧洲的羊群统统宰光；二是书价贵，一部叫作《波利先阿斯文法》的羊皮纸书，其价格就与一所房屋和一块土地的价格相等，一部普通的羊皮纸《圣经》就与一块葡萄园的价格大致相同。[1]正是由于羊皮纸价格昂贵的缺点，包括羊皮纸在内的各地的主导性出版载体地位，最终均被原料易得、价格低廉的中国的植物纤维纸所取代。

三、以植物纤维纸为主的纸质类出版载体

无论是西方的皮质载体，或是东方的绢帛载体，高昂的造价让它们难以普及。直到公元前2世纪中国西汉发明植物纤维纸制造技术，并由东汉蔡伦给予重大改良以后，这一困境才被逐步打破。中国的植物纤维纸因其原料易得、价格低廉、工艺先进、能够承载印刷和规模化复制而成为软质出版载体的佼佼者，逐渐发展成为全世界的主流出版载体，直到今天仍对人类出版事业有着极为重要的贡献。两千多年来，人类文化史和文明史因植物纤维纸（为简明表述，有时简称"纸"或"纸张"）的承载

---

[1] 叶燕君：《从粘土版、纸草纸到羊皮纸的书——谈谈国外历史上几种主要的文献载体》，《图书与情报》1988年第1期。

而辉煌。

(一)纸的诞生：造纸术的发明与改良

1. 造纸术的发明

在纸发明之前，竹简、木牍、缣、帛等材料一直是中国当时主要的出版载体。它们见证了春秋战国时期的百家争鸣，也记录了大秦帝国的文采华章。然而，"缣贵简重"的问题一直困扰人们。简牍还容易被虫蛀，保存起来不仅占据空间很大，且十分不便。因此，到了更加统一强大且文化灿烂繁荣的汉朝，原有的这些出版载体不再能很好地满足当时的文化发展与交流需要，便宜、轻便、便携的出版载体之发明成为时代课题。

关于纸张的发明起源，学界一直有着诸多争论，这些争论大致分为两派，一派学者认为蔡伦是真正的纸张发明者，而另一派学者认为蔡伦不是造纸术发明者，而是改进者，纸张早在西汉就已经产生了。随着越来越多的古文物出土和化验分析，越来越多的证据支撑纸张是"西汉产生，东汉蔡伦改良"这一论点，笔者这里也持这一看法。

后世的一些出土实物是对造纸术"西汉发明说"的有力佐证。

1933年在新疆罗布淖尔古烽燧亭中第一次出土的西汉古纸，即"罗布淖尔纸"年代不晚于公元前49年。

1957年在陕西西安灞桥出土的西汉古纸，经过科学鉴定为西汉麻纸，"灞桥纸"年代不晚于公元前118年。

1973年在甘肃居延肩水金关发现两块西汉麻纸，质地较粗糙，为暗黄色，"金关纸"不晚于公元前52年。

1978年在陕西扶风中颜村出土了西汉宣帝时期的3张西汉麻纸，"中颜纸"产于公元前74～前48年。

1979年在甘肃敦煌县马圈湾西汉烽燧遗址出土了5件8片西汉麻纸，"马圈湾纸"产于西汉宣帝时期（公元前73～前49年）。

1986年甘肃天水放马滩出土的西汉文景两帝时期（公元前179—前141年）的纸质地图残片，表明了当时的纸已可供写绘之用，"放马滩古纸"是目前发现的年代最久远的西汉古纸。

这些大量出土的实物足以证明，在西汉时期造纸术已经发明，且能够承担书写载体的功能。遗憾的是，关于西汉时期造纸术的发明记载当中，并没有一个类似于蔡伦的代表性的人物。相信随着进一步的考古发现，历史的真相会逐渐被还原。

2.蔡伦改良造纸术

越来越多的考古发现虽然证明造纸术早在西汉时期就诞生了，并非东汉蔡伦首创，但蔡伦对造纸术作出了突破性的、革命性的贡献。其贡献主要有三：一是他成功用杂碎短麻、树皮、渔网等相对常见且廉价的原材料来制作植物纤维纸，丰富了造纸材料的来源，降低了造纸成本；二是他改进了造纸工艺，提高了造纸质量，提升了造纸效益，将西汉传统的烧纸法造纸改良为抄纸法造纸；三是他不遗余力对此项革新技术进行普及和推广，使得"蔡侯纸"在当时盛行，且对后世产生深远影响。

蔡伦之前，造纸原料比较驳杂，既有树皮、麻布等植物纤维，也有丝絮等动物纤维。由于造纸术尚处于初期阶段，工艺简陋，所造出的纸张质地粗糙，许多纤维束夹杂在其中未能展开，表面凹凸不平，不是特别适宜书写，一般用作包装。经过蔡伦的改造后，造纸才形成了一套完整可推广的工艺流程。其过程大致可归纳为五个步骤：第一步是"选"，选择"树皮、麻头及敝布、渔网"为原料，抛弃了丝絮等动物纤维，纯用植物纤维（"选"料工艺）。第二步是"剉"，即将原料切短、碾碎（"剉"料工艺，"剉"同"锉"）。第三步是"煮"，即将已锉好的原料加以蒸煮，使纤维间黏结质分解（"煮"料工艺或"沤"料工艺）。第四步是"捣"，即将经过蒸煮的原料放入臼内进行舂捣，用现代的造纸术语叫打浆叩解，使纤维帚化，这是构成纸页的关键（"捣"料工艺）。第五步是"抄"，即将舂捣好的纸浆送入纸池加水悬浮，然后用"笘"或"簧"（即现代的帘）来抄造。这是古代纸页成型的方法，称"抄纸法"。如今宣纸制作和土法造纸仍沿袭"抄"造工艺。

经以上五道工序可制成"蔡侯纸"，虽然后来的造纸工序比其更繁多、更细致，但这五道是最基本的工艺，为后世纸张制作奠定了步骤基础。

(二) 纸的发展：从中国到世界的传播

1. 造纸术在国内的发展

蔡伦改进造纸技术以后，纸张虽然实现了一定程度的普及，但并没有迅速成为普遍通用的出版载体，而是经历了一个造纸技术不断进步、纸张种类越发增多、使用范围不断扩大的过程。

到了魏晋南北朝时期，纸张的使用逐渐普及开来，广泛为人们所使用。造纸技术逐步由原来的洛阳及其周边地区一带扩散至安徽、淮阳以及西南地区。造纸的原料越发丰富，纸的种类也逐步繁多。如纸面上有明显纹路的竹帘纸；以藤皮为原料、表面光滑的藤纸；以桑树茎皮纤维为原料、轻薄软绵、纸纹扯断如棉丝的棉纸等。到了晋代，为了延长纸张的使用寿命，诞生了新的印染技术并由此催生了染黄纸。染黄纸通过从黄檗中熬取汁液，浸染纸张。有的纸是先写后染，有的纸是先染后写，整体呈现出天然黄色，所以又叫黄麻纸。这种纸张具有灭虫防蛀的功能，易于长久保存。染黄纸的出现大大促进了纸张的使用推广，使得在东晋后期，纸张基本取代了竹简木牍和绢帛的主导地位，成为出版的主流载体，在此背景下，403年至405年，桓玄下令"以纸代简"。

到了国力强盛的唐代，对于纸的需求量进一步扩大，对于纸张的质量要求进一步提高。被称为"纸中之王"的宣纸即是在这一时期闻名于世的。宣纸产于安徽泾县，因唐代泾县隶属宣州管辖，因此被称作"宣纸"。宣纸具有"韧而能润、光而不滑、洁白稠密、纹理纯净、搓折无损、润墨性强"的特点，并有独特的渗透、润滑性能。历代文人墨客书画名家无不喜爱。用宣纸题字作画，墨韵清晰，层次分明，骨气兼蓄，气势溢秀，浓而不浑，淡而不灰，其字其画，跃然纸上，神采飞扬，熠目生辉。[①] 同时，宣纸还具有少虫蛀、寿命长的优势。

除了宣纸之外，硬黄纸、硬白纸也在这一时期诞生。硬黄纸是人们在染黄纸的基础上进行的革新，通过在染黄纸上均匀地涂蜡，使纸张更加光滑光鲜，且易于保存。硬白纸则是把蜡涂在原纸的正反两面，再用卵石或弧形的石块碾压摩擦，使纸光亮、润滑、密实、纤维均匀细致，由于雕版印刷术的发明，这一时期的造纸业迎来了突飞猛进的发展，竹纸、草纸等纸层出不穷。

---

① 赖睿：《宣纸：历久弥新　古韵犹存》，《人民日报（海外版）》2011-05-27。

五代两宋时期，制纸业仍继续向前发展，产出的纸张更加精致，且逐渐展现出艺术品的发展趋势。其中，十分著名的有南唐后主李煜监制的澄心堂纸，此纸极其精美，存世极少，十分珍贵。到了宋代，宣州、徽州、池州等江东地区逐渐成了造纸的胜地，"江东纸"备受人们追捧，宋代诗人王令在《再寄满子权》中就盛赞"有钱莫买金，多买江东纸"。南宋时期更是兴起了对纸的回收利用，当时的"还魂纸"就是以废纸为原料重新制作的。

元代由于战争频仍，造纸业一度萎靡，到了明清时期造纸业又兴旺起来。各种笺纸再次盛行，在质地上推崇白色质地和淡雅色的质地，色以鲜明静穆为主，如康熙、乾隆时期的粉蜡纸、印花图绘染色花纸等。清代由于需求量的激增，传统以麻纤维、树皮为制作原料的纸已经难以满足使用需求，竹纸逐渐成为主流。此时的造纸业，制造工艺进一步改进，已经发展成为相当规模的产业。在纸的加工技术方面，如施胶、加矾、染色、涂蜡、砑光、洒金、印花等流程，都有进一步的发展和创新，纸的制作已到了精美绝伦的地步。

时至今日，纸早已成为人类日常生活中不可或缺的一部分，各种各样的纸张以各具特色的形式呈现，并担负着不同的用途。工业革命大大提升了造纸的效率和质量，然而工业化的造纸业带来的污染问题也使人们面临新的挑战。相应的，再生纸、石头纸等更加绿色环保的纸张不断涌现。造纸术起源于中国，历经两千年发展，其工艺流程仍在不断地发展、改进、提升之中，从未故步自封，而是顺应时代和社会的需求不断进步。

2. 造纸术在世界范围内的推广

"我国造纸技术的外传分为两个阶段：首先是纸制品（书信、书籍）、纸张被带往国外，然后是造纸术传入，以及开办造纸工场。"①中国造纸术的外传路线大致可以分为西传和东传两条：4世纪末，造纸术开始东传至朝鲜，后又由朝鲜传入日本；西传是指造纸术经中亚传入欧洲、美洲等地，落地生根后不断改进，对当地乃至世界的文化和文明传承与发展产生了巨大推动力。

751年是造纸术西传的重要时间节点，当时的安西节度使高仙芝率领唐军与阿拉伯军队（大食国）在今天的哈萨克斯坦境内交战，这场以唐军战败为结局的局部战争，却在无形当中促成了中国的造纸术西传。阿拉伯人将唐军俘虏（其中有造纸工匠等）押至撒马尔罕城（即今日的乌兹别克斯坦境内），由于当地盛产亚麻，造纸原料丰富，中国的造纸术便在当地落地生根，一些造纸工坊开始兴起，由此产生的"撒马尔罕纸"风行一时。但中国造纸术并未停止"西征"之路。793年，阿拉伯人在中东的势力范围不断扩张，并迁都至大马士革。随即在大马士革建立起造纸工厂，所产的"大马士革纸"因加入棉花，质量更令人赞叹。

900年，造纸术传播到了埃及开罗。这是世界上两个文明古国出版技术的一次重要交汇。在造纸术到来之前，埃及主要还是依靠硬质出版载体莎草纸来进行记录和传承。开罗是当时埃及的宗教、经济和政治中心，繁荣的社会文化促使了极大数量的书写材料需求。而莎草纸本身优

---

① 刘仁庆：《中国造纸术的西传》，《中华纸业》2008年第9期。

势不如植物纤维纸，且价格昂贵，工艺繁复，不便携带和保存，因此，当阿拉伯人在开罗设立造纸工坊后，莎草纸的命运已然决定，植物纤维纸迅速成为当地主流出版载体。

"中国造纸术传到开罗，应该说是走上了传播的一个拐点。从此以后，分成两条路线传播：一条是经过摩洛哥再渡海于1150年到欧洲的西班牙；另一条是通过地中海进入西西里岛于1276年传至意大利，再转传到欧洲内陆各地。"[1]12世纪，西班牙开始使用水力打浆机。17世纪，荷兰人又发明了能够间歇作业的槽式打浆机。这大大提升了造纸的效率和纸浆的质量。造纸术传入欧洲以后迅速风靡，从12世纪中期到16世纪末期，分别传入了德国、法国、英国、墨西哥、俄罗斯、挪威等国。1690年，尚处于英国殖民统治阶段的美国，其东部小城费城迎来了荷兰的造纸工匠，并开办了第一家造纸厂，造纸术由此传入北美。1803年，造纸术又从美国传入加拿大的魁北克省。19世纪末，英国殖民者将植物纤维纸制造技术带入大洋洲的澳大利亚。至此，起源于中国的造纸术历经了两千年时间，完成了从中亚到欧洲，再到北美、大洋洲及世界各地的传播路径。

(三)纸的影响：推动人类文化发展和文明进步

在纸张产生之前，西方的莎草纸、羊皮卷，或是东方的绢帛、简牍，不论是在造价上，或是在使用寿命上，或是在延展性和便携性上，都有着不同程度的缺憾。随着人类社会的进步，愈发繁荣的人类文明需

---

[1] 刘仁庆：《中国造纸术的西传》，《中华纸业》2008年第9期。

要一个更高级的载体来记录和传承。纸张及其制造技术，对中国乃至整个人类的文化生产和历史进步厥功至伟。

1. 造纸术对中国文化的影响

秦汉及春秋战国时期，由于"缣贵简重"，读书、学习和传承知识是一个非常困难的事情，多限于上层社会。普罗大众，尤其是出身贫寒的子弟想要学习文化几乎是不可能的。同时，先贤的丰富思想保存和传播起来十分困难，一部经典之作，甚至需要一车的简牍才能盛放得下，不仅难以储存和运输，还容易腐烂虫蛀。因此，造纸术的发明和改良，最大的贡献就在于使得中华文化的传播有了适宜的出版载体，使得中华文明成果能够更好地形成历史积淀并传承下来、传播开来，大大促进了文化和教育的普及。

四大文明古国中，只有中国的历史和文化近乎完整地、成体系地传承下来，这与造纸术和印刷术的发明不无关系。纸张不仅成为中华历史和文化的载体，更是以其低廉的造价打破了受教育上的阶层壁垒，使得越来越多的寒门子弟能够学习知识，传承经典，提升了整个中华民族的文明和文化素养，使其成为远近闻名的"礼仪之邦"。此外，纸的盛行对于古代中国官方和民间的信息传播方式也是一次伟大的革新。中央政府与地方之间公文往来的邸报、民间消息流传的小报等，在使用了纸进行抄印和传播以后，成本更低，传播更快捷、方便，这于中央政府对地方的管控和民间信息的流通都起到了极大的促进作用。

纸张本身在中国也兴起了一股"纸文化"。中国的纸在各个时期、各个地方都独具特色，一些工艺精细、制作精良的纸张由此演变成著名的传统文化符号广为流传。如凤纸、澄心堂纸、凝霜纸、薛涛笺、云蓝纸等。安徽宣城泾县的宣纸更是成为中华文化的代表成果之一，在今天仍持续散发巨大魅力。纸张在中国经过长时间的发展，其价值意义已经超出了本身的书写载体的功用，更是拥有了审美和艺术价值，成为一种文化象征。同时，纸的发展也带动了相关文化产业的发展：绘画、抄书、藏书、诗赋、文房四宝等，在文人墨客间广为流传。

最后，纸张除了作为出版载体之外，在实际生活中的用途也非常广泛，深入人们生活的方方面面。纸不但可以用来承载文字符号，还可用于制作货币、敬神祭祖，此外也可以用来制作纸扇、纸伞、风筝，糊墙，包裹食物和物品等，对广大人民的生活产生了重要影响。

2. 造纸术对世界文明的影响

造纸术的发明及传播，为全世界人民带来了福祉。在东亚地区，纸张和造纸术的传播为朝鲜、日本等国带来了先进的汉文化，促进了中国周边国家的进步与发展，打造了东亚文化圈。造纸术传到欧洲后，彻底取代了欧洲长期使用的皮质出版载体，推动了欧洲科学知识的普及和文化的发展，加速了欧洲文化发展和文明演进的步伐，结束了漫长黑暗的中世纪，极大地推动了欧洲启蒙运动和文艺复兴的蓬勃展开。

对于整个人类社会而言，中国造纸术的发明和传播，是人类出版史和人类文明史的一次伟大的跃升。它推动了人类文化的传承和发展，使得承载文字符号的载体成本大幅度下降。科学文化和知识信息在平民中得以普及，从而极大地推动了世界科技、经济和文化的发展，促进了社会的变革和文明的发展，整个人类社会的文明程度和文化水平向前大大迈进了一步。这是中国对世界的贡献，是中国人民对全人类的贡献。

四、以塑料布为主的薄膜类出版载体

作为软质出版时代的杰出载体，纸张不仅造价低廉，而且便于折叠、保存、运输及传播。它长时间在各类出版载体中占据主导地位，在今天仍然被广泛使用。然而，纸张也有其劣势，它太过脆弱，很容易被毁坏，无论是被水打湿浸泡还是被撕扯，上面所记录承载的信息都会毁于一旦。由于植物纤维是其主要构成成分，难以长时间保存，一旦保护不慎，就可能发黄、泛旧、发霉甚至被虫蛀。因此，当塑料薄膜产生以后，人们惊喜地发现它的造价比纸更低廉，且更加结实，不怕风吹雨打，能够长时间保存。于是，塑料薄膜出版载体由此诞生。

(一)塑料制作技术催生塑料薄膜载体成型

塑料的发明与发现，可追溯至19世纪中叶发电机和电力产业的出现。当时的人们急于寻找一种可以人工制作、批量化生产的绝缘体，许多科学家对此进行探索。美国的化学家贝克兰就是其中之一。1904年，贝克兰及其助手也开始展开相关研究，最初目的只是希望找到一种溶剂，把酚与醛的反应产物溶解，制成能代替天然树脂的绝缘漆。随着时间的流逝，实验室内不断增厚的笔记上充满了失败的记录，但贝克兰并没有失去信心，继续改进实验方法，3 年后的一天，终于制出了一种始料不及的产品，他在笔记上写下了它的名称"Bakelite"。这一名称来自他制出这种产品时使用的既能加热，又能加压的铁制设备 bakelizer。贝克兰发现把苯酚与甲醛在少量的强碱或氨存在下加热时，会生成一种可熔化又可溶解的固体，他将其称为 Bakelite A。Bakelite A 在加热时即生成可熔化但不溶解的 Bakelite B，进一步受热后则生成不溶的 Bakelite C。如果向 Bakelite A 中加入木屑或其他填料，放在 bakelizer 中加热加压，即能制出牢固的成型件，这就是后来广泛使用的 Bakelite 制品。贝克兰很快给他的发明申请了专利，然后又向化学界透露了部分情况，终于在 1909 年美国化学会纽约分会年会上，揭开了世界上第一种全合成塑料的面纱。[1]

塑料的主要成分是树脂。树脂是高分子化合物，包括聚丙烯、聚乙烯等，它们都是从石油中提取出来的，所以说塑料"脱胎"于石油。自 1909 年出现了第一种用人工合成的塑料——酚醛塑料之后，1920 年又一种人工合成塑料——氨基塑料（苯胺甲醛塑料）诞生了。这两种塑料当时为推动电气工业和仪器制造工业的发展起了极大作用。到 20 世纪二三十年代，相继出现了醇酸树脂、聚氯乙烯、丙烯酸酯类、聚苯乙烯和聚酰胺等塑料。从 20 世纪 40 年代至今，随着科学技术和工业的发展，石油资源的广泛开发利用，塑料工业获得了迅速发展，品种上又出现了聚乙烯、聚丙烯、不饱和聚酯、氟塑料、环氧树脂、聚甲醛、聚碳酸酯、聚酰亚胺等。

---

[1] 吴祺：《20 世纪最具影响力的化学家之一——贝克兰》，《大学化学》2000 年第 6 期。

现在，塑料已经成为人们日常生活中不可或缺的一部分。

塑料薄膜，即用塑料制成的薄膜，其主要用于包装以及用作覆膜层使用。保鲜膜、农业大棚膜、塑料包装袋等都属于塑料薄膜产品。塑料薄膜轻薄可折叠，且能够形成较好的密封效果，因此被广泛地用作包装。当前塑料包装产品在市场上所占的份额越来越大，特别是复合塑料软包装，已经广泛地应用于食品、医药、化工等领域。用于包装的塑料薄膜代表了一个产品的外在形象，因此人们会对其进行彩色印刷，印上种种诱人的图案和宣传语，以此来吸引顾客。然而，或许正是在这个过程当中人们发现，原来塑料薄膜是一个非常好的出版载体。由于塑料薄膜具有能防水、韧度高、轻量化等突出优点，人们开始将塑料薄膜广泛用于一些纸质出版载体难以胜任的出版领域，如户外广告、幕布、儿童书等。此外，一些薄膜印刷、书籍塑封等也都采用塑料薄膜。

(二)相比纸张，塑料薄膜拥有独特优势

塑料薄膜之所以能够成为纸张之后的重要软质出版载体，其最主要的原因是塑料薄膜具有许多纸张不具备的优势。

第一，在性能上，纸张虽然是软质载体，但并不能真正做到任意折叠、扭曲甚至撕扯。在使用纸张的过程当中，如果用力过猛很容易造成破损，过分折叠也很容易造成纸张断裂，这极大地影响了人们的放心使用和保存体验。而塑料薄膜则不会出现这种状况，因此我们可以看到现在市面上有许多儿童书都是以塑料为材质的，这有效减轻了对于书的破坏，增加了书的使用寿命。

第二，在保存性上，纸张惧水，一旦沾上水则会面目全非，长时间保存纸页也会泛黄，还有可能发霉或者生虫。这给出版物的保存管理也增添了很大困扰。而塑料薄膜则不怕风吹日晒，甚至可以水洗保洁，能长时间保持较新状态。

第三，在经济性上，由于塑料制品大规模运用到各类生活场景当中，塑料原料能够大规模、批量化、集约化生产，成本反而比造纸原料更低廉。塑料印刷制品能够很方便地回收再生产，可实现资源的重复利用。传统纸张印刷的书，不仅要耗费大量的木材，在回收利用时，印刷在纸张的油墨会给大自然造成污染，用塑料印刷书籍，在回收利用时，只需要用化学环保的方法把印刷在塑料上的油墨处理后，又可以重新利用。[①] 基于以上三点，塑料薄膜在性能、保存性和经济性上都比纸张有优势。这使其成为纸质出版载体的重要补充，被广泛地应用到了出版行业中。

(三)塑料薄膜出版载体：喜忧兼具

塑料的发明一度令世人狂欢，然而近些年来，塑料却逐渐声名狼藉，甚至被一些人称为人类"最后悔的发明之一"。最大的原因，就在于过多的不可降解的塑料制品引发的塑料污染。

作为一种工业制品，塑料很难在短时间内被自然降解，而人工降解的技术并不完善，且成本极高。于是，大量的塑料垃圾无人管理，给人类社会、自然环境造成了严重破坏。废旧塑料产品由于很难降解，混入

---

① 苏化颖：《世界第一本塑料书在中国印刷》，《丝网印刷》2006年第4期。

土壤之后影响农作物吸收养分和水分，将导致植物枯萎且滋生大量细菌和有害物质，对土壤造成破坏，鱼类、家畜和野生动物经常会由于误食塑料制品而死亡。塑料垃圾的堆积也大大增加了管理成本，甚至挤压人类的生存空间，造成"垃圾围城"。最为可怕的是，混入环境中的塑料微粒最终会融入整个生态环境系统当中，肉眼不可察觉也无法被有效过滤，最终它们会重新回到人类的餐桌，对人体健康造成极大影响。由此可见，塑料薄膜虽是一种不错的出版载体，但污染性是其进一步发展的瓶颈。

令人欣慰的是，人们一直积极地进行塑料制品的环保性改进。可降解塑料就是其中一种。可降解塑料的各项性能可满足使用要求，在保存期内性能不变，而使用后在自然环境条件下能降解成对环境无害的物质。可降解塑料的降解过程主要涉及生物降解、光降解和化学降解，这三种主要降解过程相互间具有增效、协同和连贯作用。相信随着技术的进一步发展，塑料的污染性会逐渐被改良。

总之，塑料薄膜以其独特的优势，弥补了纸张的一些缺陷，成为时下流行的重要软质出版载体，在包装、图书、印刷等领域发挥着重要作用。同时，巨大的污染性也成为制约其发展的重要因素。随着技术的进步，在不远的将来，具有可降解性的塑料薄膜载体或许会发挥更加重要的作用。

第三节　论虚拟出版载体

从泥板龟甲到莎草贝叶，从绢帛羊皮到植物纤维纸，每一次人类出版载体的进步，都推动着人类文明的进化发展。时至今日，出版载体已经历经"硬质出版"和"软质出版"两大阶段，正在向着"虚拟出版"不断迈进。

"虚拟出版载体"是一个全新的概念，它打破了以往出版载体的固有形式，突破了纸质等印刷媒介的固定限制，能够让出版内容以一种"看得见，却摸不着"的方式呈现出来。早期的声光电磁技术开启了出版载体虚拟化的帷幕，唱片、磁带、音像出版等新兴事物的出现使人们惊讶地发现，原来，出版载体不一定必须是纸张，出版内容也不一定必须是文字，出版的发展思路被拓宽。出版对人类的影响也从阅读方式的改变扩展为沟通方式、传播方式甚至是生活方式的转变。人们获取信息的途径从书籍、报纸，拓展到了承载信息量更大、技术更先进的各种虚拟出版载体。声音、图像等信息也可以依托这些载体实现人与人之间的交流。虽然此时的"出版载体虚拟化"仅仅是将印刻在固态印刷媒介上的文字信息虚拟化，只能算是一种半虚拟状态，但它开启了出版载体虚拟化的进程，为后续的发展打下了坚实的基础。

数字技术所带来的数字出版进一步推动了出版载体虚拟化的发展，它丰富了出版载体形式，拓宽了虚拟出版内容形式和传播渠道。在这一时期，计算机、手机等多种硬件设备和互联网衍生的各种软件成为数字出版的最基本载体。在硬件方面，以物联网技术为基础的各种各样的智能设备不断涌现，如智能眼镜、智能手表、智能家居等。它们紧密地将出版物与使用场景相结合，让出版产业进一步实现立体化、场景化。在软件方面，基于 Web 2.0 技术的互联网不断产生新的现象级应用，如博客、微博等，使出版形成了从单向浏览时代、信息聚合与用户分享时代到万物感知与智慧控制时代的演化。在数字出版时期,出版不再是一种单向的、被动的、滞后的内容输出行为,而是让出版的内容输出者和接受者能够及时进行有效互动。出版载体的形态也更加微缩化和多元化,传统的图书、报刊可以进行数字化处理,游戏、视频、音乐等也成为重要的出版内容,并在愈发虚拟化的出版载体上呈现。VR、AR、MR等新兴出版形式,使得出版载体越发具有虚拟化的特征。可以说,数字出版使得虚拟出版载体的发展取得了飞跃式的进步,并不断显现出更快的发展态势。

然而,这并不是虚拟出版的终极形态,纵观人类整个出版载体的发展进程,出版载体将越发小巧、智能,且更好地与人体机能相结合。随着大数据、云计算、人工智能等技术的不断深入发展,最终,所有的信息可以直接以人脑意识为载体,直接实现存储与共享,这也就是"大脑意识出版"。"大脑意识出版"将真正完成出版载体完全虚拟化。

一、音像出版拉开虚拟出版帷幕

声光电磁技术的出现,对人类出版业来说是一场深刻的变革。它们使得声音、影像等具有虚拟化特点的出版符号能够以磁电等形式记录在半虚拟乃至全虚拟的出版载体上。声光电磁发明发现初期,出版载体并没有实现完全虚拟化,但出版载体虚化的雏形已初步显现出来。

(一)声音出版及其载体发展

1877年,当世界为爱迪生所发明的留声机而产生轰动的时候,或许很少有人意识到这个新发明对于人类出版事业发展的划时代意义。在此之前的出版载体，不论是硬质的石板、简牍还是莎草纸，或者是软质的绢帛、纸张等，都是一种固态的、能够抄写或印刷的介质，出版内容也以文字和图片符号为主。而留声机则使得看不见、摸不着的声音能够被记录、存储、跨越时空进行传播。

紧随留声机之后诞生的是唱片，唱片其实是一种声音出版载体。1885年，美国的发明家奇切斯特·贝尔和查尔斯·吞特发明了一种以涂有蜡层的圆形卡纸板为媒介的留声装置。这款留声机被称为圆片形唱片（或称蝶形唱片）平面式留声机，并在1888年获得了专利。这种锌板制作而成的唱片，可制成母版复制，使唱片实现量化生产。伯林纳成功研制出虫胶原料唱片，后续产生自动化唱片、双面唱片、乙烯基耐用型唱片等，唱片制式的不断革新使得声音出版进入了成熟繁荣的发展期。唱片由此真正成为声音出版的载体，实现了声音出版物的出版传播，开启了声音出版新时代。此后，随着磁技术的进步，人们学会了利用磁技术来记录声音。1963年，荷兰飞利浦公司研制成了全球首盘盒式磁带，大小仅为早期的菲德里派克（Fidelipac）循环卡式录音机的1/4，磁带双面都由塑料外壳包裹，可最大程度保护其中的数据，每一面可容纳30～45分钟的立体声音乐。磁带的出现，可看作声音出版载体的进一步改进。从唱片到磁带，声音出版载体变得更加小巧便携，易于记录、播放及传播。

然而，唱片、磁带这种载体由于受到其制作成本、产量以及传播形态等因素的影响，仍然是一种个体对个体的传播形式。真正使得声音出版物能够实现大众传播的则是电磁波技术的出现。

"电磁波"这一概念首先由詹姆斯·麦克斯韦于1865年预测提出，而后由德国物理学家海因里希·赫兹于1887年至1888年间在实验中证实存在。人们迅速认识到了这一新发现对于通信传播领域的巨大价值。1895年，俄国物理学家A·C·波波夫和意大利物理学家G·马可尼，分别成功地进行了无线电通信试验。这为声音出版传播的发展奠定了基础。1906年，德国德律风根公司成功试验了无线电报电话业务。而后世界各地的音像出版逐渐登上历史舞台，特别是20世纪后半叶，音像出版风靡一时，而今这种出版形态已是明日黄花。当下，包括"有声书"在内的各种音频出版形态与人们的生活场景密切结合，解放了人们的双手和双眼，成为现代人日常获取信息及知识的重要通道。

(二) 影像出版及其载体变革

与声音出版几乎同时期到来的，是影像出版。自古以来，人们都在不断尝试着用一种方式将所能看到的影像记录下来。在摄像技术诞生之前，人们尝试通过绘画来达到这一目的，然而，无论技巧多么高超的画师，都不能分毫不差、完完整整地实现全客观复制。想要对影像实现高保真的记录与出版，只有通过摄影摄像才能实现。

能够对影像进行记录和出版要得益于人类长期在光学技术领域的深耕。早在中国战国时期的《墨经》一书中，就有对于各种光学、镜面成像原理的阐述。15世纪的欧洲画家，也通过光学原理，使用诸如小孔成像、暗箱等简单的摄影器材来为自己的绘画提供帮助。1839年8月19日，法国画家发明"达盖尔银版摄影术"。世界上第一台可携式木箱照相机就这样诞生了。这一天被后世称为摄影技术诞生纪念日，可以说，这是影像记录及影像出版的开端。

影像的记录与出版经历了一个由模糊到清晰、由静态到动态的过程。早期的人们通过照相机来进行影像记录，镜头是记录媒介，胶卷以及冲刷出的照片是记录载体。这一时期的照片大多清晰度不高，随着感光元件、光学取景器、镜头等相机配件的不断发明发展，相机的整体性能也不断提升；拍出的照片清晰度越来越高，呈现质量越来越好。同时，静态的照相技术也为动态的摄像技术发展打下了基础。连续拍摄的一系列照片通过高速播放就能形成动态的效果。1851年，第一台"活动照相机"被摄影师克罗、杜波斯克等人试制成功了。1887年，法国的科学家马莱用一条连续感光的相纸连续拍摄，并在1888年发明出最早能够连续拍摄的感光片。1888年，爱迪生在前人基础上制作了一台可以连续拍摄600多个画幅的摄影机，它能够连续拍摄超过一分钟的活动影像，成为现代摄影机的雏形。这标志着影像出版由单纯的照相变为照相和摄像的结合。

随着动态摄像技术的进一步发展，影像出版物不再仅仅局限于静态的照片，而是演变成连续性动态影像出版物。影像出版的发展具有革命性的意义，传统纸质出版载体上的文字符号是以一种书面化的、较为严肃和抽象化的表达方式呈现，读者必须要拥有一定的文字、逻辑、相关背景知识储备以后才可以去理解和解读。声音出版虽然突破了纸张载体的局限，且可以通过口语化的形式进行传播，但其表达的内容，仍然需要听众用足够的想象力在脑海中呈现出相应的场景和画面，才能更好地理解其内容。影像出版则不同，它直接以一种生动、浅显、直白的方式将具体的画面呈现出来，特别是将声音与影像结合，对观众感官产生更加真实的刺激，成为通俗化和大众化的影像出版物。

从静态图像到动态影像，人类对于影像的记录与出版，为人类出版发展开启新局面。在这个过程当中，出版载体范围进一步拓宽，更加多元化，胶片、屏幕等都成为承载影像出版的新载体。

纵观声音出版、影像出版，我们不难发现，这一时期传统纸质出版物的单一文字、图片信息转换为声音符号、动态视觉符号等更加虚拟化的符号表达。各种符号形式的生产、复制和转换成为社会生活的普遍特征，随着科学技术的不断发展，出版载体也由原来的固态载体向着更加多元化和虚拟化的方向迈进，产生了唱片、磁带、胶片、屏幕等新形态。这一时期的出版发展仅仅显露出虚拟出版之端倪，但虚拟出版的发展态势已然形成。

二、数字出版推动虚拟载体深化

虽然声光电磁技术开启了出版载体虚拟化的进程，但它们并没有撼动纸质出版载体的主体地位。真正对纸质出版载体进行颠覆，进一步促进出版载体脱实向虚发展的，则是信息网络技术和数字技术等推动下的数字出版。数字技术和数字出版开拓出虚拟空间信息存储与传播的新境界，使得出版载体虚拟化进程进一步加快。

"数字出版"一词是由英文 Digital Publishing 翻译而来，亦可称其为"数字化出版"。数字出版所覆盖的内容有基于互联网的数字内容出版和发行、在线教育内容发展、移动内容研发和出版等。广义上讲，只要是用二进制这种技术手段对出版的任何环节进行的操作，都是数字出版的一部分。它包括：原创作品的数字化、编辑加工的数字化、印刷复制的数字化、发行销售的数字化和阅读消费的数字化。[1]

时至今日，数字出版逐渐成为出版业发展的重要形态，各种新兴的、具有虚拟和半虚拟性质的出版载体纷纷出现。人们通过计算机、手机、电子阅读器甚至 VR 眼镜等各种类型的载体进行出版物的阅读和传播，数字内容及信号也能够通过无线网络和有线网络进行传输。出版物形态也再一次扩大：网络游戏、电子图书、在线教育等纷纷成为热门的出版内容。即使是传统的纸质图书出版，也离不开数字化的处理手段。当下的数字出版载体越发向着全景式虚拟化方向演进。

(一) 计算机革命开启数字出版进程

当下数字出版如火如荼的发展，和计算机技术革命有着密不可分的关系。1946 年，第一台计算机埃尼阿克（ENIAC）的诞生开启了这场变革，它实现了高速化处理大量信息，是人类智能的一个突破性的延伸。在计算机技术的推动下，新的出版载体不断涌现，更迭速度惊人。电子屏取代了传统纸张，键盘和虚拟键盘取代了传统的书写工具，软盘、光盘、U 盘等载体不断更新换代，这大大加速和扩展了知识和信息传播的速度和空间，促进了信息传播手段的数字化和网络化。

计算机最早使用的是软盘这种可移动半虚拟性介质，信息的读取和写入需要借助软盘驱动器来进行。一般而言，软盘驱动器装载的是标准

---

[1] 万安伦：《数字出版研究：运行模式与发展趋势》，北京，中国传媒大学出版社，2017，第 1 页。

大小为 3.5 英寸的软盘，其容量为 1.44 MB。虽然软盘有存储容量小、存取速度慢等缺陷，但它便于携带，对于那些占存储空间并不大的文件来说，可以轻松地实现物理移动。

　　计算机技术的发展带来了大量的多媒体信息，早期的软盘无论是在信息存储和传播的容量、类型、速度还是质量方面都已不能满足现实的发展需求。磁介质、光学介质和微固态存储介质等载体应运而生。磁性存储介质是将薄层状的磁性材料沉积在基体上的一种信息存储介质，它通过相对于磁头运动的方式来存取信息，如数据存储带、软磁盘、可移动硬盘等。光学存储介质即以光学方式读写信息，通常是指我们日常生活中所见的光盘。光盘之所以能够得到普及，与其存储容量大、使用寿命长且价格低廉的特点密切相关。按功能可将光盘分为一次写入式光盘、可擦写光盘和只读式光盘等。可擦写光盘的存储是可逆的，又分为相变光盘（PD、CD-RW）和磁光盘（MO）。然而，随着人们对计算机的便携性、信息存储载体便携性要求的进一步提高，光盘较大的体积慢慢也成了其发展劣势，多数笔记本电脑甚至干脆取消了光驱部件。因此，微固态存储介质闪存卡（Flash Memory Card）应运而生，这是一种集成电路存储卡，由闪速可擦可编程只读存储器单元组成。它的优势很明显，最重要的是可靠性高，断电后仍可保证数据不丢失，且密度高、抗冲击能力强，还可对数据进行改写，其成本较低，体积更加小巧，因此得到了更广泛的应用。U盘、手机、相机中常见的移动存储卡都是这一类载体的优秀代表。

　　可以说，计算机实现了多元化的出版符号以一个统一的形式存储在多元化的载体当中，加深了出版载体的虚拟程度。人、计算机以及虚拟出版形成了更为完善的融合，人类改造客观世界和主观世界的能力都得到了空前提高，这对积累和传播人类文明和传承人类文化具有划时代的意义。同时，这种数字化的存储及呈现方式，更是为数字出版当下的繁荣发展做好了充足的准备。

(二)数字出版引领出版业发展方向

在计算机诞生以后，以互联网技术为代表的信息技术成功地将全世界的计算机连接在一起。这对于出版来说是一个极为深刻的变革。因为人们已经可以彻底摆脱纸质出版载体的限制和文字图像等出版符号的困扰，所有的出版内容均可以以数字化的形式进行传播和呈现。人们聆听数字音乐、进行电子阅读、打电子游戏、点击网络广告等，这些都是在享受数字出版的成果。"在数字化和网络化时代，出版的概念被颠覆了，已不再是传统意义上的编、印、发。数字出版不是传统出版的平移，更不是简单地把已出版的书报刊转换格式上传到互联网和手机上。"[1]各类新兴出版载体相继诞生，呈现出半虚拟乃至全虚拟化特质。

数字出版主导下的出版载体开始在硬件和软件两方面协同发展。在当前，无论是传统的书籍、报纸、期刊，还是新兴的数字音乐、数字动漫、网络游戏、网络文学、短视频等，所有的出版信息均可以进行数字化处理，并在各类录显设备上呈现。这种数字化出版形式的优点显而易见，它大大缩减了出版内容所需要占用的版面面积，仅仅需要一定的虚拟存储空间即可。因此，对于出版载体而言在体积上可以不断地缩小，更加轻盈易携。台式电脑缩小为手提电脑，再缩小成平板电脑、微型电

---

[1] 高书生：《探寻数字出版的载体》，《出版参考》2010 年第 1 期。

脑、智能手机。光盘缩小为 U 盘和闪存卡，各种各样的智能小巧的可穿戴设备也纷纷成为人们的新宠。同时，不断革新的软件产品作为优秀出版载体也开始大放异彩。博客、微博、微信、移动资讯客户端、网络视频和音频播放器等，融合多媒体技术等在内的各类软件应用，实现了文字、图像、视频、音频等众多出版符号的融合混排，促进了信息低成本、高时效、跨时空的生产和流动。虽然这些软件仍需要依托于具体的硬件设备才能够发挥作用，但已经显现出虚拟和半虚拟的载体特质。

目前，数字出版的实践如火如荼，不停地变化发展。不断涌现的新技术更是不断引领着数字出版的前进方向。

(三)新技术推动数字出版迭代升级

数字出版时代，未来多通道的技术形态日益完善，在大数据处理技术、云计算技术、VR/AR/MR 等技术的引领下，数字出版进一步发生革新，逐步向真正的和完全的虚拟载体靠拢。

大数据技术所带来的大数据出版率先开拓了数字出版的深度变革。"从'数字出版'到'大数据出版'的重大转变，则根植于'数字化'与'数据化'的根本性差异。数字化，指的是把模拟信号转化为 0 和 1 的二进制代码；而数据化，则是指'把现象转化为可制表分析的量化形式的过程'。与之相对应，'大数据出版'就是指将海量的出版物转化为可制表分析的量化形式，并通过建立数据库使信息产生相关关系的过程。"[1]

---

[1] 张振宇、周莉：《"大数据出版"的理念、方法及发展路径》，《出版发行研究》2015 年第 1 期。

"由此可见，数字出版的历史进步性在于对信息存储、复制和传播方式的变革，但数字出版所没有解决的，是对信息的挖掘和运算问题——而这正是大数据出版最关注的核心价值。"[①]

除了大数据，云技术的兴起也对出版业产生了深刻影响。这是一种将智能终端设备相互连接，实现高效率高安全性的数据运算处理技术。而所谓"云"，就是由众多跨平台、跨区域的智能终端设备相互连接所形成的虚拟空间。任何一个处于连接之中的智能终端都可以接入"云"，并享受云储存、云计算等服务。云技术的各项基本操作都是在云端进行，用户不会看到数据处理过程，因为这是网络资源的虚拟化处理。云技术所形成的统一的云服务平台，在实现虚拟化存储与共享的同时与各个终端相结合，推送智能化和个性化服务。这为数字出版带来迭代升级的机遇，它突破了传统的出版发行方式，使得线上的数字出版逐渐成为出版市场的主导。用户只需要将自己的智能设备连上云平台，就能够获取音乐、视频、图书、游戏等各种出版物。云计算技术所引领的云出版更是让数字出版超越线下实体出版，开始向线上进军。

新兴的大数据与云计算技术将线上的虚拟空间存储容量不断扩充，智能化程度不断提高。同时，新技术也在对线下实体出版载体持续进行改造。虚拟现实、增强现实技术就进一步实现了实物载体虚拟化的进程。"虚拟现实（Virtual Reality，VR）是以计算机技术为核心，结合相关科学技术，生成与一定范围真实环境在视、听、触感等方面高度近似

[①] 张振宇、周莉：《"大数据出版"的理念、方法及发展路径》，《出版发行研究》2015年第1期。

的数字化环境，用户借助必要的装备与数字化环境中的对象进行交互作用、相互影响，可以产生亲临对应真实环境的感受和体验。虚拟现实是人类在探索自然、认识自然过程中创造产生，逐步形成的一种用于认识自然、模拟自然，进而更好地适应和利用自然的科学方法和科学技术。"[1]VR 技术起初应用于航天、军事等领域，转向民用后，迅速掀起虚拟现实热潮。在出版领域，VR 眼镜、VR 图书、VR 游戏设备等新载体如雨后春笋。VR 技术突破性地将出版内容跳脱于二维平面之外，进行立体化和虚拟化显示，并能与用户产生交互。用户通过 VR 设备能够轻松置身于虚拟空间当中，带来全新的出版物使用体验。而增强现实技术（Augmented Reality，AR）则更受出版业的喜爱，它能够将虚拟事物与现实环境完美融合在一起，生成一个亦幻亦真、完全调动用户所有感官的虚拟现实混合环境。许多图书出版商开始开发 AR 图书，同时 AR 相机、AR 视频等 AR 出版物亦大行其道。如果说数字技术将传统的出版符号数字化，那么 VR/AR/MR 则将数字化的出版符号立体化和沉浸化，构造出虚拟与现实结合的环境。

三、大脑意识出版开创虚拟出版未来

尽管在数字出版繁荣发展的当下，部分出版载体已经呈现出十分明显的虚拟和半虚拟化特征，但这并不是虚拟出版载体的最终形态。真正的虚拟出版将会是完全脱离外在载体的，所有的出版内容和信息将通过大脑意识之间实现传播，无须任何具体的介质，直接实现大脑意识之间

---

[1] 赵沁平：《虚拟现实综述》，《中国科学（F 辑：信息科学）》2009 年第 1 期。

的沟通和传递。这才是虚拟出版的最终发展形式，真正实现出版载体的虚拟化。

(一)人工智能技术奠定大脑意识出版基础

人类技术的发展与进步永无止境，从农业革命、工业革命到信息革命，每一次技术的革新都会引来社会各方面深刻的变革。时至今日，人工智能技术所引领的智能革命已经初见端倪。人工智能是计算机科学、信息科学、数学科学、工程技术、控制论、神经生理学、心理学等多种学科互相交叉渗透而发展起来的一门综合性学科。其根本原理是通过计算机模拟人类的思维方法和处事模式，再现人类智能活动的能力。当前人工智能技术在语音图像识别、深度学习、传感交互、机器人制作等方面都取得了突破性进展，但仍处于发展的初级阶段。

事实上，人工智能技术建立在人类对自身大脑深刻理解的基础上，并创造产生出类人工智能产品。同时，人工智能技术或许也会帮助人类更好地理解自身身体机制，并学会运用智能与意识，对自身身体机能和大脑智能进行深度开发，实现人体各方面机能的延伸。当前，一些初级人工智能产品已经能够发挥类似人类的一些器官和肢体的作用，增强了人类机能的发挥发展，如人工智能代步车等。近几年，"美国、欧洲、中国都在积极推进脑科学的研究，包括奥巴马政府启动的'Brain Initiative'和欧洲的'Human Brain Project'，中国也在积极酝酿'中国脑计划'"[1]。或许，人工

---

[1] 胡郁：《结合脑科学实现人工智能突破的可能性》，《中国科学：生命科学》2016年第2期。

智能并非最强的智能,当人工智能和人类智能相结合,可能能够实现人脑之间的直接交流交互,应用到出版领域,就直接实现了"大脑意识出版"。总之,人工智能技术为大脑意识出版打下了基础。

(二)出版载体完全虚拟化的大脑意识出版

大数据时代,大数据技术的发展为大脑意识技术奠定了良好的基础,人们掌握了对复杂算法进行有效描述的技能、掌握了从大数据中提取信息的策略,便有机会和条件基于全面、完整、系统的数据,深入探索大脑的工作原理,将脑功能的开发运用到出版领域,从而到达一片新的领域——大脑意识出版。

大脑意识出版是基于脑科学理论,以揭示人脑高级意识功能奥秘为宗旨的,与认知科学、教育学、心理学、出版学等跨领域研究的学科交叉渗透,深度开发大脑功能并将脑功能应用于出版领域,实现各项出版事务、出版数据处理的技术科学。大脑意识出版推动出版超越时空限制,大大提高了出版效率,是虚拟出版发展的高级形态。

"未来的'大脑意识出版',可以达到出版发布者无论何时何地想要将出版发布的内容@给谁就@给谁,想@到什么范围就@到什么范围。想不@给谁,谁就永远也不可能'阅读'到其所出版发布的内容,哪怕是大家共同围坐在同一个会议桌前。出版内容和信息的传递直接通过大脑对大脑,不再需要任何其他介质和载体作为媒介,这将是真正意义和完全意义上的'虚拟出版'。"[①]大脑意识出版将真正意义上实现出版载体完

---

① 万安伦:《中外出版史》,北京,高等教育出版社,2017,第561页。

全虚拟化。届时，人脑仅仅需要植入一个可以连接并延伸人脑意识的传感器，就可以实现完全脱离具体的出版载体，仅凭大脑意识进行出版内容储存记录、阅读理解、交流分享的全过程。人们已经无须眼耳鼻等具体感官的刺激，可以直接通过人脑意识完成对于出版作品全面深刻的理解，出版内容的呈现方式将是"场景级"的，人们完全沉浸其中，产生身临其境的感觉。此时，每个人的大脑都将被紧密地联结在一起。人们可以直接通过大脑意识接入世界性网络当中，随时随地获取相应的出版资源，满足自身的学习需要和交流需求。

当然，目前关于大脑意识出版的研究仅仅还停留在一些基础的理论和猜测阶段，并没有强有力的实际应用案例，而且还面临非常多的技术挑战、安全挑战及伦理挑战。比如，植入传感器是否安全、是否能够实现人脑意识的连接沟通、意识连通后隐私如何保护等。因此，这一领域还有待技术的不断进步和后人持续地探索。笔者在这里也仅仅是做一些大胆的猜想或者说是某种预言。

从硬质出版载体到软质出版载体再到虚拟出版载体，从声光电磁到数字出版再到大脑意识出版，人们见证了技术对于出版载体发展的巨大推动力，也懂得了出版载体的进步对于人类文化发展和文明进步的巨大作用。总之，人类出版载体的虚拟化是大势所趋，人类终将实现出版载体的完全虚拟化。

第四章　出版符号论

出版符号系统直接反映了人类各个时期的出版内容，是记录、保存和传承人类文明的基础手段和重要条件之一。出版符号是承载出版信息的最重要和最主要出版元素，具有鲜明的文化特性和文明特征。

人类的出版符号大致可以划分为文字出版符号和非文字出版符号两大类。文字出版符号的诞生是整个人类出版史乃至人类文明史的大事件。文字出版符号又可细分为象形文字出版符号、拼音文字出版符号、表意文字出版符号、综合文字出版符号四种类型。中国的甲骨文、埃及的象形文字、两河流域的楔形文字、印度的古文字、美洲的玛雅文字……各个国家、地区、民族的文字出版符号都呈现出从具象符号演化为抽象符号的过程。这一出版符号的抽象化演进过程，彰显着人类出版和人类文明的发展趋势和内在规律。

除了古今中外的文字出版符号外，人类创制的非文字出版符号需要引起学界重视。非文字出版符号分为图画出版符号、影像出版符号、乐谱出版符号、科技出版符号（数理化等公式、方程、定律等）、声音出版符号、触觉出版符号（盲文）等。多样的非文字出版符号形式丰富了人类的出版内容。图、文、音、像均是人类不可或缺的信息内容。在现阶段的数字时代，数字出版的蓬勃发展是多种形式的出版符号融合发展的结果。人类出版符号的发展从始至终都与出版载体的流变密不可分。在虚拟出版阶段，随着出版载体的虚化，出版符号混成融合，为人们带来出版物的全新形态。

第一节　论中国文字出版符号

出版符号是与出版载体、出版技术并行的三大出版元素之一。文字的诞生标志着人类文明的开始。中国作为世界四大文明古国之一，为世界文明贡献出了诸多文化瑰宝，汉字正是其重要的文化遗产，是世界上最古老的文字出版符号之一。中国文字出版符号经历了数千年岁月的洗礼，从最初的结绳记事、陶体刻符、仓颉造字，到后来的甲骨文，再到后期发展出了篆书、隶书、楷书、行书和草书五大书体，中国的文字出版符号这才形成成熟丰富的符号系统。

中国的文字出版符号在其演变过程中出现了"方块化"的发展趋势，"方块化"的符号特征折射出千年文明古国的民族性格，"横平竖直是风骨，撇捺飞扬皆精神"。

一、中国文字出版符号的萌芽

（一）结绳记事

文字符号是记录、保存、传承人类文明的重要手段。在甲骨文产生前，结绳记事是古代中国人的一种原始出版传播方式。除了古代中国，古代埃及、日本、印加文化等也都曾用结绳来计数、记事。即使到了近代，这种出版传播方式也依然被一些没有文字的民族所运用。人们可以使用不同颜色、大小、材料质地的绳子，通过不同的编结方式来传达出不同的意思。诸多古代文献对结绳记事有记载，如《易经·系辞》曰："上古结绳而治，后世圣人易之以书契。"《庄子·箧篇》："昔者容成氏、大庭氏、伯皇氏、中央氏、栗陆氏、骊畜氏、轩辕氏、赫胥氏、尊卢氏、祝融氏、伏牺氏、神农氏，当是时也，民结绳而用之。"《文心雕龙·练字》："文象列而结绳移，鸟迹明而书契作。"

古人结绳主要用于计数、记事、记世系、为约。作为出版符号来讲，结绳是对实物进行数量、外部形态等的模拟，由此发挥其表征作用，而结绳记事往往起到的是数字表意功能，是一种原始的计数符号。绳子作为原始的出版符号具有极强的实物特征，并非抽象的符号，其对实物的模仿与象形文字有着共通之处，因而可视为我国文字出版符号的萌芽。结绳的特殊意义在于，它是出版符号、出版载体、出版技术的"三合一"。

结绳这一行为是编绳者对实物符号进行编码的过程，而绳子作为一种出版传播媒介的同时也作为符号本身被识绳者解读。这种符号的编码与解码需要依靠一定的规则才能准确传播编绳者的意图。因而不同地域、种族的人群会对"绳"这一出版符号有不同的编码和解码规则，使得编绳者和识绳者能够达成共识，从而进行有效的信息传播，这也说明了结绳这种符号有着一定的符号意义。

除了早期的实物模拟，结绳在历史长河中延伸衍生出更多的抽象含义。论及抽象意义，结绳这一符号有着中华民族丰富而独特的文化底蕴。在源远流长的中国历史中，结绳一直具有着举足轻重的地位，这源于它的实用性和艺术性。人们不仅可以通过编结绳子计数、模仿实物，还可通过结绳的纹样发挥它的审美功能。结，从系从吉，是人们用丝线等条状物绾成的疙瘩。"结"不仅是编绳者进行符号编码的一种行为，还代表了和谐、团圆等美好的寓意，衍生出了"结合""结缘""永结同心"等词语，寄予了人们对美好事情的愿望。"绳"与"神"谐音，形状如龙，不仅充当着符号与传播媒介，还是原始社会时期人们所崇拜的图腾。在后来的文化发展过程中，出现了寓意源远流长的中国结，是中国人生活中常见的一种装饰物。中国结有吉祥结、盘长结、双钱结、同心结等种类，这些结都拥有独特的美感。从原始社会流传下来的结绳具有对称与均衡的形式美，渗透着中华民族的文化精髓。审美功能是结绳作为中国出版符号和出版传播形式的外延性功能。

总体而言，结绳记事这一出版符号从最初的计数、记事等实物模仿，逐渐发展成具有抽象意义的符号，体现了人类出版符号由具象到抽象的演变规律。此外，结绳记事还体现了早期出版符号的有形、实体、简易等特征，所承载的信息量少且难以保存，但却初步具有了一定的规则性。结绳是早期人类对自己文化的一种原始建构方式。结绳只能代表某一具体数字或事情，虽然能够帮助人们记忆，却较难表达更多、更准确、更抽象的概念，因而它并不是成熟的语言文字符号。它可以计数、记事却难复杂达意，不能满足人类日益繁复的社会生活及交流传播需要。随着人们需要记载的信息量增多，结绳记事已经不能满足需求，出版符号也随着出版载体的变化开始进一步演变。由此，包括中华民族在内的世界诸多民族都开启了漫长的文字出版符号的创制过程。

(二)仓颉造字

中国文字的起源，一直是学者们力图探究的谜底。而关于文字起源的说法有很多，其中最常见的就是仓颉造字说。相传，黄帝的史官仓颉根据日月星辰、山川河流、鸟兽蹄记、花草树木等自然现象，描摹绘制了不同的符号，对其赋予特定的含义，并称之为"书"或"字"。

记载仓颉造字的古代文献有许多，如《吕氏春秋·君守》："奚仲作车，仓颉作书，后稷作稼，皋陶作刑，昆吾作陶，夏鲧作城，此六人者，所作当矣。"《韩非子·五蠹篇》："古者仓颉之作书也，自环者谓之私，背私者谓之公，公私之相背也，乃仓颉固已知之矣。"

东汉许慎的《说文解字·序》中写道："古者庖牺氏之王天下也，仰则观象于天，俯则观法于地，观鸟兽之文与地之宜，近取诸身，远取诸物；于是始作易八卦，以垂宪象。及神农氏，结绳为治，而统其事。庶业其繁，饰伪萌生。黄帝史官仓颉，见鸟兽蹄迒之迹，知分理可相别异也，初造书契……仓颉之初作书也，盖依类象形，故谓之文。其后形声相益，即谓之字。文者，物象之本；字者，言孳乳而寖多也。著于竹帛谓之书。书者,如也。以迄五帝三王之世,改易殊体,封于泰山者七十有二代,靡有同焉。"这段文字提到了八卦、结绳、书契三种记事方法,并体现了仓颉参照事物画出形体,再造出合适的会意字、形声字,以扩充文字的数量,这一文字出版符号的编创过程。他用这种不断丰富的符号来记事,并且向记录言辞发展、向语言靠拢,由指事、象形、会意到形声,逐渐形成比较完善的最基本的字符。①

仓颉造字在文字出版符号的编创方法上,是依照万物的形状进行造字,反映出实物象形模仿是远古社会人类文字出版符号的缔造规律。在此过程中,人们从最初对实物的外形模仿发展到了对声音进行模仿,使这些符号越来越接近语言。文字符号的诞生意味着人类将要从口头传播过渡到书面传播新阶段。人类只有将口语表达的信息转换成书面文字表达的形式,才能将自己的文化和文明跨时空地传承至后世。仓颉造字的传说展现了中国先民为告别结绳记事而创造文字出版符号的具体努力,中华民族开始由野蛮蒙昧逐渐向文明开化迈进。

仓颉造字是一种个体创造文字的说法,学界还有一种观点,认为中国文字的产生并非个体的功劳,而是中国古代劳动人民在长期生活实践中集体智慧的结晶。

仓颉作为黄帝的史官,拥有较高的社会地位,并直接为统治者服务。从出版史的角度来看,许多重大的出版活动成就都是源于贵族统治阶级的需要,统治阶级比民间有更多的复杂记事需求,因而少数个体精

---

① 庄建东:《汉字起源新说——"仓颉":结绳记事向符号记事过渡时期的记事方法》,《新乡学院学报(社会科学版)》2008年第4期。

英的文字创造说法也有一定道理，并有一些成功的实践，如西夏文、朝鲜谚文、越南喃字等。出版符号的产生究竟是由集体创作还是个体创造，有时并不是非此即彼的。仓颉造字虽然不能完全被看作事实，但也不能完全被视为神话。仓颉造字的传说还在一定程度上体现了祖先造字的智慧和中国人几千年来对汉字特有的崇拜情结，其相关的古典文献也向我们展现了古人对文字符号概念的认识，这对于后世研究文字的起源有重要意义。

我们认为，汉字出版符号的产生，是"少数智者发明说"与"人民群众集体创造说"共同作用的结果。现在汉字数量已达 10 万之巨，直到今天仍在不断发展增多。当下，很多网络新字新词，都是广大网民集体智慧的结晶。因此，不能将少数智者对汉字出版符号的台阶式贡献与广大人民群众渐进式推动完全对立起来。

(三) 陶体刻符

文字的起源一直以来都是人们争论不休的话题，伏羲造字和仓颉造字等说法都反映了人们对祖先造字的期许，但是这些传说都只出现于古典文献中，并没有实物佐证。而 19 世纪末期甲骨文的发现和破译，引起了学术界的震动，于是人们普遍认为中国汉字起源于殷商甲骨文。目前发现的 4500 多个甲骨文文字符号中，已经识读的不足 2000 个，从已经识读的这些甲骨文文字符号可以看出，这种文字符号具有了较为复杂的结构，从数量和文字成熟度上来讲，甲骨文已是较为成熟的文字符号，不能被视为萌芽阶段的原始文字符号。在中国文字出版符号的初创阶段，符号应是少量的、零散的和不成体系的。因此，不能说甲骨文就是中国文字的起源，而应是相当成熟的文字符号系统。

那么，中国文字符号的起源在哪里呢？目前的考古发现为我们探究中国文字起源提供了新的路径。贾湖遗址出土的新石器时代的陶体刻符应是中国文字的起源或曰雏形。在文字正式诞生前，契刻是结绳之外的一种符号记录、流传方式。根据文献记载，我们可以将陶体刻符的发展阶段分为裴李岗、仰韶、大汶口、大河村文明四个时期，这四个时期的陶体刻符各有不同特征。从考古结果看，裴李岗文化虽然与新石器时期存在着重大缺环，但是其具有承前启后的作用。裴李岗时期的陶器形制较为规整，出现了类似"之"字和"人"字的字纹，而这与后来的文字有无关联还待考证。仰韶时期的彩陶刻符则有着鱼、鸟、鹿等动物纹饰，甚至还有人面纹饰。其中人面鱼纹陶盆上的形象可推测是鱼神的象征，被一些学者认为是一种图腾崇拜。稍晚于仰韶文化的山东泰安大汶口文化遗址出土的一批彩陶器皿，上面有显眼的八角星形纹饰，被一些学者认为是太阳的象征。大河村遗址出土的彩陶钵上还绘有"晕珥"的图像和星座纹饰，体现了当时人类对自然的崇拜和探索。这些陶体刻符都模仿着远古时期人们社会劳动生活中随处可接触到的自然现象，具有文字符号发展早期的象形规律，且透露出了古人对自然的原始崇拜。

陶体上的刻符是类似文字的纹饰，是具有抽象意义的符号。20世纪50年代在陕西西安半坡村遗址发掘的文物中，有大量陶器的外口沿上刻有简单的符号，这是人们在制作陶器时刻下的记事符号。郭沫若在《古代文字之辩证的发展》一文中认为：半坡彩陶上每每有一些类似文字的简单刻划，和器上的花纹判然不同。黑陶上也有这种刻划，但为数不多。刻划的意义至今虽尚未阐明，但无疑是具有文字性质的符号，如花押或者族徽之类。我国后来的器物上，无论是陶器、铜器或者其他成品，有"物勒工名"的传统。特别是殷代的青铜器上有一些表示族徽的刻画文字，和这些符号极相类似。由后以例前，也就如由黄河下游以溯源于星宿海，彩陶上的那些刻划记号，可以肯定地说就是中国文字的起源，或者中国原始文字的孑遗。

此外，在山东的陵阳河遗址、诸城前寨遗址以及大朱家村、杭头、尉迟寺和尧王城等遗址都发现了一种陶尊刻纹。该符号形似"炅"字，被古文字学家唐兰认为是较为先进的文字。这种文字符号体现了太阳在当时人们的生活中有重要意义。另外，大汶口盛行鸟造型的陶器和装饰，可见除了太阳崇拜以外，先民还对鸟怀有崇拜情结。"从最早的裴李岗文化，到后来的仰韶文化庙底沟类型、甘青地区马家窑文化，我们都看到了鸟的各种形象以不同的变体在彩陶上出现，这样的一种流变的过程显示出人和鸟的密切联系。"①

这些陶体刻符是对自然实物的抽象变形，组合在一起形成了整体意义上的"类文字符号"，蕴含了人们对太阳、鸟兽等自然现象的崇拜，简单而富有抽象意义，可视为中国文字出版符号的雏形。

二、中国文字出版符号的成熟

(一) 甲骨文

经历了结绳记事、陶体刻符时代，古代中国人终于发明了一种成熟

---

① 万安伦：《中外出版史》，北京，高等教育出版社，2017，第 92 页。

的文字出版符号系统——甲骨文。甲骨文是指刻在龟甲和兽骨上的文字符号,又称"契文""刻辞""卜辞""殷墟文字"。"中国的甲骨文与两河流域楔形文字、埃及象形文字、印度古文字、美洲玛雅文字,并称为世界'五大古文字'。"[1]目前考古发现的甲骨文最早出土于河南安阳市殷墟,距今有3300～3500年历史,是目前发现的我国最早的成熟文字符号,在人类出版史和文明史中占据重要地位。

甲骨文的诞生是我国文字出版符号成熟的标志。首先,从出版载体的流变历史来看,作为出版载体的甲骨,其材料包括龟甲、兽骨、人头骨等,人类将甲骨这一非常坚硬的材料作为出版载体,需要花费极大的心力。将出版符号与甲骨类出版载体相结合,出版难度是很大的,同一个字在不同龟板上刻写的字形笔画差别不大,除说明当时"治龟甲"的出版技术一流,也表明甲骨文文字符号的成熟定型。

其次,甲骨文在形式与内容上都较之前的出版符号更加丰富化、系统化。在形式上,甲骨文多为指事字、会意字、象形字,且笔画粗细不一,具有质朴鲜活的特点,用笔、结字、章法等方面都具有书法的特点。在内容上,甲骨文涉及殷商王朝社会生活的方方面面,包括天文、地理、农业、宗教、祭祀、战争等。甲骨文最主要的内容是当时的占卜记录,而甲骨也是远古社会的人们与神灵沟通的媒介,人们会将甲骨用灼器加热,根据其裂纹来判断吉凶。甲骨文反映了商代社会的祭祀文化,作为中国早期的出版符号,带有很强的神话宗教属性,作为文字符号而言传达了丰富的历史信息,是重要的历史文献,对后世研究商朝历

---

[1] 万安伦:《中外出版史》,北京,高等教育出版社,2017,第99页。

史等具有重要的实证意义。

此外，甲骨文有自己的空间布局。骨刻文中大多数是一块骨头上刻10～15个字，也有的骨头上刻有几十个字。有时以一字布一局，将单个字刻在空位上，占较大位置，不与周围字相关联，而有时将字群组合在一起布局。到了甲骨文发展晚期，又有了大量的成行布局，即纵向或者横向将字排列在一起。这说明了殷商早期人们已经开始对书写有了空间布局意识，对版面审美上的追求，是出版符号传播上的极大进步。

作为出版符号，甲骨文具有特别的书法技巧。由于甲骨具有坚硬、面积小、有龟裂等特征，甲骨文的符号展现技巧主要是契刻而非书写。商代统治者频繁进行占卜，需要刻在甲骨上的卜辞数量很大。在坚硬的甲骨上刻字，非常费时费力。刻字的人为了提高效率，不得不改变毛笔字的笔法，主要是改圆形为方形，改填实为勾廓，改粗笔为细笔。① 殷商甲骨文具有挺劲、爽利的特点，展现出契刻的独特魅力。

与陶画符号相比，甲骨文在许多方面都更为成熟。比如，从构成文字的要素来看，甲骨文的每个字都有较为固定的字形、统一的读音和确切的意义，是形、音、义三者完整的结合体；从构成文字的方法来看，甲骨文已有"象形、指事、会意、形声、假借"等各种构字法，具备了后世总结的"六书"中除"转注"以外的所有方法；从文字的数量上来看，甲骨文的单字约有4500个，已形成了一个庞大的文字体系；从文字的组词造句功能上来看，甲骨文也已具备了较为严密的规律和规则。② 由此

---

① 裘锡圭：《文字学概要》，北京，商务印书馆，1988，第42页。
② 王恩全：《中国汉字的形成及演变规律之考辨》，《沈阳农业大学学报（社会科学版）》2006年第3期。

可见，甲骨文的诞生是中国文字出版符号系统成熟的标志。

(二)青铜铭文

中国文字出版符号成熟期的另一主要出版形态是青铜铭文。青铜铭文是指铸刻在青铜器上的文字。由于青铜器是金属制作，而青铜铭文往往刻在钟、鼎、彝器上，所以这种文字也被称为"金文""钟鼎文"。青铜铭文字形圆长、笔画线条较粗、大小均匀，或铸或刻于青铜器上，尽显雍容、雄浑之风。

青铜器的出现标志着人类从新石器时代进入青铜文明时代。青铜器的功能较多，可用作礼器、乐器、食器、兵器、农器等。青铜器常有识别身份、象征地位之作用，甚至作为国之重器存在。青铜器具有明显的等级属性，而作为硬质出版时期的一种重要出版载体，往往用于记录贵族们想要保存纪念的重要事件。青铜器作为一种高硬度的出版载体，解决了龟甲兽骨难以长久保存信息的问题。战国时期齐国稷下学宫学者编的手工业技术文献《考工记》曰："金有六齐：六分其金而锡居一，谓之钟鼎之齐；五分其金而锡居一，谓之斧斤之齐；四分其金而锡居一，谓之戈戟之齐；三分其金而锡居一，谓之大刃之齐；五分其金而锡居二，谓之削杀矢之齐；金锡半，谓之鉴之齐。"这种铜锡合金的青铜器强度和硬度都很高，是利于长久保存出版信息的硬质出版载体。具有代表性的青铜铭文有《毛公鼎》《散氏盘》等。《毛公鼎》是目前出土的七千多件铭文青铜器中字数最多的，有32行，近500字(有497字、499字、500字三说)，是研究西周晚期政治历史的重要资料。

早期的青铜器刻符只是纹饰，主要为兽面纹，到了商代晚期开始有几十字的铭文出现，随后到了西周时期开始有了数百字的铭文。青铜铭文记载了当时社会生活的各个方面，其中包含着一些重大事件。青铜铭文在内容上与甲骨文相似，包含大量关于祭祀与封赏的记载，但是青铜铭文比甲骨文承载着更多的信息量，且更易于传承。无论从出版载体还是出版内容来看，青铜铭文往往有极强的仪式感及垂传后世的初衷。

从出版史的角度来看，出版符号的演变与出版载体的流变有着密不可分的关系。人们对出版载体的选择和加工为承载信息量更多、含义更深刻的出版符号提供了可能，而随之出版符号也在其发展过程中呈现出抽象化、系统化、规范化的特征。从出版符号的历史发展规律来看，人们对记事载史的需求是文字产生的根本动因，而记事内容的复杂度提升决定了人们需要不断探索版面更大的出版载体，随之也生发出了更加抽象而寓意丰富的出版符号，与此同时，中国的文字出版符号的形体逐渐朝着"横平竖直"的方块化方向发展。

三、中国文字出版符号的方块化过程

（一）大篆及石鼓文：为汉字方块化奠定基础

在经历了结绳、契刻的时代后，中国文字出版符号逐步形成体系，并在后来的历史长河中逐渐方块化，发展出了五大书体，形成了独具特色的中国汉字。从古老的甲骨文，逐渐发展成为篆书，而篆书又分为大篆和小篆。大篆，又称"籀文""籀篆""籀书"，是西周后期的通用字体，因录周宣王时太史籀所书的《史籀篇》而得名。大篆基本上保留了西周后期的文字风格，但是笔画更加工整匀称，且比金文更加线条化，改变了之前粗细不均的现象，字形结构趋向整齐，为汉字方块化奠下基石。

《石鼓文》是我国最著名的刻石文字，被称为"刻石之祖"，其文刻在十面鼓形的石头上，故得此名。其记载了秦国国君的游猎场景，因而也被称为"猎碣"。这十面石鼓是唐代在凤翔府陈仓境内的陈仓山（今陕西省宝鸡市石鼓山）上发现的。关于《石鼓文》的诞生时间，众说纷纭，至今没有定论。裘锡圭教授说："我们初步认为石鼓文是春秋晚期或战国早期，也可以说是前五世纪的秦人所刻的、秦襄公时代的一组诗。"①从时间和特点来看，石鼓文是金文发展为小篆过程中的过渡性文字。石鼓被发现后，有诸多学者对其展开了研究。胡建升教授认为，石鼓是上古时期华夏礼乐制度中神鼓崇拜的符号标志，其作为神圣物质发出的声音符号具有元语言的功能意义，其承载的文字符号或图像符号是石鼓神圣性的一种变形书写，也是神鼓信仰和仪式活动的言说活动。②

从汉字史的角度看，汉字构形的基本趋势是由象形模拟而成抽象线条。③

大篆及石鼓文中，虽然有很多因形立意的象形文字，但已基本脱离图画文字的原形，逐渐开始抽象化，字形结构日趋严整，为汉字方块化

---

① 裘锡圭：《关于石鼓文的时代问题》，《传统文化与现代化》1995年第1期。
② 胡建升：《石鼓文的物质文化与神话图像研究》，《民族艺术》2013年第2期。
③ 倪晋波：《秦系文字的时间序列与石鼓文的勒制年代》，《扬州大学学报（人文社会科学版）》2010年第2期。

发展奠定基础并确立方向。

(二)小篆及秦刻石：加速汉字方块化进程

篆书在秦始皇统一六国后，发生了一些改变，出现了小篆。小篆，又称"秦篆"，是秦始皇命其丞相李斯依古籀文，整理出的一套比大篆更为简洁、整齐的文字。由于文字的多国异形不利于国家统一，于是秦始皇废除六国文字，实施"书同文"政策，秦篆便成了当时的通用文字，秦篆真迹中，最为出名的是李斯篆刻的《泰山刻石》和《峄山刻石》。《峄山刻石》由李斯所写，立于公元前219年，其文共11行，每行21字。《史记·秦始皇本纪》中有记载："二十八年，始皇东巡郡县，上邹峄山，立石，与鲁诸儒生议，刻石颂秦德。"秦始皇在山东齐鲁一带巡游时想要留铭后世，李斯便将其旨意凝练成文，并篆刻于石碑之上，立于峄山。《峄山刻石》向后人展现了李斯技艺精湛的小篆书法。《峄山刻石》的原石虽然被毁，但有碑拓摹刻流传后世。该石的摹刻中以宋人所刻的五代南唐徐铉的摹本为最佳，现藏西安碑林博物馆。

《泰山刻石》也是当时著名的刻石出版物，与《峄山刻石》几乎同时刻立。该刻石原有刻辞也是李斯所写。仅留存"斯臣去疾昧死臣请矣臣"10个残字，故有"泰山十字"之说。"泰山十字"同样为我们展示了秦小篆的魅力。篆书在结构上追求对称，笔画疏密均匀，整洁的同时保持着相当的书法美感，并不显得死板。

从小篆整体特点来看，笔画有转无折，没有撇捺，转弯笔画均为圆转，起笔、收笔皆成圆形。相较于大篆，小篆更加简洁抽象、整齐规范，方块化的整体感觉更加鲜明。秦小篆大大加速了汉字方块化进程，但由于书写起来并不便捷,后逐渐被隶书取代。

值得注意的是,篆书因其笔画古雅圆润,在现代仍是刻制印章的常用字体,尤其是需要防伪的官方印章,喜用篆书。在现代防伪技术诞生前,篆书这种出版符号对版权保护具有独特作用。

(三)隶书和楷书:汉字完成楷变的历史过程

隶书,又称"隶字""古书",是秦狱吏程邈所创。唐代张怀瓘《书断》称:"传邈善大篆,初为县之狱吏,得罪始皇,系云阳狱中,覃思十年,损益大小篆方圆笔法,成隶书三千字,始皇称善,释其罪而用为御史,以其便于官狱隶人佐书,故名曰'隶'。"隶书通常被认为是由秦篆发展而来,字体的结构上进一步化繁为简,笔画上由弧变直,便于书写,省时省力,后逐渐替代小篆成了通行文字,并在汉代得到广泛应用,在东汉时期达到顶峰。

隶书的特点在于其字体的横画长、竖画短,字形宽扁,笔法有波势,用挑法,被称为"蚕头凤尾"。隶书的笔画已基本达到横平竖直样态,搭配扁阔的字形,显得庄重典雅。笔画是最小的书写单位,是构成汉字的物质基础,它决定着汉字字形的基本走向。[1] 隶书由篆书发展而来,改弧笔为直笔,体现了我国文字出版符号大踏步方块化的发展规律。早期的隶书平拙朴实,到了东汉后,隶书进入成熟期,造型风格渐趋华美,字体舒展,平稳中有着流动的艺术感。隶书是对文字的进一步笔画化、简洁化,具有更深刻和更丰富的含义,标志着我国文字出版符

---

[1] 何林英:《试论隶书的笔画形态和演变路径》,《汉字文化》2017年第1期。

号抽象化和方块化的确立。越是通过简单的编码来表达复杂的意义,越是文字符号化的题中应有之义。有观点认为,篆书保留了象形文字的遗意,而隶书打破篆书结构,失去象形字的特质,形成了古今文字的分水岭,因此,隶书的诞生,代表着我国文字出版符号由古文字正式转为今文字,同时也是一次重大的书法改革,汉字形体的方块化结构基本定型。

在书法史上素来都有"汉隶唐楷"之说。楷书,也称"正楷""真书""正书",最早产生于汉代,是由隶书演变过来。《辞海》解释楷书为"形体方正,笔画平直,可作楷模"。从发展历程来看,楷书从秦汉时期开始萌芽,到了魏晋南北朝时期迅速发展,于隋唐五代时期兴盛。楷书是魏、晋、南北朝至唐代这上千年来最为流行的一种书体,也是我国现代的最常用字体。楷书的主要特征是笔画平正、结构整齐,在笔法上是起止三折笔,运笔在中锋,在用笔和笔法上与篆书、隶书一致。与隶书相比,楷书更为横平竖直,更加简化。这种简洁、端正的字体便于书写,从而成了中国人最常用的书写字体之一。

"楷"字有着规矩、规整、规范之意。楷书的字形与楷法隶书相比,不但具有刚柔兼备的特点,而且波势明显减少,笔画也趋于平易,结构由隶书的扁平变为方正,用笔灵活多变,体现了一种端严秀劲之美。[①]

隶书发展到东汉末期和三国时期,逐渐向楷书过渡,形成了一种比早期隶书更为规整的字体,被称为"今隶"或"楷隶"。在此基础上,其后

---

① 王恩全:《中国汉字的形成及演变规律之考辨》,《沈阳农业大学学报(社会科学版)》2006年第3期。

的汉字在结构上更加方正严整，笔画上更加平直遒劲，最后演变为一种新的字体——正楷。① 至此，汉文字符号完成楷变的历史过程。唐代以后，楷书既是用以书写官府文书和科举文章的正规字体，也是孩童读书习字的标准字体。印刷术发明后，雕印或活印书籍也大都采用楷书字体。可见，楷书在我国的印刷史中长时间担任着主流甚至是官方文字出版符号的角色。

(四)行书和草书：楷变中的潇洒和灵动

行书是从楷书演变而来(一说由隶书演变而来)，被视为是楷书的快写体。"行书"这一称法最早见于西晋卫恒的《四体书势》中："魏初，有钟、胡两家为行书法，俱学之于刘德升。"行书的特征是非楷非草，介于楷草之间，既不像楷书那样端正，又不像草书那般飞舞。行书的特别之处在于它不像篆、隶、楷、草各有一定的规则，"无法"使其具有极强的灵动性，堪称是实用性和艺术性结合得最好的字体，也是目前最常用、最受书法家和普通群众青睐的字体，具有极高的审美价值。行书起初出现是源于人们对快速书写与容易辨识的双重追求，在汉字有了基本成熟且稳定的结构后，人们开始对书写速度有了追求，对书写的实用性需求是它诞生的关键动因。随着生产力发展和社会变革，再加上书写工具的改善，人们追求书写速度的同时，对书法的审美也发生了变化，开始追求自由、流动的字体和排版，打破以往规矩字体的沉闷，行书和草书便

---

① 王恩全：《中国汉字的形成及演变规律之考辨》，《沈阳农业大学学报(社会科学版)》2006年第3期。

开始萌芽。

《说文解字》中说:"汉兴有草书"。由此可见草书最早始于汉代。广义的草书,即"隶书的快写"①。而狭义上的草书就是指章草和今草。章草是由隶书演变而来,今草则由章草演变而成。今草又可分为小草、大草、行草。草书的出现在中国书法史上有极大意义,标志着一种个性化的书法审美诞生,一定程度上推动了书法审美的自觉,开启了后世书法个性化发展的时代。

我国的文字出版符号,是在自身发展的诸多矛盾中不断进化演变的。人类对于出版符号追求清楚简洁、方便易识,这样的字往往合于规范但不好书写,而书写便利的字却不一定易于辨认。因而我国汉字不断在精准表意与简化这对矛盾中演进,使得人们不断调整汉字的结构与字形,以求繁简适中,合乎写印与识字的双重需求,这才有了各具风韵的书体。

四、中国文字出版符号的"六书"

汉字除了在字形上呈现出方块化的特征,在结构上和使用方法上也拥有自己的规则条例。东汉的许慎在《说文解字·叙》中说:"周礼八岁入小学,保氏教国子,先以六书:一曰指事,指事者,视而可识,察而见意,上下是也;二曰象形,象形者,画成其物,随体诘诎,日月是也;三曰形声,形声者,以事为名,取譬相成,江河是也;四曰会意,会意者,比类合谊,以见指㧑,武信是也;五曰转注,转注者,建类一

---

① 王好君:《草书的起源、嬗变与书法艺术自觉》,《美与时代(中)》2012年第6期。

首，同意相受，考老是也；六曰假借，假借者，本无其字，依声托事，令长是也。"许慎对古文字构成规则进行了归纳，即"象形、指事、会意、形声、转注、假借"，前四者是造字方法，后两者是用字方法。汉字"六书"的原则最早在殷商甲骨文的结构方式上就有所体现，到了秦篆时期已经基本形成体例。

(一)象形和指事

象形，即文字模仿事物的样子。有学者认为，象形字来自图画文字，是古今中外最原始的造字方法。在生产力匮乏和人类智力文明不发达的原始社会，人们只能通过描摹事物的外形来表达它的含义。古埃及的象形文字、两河流域的楔形文字、古印度的印章文字等都是象形文字。汉字从表形开始发展为表意，而后又发展为表音。在象形基础上，又发明了会意、指事、形声的造字法。

指事，是一种以象征性的符号来表示意义的造字法。如"上""下"二字是用"一"为界限，在横线上画符号为"上"字，在横线下画符号为"下"字。指事字又分为独体指事、合体指事、变体指事等。指事字的造字方法，集中体现了出版文字符号的抽象化发展趋势。

(二)会意和形声

象形和指事都是独体造字法，而会意和形声是合体造字法。会意，是指用两个或两个以上的独体字，根据意义之间的关系合成一个新字，通过组合方式来综合表达新创字的合成含义。会意字又分为异体会意字和同体会意字。异体会意字是指用不同的字组成，如日月为"明"。同体会意字是用相同的字组成,如三人成"众"。

会意的出现弥补了象形和指事难以表达抽象含义的缺陷,且具有更强的造字功能。《说文解字》中收录了上千个会意字,在数量上远比象形字和指事字多。会意字是对象形字和指事字的巨大突破,也带动了人们面对文字符号产生由表及里的联想,使文字出版符号更进一步地抽象化。

在进行了抽象化的造字后,人们还探索通过文字来表音,便有了形声字或叫形音字。形音,是指字由形旁和声旁两部分合成,形旁表意,声旁表音。如由形旁"氵(水)"和声旁"青"合成"清"。形声字的诞生,意味着人们将视觉传播与听觉传播相结合,弥补了前几种造字无法表音的局限,发明出了富有意蕴的更深层抽象含义的文字出版符号。

(三)转注和假借

中国人在具备了较为成熟的造字系统后开始丰富文字的使用方法,便出现了转注和假借。

转注,就是"互训",是指意义相同或相近的字互做解释。如许慎所说,"老"字和"考"字都能表示"长者"。一对转注字具有相同的部首或部件。

假借,是指假借已有的音同或音近的字来代表所想表达的字或意,即"依声托事"。本来没有这个字,人们为了达意,在不另造新字的情况下借用同音或近音的旧字来担当新义。假借字还有一类本有其字的假借,如借"汤"为"荡"。

转注和假借都并非造字方法,仅是用字方法。"六书"形成汉字出版符号的编码和解码规则，建构出独特的音形义空间，我们说中华文化五千年从未断绝，究其实乃是"六书"形成的汉文字符号系统的一脉相承、从未断绝。

出版作为一项社会文化活动，对加强文化传播、促进文化发展有巨大的推动作用。硬质出版时代以铸造和刻写为主要出版技术，软质出版时代以抄写和印刷为主要出版技术，虚拟出版时代以录入和显示为主要出版技术。而这些出版技术的主要服务对象也是"六书"形成的汉字符号系统。

纵观汉字的发展史，从甲骨文、金文、篆书、隶书、楷书、行书、草书到现在的印刷体，汉字经历了漫长的发展变化，体现出了无穷的生命力。中国的文字出版符号呈现出从表形到表意，再发展至表音的演变规律。汉字经历了由繁化简、由弧变直、由具象到抽象的演化过程后，终于建构出了一套十分成熟完整的文字符号系统，对日本、韩国、越南等其他亚洲国家的文字符号均产生了一定影响。其方正平直的形态，承载着中华文化的精髓和意蕴，折射着中华民族的风骨和性情。

第二节　论外国文字出版符号

没有文字符号的发明，人类思想文化的积累就不可能大面积精准留存和跨时空传播传承。世界上存在着多种古老的文字，两河流域的楔形文字、古埃及的象形文字、印度的古文字、中国的甲骨文、古代美洲的玛雅文字等，这些文字创造了灿烂的古代文化和世界文明。

文字符号演变，展现了历史的发展脉络，推进了历史的发展进程。从爱奥尼亚式希腊字母到古罗马的拉丁字母，再到日耳曼和斯拉夫诸民族语言的拉丁化等，文字符号用自身的发展演变见证和推动着人类文明的发展。

一、两河流域楔形文字的发生发展

地球上较早出现文明之光的幼发拉底河和底格里斯河流域共同孕育了世界文明史上的一个重要组成部分：两河流域文明。在两河流域文明中，楔形文字的成就让人称赞。楔形文字是一种象形文字符号，音、形、义俱全，并且通过特殊的隔音符号来表达不同的意思，这项发明为以后腓尼基字母及希腊文字等提供了借鉴，这一古老文字对世界若干早期文字的发生发展产生过积极的影响。

(一)楔形文字的起源和释读

楔形文字，是迄今为止所发现的最古老的系统成熟的人类文字出版符号。1700年，英国学者托马斯·海德(Thomas Hyde)首先将这种文字命名为"楔形文字"(Cuneiform)，它源于两个拉丁语单词cuneus(楔子)和forma(形状)，又被称为"钉头文字"。

关于楔形文字的起源，有多种说法，至今没有定论。其中，主要的有："图画说"，即认为楔形文字起源于图画；"21字组合说"，即楔形文字是由21个字横和竖拼凑起来的；"印章起源说"，即楔形文字的起源和印章有关。此外，还有"陶器刻画符号说""数字说""陶筹说"等。

近代欧洲学者最早见到的楔形文字，是17世纪时意大利商人和旅行家佩德罗·戴拉·瓦莱从波斯古都帕赛波里斯大流士宫墙上临摹下来的。最早对楔形文字进行释读的是17世纪末的英国旅行家赫伯特，但第一个取得突破性成就的是德国的格罗特芬德，其主要成就是根据古波斯的两个文献，释读出了阿黑明尼德王朝国王大流士、其子兹西斯等的名字，并正确分辨出古波斯楔形文字的9个字母。随后，德国东方学家拉森和巴黎波斯学家鲍尔诺夫又确定了若干其他古波斯字母。

最终打通楔形文字之谜的是罗林森，他在对格罗特芬德等的成就一无所知的情况下，独自正确地断定了18个波斯楔形文字字母。到1839年时，他已能读懂贝希斯吞铭文中的200多行波斯文。1857年，罗林森、兴克斯、欧佩尔特和塔尔博特等在英国皇家学会主持下共同释读出了一篇阿卡德楔形文字文献《提格拉特帕拉萨一世编年史》铭文，释读结果基本一致。这一事件标志着一门崭新的学科——"亚述学"的诞生，这是一门专门研究楔形文字的学科。破译楔形文字的这三位先驱被称为"楔文三杰"，其中贡献最大的罗林森被称为"亚述学之父"。

(二) 楔形文字的发展和演变

"楔形文字最早不是楔子形状，而是象形图画形状。象形图画经过简化以后，由于用一种特殊的书写工具，文字的笔画变成楔子形状。"① 考古发现证实，在古代美索不达米亚平原，最初的文字外观形象并不是楔形，而只是一些平面图画，而被后世称为楔形文字符号的美索不达米亚古文字，正是起源于图画式象形文字。这种图画符号表达直观，有时复杂的意思和抽象的概念用几个符号组合在一起表达，如把"眼"和"水"

---

① 北京大陆桥文化传媒编译：《记录世界变迁的七大文字》，北京，中国发展出版社，2006，第2页。

的符号合在一起就是"哭"，"鸟"和"卵"合起来就是"生"等。这种文字符号是象形的，要表示复杂意义，就需要用两个符号合在一起。后来又发展成为可以用一个符号代表多种意义。

随着社会的发展和人们交往的增多，要表达的事物也越来越复杂、抽象。因此，图形符号不再能满足人们记载较多信息的需求，苏美尔人开始对图形符号进行改造。一方面是简化图形，往往用部分来代表整体；另一方面是增加了符号的意义，如"足"的符号除表示"足"外，还能表示"站立""行走"等。苏美尔书吏应付这一困难的办法是，在原有符号旁加上别的符号以表示新的意义。他们还选择表示发音，而不是表示物体或抽象观念的音符。

由此可见，楔形文字在不断简化，其文字表达的意义在逐渐增加，文字的结构和功能逐渐增强，象形文字发展成了表意文字，符号意义开始不直接用图形表达而由图形引申出来。

公元前3800年前后，两河流域形成人类第一套文字符号系统，起初是图形文字符号，后来发展成为象形文字符号系统。在公元前2500年左右，苏美尔地区的这种文字体系达到了充分发展阶段。楔形文字符号有500个左右，其中许多还具有多重含义，这就使得楔形文字体系比后来的字母文字体系更难以掌握。公元前500年左右，楔形文字成为西亚大部分地区通用的商业和社会交往媒介。

(三)楔形文字的使用和传播

楔形文字的发明使生活变得更为便利，人们可以用它准确记录农事信息，还能记录收获的果实。这使得农业的发展有了可以传播和传承的知识系统，促进了农业的巨大发展。对于国家而言，文字的出现使国家的政治也有了较好的发展，国家也有了记录大事的文官职位。苏美尔人是城邦政治国家，在选举和投票中，文字发挥了重要的作用，民主在这里有了较充分的体现。此外，祭祀活动和祭祀规范也得到保证和弘扬，贵族和百姓都可以通过有关祭祀的文字记载，来表达对神灵的敬仰。同时，文字的出现使得文化有了积累和传承的可能性，人们可以读书，可以学习知识。文字的发明是两河流域最伟大的创举，楔形文字的发明也成为世界文明链条中的重要一环。

苏美尔人在使用楔形文字的同时，也对其进行改良和传承。经过阿卡德帝国、巴比伦王国、亚述帝国的扩张，文字也逐渐被传播到西亚各地，成为西亚各国流通的语言文字符号系统。公元前1500年左右，苏美尔人发明的楔形文字已成为当时许多国家交往的通用文字体系，埃及和两河流域各国外交往来的书信或订立条约使用的也都是楔形文字。

两河流域文学作品中，成就最高的是由人们口头创作逐渐形成的《吉尔伽美什》史诗，其至今仍然是世界上最为古老的叙事史诗。这一故事诗在苏美尔时已经流行，到古巴比伦时编定。阿卡德闪族人接受了这部史诗，又传到北部美索不达米亚和小亚细亚。

苏美尔人将楔形文字的创始起源与神相关联，认为楔形文字是神灵的功劳，并用文字将神话故事记载下来，借助人们对神的信仰进行更加广泛的传播。也正是这些神话故事，使得楔形文字在两河流域得到了最广泛的传播，被各个国家所采用，成为神庙、石雕、建筑铭刻等的官方文字。至此，两河流域的文字在美索不达米亚平原实现了真正意义上的通用性传播和代际传承。

亚述人将楔形文字创新简化，这种文字符号变得简单易写，再加上泥版书的普及，书写技术简单、成本低、易获得等特点，使得楔形文字符号得到最大范围的传播，为中亚和西亚带来了文明的"火种"。

二、古埃及象形文字的发生发展

古代埃及是人类文明的重要发祥地之一，古埃及人早在公元前3500年就创造了辉煌的古埃及文明，留下了无数代表这一文明的宫殿、神庙、墓室（金字塔）等物质遗产，对人类文明作出了巨大的贡献。古埃及象形文字是埃及文明发展的产物，是仅晚于两河流域楔形文字的另一种古老文字。

（一）古埃及象形文字的起源

世界各国关于文字的起源，都有不同说法。在原始社会，人们往往认为是神创造了文字。在古埃及，象形文字被认为是一位叫"图特"神所创造的，在古埃及的神话传说中，"图特"是掌管知识与魔法的神，他用奇形怪状的图形记录神的启示，他所创造的文字也是用图画传达神的启示。

多年来被认为是埃及象形文字最早文献的是1890年发现的纳尔迈石板（公元前3000年）。然而，在阿比多斯（地名为 Umm el-Qa'ab），1987年德国考古队发现的前王朝的一个统治者的坟茔，从复原的几百块骨片中找到了具有相当规模的埃及象形文字，坟茔的年代为公元前3150年。此外，美国学者阿奈特在1982年出版的《埃及象形文字的先王朝起源》中，根据一批遗址材料，认为古埃及文字的发祥地不在尼罗河三角洲，而在其南方尼罗河河谷地区的上埃及。①

据 1999 年的考古报道，考古人员在位于开罗南阿拜罗斯的古王国时期的统治者蝎王 1 号墓中发现了刻有 1～4 个埃及象形文字的骨骼和象牙以及刻有象形文字的陶制器皿与泥质图章。"根据对这些出土物的 C^{14} 测定与分析，标签和陶制器皿的年代可推算到公元前 3200 年，而图章的年代可追溯到公元前 3400 年。"②这些发现，使得它们成为已知的有关埃及文字的最古老的例证。

18 世纪末期，拿破仑的士兵在埃及罗塞达村发现了一块黑色、扁平缺失一角的石碑，高 1.17 米，宽 0.73 米。由于被发现的地点在罗塞达，故又称"罗塞达石碑"。石碑上面刻着内容相同的三种文字体系，其发现轰动了整个欧洲，它的抄本很快传遍欧洲，掀起了对罗塞达石碑研究的高潮。

古埃及象形文字的最后成功释读是由法国学者商博良完成的。商博良推翻了荷拉波隆认为象形文字是以图示意的看法，得出了象形文字既是表音文字又是表意文字的结论。正是这一点使他超越了其他学者，成为象形文字的真正释读者。1822 年 9 月 29 日，商博良在巴黎科学院宣读了《关于象形文字字母发音问题致 M. 达西尔的一封信》，就释读埃及象形文字的情况做了报告，把自己的发现公之于世，自此古埃及的象形文字从"死文字"变成"活文字"，人们可以释读古埃及遗留下来的碑文、

---

① 王珍慧：《古代埃及的文明——象形文字》，《现代交际》2009 年第 12 期。
② 刘文鹏、张晔：《1989—1999 年埃及考古学的新发现》，《世界历史》2001 年第 2 期。

墓室铭文、纸草文献等。

(二)古埃及象形文字的发展和演变

象形文字一词，来自希腊语，由"神圣的"(hieros)和"雕刻"(glūpho)两词合成。

古埃及文字形成后，经历了象形文字、祭司体文字、世俗体文字和科普特文字四个发展与演变过程。早期，埃及象形文字的载体丰富多样，主要包括石碑、石柱、墓碑、雕像、金属器皿、木制器物和墙壁、纸草等硬质物质。此时的象形文字具有很强的图画性特征。

随着古埃及社会经济的发展，国家机构日趋完善，需要记载和发布的公文日益增多，这对书写速度提出了更高的要求。因此从象形文字中简化出一种草体字，这就是祭司体文字。

公元前700年左右，又形成一种更草的字体——世俗体文字。"'世俗体'(demotic)这一术语来源于希腊语'平民'或'民间'(dēmōtikos)一词，此词最早也有'本土文字'的意思。"[①]与象形文字、祭司体文字相比，世俗体文字的字形已经相当简化，连写形式更为简单，不再具有图画的特点。世俗体文字主要记录日常生活的事务性材料，祭司体文字用于抄写公文和宗教文献，象形文字则在石碑铭刻中得以保留。

科普特文字(Coptic)是古埃及文字发展的最后阶段。亚历山大征服

[①] 令狐若明：《埃及学研究：辉煌的古埃及文明》，长春，吉林大学出版社，2008，第263页。

埃及后，公元前323年，托勒密被任命为埃及总督，后自立为埃及王，建立了希腊人统治埃及的托勒密王朝。此后，希腊语成为埃及的官方语言，古埃及文字受希腊语的影响，发生了一些改变，传统的象形文字、祭司体文字逐渐演变为科普特文字。

从古埃及文字的发展和流变可以看出，古埃及文字发展变化的原因，既有政治统治的外部因素，也有诸如书写速度的加快、书写工具、材料的改变和书写方向变迁的内在演变。① 字体的变化过程，也并非新字体对旧字体的完全取代，与媒介的发展演变类似，是一个叠加的发展过程。

(三)古埃及象形文字的使用和传播

最初，象形文字记载的内容几乎涵盖生产生活的一切方面，历史、宗教仪式、诗歌、神话、祈祷文、法典以及文献等。除一般文字的记录功能外，象形文字的装饰作用异常突出。神庙、陵墓、浮雕上的象形文字常常刻得尤其精致，色彩绚烂，偶尔还使用黄金镂刻的动物形象点缀，映衬着古老的宗教更加神秘。② 在社会的发展中，象形文字演化为祭司体文字，祭司体文字主要应用于日常的公文、信件、账目、图书目录、商业文书等，文件标题均用红色墨水，正文使用黑色墨水，一目了然，更具实用意义。而世俗体文字早期为司法人员和政府官员用于书写契约、法律和行政公文。托勒密王朝时期及其后罗马统治时期，世俗体应用

---

① 万安伦：《中外出版史》，北京，高等教育出版社，2017，第30页。
② 万安伦：《中外出版史》，北京，高等教育出版社，2017，第28页。

广泛，被刻写在石碑上，放置在公共场所，用于发布教令、告谕百姓。

古埃及象形文字作为一种有效的工具，记载和保存了大量的古代埃及文化遗产。古埃及文字不仅在"法老时代"（约公元前3100～前332年）广泛使用，而且还向外传播，直接影响于古代非洲的麦罗埃王国。

20世纪初，英国考古学家开始对麦罗埃遗址进行发掘。考古学家在麦罗埃以南的纳盖发现了一座以沙纳达凯特女王的名字命名的大建筑物，上面刻有铭文，据考证为迄今所知最古老的麦罗埃象形文字铭文。这篇铭文中的文字符号借自埃及象形文字，但意思及铭文的读写方向都不同，显然是要有意跟埃及象形文字区别开来。之后，考古学家又陆续在麦罗埃发现了一些墓铭碑文。麦罗埃文字是受埃及象形文字和世俗体文字影响创造出来的，这一点确定无疑。由此可看出，麦罗埃文字是古埃及文字在非洲大陆传播的一个例证。

腓尼基人在古埃及象形文字和两河流域楔形文字的基础上，创造了人类历史上的第一套字母文字——腓尼基字母文字。为了发展贸易和航海业，腓尼基人迫切需要有一套简明易懂的文字体系，作为记录和交往的工具。在与地中海地区各国人的广泛交往和频繁的贸易活动中，腓尼基人接触并熟悉了古埃及的象形文字和古巴比伦的楔形文字，为他们创制自己的文字提供了借鉴和经验。腓尼基字母是现今世界上一切字母文字的共同祖先。① 而古埃及象形文字和两河流域的楔形文字则是腓尼基字母的"母"与"父"，可以看出，对于人类文明的形成及发展进程，古埃及文字有着不可磨灭的历史功绩。腓尼基字母只有辅音，没有元音，还不算完全成熟和完

---

① 令狐若明：《古埃及文字及其影响》，《世界历史》2000年第5期。

整的字母文字，直到在此基础上发展起来的古希腊字母的出现。

三、古印度文字符号的中断和新变

古印度文明最早兴起于印度河流域，是人类最古老的文明之一。与中国、古埃及、古巴比伦并称为"四大文明古国"的古印度幅员辽阔，包括今天的印度共和国、巴基斯坦、尼泊尔、孟加拉国等诸多的国家和地区。古印度文明的历史源远流长，汇集多种文化，且在文学、宗教、艺术、科学等众多方面为世界文化留下了宝贵遗产，对人类文明的发展与演进作出了独创性的贡献。

在历史长河中，古代印度经历了时代的发展和变迁，文字符号也经历了中断和新变，从在古印度河文明毁灭后失传的印章文字，到阿育王时期的铭文，再到梵文，古印度文字符号的流变承载了印度文明几千年的历史，凝聚了古代印度人的智慧。

（一）印章文字

1924年，英国考古学家在印度河下游发现摩亨佐·达罗遗址，伴随着大量文物出土的还有刻画了字符图形的印章。由于文字字符大多被刻在印章上，因此称其为印章文字。如今在印度的各个文明遗址中发现的印章已有2500多枚，从材质上看，有天青石的、陶土的、象牙的，还有金属做的。[①] 印章的样式较为统一，一般为边长2.5厘米的正方形，

---

① 文兴吾：《科技进步与社会发展导论》，成都，四川人民出版社，2016，第62页。

也有的呈长方形。英国考古学家马歇尔通过对印度文化的研究，认为这一地区的文化是原生性的。

古印度河文明在频发的自然灾害和外族入侵中逐渐衰落，并于公元前18世纪彻底消亡。雅利安人毁灭印度河文明后，并没有传承古印度文明，更没有用文字来记录历史，因此古印度的许多悠久历史便在口头流传中消失了，印章文字也在历史的洪流之中被湮灭。

在发现的2500多枚印章中，直线和弧线构成了印章文字的笔画，印章文字的一些字符仍然保留有象形文字的特点，一个符号表示一个意思，更多的情况是两个或更多的符号组合在一起，表示一个复合的意思。印章文字的这些特点暗示它可能还处在象形文字阶段，但又有表音节和重音的符号，所以被初步认为是向字母文字过渡的变音文字。[①] 印章文字符号的内容包括动物、植物、自然等，展现了当时印度河流域人们的生活场景和思想内容，例如印章上大量的动物形象，表明畜牧业是当时人们从事的一个重要行业。此外，在这些印章中，牛的形象非常引人注目，在摩亨佐·达罗遗迹出土的123个印章上，有36个刻画着牛的图形，还有头上长角的立姿人兽图形和抽象的牛头图案，由此反映出牛在古印度人心目中的独特地位。

20世纪初，捷克考古学家、语言学家赫罗兹尼宣称他破译了125个印章文字，并认为该文字属于印欧语系。此后，有越来越多的研究者开始研究印章文字。1976年，美国学者塞维斯在总结前人成果的基础上，

---

① 文兴吾：《科技进步与社会发展导论》，成都，四川人民出版社，2016，第62页。

宣布自己破译出100个文字符号，甚至已经可以释读某些完整的句子。但这一研究成果并未得到考古界的完全认可。时至今日，印章文字仍未得到完全译解，印章文字仍是"半解之谜"。

(二)阿育王铭文

印度半岛再次出现文字符号大约是在列国时代。孔雀帝国阿育王当政期间，产生了流传至今的最古老文字——阿育王铭文，在印度的部分山岩、石柱和洞壁上，至今仍保留有阿育王所镌刻的铭文。阿育王铭文最常使用的文字有两种，一种为婆罗米文，另一种为佉卢文。除此之外，还有阿拉米文和希腊文。

阿育王统治早期，南征北战、杀戮无数，但获胜的阿育王并没有因建立大一统王朝而感到成功，反而意识到了自己的残暴和血腥，进而开始非暴力的治理，对治国策略进行调整和变革。阿育王开始信仰佛教，并在全国兴建佛寺，他下令将佛教戒律刻在石碑、洞穴等能够使戒律永存和不朽的材料上。这些流传后世的"阿育王诏令"就是用婆罗米文字刻写的。婆罗米文的使用范围非常广泛，且成为孔雀王朝后期的官方文字。婆罗米文，也就是古代的梵文，在流传到各地的过程中，自身也在发生着一定的变化。婆罗米文不仅是印度梵文的起源，而且对东南亚许多国家的字母产生了巨大的促进作用。

佉卢文使用的时间相较于婆罗米文晚，大约在公元前5世纪，佉卢文在波斯统治中亚及印度西北边境时传入。佉卢文状如"驴唇"，因此又被称"驴唇体"。最早发现的佉卢文可以追溯至公元前251年阿育王统治时期的《法敕刻文》。佉卢文起源于古代犍陀罗地区。婆罗米文在发展过程中几乎通行于古代印度全境，而佉卢文只是一种古代印度地方性质的文字，仅仅局限于古代印度的西北地区，在后期的发展中也逐渐消亡。

阿育王铭文在8~9世纪逐渐式微，到13世纪完全消亡。阿育王铭文见证了古印度千余年历史，为研究印度历史提供了珍贵的文字材料。

(三)梵文

随着历史的发展，佉卢文逐渐失传，婆罗米文则在7世纪时发展成为梵文，成为古印度流传下来的最古老的文字。古代印度统治者故意把梵文神秘化，说它是最高天神所创造的。古代印度许多关于哲学、文学、艺术、医学、天文等方面的古代文献及许多佛教经典都是用梵文写成的。梵语最开始，首先被用于记录政治、文化和科技类的内容。

梵语是一种优雅而纯粹的表现形式。梵语在发展初期并没有以文字的方式传达，而是以史诗和宗教仪式的方式进行口头传播。梵语在发展的过程中，不仅要保持其优雅的特性，还必须和古代印度各种各样的风格交融，而其世俗化的关键节点，就是从口头语言演化为书面语言，在这种情况下，梵语才具备与梵文相同的含义。

在古代印度，梵文的写作方式受传播者所在地区的影响。在不同地区，梵文的字体也有所不同。大约到公元1世纪，北部地区的梵文渐渐写成方形，南部地区的梵文则演变成圆形。到了4世纪，南北地区间的差异已经非常显著，最后发展为隶属印度-雅利安语系的多种语言。"公元4—8世纪，方形梵文发展成笈多文。7世纪时则衍生出那格利体，并在公元11—12世纪被天城文所取代，梵文就此定型。"①

公元前 1500 年左右，雅利安人开始大规模进入印度次大陆。随后，梵文在南亚甚至中亚与东亚广大国家与地区传播发展。当下，梵文在印度等地的流传情况并不乐观。梵语是现今印度国家法定的 22 种官方语言之一，但梵文及梵语是现在印度所有法定用语中最为式微的。1961 年，印度的调查报告显示，将梵语作为第二语言的人接近 20 万，现在又有所下降。掌握梵文的人越来越少，对梵文这种古老而神奇的文字传承和保护也越来越迫在眉睫。

四、古代美洲多种文字符号的演变

古代美洲是多种文化的发源地，它美丽而神秘。在四五万年前，广袤秀丽的美洲大陆上就生活着部族众多的印第安人。印第安人是对南、北美洲的土著居民的总称，他们辛勤劳动，开发美洲，创造了相当高的古代文明，根据时间的先后顺序分别为玛雅文明、印加文明和阿兹特克文明。在漫长的历史长河中，玛雅文化、印加文化和阿兹特克文化交相辉映，成为印第安文明的旗帜，它们在出版领域的成就，显示了古代美洲人民的杰出智慧。

（一）玛雅象形文字

玛雅人是美洲印第安人中文化最发达的一支，是美洲唯一留下文字系统的民族。玛雅文字最早出现在公元前后。目前，考古发现其最早的

---

① 万安伦：《中外出版史》，北京，高等教育出版社，2017，第 130 页。

纪年为292年。玛雅文字最初在以贝登和提卡尔为中心的小范围区域使用。5世纪中叶后，玛雅文字逐渐普及到整个玛雅地区，并循着当时已经确立的商业贸易路线传播到各地。

玛雅文字以树皮、鹿皮为载体，早期记录的主要是日历符号，后来的象形文字主要是年代数字和记事文字，主要目的是纪年。在前古典晚期，象形文字更多地服务于政治，上层阶级利用象形文字在石碑、墙壁刻写记录他们的事迹和历史。

著名的科潘遗址象形文字阶梯是玛雅文字的杰出代表，在科潘遗址中，人们发现在许多石碑、石像上都刻有象形文字。让人惊叹的是有63个石级的"象形文字阶梯"，其高约26米，宽约9米，坡长为60米，每阶的竖面上刻有象形文字。据统计，阶梯上刻有2500个象形文字符号，堪称考古史上的一大奇迹。此外，通过玛雅文明遗留下来的文字符号，可以发现古玛雅人关注的不仅包括宗教、战争、历史，还包括众多天文、历法、数学等知识和信息。

据考证，玛雅象形文字有800多个书写符号，其中基本符号有400多个，用这些符号构成的词汇有3万多个。玛雅文字有象形、会意、形声等构字法，是一种兼有意形和意音功能的文字。玛雅象形文字别具一格，呈方块图形，类似中国印章，每个字都用方格或环形花纹圈起来，里面的图案或像人，或像鸟兽，或是一些圈圈点点。"图形上一部分是意符，一部分是音符，属'意音文字'，但是由于玛雅文字艰深晦涩，至今能译解的不足三分之一。"[①]

---

① 万安伦：《中外出版史》，北京，高等教育出版社，2017，第168页。

玛雅人曾用这样的文字写下了大量书籍,然而 16 世纪初,西班牙殖民者入侵后,天主教会的传教士们以消灭"异端邪说"为名,几乎将玛雅人的全部古代写本文献烧毁,幸存下来的只有残缺不全的四部。

(二)印加结绳记事

印加人曾在南美建立起伟大的帝国,统治区域从现在的哥伦比亚一直到智利,创造了辉煌的安第斯文明。印加人在当时已经能够开采金、银、铜、锡等金属矿藏,还会加工具有丰富多彩图案的纺织品,为后人留下了道路、灌溉系统和奇特的石雕艺术。文字语言是解读历史文明的关键条件,但是,印加人却没有留下任何书面语言即文字符号。

后来,研究者发现了一种现代人无法识别的、奇特的结绳文字,克丘亚语称之为"奇普"。"奇普"就是"结"的意思,即在一条主绳上结上许多小绳,用结节表明数字,用不同的颜色和长度表明不同的类别。印加人通过绳结的形状、大小、结与结的距离以及每个结在绳上所处的位置,记下生活中的各种要事。据说,当时的执政者就是通过邮政系统传递的记事绳来了解各地的收成、税收、账目,以至敌情。① 在哈佛大学考古学家格里·乌尔顿看来,"奇普"是一种会意的文字。

"奇普"名称来自当时印加帝国被选拔出来的"记忆者"——奇普·卡马尤克。印加记忆者用熟练的用语和修辞以及歌谣等方式叙事,并被记录在"奇普档案"中,然而"奇普档案"被后来的西班牙入侵者完全破坏

---

① 许必华:《漫游印第安之邦》,合肥,安徽人民出版社,1983,第 98 页。

了。印加帝国被西班牙殖民者灭亡后，很多印加文化没能保留下来，印加历史中的克丘亚语和"基尔卡"文字符号也毁灭在殖民者的火炬中。因此，印加人是否拥有自己的文字，印加人有无成熟的文献，都是未知之谜。

(三)阿兹特克的绘画文字

阿兹特克帝国位于中美洲，主要分布在墨西哥中部和南部地区，由阿兹特克族印第安人创立。阿兹特克人原住在墨西哥西部的海岛上，从8世纪中叶开始逐渐向墨西哥谷地迁移。13世纪末阿兹特克人开始崛起，并在特斯科科湖西部的一座沼泽岛屿上建立起他们的都城。

阿兹特克的文字是绘画文字，采用象形文字的形式，用标记或符号表示，类似于图画，标记或符号代表不同的事物和意思。阿兹特克文字没有字母，每个图画象形文字就是一个完整的字。阿兹特克的历史是通过口口相传或图画象形文字书写的。绘画文字对于阿兹特克文明的传播起着至关重要的作用，也为纳瓦特尔语的形成奠定了基础。同时，绘画文字书写的繁复性以及对于抽象概念表述的局限性，也制约着阿兹特克文化的传播。

玛雅文明属于拉丁美洲古代印第安人的丛林文明，阿兹特克、印加等美洲的文字符号还没有发育到完全成熟的状态，就遭遇到西班人的侵略和破坏，退出了历史舞台。

五、腓尼基字母及古希腊字母

两河流域的苏美尔人创造了楔形文字，是人类最早的文字符号系统，古埃及人创造的象形文字符号系统，是人类的第二套文字符号系统。在这两种古老文字符号的影响下，腓尼基人发明了人类历史上第一套字母符号系统，并成为后来希腊人、罗马人、阿拉伯人的字母样板，希腊字母、拉丁字母也正是在腓尼基字母基础上孕育发展起来的。

(一)腓尼基字母

青铜时代的迦南人发展成为铁器时代的腓尼基人。腓尼基是地中海东岸的古国，大致相当于当今叙利亚和黎巴嫩的沿海一带。腓尼基是一个航海国家，贸易关系遍布地中海南岸，在公元前 13 世纪，它是这一区域最为强盛的海洋大国。由于生产和生活的需要，腓尼基人在进行海上贸易时涉及频繁的商贸计算，迫切需要一种简便易懂的文字符号系统作为记载和交流的工具。这是腓尼基文字符号系统产生的历史条件。

受古埃及象形文字和两河流域楔形文字影响，公元前 2000 年左右，腓尼基字母出现，这是一种最古老的字母文字。腓尼基文字其实就是西闪米特文字。西闪米特文字不再是象形文字而是线性文字。腓尼基字母没有元音字母，只有 22 个辅音字母(腓尼基语中有几个辅音音素消失了)。腓尼基字母文字沿用了大约 1000 年后，演变为迦太基文。迦太基文被地中海西岸的腓尼基殖民者的后代们一直使用到 3 世纪。[1]

腓尼基字母是不完整的拼音文字，只有辅音，没有元音，拼读起来比较含糊，发音不够清晰，但这种文字比当时流行的任何一种文字符号

---

[1] 〔新西兰〕费希尔：《书写的历史》，李华田等译，北京，中央编译出版社，2012，第 77 页。

都简便易写,腓尼基字母的创新之处在于它采用了当时腓尼基方言的发音,然后以字母的形式加以表现。腓尼基字母不同于以象形文字为基础的书写体系,语音字母减少了用来表达的字母数量,简化了语言,使用起来也更加容易。因此,腓尼基字母很快在腓尼基、叙利亚、巴勒斯坦、克里特岛、迦太基等国的城市和西部地中海腓尼基人的殖民地传播开来,希腊字母、拉丁字母、希伯来字母、阿拉伯字母等,都可以追溯到腓尼基字母。

(二)古希腊字母

古希腊字母源于腓尼基字母。希腊人在与腓尼基人进行商贸往来的过程中逐渐学习到了这一套字母符号系统,并通过对腓尼基文字的借鉴和修改,创制出自己的字母表,并增添了元音字母,使之成为世界上最早包含元音和辅音的完整字母文字体系。古希腊人对腓尼基字母表进行改进,修改后的字母表与腓尼基字母大为不同。文字符号在传承与演变的过程中不断被规范,使古希腊文字成为当时整个地中海地区的标准化文字。

关于希腊字母产生的时间、地点等具体信息,至今没有统一的结论。"在雅典出土的'迪普利翁壶'和在意大利的伊斯基亚岛(曾经是希腊的殖民地)出土的'涅斯托耳杯'上所写的文字是目前发现最早流传下来的希腊文字,它们可以追溯到公元前8世纪早期。"[①]古希腊字母原有26个,荷马时期逐渐演变并确定为24个,一直沿用到现代希腊语中。由

---

① 万安伦:《中外出版史》,北京,高等教育出版社,2017,第155页。

于希腊人的书写工具多用蜡板，有时前一行从右向左写完后，接着就从左向右写，变成所谓"耕地式"（boustrophedon）的书写，后来逐渐演变成全部从左向右书写。

古希腊社会的繁荣兴盛，使其成为当时世界上最发达的文明之一。希腊字母对希腊文明乃至西方文化影响深远，在希腊字母表里，第一个字母是"A，α"（Alpha），代表开始，最后一个字母是"Ω，ω"（Omega），代表终了，这正是《新约》用希腊语写作的痕迹。希腊是孕育欧洲文明的摇篮，希腊字母也成了世界上第一套完整的字母文字，拉丁字母和东欧斯拉夫地区使用的西里尔字母都源自希腊字母。

六、古罗马字母及拉丁文字符号

继希腊人引入腓尼基字母改造成功后，罗马人又引进了希腊字母，并将其改变为拉丁字母，在世界广为流行。起源于希腊语的拉丁语，催生了古罗马文明，并成为公元前后罗马帝国的通用语言。

(一)古罗马字母

古罗马文字也叫拉丁文字，由于罗马人居住的地方叫拉丁姆，因此他们的文字就叫拉丁文。古罗马字母与斯拉夫字母、阿拉伯字母并称为世界三大字母。古罗马字母源自古希腊字母。古希腊衰落后，古罗马取代了古希腊成为古典时期的文明中心。

古罗马字母在发展和演变中不断规范化，后逐渐形成独一无二的古罗马大写体，并且成为古罗马帝国的标准文字。由于受铭刻技法和建筑风格的影响，古罗马字母严正典雅、匀称美观，被镌刻在古罗马当时的凯旋门、胜利柱和各种石碑上。古罗马字母的字脚形状与各种纪念碑的柱头相似，与柱身十分和谐，字母的宽窄比例适当，字形美观，构成了罗马大写字体完美的整体结构，被欧洲文艺复兴时期的艺术家们所称赞，并被作为学习大写字母的范例。

现存最早的古罗马字母出现在普雷内斯大饰针上，它是一枚公元前7世纪的斗篷别针。上面用罗马字母由左及右刻写了这样一句话："马尼乌斯为努梅利乌斯制作了这枚别针"。除此之外，还有公元前6世纪的杜埃诺斯铭文，上面刻写的也是罗马字母。①

早期的古罗马字母的书写形式较多，公元前3世纪，罗马成为拉丁世界的政治权力主宰，规范了文字系统，并定型了从左到右的书写方式。罗马帝国将自己的文字系统强加于整个意大利半岛，通过征服和行政管理将自己的字母表传遍欧洲。拉丁语除在少数地区受到希腊语抵制外，逐渐取代了其他民族语言。罗马字母字形简单，方便辨认和书写，因此在世界范围内流传很广。欧洲国家现今的"欧洲诸语"都是从古罗马字母分裂演化出来的。

(二)拉丁文字符号

拉丁字母由希腊字母演变而来，英语单词alphabet(字母)源自通俗拉丁语alphabetum，alphabetum又源自希腊语αλφαβητον(音译：alphabeton)，即为前两个希腊字母α(Alpha)及β(Beta)所合成。

---

① 朱建国：《世界上下五千年(经典珍藏版)》，北京，北京联合出版公司，2015，第110页。

罗马帝国的出现，使拉丁文字进入黄金时期，拉丁文字随着罗马的扩张而传播。拉丁语分为古典拉丁语和通俗拉丁语。通俗拉丁语为2～6世纪民众所使用的白话文。① 西罗马帝国灭亡后，通俗拉丁语也逐渐分化出英语、法语、德语、意大利语、西班牙语等。古典拉丁文字有23个字母，其中21个是从埃特鲁里亚人的文字派生出来的。中世纪时，字母i分化为i和j，v分化为u、v、w，由此产生出26个罗马字母。

西欧各国在文字方面的发展表现为拉丁语的消亡和各个民族文字的拉丁化。罗马帝国通过征战将拉丁语带到欧洲各地，罗马帝国崩溃后，各地遗留下来的拉丁口语经过演变，形成了罗曼语族。

在罗曼语族拉丁化之后，日耳曼语的文字，在3世纪到16世纪，用鲁纳字母（Runa，Rune）。北欧在800年前用条顿鲁纳字母。英国在5～6世纪用盎格鲁纳字母。挪威、瑞典、冰岛在8～12世纪用斯堪的纳维亚鲁纳字母。后来全部让位于拉丁字母。② 伴随着民族语言的拉丁化，处于正统地位的拉丁语本身却消亡了。拉丁语曾是学习知识的唯一途径，如今这个时代被终结了。完全成熟的拉丁化诸语言使拉丁语本身丧失了写作和交际的空间，越来越多的普通人对拉丁语表示厌倦，它的语法和词汇被视为"矫揉造作"，逐渐成为只存在于古文献和语法书中的一种语言。

从古希腊字母到拉丁文字，再到罗曼语族的拉丁化，拉丁文字符号

---

① 罗建平：《西方古文明与拉丁语的兴亡——政治与语言的关系研究》，《海外英语》2011年第3期。

② 周有光：《世界文字发展史》，上海，上海教育出版社，2011，第349页。

用自身的消亡托起欧洲多种语言文字。

七、斯拉夫文字符号和阿拉伯文字符号

原有的古希腊文字和拉丁文字逐渐演化成欧洲各民族通用的语言与文字，推动了欧洲各民族文化的发展。在此过程中，中西欧地区的拉丁语逐渐取代原有混乱的日耳曼民族的鲁纳字母等，产生了以拉丁语为拼写基础的罗曼语系和德语等。东欧的斯拉夫诸民族则在希腊语和拉丁语的基础上，创造出基里尔字母。随着历史进程的推进，欧洲的文字符号系统全面走向成熟。

(一)斯拉夫文字符号

斯拉夫人最初的文字是一些最简单的计算符号、部落和氏族符号、所有权符号和日历符号等，属于"线条和刻画"型文字。这类文字不能够满足书写复杂文本的需求，"从7—8世纪起，当斯拉夫地区出现了第一批早期封建王国并同拜占庭发展贸易往来时，为了记载更多复杂的文件，斯拉夫人便引进了希腊文字"[①]。

然而引进的文字符号并没有和斯拉夫诸国的原始语言(原始基里尔字母)有机结合，只能被称为"借用"。这种"借用"现象一直持续到9世纪后期，即863年，拜占庭传教士基里尔和美多德创造出一种地道的、非常适合记录斯拉夫言语的字母——格拉哥里字母，才结束了斯拉夫民

---

① 王鸿雁、郑小芳、黄秋凤：《俄罗斯历史文化研究》，北京，新华出版社，2015，第33页。

族没有文字的历史。格拉哥里字母在最初的诞生地莫拉维亚得到使用，随后深入到西保加利亚（马其顿）和克罗地亚，并在这些地区得到广泛的传播。

9世纪末，在基里尔和美多德去世后，他们的学生在东保加利亚创造了一种新的字母表。格拉哥里字母表由40个字母组成，新字母表包括43个字母，几乎同格拉哥里字母表相吻合，但在字形上，新字母表与格拉哥里字母表差异较大。新字母表融合了古希腊字母，更加简易实用。为了纪念基里尔，他们的学生将这种字母命名为基里尔字母，基里尔字母的变体至今仍在一些国家使用。在古代欧洲文字拉丁化的过程中，基里尔字母也受到了拉丁字母的影响。

格拉哥里字母在莫拉维亚和潘诺尼亚地区用于抄写斯拉夫诸国最初的教会书籍译本，对于提升斯拉夫民族的文化作出了重要贡献。基里尔字母也构建了东欧国家的文字符号系统，推动中世纪文化不断向前发展。

（二）阿拉伯文字符号

阿拉伯文字有着悠久的历史，关于阿拉伯文字的起源，众说纷纭，没有定论。"史前的中东地区文字，据史料记载有三个系列：第一个系列是古埃及的法老文字；第二个系列是腓尼基文字，它是从法老文字派生出来的；第三个系列是阿拉米文字和希木叶尔文字，这两种文字是由腓尼基文字派生出来的。"[①]对于阿拉伯文字，一般学者认为其起源于阿拉米文字的派生体——奈伯特体。奈伯特体是4世纪从居住在阿拉伯半

---

① 王成龙：《阿拉伯文字体的起源》，《阿拉伯世界》1986年第1期。

岛北部的奈伯特人使用的阿拉米文字中创制出来的，它最接近初期的阿拉伯文字字体。

阿拉伯文字由 28 个辅音字母和 12 个元音符号组成，属于拼音文字体系。阿拉伯字母无大小写之分，从右往左横行书写。阿拉伯文字是语言学家公认的最难学的一种文字，然而它也是最优美文字之一。阿拉伯字母结构巧妙、变化多端，每个字母在单独存在时、与其他字母相连成字时、处在不同位置时都有不同写法，而且在与不同的字母相连成字，以及单字处在不同的语法地位时，字母的连写和分写的方法也有所不同。阿拉伯文字自右向左，横行书写，自由活泼、姿态万千，给人以美的艺术享受。

八、其他重要的文字出版符号

人类文明的出现都是以文字符号的创制为主要标志的，文字符号是记录、保存和传承人类文明的基础手段和重要条件之一。在出版符号上，楔形文字、象形文字、腓尼基字母、希腊字母、拉丁字母等符号系统对人类文明的发展有巨大的推动作用。此外，还有一些重要的文字出版符号，对文明的进程同样有不可忽视的影响。

（一）日本"平假名""片假名"

关于日本文字的由来以及语系问题一直存在争议。所谓神代文字是基于神话和古史的传说性文字，事实上日本古代并没有文字。而依据冲绳地区遗留下的结绳记事、弥生式土器上的记忆符号以及埼玉县吉见百穴中与文字相仿的阴刻等断定日本当时已经具备定型的或区域内共通的文字体系，显然证据不足。这些都是原始的刻画符号，甚至可以说只是一种刻画记号。

日本最开始使用汉字作为日常文字的时间，从一些出土文物中可以得到有力的证据。约公元1世纪初，发掘出土铸有"货泉"二字的货币是目前为止日本发现的最早记有文字的古代文物。

中古日本文化受中国文化影响极大。7世纪时，日本掀起了向中国学习的第一次高潮。日本统治者先后派遣了20批遣隋使或遣唐使（每批少则百余人，多则超过500人），每批遣唐使都带着大批的学问僧、留学生。他们冒着生命危险，漂洋过海来到中国学习典章制度、儒学、佛教、文学艺术、天文地理、冶金建筑、中医药等各种知识。这为日本之后的发展奠定了基础。

在此之前的4～5世纪，日本开始使用中国汉字，称为"真名"。汉字的陆续传入与广泛传播是日本划时代的文化事件。由于两种语言的内里构成各有差异，在磨合中出现许多问题，因此日本逐渐发展使用汉字做表意之用。而在汉字不断日本化的同时，日本也开始用汉字标音，对汉字进行"训读"，改变原有的语序，使其具有和式意义。

平安时代是日本文字走向创造性发展的重要阶段，日本借用中国汉字的音、义、形，创造了日本的字母，称为"假名"。假名是日本人发明的最早文字符号，是对日本文化史的一大贡献，由此日本人渐渐可以用假名自由地表达思想和情感。此外，日本人采用汉字偏旁，结合日本语的发音，创造了"片假名"；另一种仿照中国汉字所创造的草体字母，称为"平假名"。这是日本有文字的开始。

随着时间的推移，日文文字符号和书写系统在不断改进创新中变得更加成熟。日本文字作为其出版文化符号系统，在此基础上生发出了许多独一无二的特色文化。

(二)朝鲜半岛韩字

"公元15世纪以前，朝鲜半岛使用韩语，但汉字为其主要的书写符号。15世纪，朝鲜世宗大王认为以汉语为基础的朝鲜语书写方式复杂，对朝鲜人自由表达思想和见解来说不够便利。"[1]此外，一般的韩国百姓不认识汉字，这对文化传承和传播来说非常不利，因此迫切需要他们自己的语言文字。世宗提出要改变这种书写方式，因此，文字史上最高效的文字创制过程出现——谚文诞生。

李氏朝鲜第四代国王世宗在位时设谚文局，组织学者研究朝鲜的语音和汉语的音韵，合成方块韩字，一音一字，创造出标记韩语语音的不同以往的文字符号系统。1443年12月，这套文字符号系统被成功创造出来，几年后，世宗正式更其名为"训民正音"，旨为"教老百姓以正确字音"。朝鲜学者称其为"谚文"或"彦文"，当时这个称呼带有贬损的意味，但其一直沿用到20世纪初期，直至现代韩语的出现。

(三)越南"喃字"

越南文，亦称作安南文。古代汉语文言文于186年传入越南，成为当时越南的书面语言，与越南本土的口语一并存在。然而，越南人在使用汉字的过程中，本身固有的思维习惯和思想情感难以表达得淋漓尽

---

[1] 万安伦：《中外出版史》，北京，高等教育出版社，2017，第394页。

致。于是，他们学习和模仿汉字的造字法，发明出似旧又新的另一种文字——喃字。

越南喃字是在汉字基础上，运用形声、会意和假借等方式形成一种类似汉字的方块文字。假借字就是借汉字以表其音，形声字是由表音和表意两部构成的喃字，会意字在喃字中数量很少，其特点是由两个汉字共同表义并且不含表音的偏旁。

越南本土文字创造之后与汉字并行使用，称喃字为国语或国文。之后，出现很多用喃字写成的作品。因喃字所呈现作品多为政治内容，忧国忧民，有些文字有触犯皇帝的思想意味，1662年，后黎朝玄宗帝下令禁用喃字，烧毁喃字书写的作品，这对喃字发展与越南文化都造成了惨痛的损失。喃字恢复后，使用于西山朝和阮朝前期。

喃字相较汉字而言，生命力较弱，应用范围较窄，仅传布于少数知识分子中。[1] 学会使用喃字，首先需要学习汉字，这对许多普通的越南人来说是一种极大的挑战。然而，不少越南学者对喃字仍有较高评价。喃字的出现表明越南民族意识在不断增强。喃字在越南历史上，对传播越南文化、弘扬民族情感、凝聚民族力量，具有不可忽视的作用。

第三节　论中外非文字出版符号

在人类历史上，学者们习惯用"史前"来代表人类产生到文字出现之

---

[1] 万安伦：《中外出版史》，北京，高等教育出版社，2017，第401页。

间这段漫长的历史时期，而人类所习惯认为的"文明史"，通常是以文字资料为基础的历史。而实际上，考古学的大量研究成果表明，人类在有文字记载的历史之前，已经开始通过其他方式记载和传承历史。例如以岩画和壁画等为载体的图画传承、以音乐和各种声音符号为代表的音响传承、以舞蹈和手语为载体的体态传承……这些非文字出版符号同样为人类历史留下了非常丰富的史实资料。

在文字出现后，非文字出版作为文字出版的重要补充，仍旧在人类历史上扮演着不可或缺的角色。随着科技的进步，非文字出版载体日趋丰富且多样，诸如以图册为代表的软质图画出版、以影集和音像制品为代表的影像出版、以磁带和有声书为代表的声音出版等非文字出版载体的出现与发展，有力地弥补了文字出版在声音、图片、动态影像上的不足，可以更为生动、直观地传达信息与交流思想，是一种非常生动鲜活的出版形式。

一、图画类出版符号

从远古时代起，人类就开始使用图画符号来记载自身的日常生活以及所处的自然状态。人类最早使用的出版载体多是硬质的。在古代中国，从旧石器时代开始，先民们就开始在石头、墙壁上刻绘图画以记事。早在三四万年前，伴随着早期原始狩猎族的出现，亚洲、非洲、欧洲等就产生了早期的岩画出版实践。之后，随着软质出版载体的出现，帛画等绘画作品被用来反映当时的社会情况和宗教信仰而逐渐兴盛。

图画出版是世界各地普遍存在，且在人类历史上存续时间颇为久远的一种文化现象，是一种重要的记事以及表达情感与思想的方式。依据出版载体的不同，图画出版也可分为硬质图画出版、软质图画出版和虚拟图画出版。

(一)硬质图画出版：岩画出版和壁画出版

在文字产生之前，人与人之间的沟通交流主要依据"口传"。而在口传文化的过程中，例如石器、玉器、岩画、壁画之类的硬质物象和图像符号，起到了传达信息的功能并部分地延续至今。在硬质图画出版中，以岩画和壁画为主要代表，它们数量众多、内容多样、意蕴丰富，与文字出版一起，承担起了传承人类历史和文化的重要作用。

岩画，是一种通过刻凿或绘画等方法呈现在岩石上的图像。"岩石，同时也是世界上最早的画布，先民们在岩石上刻划和涂绘，来描绘人类的自身生活，以及他们的想象和愿望，这就是岩画。"[①]而壁画是指绘制于石窟、墓室或是寺庙内墙壁上的画，早在古埃及法老时代即有记载。从时间上来看，岩画的出现要早于壁画，两者都是人类历史上最早的绘画形式之一。岩画与壁画作为人类早期原始的记录出版方式，现今遗存资料丰富，风格多样，分布地域广阔，具有高度的历史与文化价值。

1. 中国的硬质图画出版

中国可以说是世界上发现并记录岩画出版最早的国家之一。《韩非子》是公元前3世纪战国时期的著作，其卷十一"外储说左上第三十二"篇说："赵主父令工施钩梯而缘播吾，刻疏人迹其上，广三尺，长五尺，

[①] 陈兆复：《〈中国岩画全集〉序》，《中央民族大学学报》1994年第3期。

而勒之曰：'主父常游于此'。"①其中，"疏人迹"即为脚印。由此可见，将脚印凿刻到岩石上以留存的方法在战国时期已经存在。

中国岩画艺术的发展主要分为三个阶段。第一阶段的岩画以写意为主，与巫术紧密相关。早期人类还处在认识大自然的初级阶段，因此岩画充满想象与幻想，并着重表现让他们感到恐惧的物象特征，如凶猛的兽首和大自然等。而随着人们对大自然的认识逐渐增多，岩画艺术开始由具象到抽象，逐渐具有了艺术的特性，开始注重神韵，此为第二阶段。在第三阶段，随着人类文明程度的提高，人们开始追求造型与艺术的统一，岩画在装饰性和美观性上得到了很大提升。在这个过程中，岩画艺术逐渐走向成熟。

中国的岩画分布地域广阔，且内容和风格各异，可以依据区域分为北方岩画、西南岩画以及东南岩画。其中，北方岩画范围最大、数量最多。

北方岩画大多为北方地区游牧民族所作，以宁夏的贺兰山岩画、大麦地岩画为主要代表。有学者认为，贺兰山岩画"整个刻凿过程和时间跨度长达数千年，大体起始于旧石器时代晚期，终止于西夏时期"②。当时的人们把他们的生产生活情况刻在贺兰山的岩石上，包括游牧、狩猎、祭祀、争战、歌舞等生活场景，同时刻画了大量牛、羊、虎、豹等动物图案和抽象符号。贺兰山岩画风格注重写实，手法古朴粗犷，揭示了原始部落的自然崇拜、祖先崇拜以及生殖崇拜等文化观念和信仰内涵，对于后人研究当时人们的经济和生活状况以及独特的地域文化来说

---

① 陈兆复：《〈中国岩画全集〉序》，《中央民族大学学报》1994年第3期。
② 薛正昌：《贺兰山岩画文化》，《宁夏社会科学》2004年第2期。

具有非常重要的历史意义和价值。

西南岩画主要分布在广西、云南、西藏等地，内容以宗教和人物活动为主。其中比较著名的有广西的左江岩画、宁明县的古代崖画、西藏岩画。左江岩画的年代和族属仍存在异议，目前比较公认的说法认为它由骆越人所绘制，从战国至东汉，前后经历了300余年。左江岩画均为赭红色颜料涂绘而成，大多绘于靠江临水或人迹罕至的悬崖峭壁上，风格粗犷，内容以"青蛙式"人像为主，同时兼有器物和动物等形象，包括铜鼓、铜钟、短剑和刀具等，是展现壮族祭祀和巫术文化的重要历史遗迹。

东南沿海地区的岩画以江苏、广东、福建等地为主，内容上更多展现古代先民们的日常出海活动与生产活动。比较具有代表性的有广东珠海的高栏岛岩画、江苏连云港的将军崖岩画等。高栏岛岩画约开凿于新石器时代晚期至青铜时代，均刻在平整的石面上，以船形为中心，内容为先民海上生活的反映，是早期图腾崇拜与宗教信仰的反映。

中国的壁画历史也非常悠久。壁画最早由岩画和洞穴壁画发展而来，从周代到汉代，殿堂壁画发展非常迅速。《孔子家语》中记载了当年孔子参观周代明堂的情景，见到过壁画"尧舜之容、桀纣之像"，而且画出的"各有善恶之状"[1]。这段记载至少说明自周代起就有了历史题材的壁画。由于工程巨大且历时较久，因此中国古代的壁画多集中反映宗教、历史和神话等社会主流文化。

春秋战国时期，壁画艺术开始兴盛，并被用来作为宣传教化的工

---

[1] 姜为：《中国壁画发展历程述评》，《边疆经济与文化》2009年第5期。

具，在内容和展现形式上都得到了极大的丰富。隋唐时期是壁画艺术发展的顶峰，各种类型的壁画都得到了蓬勃发展，题材广泛，场面宏伟，色彩鲜明，线条流畅。唐墓室壁画是这一时期传统壁画艺术中极为重要的部分，其内容主要为日常的生产生活场景，也包括建筑等内容。宋代以后，中国的传统壁画开始衰落，但仍产生出众多丰富的壁画艺术。

中国著名的传统壁画有敦煌壁画与高句丽墓室壁画等，其中敦煌壁画更是被公认为集中华文化与中华艺术于一身的民族瑰宝。敦煌壁画现存壁画约 5 万平方米，自十六国的北凉到元代，其主要内容包括动物及器物、佛像、民间神话、装饰图案和山水画等，历经千年完整地展现了各个历史时期的艺术风格演变和中西艺术的交流融汇，体现出华夏民族兼收并蓄的民族精神，具有极高的历史价值和艺术价值，是人类文化遗产的明珠。

2. 世界其他地区的硬质图画出版

世界上的硬质出版呈现出区域性特征，无论是北美洲、南美洲、欧洲或非洲，其硬质出版的成就都象征着人类早期辉煌的出版文明。

岩画的分布范围极为广泛，遍布全球五大洲 120 多个国家，具有代表性的有南亚印尼原始岩画、大洋洲原始岩画、欧洲史前岩画、美洲人面岩画、非洲岩画等，都逐渐发展成为独特的出版文明。目前已知历史最悠久的岩画是南亚印尼苏拉威西岛的 4 万年前的古老岩画，这也是人类出版历史的发端。

非洲是人类文明发祥地，非洲岩画历史并不是最悠久的，但数量较多、类型也较为丰富。非洲岩画约始于公元前 9000 年，是该地区早期人类出版活动萌芽阶段的重要实践。其中，非洲南部的岩画出版是世界上两大岩画集聚地之一。南非岩画由布须曼人所作，因此也称"布须曼岩画"，其时间跨度非常久，最早见于新石器时代，主要分布在南非境内和坦桑尼亚境内。布须曼岩画大都发现于岩洞或岩石的凸出部分，内容包罗万象：最重要的主题是动物，此外还有人物、狩猎、采集、战争和欢庆场面等，其中岩画中的战争题材多表达布须曼族群抗击班图族群侵略的场景。布须曼人用岩画来记载日常生活场景，表达美好愿望，反映了他们的生存状态和习俗信仰。

环太平洋地区的岩画汇聚了史前人类的出版活动，其代表有乌苏里江畔的摩崖岩刻、澳大利亚岩画、印度尼西亚岩画、南美洲岩画、北美洲岩画等。这些岩画题材丰富，特色鲜明，不同的地理环境赋予了这些岩画突出的个性风格，并充分表现在对于人面和人神同形的刻画上，向人们再现了史前的神话崇拜，是第一手的珍贵资料。

壁画同样也作为人们普遍采用的出版记录方式而被保留下来。历史上较为著名的壁画有古埃及壁画、阿旃陀壁画等，它们往往具有独特的绘画方式，追求物体刻画的细腻准确，尽可能把一切内容都完整地记录下来，因此具有很高的准确性。古埃及壁画更多以祭神参拜仪式和民众的日常生活场景为主要内容，具有写实的特色，绘画内容与当时的社会宗教信仰有着密不可分的联系。

阿旃陀壁画出版同样是充满匠心。阿旃陀壁画数量非常庞大，不仅展现了佛教文化中的故事传说，也展示了王公贵族和普通百姓的生活场景。内容从普通百姓的打猎、耕种到王公贵族的外交会见、征战等，题材多样、色彩艳丽、风格独特，展现出印度古典艺术风格中典雅的审美观以及登峰造极的艺术成就，具有非常高的艺术价值和史料价值。

(二)软质图画出版

在中国，丝、帛作为古代物质文明的伟大发明，向来被视为重要的书写载体。中国古代帛画"主要指传世绢本画出现以前的楚汉墓葬保存品与考古发掘品，是传统卷轴画出现以前的、以绢为载体的绘画"①。这是中国现存最早的记录现实生活的大型绘画作品之一，也是中国最早的软质图画出版的典型。目前主要的帛画有楚墓帛画、马王堆汉墓帛画以及楚汉帛画等，内容以反映宗教和社会生活为主，最大的特点是相信神话的力量，具有典型的楚地色彩。

近现代以来，随着软质图画出版载体和出版技术的不断发展，诸如影集出版、画册出版、绘本出版等软质图画出版不仅极大降低了成本，且由于图画本身的丰富性、直观性和易读性，使软质图画出版取得了前所未有的发展和成就，并逐渐成为图画出版的主要形态。

(三)虚拟图画出版

虚拟图画出版，在当前的个人、集体影集等的数字化扫描、存储、传播活动中，广泛存在。此外在3R出版中也被广泛应用。关于虚拟图画出版内容，与下面的影像出版符号多有重叠，此处不作赘述。

二、影像类出版符号

影像出版符号属于虚拟出版范畴，其中也包含图画出版符号。影像

---

① 王海燕：《中国古代帛画研究述评》，《艺术探索》2009年第4期。

是文化保存的重要形式。19世纪以来，随着录音录像技术的日趋成熟，影像出版逐渐受到重视，人们意识到对于历史的记录和描述仅凭文字符号是不够的，必须要有实物和图像。西风东渐过程中，摄影技术传入中国，在记录中国文化上起到重要作用，留下了许多珍贵的历史文献资料。影像出版及影像资料，已经成为出版体系和文献体系的重要组成部分，极大拓展了传统出版和传统史学的叙述范围。而出版机构作为图书、杂志、报纸和电子产品等有版权产品的出版活动的组织机构，自然而然地承担起了出版影像资料、传承影像文化的重任。

通常来说，"'图像处理工具'＋'模板设计工具'＋'数码印刷系统'构成了数码影像出版的完整解决方案"①。这三者是做影像出版必不可少的软件工具和硬件设备。目前，随着影像技术的发展和应用需求的多元化，影像出版形式正在逐步实现从平面、单一、纸质为主体向立体、多维、互动、多媒体为主体转变，数字化影像出版已成为新的发展趋势。

(一) 摄影出版

中国最早的影像出版资料是19世纪后期由来自欧美的传教士所拍摄的，他们拍摄了清末民初，中国从南到北，从城市到乡村，从官场到民俗的诸多照片，并留存至今。其中瑞典的奥斯伍尔德·喜仁龙的《北京的城墙和城门》摄影集，内收录照片109幅、测绘图纸50幅，是迄今为止关于北京城墙与城门最为完整的早期影像资料。这部摄影集的英文

---

① 王立东：《影像出版新概念》，《数码印刷》2008年第8期。

版于1924年在伦敦出版，1985年北京燕山出版社翻译出版其中文版本，面世后供不应求。2017年，北京联合出版公司以及国家图书馆将该书照片高度还原，并在增补、完善之前译本的基础上再次修订出版。《北京的城墙和城门》摄影集用饱含感情、富有感染力的图像和文字，折射出了中国社会的历史变迁，不仅留存了大量珍贵的历史资料，还在不断丰富和完善中提升其价值，对于记录和传承北京文化具有非常重要的意义。与此类似，《突围：国门初开的岁月》《国家记忆：海外稀见抗战影像集》等影像出版作品也是通过大量珍贵的照片资料，鲜活、真实地再现与还原了历史，具有非常重要的历史价值与文化艺术价值。

实用功能也是影像出版所追求的一个重要价值。汶川地震后，由中国地质环境监测院编著的《"5·12"汶川地震典型地质灾害影像研究》面世，该研究用影像的形式讲述了汶川地震中11个重灾县（市）区以及包括四川、甘肃等地共111个受灾乡（镇）的情况。该影像充分利用了现代遥感监测新技术，不仅分析了受灾地区的地貌和地质特征，同时系统研究了汶川的地质条件以及地震触发的自然灾害分布，具有非常强的功能性和实用价值。

(二)音像制品出版

音像出版，是指"从早期的塑胶唱片到磁带、VCD、DVD或CD-ROM光盘以及后来的蓝光DVD为主的出版活动"[①]，音像制品往往需要用户借助影碟机、录放机或电脑光驱等设备获取视听内容。音像出版

---

① 杨楷：《数字时代"音像＋"新媒体出版探索》，《新媒体研究》2017年第16期。

最初源于国外，20世纪80年代，随着技术的进步以及人们对这一新兴产品的认识加深，国内市场开始形成。

音像制品是视听内容和实物载体的组合。在我国，音像制品从无到有，曾经风行一时，它作为中国20世纪90年代最为主要的信息传播方式，留存了丰富的具有时代特色的历史资料。但随着科技的发展、各种便捷的数码影音播放器的出现，以及受到自身发展逻辑的限制，音像制品的发展逐渐呈现衰落之势。音像出版的涵盖范围主要为经典音像作品、旅游产品和娱乐产品等。音像出版的形式也在不断更迭变化，其内容朝着电子出版、网络出版、场景出版和智能出版方向发展。

(三)数字影像出版

数字出版是以二进制为标志、以互联网为流通渠道、以数字内容为流通介质、以网上支付为主要交易渠道的出版和发行方式。也就是说，它是指在整个出版过程中，"从编辑、制作到发行，所有信息都以统一的二进制代码的数字化形式存储于光、磁等介质中，信息的处理与传递必须借助计算机或类似设备来进行的一种出版形式"[①]。

将数字出版和影像结合，使影视资料借助多媒体、互联网等新的数字出版形式表达出来，可以为观众带来全新的感官体验，增强阅读立体感。国家图书馆的"中国记忆项目"就是数字出版和影像资料相结合的有益探索。该项目以展现中国传统文化遗产和现当代重大事件为目的，通

---

① 万安伦：《数字出版研究——运行模式与发展趋势》，北京，中国传媒大学出版社，2017，第4页。

过采集口述史料、影像史料等新型文献，形成多载体、多种类的专题资源集合，并通过在馆借阅、在线浏览、多媒体展览等立体化创新形式生动、形象地向公众展现了中国的传统文化和重大历史事件。

此外，随着 VR、AR、MR 等虚拟与现实混合技术的出现并逐渐应用于数字影像出版，其对于影像资料的存储与传播的意义也极为重大。通过虚拟现实技术，传统板滞的平面影像资料转化为立体三维的虚拟影像空间，画面逼真，内容丰富，用户身处其中，可以与周围的环境互动，极大地提升了用户体验，可以使观众对于所发生的事情更具有代入感和真实感。

三、科技及艺术类出版符号

人类历史源远流长，各种科技类出版符号也是出版领域的重要一极。例如，数学领域的公式定理、化学领域的元素符号、物理领域的能量公式等，它们凝结着人类的科学智慧，在展现与传承人类科学知识和科技文化方面发挥着不可或缺的作用。此外，还有乐谱等艺术类出版符号，对艺术传播有突出价值。

(一)数学、物理、化学等出版符号

数学类出版符号是人类在探索世界、认识世界的过程中所留下的宝贵财富。数学是一种借助算学的大众文化，它最初起源于人类早期的生产活动。从现有的史实资料来看，古巴比伦人通过观察和经验，自远古时代就已经积累了一定的数学知识并以公式、定理等方式记录下来、传播出去，其目的是应用于实际生活，解决实际问题，这是数学出版符号

最早的源头之一。古代文明中的数学出版符号遗存丰富，在地中海地区、东亚地区、近东地区等都有发现。如在奥地利维也纳大学开展的"巴比伦天文学文献中的程序"研究中，发现其中给出了一个以 15 天为间隔的计算太阳运动的数表，并以一步接一步的程序记载了计算闰年的算法。[①]再如由印度人发明、经过阿拉伯人传到世界的阿拉伯数字符号，对于数学领域的贡献是无与伦比的。

在中国，数学出版符号的发展往往与传统的儒、道文化紧密相连。如中国传统道教文化中的阴阳八卦，是由包含三组阴阳的抽象符号所组成的，它实则是中国古代数学出版符号的代名词。阴阳八卦的起源是中国哲学的千古之谜。"胡怀琛认为八卦是上古时代的计数符号，刘钰等人认为八卦是用圭测日影的记录，冯友兰先生认为八卦是龟卜的裂纹——'兆'的模仿和标准化，李镜池认为八卦是结绳记事所形成的符号等。"[②]在中国的传统文化中，阴阳八卦以抽象的符号和图式来表达着世界的本源、状态以及各类事物之间的关系，对中国古代社会产生了非常深远的影响。八卦是研究运动、变化的数学，在阴阳八卦中，无时无刻不体现着数学运算与数理思维。它的最基本概念具有现代二进制数字"0""1"的基本属性，由此而来，延伸出圆周率、三角函数、勾股定理等数学模型，是人类历史上优秀的数学瑰宝。

化学元素符号、物理公式符号等都是非常重要的科学类出版符号，

[①] 袁敏、唐泉：《古代文明中的算法研究新进展——"古代数学史与天文学史国际会议"综述》，《自然辩证法通讯》2015 年第 5 期。

[②] 李义民、刘礼聪：《阴阳八卦起源新论——"阴阳"作为中国哲学起点的证明》，《九江学院学报》2008 年第 2 期。

对于人类在各自科学领域的思考和探索搭建了重要的思维通道，值得重视和研究。

(二)乐谱出版符号

自古以来，音乐作为一种媒介，都是展现与传承文化艺术的重要载体形式。由于乐曲主要依靠口头传播，其难以保存和易于变调等特性使得乐谱的产生就成为一种必然。乐谱是将音乐符号记录在纸张等载体上的一种文献形式[①]，它依靠特定的记谱符号，对音乐的音高、音长、音节等进行系统记录，可以将飘忽易逝的音乐声调以固化方式传承下来、传播开来，可以较为精准地展现音乐的原貌。

乐谱的形式可分为简谱、五线谱等。乐谱的记谱符号最初是以文字形式呈现的，如古巴比伦亚述遗址中发现的"楔形文字谱"，是现存最早的乐谱实物。我国可考的乐谱大多是文字谱和图形谱相结合，目前公认的最早乐谱是《礼记·投壶》中所载的一种鼓谱，此谱以圆圈（○）和方框（□）为符号，记录了周代鲁鼓、薛鼓的两种鼓乐的节奏，又名"礼记鼓谱"。此外，宋代的鼓板谱、清代的转班鼓谱等都是利用不同的图形符号来表示乐点和打法，是古代非文字类乐谱出版的典型代表。

自11世纪开始，为了便于规模性印刷出版与传播，人们意识到"记

[①] 邱丹红：《乐谱的历史演变及其形式特征》，《交响——西安音乐学院学报（季刊）》2002年第2期。

谱"必须以更加标准的方式进行，这促进了不同方式与体系的记谱法的统一化、标准化进程。在这个过程中，乐谱出版逐渐由文字出版符号和非文字出版符号相结合，转变为以非文字出版符号为主，大多使用线条、图形、符号的组合记录旋律，并通过这种方式来表现音乐。"四线谱""五线谱"等应运而生，后者逐渐发展并成为世界上最为通行的记谱法，为音乐的传承传播作出了巨大贡献。近些年来，随着时代的发展和音乐形式的不断丰富，"十线谱"等新的乐谱形式诞生，乐谱出版的形式也变得更为丰富多样，以适应日渐复杂的记谱要求。

四、声音类出版符号

口语传播自古有之。在文字出现之前，声音是人与人之间交流的主要方式，是人类传播的第一个发展阶段。而随着科技的进步和人类不断进行的有益探索，声音传播方式不断丰富且日趋多样，声音不再是转瞬即逝，而开始被记录下来，出现了磁带、唱片、有声书等多种载体形式。声音出版作为非文字出版符号的重要形式，正在悄然改变和影响着出版业板块格局。声音类出版符号的出版形式主要有磁带出版、唱片出版、有声书出版等类型。

(一) 磁带出版

磁带是电子出版物初期的载体形式之一。芬兰联合版权组织（Kopiosto）网站登载的《电子出版简史》（Brief History of Electronic Publishing）曾报道：电子出版的发展，始于计算机开始用来生产出版物，起初是借助计算机生产科学出版物的摘要和索引。这些出版物的印刷版和磁带版同时供应。第一种是1961年出版的《化学题录》。

在美国，磁带出版的历史可以追溯至20世纪30年代。1932年，一种可长时间播放的说话书(the talking book)问世，是现代磁带出版的雏形。到了20世纪50年代，专门出版和制作磁带书的商业性出版社相继成立。1952年，加德蒙出版社(Caedmon)成立。这是美国第一家商业性质的磁带书出版社，它出版的第一部磁带书是由迪兰·托马斯创作并朗读的《威尔士圣诞节与5首诗》。[1] 此后，磁带出版进入规模生产阶段，无论是介质还是读取设备都在技术上不断改善和提升，出现了立体声录音带播放机、便携式录音带播放机等。进入20世纪70年代，音像出版中的磁带出版物大规模进入市场流通，发行渠道广泛形成。20世纪90年代是美国磁带出版业发展最为迅速的10年，主要表现为网上磁带书店的出现，标志着美国的磁带销售进入网络时代。

中国的磁带出版出现时间较晚，大约在20世纪80年代，伴随着录像机、录音机的大面积普及，磁带、唱片工业强势崛起，使得声音产品的生产方式和传播方式发生了根本性的变化。最初中国的磁带出版物主要内容为流行音乐，借助磁带为载体，流行音乐很快成为一种可以大规模用作盈利的娱乐手段。进入21世纪，随着信息存储技术的发展和更为便捷的载体出现，加之磁带自身的局限性，如制造成本高、体积大以及需要特定播放介质等缺点，各种录音磁带的生产量和购买量都逐步呈现出下滑态势。

(二)唱片出版

世界上最早的录音制品，是1857～1860年一段录制于烟纸盒上的

---

[1] 杨贵山：《美国磁带书出版业发展迅速》，《出版广角》2000年第2期。

某女歌手的10秒中录音。1877年，美国科学家爱迪生发明的录音筒，每个录音筒可录制4分多钟的节目，可以说是唱片的先驱。其中所录内容流传至今，包括宗教歌曲、歌剧选曲和器乐曲等，对我们今天研究西方音乐史来说都是非常珍贵的资料。约在1887年，"德国出生的美国公民埃米尔·伯利纳，根据录音筒的原理，研制成了一种唱针头由盘心向外运动的单面盘式唱片"[1]。20世纪初，双面唱片问世。之后，立体声唱片代替了单声道唱片，随后又出现了激光唱片，无论是从音质上，还是寿命上都大大提升。

中国唱片出版业的产生与中国近现代社会的命运密切相关。20世纪初，随着资本主义在全球的扩张，留声机与唱片进入中国。为了拓展中国市场、赚取财富，欧美资本开始录制中国音乐唱片，各种唱片公司应运而生。"我国最早的唱片出版事业开始于1908年，当时法国一个名叫洛滨生的商人，在上海开办了'东方百代唱片公司'。"[2]中国唱片出版业的发展基本上反映了中国各阶段的音乐发展状况，内容以戏曲和歌曲为主，还包括曲艺、器乐等内容。

唱片出版对中国社会产生了深刻的影响。首先，它改变了音乐的传播方式，丰富了人们的音乐生活，影响了中国近现代音乐文化的发展进程，为中国文化留下了珍贵的历史音乐史料。其次，由于唱片出版内容是社会文化的一部分，与当时的社会现实息息相关，因此兼具了政治属

---

[1] 张淑珍：《中国录音制品出版事业八十年(1908—1987)》，《中国音乐学》1994年第1期。

[2] 张淑珍：《中国录音制品出版事业八十年(1908—1987)》，《中国音乐学》1994年第1期。

性，对社会产生了直接的政治影响。如民国时期出版的抗战歌曲唱片《义勇军进行曲》《灾民进行曲》《血战台儿庄》和大量反映抗日救亡和劳苦大众生活的唱片，用唱片抒发爱国情怀，唤起民众情感共鸣，宣传鼓舞人们抗日救国。唱片出版对于当时中国经济的影响也是巨大的，它为中国的音乐工业奠定了基础，带动了相关行业的发展。

(三)有声书出版

有声书是指以纸质书籍为基础，"对原文不加修改，或进行合理加工，通过音频形式展现出来的一种网络出版物形式"①。它既包括有声化的纸质书和电子书，也包括脱口秀等音频出版物。随着科技的发展和电子产品的普及，有声书作为一种新的出版形式，部分解决了新媒体时代人们手脚忙碌和时间碎片化的窘境，人们可以用便捷化和轻松化的"听书"形式来获取知识和信息。"有声书"类的"音频"节目正成为非文字传播的重要组成部分。

有声书源于美国，最初是满足公益的需求。19世纪末，为了服务于视力有障碍的人群，阅读以听书的形式出现，有声书应运而生。进入20世纪，两次世界大战成为英文有声书发展的催化剂。"第一次世界大战产生了大规模不幸的视障人群，也催化了大众对失明的重新理解。当人们想到要为保家卫国而失去光明的退役军人提供文化服务时，阅读以

---

① 蒋娟、吴燕：《出版业形态的有益补充——中国有声书发展研究》，《中国编辑》2017年第10期。

一种听书的方式呈现。"[1]20世纪30年代，英国成立了"有声读物图书馆"，面向视障公众开放。第二次世界大战后，有声书开始慢慢普及，逐渐覆盖了美国的公共图书馆系统，也使普通人开始接触到有声书。由于有声读物的出版和阅读都需要借助特定器械才能完成，其制作成本高于普通印刷书籍，因此在相当长一段时间内，图书馆是有声书的重要阅读和销售渠道。而更多人开始"听书"，则是在1970年之后，随着制作成本的降低和便携性的提高，有声书开始被应用于汽车的车载音响服务，由此，一批专业的有声书出版公司成立了，他们开始为车主提供或免费或付费的有声书内容，并获得了非常好的市场效益。这种将有声书和汽车行业相联系的做法现在仍是美国有声书的最大市场。目前，根据数据统计得知，有声书的发展势头良好，尤以德国和美国为盛。以网络付费的方式购买有声书已经成为有声书出版最主要的形式。

相比国外，中国的有声书发展较晚，在20世纪90年代前后，我国才开始制作发行有声书，内容以经典名著为主，如中国唱片总公司出版过《红楼梦》的有声版本。但由于起步较晚，中国最初的有声书市场规模较小。近些年来，随着数字技术的发展以及人们生活、阅读习惯的改变，有声书日渐成为一种重要的出版形态，迎来其快速增长期。我国的有声书出版单位主要是文化传媒公司、音像出版社等，内容主要包括外语学习等教材类有声书、评书、儿童读物以及车载有声书等。

---

[1] 张远帆：《从欧美的发展历程看中国有声书市场的可能性》，《出版广角》2016年第20期。

目前，我国的有声书出版无论是在内容、载体还是消费人群方面，都展现出全新的生命力和蓬勃态势，主要表现在车载有声书市场规模较大、网络有声书出版平稳增长、移动有声书出版迅速崛起的趋势①。有声书正在成为人们闲暇时间学习和娱乐最流行的阅读方式之一，而有声书出版也正在迎来新的发展契机。

五、盲文类等触觉出版符号

触觉出版是一个特殊的出版领域，是公益出版的重要主体之一，也是非文字传播的重要组成部分。触觉出版的主要形式是盲文。盲文是指专门为盲人设计、供盲人使用的、靠触觉感知的文字。现代国际上普遍使用的盲文形式是 1824 年由法国盲人路易·布莱尔发明的盲文点字法，"它是由六个与食指指面大小相似的凸点为基本构架组成的符号体系，以点数的多少和点位的不同组合来区分不同的符形，可变化成 63 个不同的图形符号"②。布莱尔的盲文点字法得到了国际上的一致认可，逐渐成为各个国家制定盲文符号的样本。

中国的盲文由英国传教士在 19 世纪 70 年代传入，直到 20 世纪 40 年代，中国尚无统一、规范的盲文符号系统。中国正式的盲文出版自中华人民共和国成立后才迈出了从无到有的第一步。1952 年，盲人黄乃参照布莱尔盲文体系，在普通话的基础上，制作出普通话版本的《新盲

---

① 施佳佳：《数字出版时代我国有声书发展的新契机》，《现代视听》2015 年第 3 期。

② 张映娣、张小慰：《我国盲文读物出版及使用回顾与思考》，《中国出版》2006 年第 3 期。

字方案》，至此，中国有了统一的盲文。1953年，盲文编译组成立，同年设立了盲文出版组，与盲文编译组合署办公。1959年，两者正式合并，成立盲文印刷所。盲文印刷所在1959年发展成为盲文印刷厂，1978年改制成为北京盲文出版社，并最终于1984年改名为中国盲文出版社，成为我国唯一一家正式的盲文出版机构。2004年12月，盲文出版社正式划归中国残联，回归残疾人事业系统，更加贴近盲人，走上新的发展时期。

中国盲文出版社自成立以来，一直采取开办盲人图书馆、低价发行等方法为全国盲人提供盲文图书，在一定程度上缓解了盲人买书难、看书难的困境。邓朴方指出："几十年来，中国的盲文读物、盲校教材都是盲文出版社出版的，在为中国盲人服务方面，在盲文事业的发展方面，中国盲文出版社做出了不可磨灭的功绩。"[1]随着技术的进步和改良，中国的盲文出版在印刷技术、识读技术上有了全新的改进。从铅字排版到盲文打版机制版，演变成为现在的计算机制版技术，工作量的简化使得盲文出版物的成本降低，相关的盲文类报刊出版物也逐渐出现，从1954年创办的《盲人月刊》到之后的《阳光报》《读者》盲文版等，都是重要的盲文报刊。

近些年来，随着全球对于视障人士的关爱不断加强，人们对于盲文出版物的重视程度也在不断提高，盲文出版物的形式在不断丰富，如在出版盲文书刊为主体的同时，兼出有声读物、大字版读

---

[1] 陈绍怀、叶耀增、曹国辉：《盲文与盲文出版事业》，《中国残疾人》2008年第1期。

物、报纸杂志等。但整体来说，人类的盲文出版事业仍旧存在一些困境。特别是在第三世界国家，盲文出版事业起步较晚，水平较低，难以满足庞大的视障受众的需求。阅读终端建设尚不完善，盲人专用的阅览室大都存在于大型的图书馆内，中小型图书馆和书店在无障碍服务设施上并无配套。另外，成本高、更新慢、种类少等问题都在限制着全球视障人群对盲文出版物的使用。总之，盲文出版符号的创新发展与盲文阅读条件的建设仍需各国政府和全球爱心人士的关心和支持。

第五章 | 出版技术论

　　生产力决定生产关系，出版技术不仅是出版过程中的重要环节，更是直接影响出版变革发展的核心要素。没有出版技术，出版载体与出版符号就不能结合，出版活动及成就也无从谈起。不同的出版载体对出版技术也会产生直接的影响，出版载体的形态质地和软硬程度直接决定出版技术的选用。概言之，硬质出版载体的主要出版技术是"刻和铸"，软质出版载体的主要出版技术是"抄和印"，虚拟出版载体的主要出版技术是"录和显"。但落实到某种具体的出版载体，出版技术又各有细微差别。

　　泥板、莎草纸、陶器、甲骨、简牍等出版载体，虽然都是硬质出版载体，但出版技术并不完全一样。两河流域的泥版书，是用削好的小木棍或芦苇秆在半干的泥板上"印压"楔形文字符号的出版技术，而基本不用"刻"的技术，如果采用"刻"的技术，泥板上的泥巴会翻起，就会影响字迹的呈现。埃及的莎草纸需要采用硬笔"描写"技术，甲骨文需要采取"钻刻"技术，青铜铭文需要采取"浇铸"技术，简牍则采用"刻"或"抄"的技术，石碑崖壁采用"雕凿"技术等。介于硬质出版和软质出版之间的出版技术是"拓印"技术，若从出版符号依凭的角度看属于硬质出版技术，若从出版符号附着的角度看则属于软质出版技术。这些早期的出版技术虽然原始简单，制作的出版物也很粗糙，但却促进了人类出版的发展和文明曙光的升起。

进入软质出版阶段后，纸张为"抄""印"这两种出版技术的发展提供了适宜的载体。软质出版前期主要是抄写技术；东汉，拓印技术兴起；唐代，中国发明雕版印刷技术，北宋庆历年间发明胶泥活字印刷术，元代发明套版印刷技术，中国由此成为系列印刷术的发明母国。制作工艺愈加复杂，印刷的书籍也愈精致美观。古腾堡机铅活印技术发明后，人类进入近现代出版时代。以机器大工业为特征的大规模印刷复制，极大地节省了人力、物力和时间，促进了知识和文化的大批量生产和世界性交流传播，推动人类文明的台阶式进步。

到了近代，出现了声光电磁等新的出版载体和介质，人类迈入了虚拟出版阶段，出现了计算机出版和数字出版等虚拟出版新形态。随着科技日新月异的发展、AR/VR/MR等出版技术以虚拟交互的特征让读者更容易沉浸内容情景之中，大数据和云计算技术凭借强大数据处理能力能够革新整个出版流程，引领虚拟出版变革。相信在未来，出版技术仍将不断创新发展，目前以虚拟化和智能化为主要特征的人工智能出版和大脑意识出版已经初见端倪，这也许将成为未来虚拟出版的高级形态。

第一节 论硬质出版技术

人类出版从"硬质出版"到"软质出版"再到"虚拟出版"，这一历程其实就是出版技术不断进步飞跃的结果。人类文化的传播也从古老艰难的龟甲兽骨出版、竹简木牍出版、泥板莎草纸出版，发展到纸质"抄""印"出版，今天已全面进入数字时代，虚拟出版程度日渐加深。从中国东汉的拓印到 7 世纪唐代的雕印，再到 11 世纪的胶泥活印，以及 15 世纪中叶德国古腾堡发明的机械铅活字印刷术，每一次技术的变革，都带来了人类出版和人类文明的大跨度进步，对世界的经济、政治、文化，也产生了不可估量的影响。

一、泥版书的印压和纸草卷的抄画技术

在硬质出版时期，人们使用的往往是由最常见、富有地域特色的原料制造的出版载体。如古埃及人采用的是以当地盛产的纸莎草的茎髓编织压制的莎草纸，两河流域人是采用当地的黏土制成的泥板载体。然而，在那个时代产生的看似简单甚至简陋的出版物，却是当时的劳动人民智慧和技巧的凝结。出版载体的制作，出版内容的刻写，这些早期较为原始的出版技术推动了人类文明曙光的升起和硬质出版的快速发展，并为后世出版技术的探索进步奠定了基础。

（一）泥版书的出版和保存技术

泥板载体是两河流域苏美尔人发明创造的。在后续的发展演变过程

中出现了多种变化。

以泥板为主要载体的地区是两河流域。该区域为底格里斯河和幼发拉底河的冲积平原，淤积了很多黏土。这些黏土经过河水长时期的冲刷，杂质少，黏性高，可以用来制作陶器或者一些器具，久而久之，这种常见的黏土演变成了当地的一种出版载体。

虽然年代久远，方法原始，但在当时作为一种出版载体的泥板，在制作工序和制作要求上都非常考究。对于当时的两河流域居民来说，这是非常神圣和具有仪式感的事情。制作泥版书所用的黏土是两河流域一种特有的黏土，具有很高的黏合度和韧性，同时，在选择时也要保证这些黏土具有适当的湿度和可塑性，做成的泥板也需要规划好适宜的大小尺寸。不同的泥板形状代表着不同的用途和功能。用作书写材料的泥板既不能过软过湿，否则会沾笔沾手，也不能过硬过干，否则就不易刻画书写。

泥版书的制作大致需要以下几个步骤。首先，把准备好的泥团调和至适宜的湿度，然后捶打揉捏至所需要的形状，防止其出现断裂或裂痕，并在上面画出细线行格。其次，要对泥板进行光滑化处理，通过使用木杆笔或者芦苇笔比较光滑的一端将泥板表面打磨得光滑平整，并在上面进行印压或滚印出版符号。泥板制作有大有小，如果泥板太大，不方便手拿，则需要将其放在一个支架上，用手将其按压成型。因此，较小泥板的正反两面中部都或多或少有些凸出，这样可以增加泥板的强度。而较大的泥板则不同，因下面放在平面支架上，只能将上面做成凸面来增加强度。如果较大泥板的两面都是平面，那么它有断裂的可能，因此其中心部位往往会附加一块小泥板，使原来的泥板变厚、变得更结实,并产生一个凸面。最后,用一个空模子沿泥板的各边拖拉,把上面各边的棱角磨圆,而靠着支架的下面由于模子磨不着而保持着分明的棱角。① 制作完成后的泥版书会用专门的容器来保存。"一部泥版书包括若干块刻有楔形文字的泥版和带有标记可容纳这些泥版的容器。木架是其中的一种容器,泥版按顺序放在木架上供人使用。"②

泥版书的印压是制作当中非常重要的一步,当时的书吏在印压字迹时,一般优先选择较光滑的一面,而后翻转过来再印压另一面。凸出的一面更加易于修改,容错率高。如果先写凸面,写完以后翻过来写光滑面时凸面突出的部分容易被磨损。从这样一个印写细节上,就能看出人们对于泥版出版的严谨态度。为了节省人力,苏美尔人还发明了泥土印章来代替手工印压,尤其是圆筒印章的发明更是让人啧啧称奇。圆筒印章就是将文字刻在圆柱上,然后使得圆柱在半干的泥板上滚动,将圆柱上的字迹转印到泥板上,这已经具有了后世滚筒印刷的雏形。

泥板这种载体有其优越性,它不容易被虫蛀,制作原料易得,且能够实现循环利用。但由于其较大的重量和体积以及泥土材质,使其搬运和保存十分麻烦。遇到阴雨天气空气潮湿,在这种情况下泥板有可能变形、松软甚至破碎。为应对这种情况,当时的人们想尽各种方法来对泥版书进行密封,比如用干土覆盖,用箱子封装,用专门的木架存放,给泥版书加上封套保存等。同时为了保密,还发明了泥板封套技术和泥版书加密保存技术,既保证了泥版书保存的时间,也可以防止有人对其进

---

① 于殿利:《巴比伦与亚述文明》,北京,北京师范大学出版社,2013,第77页。
② 半夏:《泥巴上的辉煌》,《出版广角》2013年第11期。

行破坏和篡改，体现了当时人们高超的智慧。

泥版书既不像石碑和金属器具那样耐得住风吹雨打，也不像莎草纸能够卷曲保存。因此其制作技术更加严谨，收藏保存手段也须十分精心。泥版书的制作技术在两河流域得到传播和传承，经过一代又一代工匠和书吏的改进，泥板逐渐成为西亚和西亚地区主要出版载体。两河流域城邦经济的发达和商业的繁荣，使得楔形文字内容在广泛流传的同时，泥版书制作技术也得到更广泛的传播，这才使得我们有可能在两河流域考古发现数量可观的泥版书遗存。两河流域不断出土了各种类型的泥版书，还出土过类似于今天密封信件的泥版书封套和泥版书加密手段，这些出版载体、出版技术、出版管理制度等方面的创新，是两河流域对于人类出版史的独特贡献。

(二)莎草纸的制作和出版

在北部非洲，古埃及人也有自己独特的硬质出版技术。他们以尼罗河三角洲盛产的纸莎草的茎为原材料，制作莎草纸。莎草纸在公元前3000年前就开始使用，在公元前8世纪左右传播至古希腊，曾经长期作为非洲、欧洲及西亚地区的主要出版载体，对于世界文明发生发展做出过突出贡献。直到9世纪来自中国的造纸术传入非洲，后再传至欧洲，莎草纸才逐渐退出历史舞台。其制作技术也被历史尘埃湮没。直到20世纪60年代，埃及人哈桑·拉杰布(他曾是埃及驻中华人民共和国的第一任大使)利用1872年从法国引种回埃及的纸莎草，重新发明了制作莎草纸的技术，才使得这个历经了数千年的莎草纸卷出版制作技术重现于世。

纸莎草是一种水生草本植物，形状和芦苇类似。其高可达两米以上，在纸莎草顶部还带有辐射状的细缨，茎秆的横截面呈三角形状，纸莎草的柔韧特性使其用途广泛，古埃及人用它来编制席子、筐子，建造船只，甚至修盖房子。《圣经》中记载，摩西被抛入尼罗河中时乘坐的筐就是由纸莎草编织的。当然，其最主要的作用就是被编压成出版载体莎草纸。

"莎草纸的传统制法是：首先剥去纸莎草的绿色外皮，留下髓部，并割成薄片，放入水中浸泡几天，捞出后用木槌敲打，压去水分，重复多次，把薄片两端切齐，一条条横向并排铺开，然后在上面纵向排开，并用石块压紧，挤出糖质黏液，使草片相互黏结起来。晾干以后，用象牙或者贝壳磨平草片的表面，就成了纸莎草纸。"[1]在莎草纸制成以后，为了防止书写时墨水渗开，因此一般还会对莎草纸进行施胶处理。

莎草纸的制成，促成了纸草卷的诞生。纸草卷的出版技术除载体制作技术外，还包括制"笔"技术和制"墨"技术。

古埃及人开始以削尖的纸莎草、鹅毛秆以及芦苇茎为"笔"，以菜叶加烟渣调成"墨汁"，在莎草纸上或抄或画，"抄画"好的莎草纸被卷在木杆上，用细绳扎好，形成卷帙，俗称"纸草卷"。当时许多艺术、数学、医学、文学方面的著作都是依托纸草卷的出版技术记录和传承下来的。尤其是精美的莎草纸画，更是成了埃及文明的象征物之一。

---

[1] 孙宝国、郭丹彤：《论纸莎草纸的兴衰及其历史影响》，《史学集刊》2005年第3期。

纸草卷的出版技术为埃及历史、科学、文化、艺术的传播传承发挥了重要作用。

二、甲骨文的契刻和青铜铭文的浇铸技术

在硬质出版时代，两河流域的泥版书印压技术和古埃及的纸草卷抄画技术在人类早期的出版史上地位突出。而在古老的东方，甲骨和青铜同样也被制作成卓越的硬质出版载体，承载起悠久灿烂的东方文化。

(一)甲骨的制作和甲骨文的契刻

汉字符号系统是世界上唯一一种没有中断的文字系统，其最早的文字系统就是刻在龟甲和兽骨上的文字，简称"甲骨文"，是中国殷商时代的文化产物。它与两河流域楔形文字、古埃及象形文字、古印度印章文字、美洲玛雅文字，被并称为世界"五大古文字"。其承载载体以龟甲和兽骨为主。目前发现的甲骨材料主要包括龟背甲、龟腹甲、龟甲桥、牛骨、猪骨、人头骨、鹿头骨等。甲骨的主要作用是占卜凶吉，而甲骨文则是刻写在甲骨之上的卜辞。

甲骨并不能直接拿来使用，而是要经过加工处理。首先应该把甲骨上残余的血肉杂物清理干净，接着进行切削及打磨处理。腹甲要锯去甲桥边缘突出的部分，使之成为弧形。它的正反两面骨的表皮以及有鳞片之处，都要进行刮磨，有的地方高低不平，要进行错磨，使龟板面平光泽。肩胛骨的整治，要锯除骨脊（柱脊）和骨扇前缘的软骨，骨臼部分要经过修整。骨扇无骨脊之面为正面，有骨脊之面为反面。在骨板的正、

反两面都要进行错磨，使版面平润。① 经过一番加工以后，就可以对甲骨进行灼烧，然后根据甲骨反面裂出的兆纹判断凶吉。到了商代，人们在使用甲骨进行占卜以后，还会用青铜或者玉石双面刀在上面刻写卜辞，记录占卜的时间、结果等信息。甲骨文即由此诞生。

甲骨文在结构方式上体现了汉字"六书"的原则，但仍然保留着原始图画文字痕迹。因是在硬物上刻字，所以刻画的印痕较细，方笔较多。另外骨质差异，刻刀差异，刻画者差异。这些综合因素都造成了甲骨文笔画粗细不一，有的纤细，有的粗重。也正是以上特点，构成了甲骨文朴拙鲜活的形制特征。②

由此可见，甲骨文在用笔、结字、章法这几个方面已经具备书法的一些要素，其结构形式并不简单，尤其是其以硬质龟甲为载体，这对于甲骨文的契刻要求十分之高。契刻大致可分为两种，一种是直接刻写，另一种是先写后刻，即先在甲骨上轻微刻画一些细线，打好底稿，在此基础上进行细致的刻写。先写后刻的方式大大提升了甲骨刻写的正确率。出土甲骨中也有少量"笔抄"的甲骨文，此为后世"抄写"出版技术之滥觞。

（二）青铜器的铸造和铭文的铸刻

青铜是一种硬度极高的铜锡合金。在我国，青铜的冶炼铸造可追溯至夏代。商周社会是青铜器的鼎盛阶段，大量造型各异、美轮美奂的青铜器，极富魅力。

---

① 马如森：《殷墟甲骨学：带你走进甲骨文的世界》，上海，上海大学出版社，2007，第112页。

② 万安伦：《中外出版史》，北京，高等教育出版社，2017，第103~104页。

在商周时期，除了甲骨之外，青铜器也成为一种重要的出版载体。当时的青铜器包括鼎、盘、罐、尊等，在这些器具铸刻一些铭文以记功、颂德等，青铜铭文由此而得名。由于当时金属冶炼技术属于高科技，能够拥有青铜器的往往是权贵阶层，其中青铜鼎更是被视为国之重器。因此，印刻在青铜器上的铭文也往往记录了典祭训诰、征伐功勋、赏赐策命和盟誓契约等重大事件，青铜铭文因此也成为后世了解认知那个时代的重要史料。

中国古代青铜器的铸造有块范法、失蜡法、分铸焊接法等。块范法又称土范法，需要经过制模、制范和修整几个步骤，块范法使用得比较早，且较为普遍；失蜡法则是先用易于融化的材料，如油蜡、动物油等铸成模具，然后用泥浆浇灌，使其覆盖在蜡模上，形成泥壳，然后在泥壳上涂上耐热材料，用火不断炙烤，使泥壳里面的蜡油软化流出，形成空腔，然后向空腔中灌注高温铜液，待其冷却，铜器成型；而分铸焊接法，则是分开铸造铜器的一些部件或者附件，最后与整体焊接在一起成型。

殷墟出土青铜器铭文的制作方法，可分为铸铭和刻铭两大类。铸铭即铸前作铭，系在陶模、范、芯上完成铭文的制作，而后浇注出铭文。刻铭即铸后作铭，系青铜器浇注后，在器体上刻出铭文。殷墟出土的有铭铜器，铸铭占绝大多数，刻铭极少。铸铭依所施铭文对象的不同又可分为模作铭、芯作铭和范作铭三种方式，三者又以模作铭最多，芯作铭次之，范作铭最少。[1]

---

[1] 岳占伟、岳洪彬、刘煜：《殷墟青铜器铭文的制作方法》，《中原文物》2012年第4期。

严格来说，商代早期青铜器的铸刻符号更多的是花纹而并非文字，直到商代晚期才出现了三四十字规模的铭文，内容主要涉及祭祀和赏赐等。西周时期，开始出现长达数百字的长篇铭文。这些铭文大多与历史典籍相印证，显示了极高的文献价值。这都得益于青铜冶炼、青铜器制作和铭文铸刻技术的进步。青铜铭文的出现弥补了甲骨文容易破碎、不易保存的劣势，使得商周时期许多国家重大事件的记录得以流传后世，向我们客观展现了那个时代的真实历史和灿烂文明。

三、简牍的刻抄和贝叶经的划刻技术

（一）竹简木牍的制作与刻写

不论是甲骨还是青铜，这两种硬质出版载体记述的内容多局限于重大事件，无法满足社会运行和文化发展的需要，早在殷商前期已经出现的出版载体竹简木牍开始被广泛使用。相比于甲骨、青铜，简牍制作和刻抄更加便捷，特别是多片简牍编连后信息容量扩大很多，简牍书卷也更易于传播。

简牍是殷商至魏晋时期主要的出版材料，多用狭长的竹片或木片制成，竹制的称"竹简"，木制的称"木牍"，是为"竹简木牍"。每片竹片或木片写一行或几行字，人们将一篇文章的所有竹片或木片编连起来，形成简牍书卷。简牍一般都用刀刻或毛笔书写，长度会因功用不同而有所区别：诏书律令类的长三尺（约 67.5 厘米），经书类的长二尺四寸（约 56 厘米），民间书信类的长一尺（约 23 厘米），所以民间也有"尺牍"的说法。

简牍的制作和刻写大致可以分为三个步骤：制坯修治、或刻或抄、编连成册。

1. 制坯修治

简牍作为书写材料，在书写文字之前需要进行预处理，首先要经过选材，制成粗坯。在选材方面，竹木的选择主要受限于当地的物产情况。"竹简一般是选取竹节之间距离最大的竹子……每一节的长度正可满足制作一枚简的长度"[1]，不同长度的竹简用于书写不同内容；木牍的材料则大多取自白杨、柳树、松树等常见树木，色白质软，易于吸墨。选材好的竹木需要制成粗坯，竹简需要截成竹筒，破筒为片，形成竹条，制好的竹条还需经过"杀青"才能书写。"杀青"也称"汗青"，古人为防止虫蛀朽坏，将新竹放在火上烘烤，去除水分，烘烤过程中新竹会渗出许多液体，类似于人体出汗，因而将之喻为"汗青"。木牍制作也不简单，《论衡·量知》有云："断木为椠，片之为板，力加刮削，乃成奏牍。"[2]将木块斩断成为"椠"，再从椠木上片解成札条，然后将预备书写的一面打磨光滑即制成粗坯。

为了方便后续的编次，制成的粗坯还需进行修治方能使用，主要包括简端的打磨和契口的刻制。根据出土的竹简木牍来看，简牍端主要有三种类别：平端型、梯端型和圆端型。契口的修治主要是方便对简牍进行编连，在简牍的侧边刻上契口，多数刻在右侧用来固定编绳，这样简牍就不易脱落或者上下滑动。

---

[1] 赵彦昌、黄娜：《简牍文书制度研究》，《档案学通讯》2011年第2期。
[2] 黄晖：《论衡校释》，北京，中华书局，1990，第55页。

2. 或刻或抄

战国至秦汉时期，文字普及率低下，仅有极少数人识文断字，因此简牍文书的书写多由专人负责，称为史官、书佐或书吏。简牍的书写工具，主要是刀和笔（后世有"刀笔吏"之说）。刀刻简牍就像阴文印章的刻字方法，而笔书简牍，一般左手持简牍、右手斜执笔进行书写。唐宋时期曾有学者认为简牍上的文字与甲骨文、青铜铭文一样是通过刀锥等划刻上去的，直至近代出土的大量简牍实物证明，简牍其实更多的是以毛笔墨书上去的，刀是用来修改错误文字的。当写错文字的墨汁渗入简牍后，若需修改，则用刀削刮去墨迹，然后用毛笔重新书写。

简牍文书书写顺序为传统竖排，自右向左连续书写。此外版面上还留有天头地脚，用于编绳，通常三道编绳的简牍留有天地，根据具体书写内容的不同，还会出现留空和分栏的形式，如诏令类文书"制""制诏""皇帝"等文字与正文内容会留空，会计类文书则多借编绳的自然界限或者刻划线栏作为分栏。

3. 编连成册

简牍的编连主要针对的是竹木简牍的编连（木板制成的木牍多为方形薄板，一般可直接书写），把一枚枚形制基本相同的简牍按照内容的顺序，用绳、丝或牛皮等通过刻好的契口编连成册。简牍编连的材料一般选用丝纶，如睡虎地秦墓竹简、临沂银雀山汉墓竹简即以丝纶编之，称为"丝编"；以熟牛皮编连的称为"韦编"，孔子"韦编三绝"的故事即来源于此；还有用麻绳、丝绳等编连的。

编连方法类似于编竹帘，有两道、三道、四道甚至五道的编法，简牍文书的编连方式最常用的是两道编和三道编。两道编是将一简分为上中下三段，如永元器物簿等，敦煌、居延出土的文书多是如此，一般情况下二道编绳将整简三等分。三道编是将一简分为简端、简尾和上下两段，如睡虎地秦简《语书》为三道编绳，留有端尾。① 顺序上，可以是先写后编，也可是先编后写，后世出土的简牍此两种方式均存在。

此外，在简牍编连成册时，其最外端的两根竹简一般不写字，专做留空，可以起保护作用，然后在竹简的背面写上书名篇名，有些官府文书，还要书写发文日期、地址（或官名）、发文机关的长官姓名及收文机关的长官官名、地址或姓名等，最后才抄写文书的内容。这成为后世图书封面的起源，这种编连的形式也是纸张发明后卷轴装帧形式的雏形。

(二)贝叶书的诞生和制作流程

贝叶书产生于古代印度次大陆。贝叶经就是书写在特制的贝多罗树叶上的经文，且大多数为佛学典籍，还有一些古代印度梵文典籍，又被称为贝叶经。素有"佛教熊猫"之称的贝叶经具有非常重要的历史价值和文物价值。印度人在尚未掌握造纸术以前，就使用特制的贝多罗树叶作为书写的载体。贝叶经从产生至今已有 2500 年的历史，与我国竹简木牍大规模使用的历史时期基本相同。

贝叶是贝多罗树叶的简称。贝多罗树是一种四季常青的乔木，寿命

---

① 赵彦昌、黄娜：《简牍文书制度研究》，《档案学通讯》2011 年第 2 期。

长达 100 年，叶子肥厚硕大，贝叶经过煮制、风干等流程后，就成为经久不烂的书写载体。由于这种优点，2000 多年前贝叶就成为书写经文的载体。至今在南亚、东南亚及我国云南等地区，仍流传着这样的传统方法。贝叶保存时间久远的优点也很好地适应了硬质出版的特点，即将贝叶书上记载的事件和文化永久地传续下去，贝叶书代表了南亚次大陆硬质出版的主要成就。

贝叶制作成出版载体需要经过一些工序处理。"厚绿柔软的贝多罗树鲜叶经采摘、修裁、刷洗、水煮酸化、晾晒、压平、穿孔、弹线等特殊工艺处理后，被制成具有一定硬度和韧性、形制规格大致统一的'贝叶'，人们就可以用铁簪（一种外部用木质材料包裹的铁笔）在其上刻写文字了。通常一叶双面数行刻写，刻写时字痕力透叶中。待数行刻毕，抹上一种混合了锅底灰等物质的植物油，字迹立显。因其以铁簪于贝叶上刻写，与纸质抄本相别，故称'贝叶刻本'。"①

刻写好的多片贝叶置于两个木板之间挤压捆扎，这种夹子被称为"梵夹"。这样不仅可以使贝叶的表面更加光滑和平整，以便为保存和阅读服务，还可以通过对木夹的雕琢使贝叶书更加美观大方，为贝叶书的携带与传播提供了很大便利。这种书籍的装帧形式被称为"梵夹装"。

贝叶书平整耐磨，防水防蛀，历时千年仍清晰可辨。贝叶经的保存，为研究古代印度的文化艺术、出版活动提供了珍贵的史料，具有极

---

① 周娅：《刻写在树叶上的传承——南传佛教贝叶经的源流与特点》，《中国宗教》2016 年第 4 期。

高的文物价值。贝叶经的制作工艺流传到我国西藏、云南等地区，对我国的宗教文化等产生了重要影响。

四、石质载体的雕刻和碑文的拓印技术

(一)石质载体的雕刻

一直以来，石质是古代人们刻画和书写的重要载体，因此，石刻文、石碑文、梁柱文、各种摩崖石刻在世界各地都有广泛的出版实物出土。如世界各地的史前岩画，以及中国的云冈石窟、龙门石窟，印度的摩崖石刻和石窟壁画等。直至今天，人们的日常生活当中仍有许多石雕石刻作品。石质载体的缺点就是刻写和出版困难。石质出版载体非常坚硬，只有更加坚硬的金属才能将文字符号艰难地刻写上去。作为出版载体的石头，对颜色和形状都有要求，这也是石质出版载体不能被普遍使用的原因。

石碑是石刻作品当中最能够记录和传播信息的载体形式。在古埃及、古希腊、古罗马，石碑除了具有纪念和留存意义之外，还承担了传播新闻消息、发布公告、商业广告等职能。在两河流域，迄今为止世界上最早的一部较为完整地保存下来的成文法典《汉谟拉比法典》就是雕刻在石柱上的。在中国，石碑多作为纪念物或标记的竖石留存千古，成了中华文化中浓墨重彩的一笔。

石头之所以能够作为出版载体，这和人类精湛的石雕技术是分不开的。石雕艺术品是以雕、刻、研磨、切割等手段制作出空间形象的美术品，古代的石雕都是以手工形式进行的，其工具主要有凿、锤、钎等手

工雕凿工具。石雕雕刻设计手法多种多样，可以分为浮雕、圆雕、沉雕、影雕、镂雕、透雕几大类。一般而言，石雕工艺过程大致分为：石料挑选、模型制作、坯料成型、制品成型、局部雕刻、抛光、清洗、制品组装验收和包装几个部分。而加工这些石雕制品，其传统的手工加工技法大致分为三个步骤：首先要设计创作的过程。接下来需要根据设计好的图形挖去多余的、无用的石料，这些石料有时候是内部的有时候是外部的，根据不同的石雕作品而定。最后则是开始具体的雕刻过程。

石碑的雕刻是石雕工艺的一种。首先要选好石料，并对石块进行尺寸处理和细节打磨。在刻前，要深入理解原作，领会书法风格、笔法特色、运笔的笔势以及字体的细节之处的变化。随后将字体摹写在石碑上，并依据摹写进行雕刻。雕刻时必须恰当地运用刀法技巧，精心凿刻。要力求每一个字的每一处笔法都能完美表现出来，并和石碑浑然融合在一起。

石雕和石刻艺术的发明，使得人类将坚硬的石料转化为文明的载体，是人类改造大自然的又一伟大成就。其精湛的技艺是一定时期内人类精神劳动者和工匠智慧的结晶，且随着时代的发展，这一技术并未消失，在今天，各种各样的石雕、印章、石碑依然起到了审美观赏和承载信息的重要作用，不断焕发出新的活力。

(二)碑文拓印技术

石质载体印刻的信息经得住长时间风吹雨打，易于保存，但其庞大的体积和巨大的重量使其无法轻易移动，给内容传播和阅读造成很大的困扰。在纸张发明后，人们开始尝试将碑文上的字复制到可折叠、可便携的纸张上面，方便传阅及后人摹写、研读。拓印技术由此而生。

拓印技术起源于中国，是作为保存文物的重要方法之一。它能够将碑上的文字或图像，用宣纸紧覆在碑版上，用刷、墨打拓，然后将纸揭下，纸上留下碑版上的文字或图形。拓本留下珍贵的石刻史料，碑帖给书法艺术以研习摹本。所以，碑拓不仅具有观赏价值、典藏价值、学术价值、艺术价值，而且也有着很大的实用价值。①

拓印的过程十分讲究，在拓印之前，首先要对碑刻进行清洁，尤其是将碑文凹槽部分中的杂物、灰尘和污渍清洗干净，在清洗过程中要注意不能损害文物。碑刻的清洁与否对于拓印的结果影响重大。

拓印的第一步是上纸，首先按照碑文的大小对纸张进行裁剪，并预留出一部分空余的纸边。接着将纸张铺盖在上面。上纸可以直接压上，也可以通过白及水②或者清水将纸张打湿，使得纸张均匀地紧密贴合在石碑上。上纸完成后紧接着是敲打，力量要均匀，不轻不重，表面平整时可以稍微用力，表面粗糙、凹凸不平时则用力要轻，避免拓纸破损。要将纸全部打实，还可以辅以刷子将纸面刷平，当字迹清晰可见时，就可将调和好的墨汁刷蘸在拓板上，并按压到拓纸上，此时要注意把控纸张的干湿程度和墨水的浓淡程度，力求墨水拓印的保真。一般需要三到四次上墨才能将碑文较为完整清晰地复制下来。待到墨迹稍干之后，即可取下拓片，完成整个拓印过程。

通过上文对于拓印过程的描述可以看出，它已经具有了印刷最基本

---

① 兰小平：《浅谈古代碑刻的拓印技法》，《文物世界》2007年第2期。
② 白及是一种中药，含有黏液和淀粉等，泡出的白及水无色透明而有黏性。用白及水浸纸，目的是使宣纸能附于石碑上，干后不致轻易绷起脱空，便于上墨。

的元素。拓印技术不仅使得古老的碑文能够实现复制、广泛传播和传承，更是后面印刷术的技术源头。

五、其他硬质出版技术

泥版书的印压、石器的雕刻、碑文的拓印等，都是非常重要的硬质出版技术，其催生的相应的出版物对于人类文明产生了深刻影响。然而，还有一些硬质出版技术，它们或许传播范围并不广泛、推广普及程度不够、知名程度不高，但也是古人智慧和不断实践的产物，值得我们探寻。

(一) 筹码、泥质信封和印章的制作及出版技术

后世对于两河流域出版文明的研究，大部分注意力都放在了泥版书上面。事实上，在两河流域的文字和泥版书产生之前，就有了另外一套出版记录系统：筹码、泥质信封、印章等。它们也取材于两河流域的黏土，经过塑造和加工后使用。

筹码形状大小不一，多为几何形，例如锥形、圆盘形、筒形和球形。它们代表不同的数量和物品，例如谷物或绵羊。最早的筹码出现在新石器时代早期，两河流域的人们或许可以用筹码来计算数量，并且已经具有一定的计算知识了，这与后来研究者发现两河流域的十进制和六十进制相吻合。筹码记录系统与结绳记事类似，都是古人通过采用筹码或结绳的方式来记录生活的情况。

在两河流域东部的苏撒和北部的哈齐纳比遗址的乌鲁克时期早期，发现过直径在5～7厘米的泥质空心球，里面装有泥制筹码，泥球表面

还刻有里面装的筹码形状和数量以及一些圆筒印章滚印的图案，所以更准确地说，这个泥球应该叫"泥质信封"。这个泥质信封可以在一定程度上防止没得到授权的人偷看或更改"信"的内容，因为只有打碎这个泥球才能看到里面的内容。泥质信封上一般有泥球制作人和封存人的印章标记。

泥质信封的出现推动了印章文化的发展。印章在两河流域得到了广泛的使用与泥质信封关系较大。苏美尔人为了显示主权，往往采用印章来体现权力，这与中国的印章传统不谋而合。

印章在两河流域有各种各样的形状，其中滚筒印章在两河流域得到了长期应用。苏美尔人的滚筒印章也是用来表示主人占有、经手和批准权力的标志。滚筒印章其实就是具有阳文符号的小型圆筒。两河流域的印章是一种小型（平均只有2.5厘米至3.8厘米长）、石刻的圆柱体，是放在柔软的黏土上不断滚动，这样就留下了印迹作为所有权的签名或标志。[①] 印章最初是用泥土制成的，后来是石头，最后是金属和玉制的，印章是两河流域重要的出版载体和出版技术。

筹码、泥质信封和印章，是泥版书系统的重要组成部分，构成了古代两河流域的早期文明。

(二)蜡版书的制作与出版技术

除了黏土以外，蜡油也是一种可塑性非常好的硬质出版载体。

[①] 〔美〕斯蒂芬·伯特曼：《探寻美索不达米亚文明》，秋叶译，北京，商务印书馆，2009，第356页。

古罗马人发明的书写材料——蜡版曾经风靡一时，一直沿用到法国大革命时代。蜡版书的制作主要需要木板与蜡，首先将木板做成书框，将中间用黄色或黑色的蜡填满，然后将每块木框两侧凿出两个洞，用线将其串联，装订成书。一般情况下，第一块和最后一块木板是不涂蜡的，这样可以保护内部蜡面以防磨损，与蜡版相对应的书写工具是铁制的尖笔，尖的一头负责书写，圆的一头用于抹去错别字。

较之莎草纸，蜡版的价格要低廉很多，而且能够反复使用，因此更适用于当时的日常生活。例如，罗马学生记笔记、诗人写诗、商人记账、青年写情书赠予心爱的姑娘、僧侣书写教堂堂谕等。[①] 当然，蜡版质量有优劣之分，不同的阶级所使用的蜡版存有很大区别，普通人家使用的蜡版木框往往是枫树制作的，外面加上一层套子进行保护，里面的蜡也非常脏，甚至有的还掺杂脂肪；而富贵人家的蜡版则选择上等的木材制成，更为奢华的可能还会有象牙、宝石来做点缀。目前留存的很多蜡版是从庞贝古城遗迹中找到的。蜡版的优势就是易于擦除，因此也多被用作短的信笺，收信人将回信写在反复使用的蜡版上，再交回发信人。

(三) 桦树皮的制作与出版技术

在北纬 40°到 70°之间，普遍生长着一种耐寒的植物——桦树，

---

① 〔英〕凯尼恩：《古希腊罗马的图书与读者》，苏杰译，杭州，浙江大学出版社，2012，第 29 页。

桦树的皮具有质地柔韧、易塑造、不怕水、不怕碰撞、防腐耐潮、经久耐用、携带方便等特征，因此生活在北半球高纬度地区的人们，常用桦树皮制作鱼篓、木筏及各种生活必需品，也用它制作书籍，在上面刻写文字，促成世界性桦树皮文化的成形。由于桦树皮可被制作为出版载体，再加上其质地较为硬朗，因此将其归为硬质出版的范畴。

关于桦树皮用作出版的例子和记录有很多。宋使者洪皓使金十余年，用桦树皮制书。① 1970 年，由 H. 普日莱（H. Perlee）和 E. B. 莎符库诺夫（E. B. Shavkunov）率领的蒙-苏历史文化考察队在坐落于蒙古国布尔干省南部的达新齐林苏木所在地以西 12 千米处的哈剌布罕·巴尔嘎松古城遗址中发现 1400 多块桦树皮文献。桦树皮记载的主要是蒙古文和藏文，学者们根据桦树皮上面蒙古文字的字型和书写方式及风格，认定这些文献是 17 世纪前半叶的产物②。

在将桦树皮制作成出版载体或其他物品时，一般有固定季节和独特工艺。在每年农历五六月，趁着白桦树易剥取时收集原材料，将桦树皮去掉硬皮削得平平整整，用火烤或经过蒸煮，使得桦树皮变得柔软易裁剪，紧接着将其制作成所需的形状，在上面用骨器印压花纹或者书写文字。桦树皮文献的出版复制方式主要是"抄"，即用笔墨抄写，又有少量运用刻写技术的。桦树皮的出版载体制作工艺，配以抄刻等出版技术，使得北半球高纬度区域民族有了极富地域特色的出版物，为我们了解在特定历史时期、

---

① 殷焕良：《源远流长的中国古代桦树皮文化》，《草原文物》2011 年第 2 期。
② 乔吉、乌力吉：《关于德国出版的桦树皮蒙文文献——兼评〈蒙古科学院收藏的从哈剌布罕·巴尔嘎松发现的桦树皮文献〉一书》，《蒙古学信息》2001 年第 3 期。

特定生态环境、特定的社会形态下诞生的特色出版文明提供契机。

第二节　论软质出版技术

公元前 2 世纪，东西方几乎同时进入"软质出版时代"。软质出版时代的最典型特征就是出版的载体质地柔软，体量较轻，便于携带和传播，能承载较多信息量。植物纤维纸就是软质载体最典型的代表。纸和墨的出现为印刷术提供了最重要的辅助性技术条件。中国在唐代发明雕版印刷技术，在北宋时期发明活字印刷技术，在元代发明更为复杂的套版印刷术。同时，也相继发明实用美观的书籍装帧技术。中国的印刷技术传入欧洲后，直接影响 15 世纪中叶德国的古腾堡发明"机铅活印"技术，伴随出版载体制造技术——造纸术的发展进步，现代印刷业蓬勃兴起。相较于硬质出版技术，软质出版技术更为复杂多样，创新周期更短，成就也更为显著，这些都直接推动了出版业发展乃至整个世界的历史进程。

一、中国发明雕版印刷术标志人类进入印本时代

在中国传统印刷中，雕版印刷术是流传最广、应用最为普遍、对中国文化影响最大的一种印刷技术。它的创世发明是人类出版技术划时代的突破与创新，标志着人类从抄本时代进入印本时代。其相比手写传抄复制方法节省大量人力和时间，促进书籍的生产和知识的传播，更为后来印刷术的发展积累了基础性经验。

(一)雕版印刷技术出现

雕版印刷术是中国古代人民的一项伟大发明创造，其有三大技术源

头，一是印章技术，二是刻石拓印技术，三是制版印染技术。

印章技术是雕版印刷技术的源头之一。中国的印章技术最早可以追溯到西周时期。印章分阴文印章和阳文印章两大类。阳文印章上的阳文反体字，蘸上印泥印在纸上就变成了带朱墨的正体文字，其基本原理与雕版印刷技术相同。印章、印符就类似于小型雕版，而雕版则犹如放大了的印章。

雕版印刷技术的另一个重要源头是刻石拓印技术。东汉熹平年间刊刻《熹平石经》之后，拓印石经开始流行，人们可以从刻石石经上将所刻文字拓印到自家的纸上，这种拓印技术其实与雕版印刷有异曲同工之妙。"拓碑的方法，就是先把质地坚韧的薄纸用水浸湿，然后平整地铺在刻有文字（或图画）的石碑上，用布团在湿纸上轻轻地、匀称地拍打，使纸透进石刻文字（或图画）的凹陷处，当石刻的笔画线条十分清楚时才停止拍打。待纸晾干后，再用刷子蘸墨在纸上轻刷，墨稍干，就将纸轻轻地揭下，石碑上的字（或图画）就印在纸上了，不过字（或图画）是白色的，周围是黑色的，也就是一张张黑底白字的拓本。"[①]刻石拓印技术为雕版印刷术的产生积累了直接的和丰富的经验，奠定了技术基础。

雕版印刷技术的另一个源头是制版印染技术。印染技术在中国历史悠久，与丝织业相辅相成。印染技术分为制版印染和非制版印染两类。制版印染对雕版印刷启发性更大，虽然制版印染更多印制的是图案，但技术原理与雕版印刷是相通的。

---

① 严文科：《汗青·雕版·活字：古代的印刷出版》，贵阳，贵州教育出版社，2013，第6页。

在印章技术、刻石拓印技术和制版印染技术的共同作用和启发下，雕版印刷技术在唐代中国被创世发明，人类从数千年的抄本时代纵身跃入印本时代，实现从抄写复制文献到印刷复制文献的历史性跨越。

需要指出的是，纸墨技术的进步为雕版印刷术发明提供了重要的辅助性技术和材料基础。到了隋唐之际，社会发展和文化需求旺盛，传统的手抄复制已经不能适应时代发展需要，时代呼唤更高效的复制技术出现，雕版印刷术应时而生。雕版印刷术发明后，迅速被用于文化生产与信息传播之中，开始被广泛应用于印制诗文、契约、日历、佛经、佛像等。目前在敦煌千佛洞发现的《金刚经》是最早的雕版印刷品之一，于唐代咸通九年(868年)印制完成，经书字体鲜明，苍劲有力，表明当时雕刻和印刷的技术都已非常成熟。雕版印刷术的发明，大大促进了文学和文化的发展，也为中华文化的更广泛传播和更有效传承奠定了技术基础。

(二)雕版印刷的技术工艺

雕版印刷术是将文字、图像先凸雕反刻在平整的木板上，然后在刻字的版面上刷墨，覆上纸张，用干净刷子轻轻刷过，这样，版上的图文就清晰地转印到纸张上，再把纸张的油墨晾干，这样就印制成品了。雕版印刷对刻板的材料要求较高，雕版所用的材料，必须选用纹理细密、质地均匀、加工容易且容易获取的木材。为使刻成的印版不变形，早期雕版要选用经长期存放干透的木材，这样刻成的印版，即使存放多年，也不会翘曲变形。后来才采用水浸及蒸煮的方法，来处理刻版用木材。[①] 雕版印刷在制作的过程中主要使用的工具是刻刀、铲刀、凿子等工具。根据不同文字大小和部位，刻刀有不同的规格，铲刀、凿子主要用来使版面更加平整光滑。

雕版印刷的主要制作过程分为写版、上样、刻版、校对、补修等，只有当所有内容都校对没有问题时，才能进行印刷。写版又称为写样，一般是请善于书法的人使用较薄的白纸，按照一定的格式书写。为了保证刻成的版准确无误，会有人对完成的版样进行校对，如果校对出现错误，就会及时修补改正。只有确认版样无误后才能进行上样。早期雕版的规格，大多数采用写本的款式，规格十分自由。宋代以后，册页装帧形式逐渐规范，由于版面需要统一，版式也就因此固定了。

上样又称为上版，指的是将版样上确认无误的文字转印到木板上。在上样完成以后就可以进行刻版。刻版是整个步骤中最为关键的一道程序，直接决定了版印质量的高低。主要目的是刻去版面的空白部分，并且要刻到一定的深度，以便能够保留文字和其他可能需要印刷的部分。形成的文字是凸出的反体印版，印在纸上就是正体文字了。

雕刻的部分比较复杂，一般请经验丰富的专业刻工执行雕刻。主要可以分为几个步骤：首先是"发刀"，指的是在每个字的周围刻上一刀，目的是使得木板的表面更为松弛。雕刻的一般顺序是先刻比较容易的竖笔画。再通过转动木板的方式让横笔画变成竖笔画进行刻制，再依次刻撇、捺、钩、点。不是像写字一样，一个字接一个字逐字雕刻。采用笔画拆分方式，刻字的效率更高。最后，用铲刀、凿子等工具将空白处剔

[①] 刘行光、李志国：《印刷术》，重庆，西南师范大学出版社，2014，第36页。

清，检查无误后，一块雕版就完成了。

"印刷的过程是先将印版用粘版膏固定在台案的一定位置上，再将一定数量的纸夹固在另一台案上。由于纸和印版都固定在一定的位置上，这可以保证每一印张的印迹规格都是统一的。印刷时先用墨刷蘸墨均匀地涂刷于版面，再从固定的纸中顺序揭起一张，平铺于版面上，再用干净的宽刷（或称耙子），轻轻刷拭纸背，然后揭起印版上的纸张，使其从两案间自然垂下，这时的纸张已称为印页或印张。如此逐张印刷到一定的数量。"[1]通过这种方式能够高效地印制文献书籍。

（三）雕版印刷术的发展

雕版印刷在唐代发明，经宋代、元代、明代、清代，曾经辉煌千余年，印刷了大量优秀古籍。孙毓修认为其发展过程是："行于唐世。扩于五代。精于宋人。"[2]

雕版印刷术在唐朝已经得到了广泛的应用。诗人元稹在为白居易《长庆集》所做的序中就提到了当时很多人售卖白居易诗歌的手抄本和印刷本挣钱，表明当时雕版印刷术已经较为普及。唐文宗时期，四川和江淮等地每年都有人在市场上出售雕版印刷的日历，还没有等到朝廷官方颁布新历，家家户户都已经买到印制好的新年日历了。唐文宗不得不下令禁止私自印制日历。还有记载在成都书肆所见的术数书和小学字书，都是采用雕版印刷的出版物。

---

[1] 姜越：《梦回隋唐：一本书读懂隋唐文明》，北京，群言出版社，2015，第87页。
[2] 上海新四军历史研究会印刷印钞分会：《雕版印刷源流》，北京，印刷工业出版社，1990，第18页。

到了五代，朝廷和佛教寺院都大力提倡刻印书籍，尤其是雕刻佛家经典。后唐明宗时，宰相冯道见流行市间的版刻图书，多是市民阶层常用的日历和一些通俗读物以及佛教的经文，而没有士大夫所阅读的儒家经籍，于是冯道与李愚建议，让国子监召集博学的儒生，把原有的经典进行编辑整理和校对，召集优秀的雕版工人，进行系统的雕刻和印刷。这批书籍作为朝廷指定的统一教材，在全国流行推广。后唐长兴三年（932年），依据唐代的《开成石经》开始校刻《九经》，至后周太祖广顺三年（953年）六月，《九经》全部刻印完成，前后共花费了20多年时间。主持刻印事务的是国子监博士，书版也收藏在国子监内，所以世称《五代监本九经》，这也是中国历史上有记载的首次用雕版印刷术印制儒家经典。

五代宰相冯道主持雕印《九经》，开官刻儒家经典先河。虽然这是一场规模浩大的刻书活动，但并没有形成制度。

宋代，是雕版印刷术发展的黄金时期，雕印图书成为朝廷的一项经常性的工作，这一时期的印刷业非常兴盛。宋初，在继承五代国子监刻经行动基础上，朝廷把官家刻书发展成中央和地方政府两大官刻系统。所谓官刻，是指由国家政府部门出资组织雕版印行的图书。其中中央官刻是由国子监负责。国子监是宋代的最高学府，也是国家最高的文化教育机构，负责中央藏书和刻印图书。由国子监雕印的图书称为"监本"。国子监雕版印刷的图书主供朝廷人员参阅，并不向社会售卖。宋代地方政府的图书雕印系统，是逐渐发展起来的，到南宋时达到了兴盛。

地方官府中从事雕印图书的机构有各路使司，如公使库、茶盐司、漕运司、转运司等以及州学、军学、郡学、县学、书院等教育机构。

这些机构雕印了不少图书，其中尤以公使库本最为著名，不仅数量较多而且质量上乘。

以后历代雕版印刷术一直盛行不衰。元、明、清各代的雕版印刷，在校、写、刻、印各道工序都达到了技术精湛的程度，雕版印刷术逐渐发展到新的高峰。

二、中国发明活字印刷术启发欧洲机铅活印

在雕版印刷术发明后，活字印刷术的发明是中国历史上又一项重大的成就，更是中国印刷史上一次伟大的革命。活字印刷术是由雕版印刷发展而来的，但克服了雕版技术只能"一种书刻一套版，一套版印一种书"的缺点。活字印刷是预先制成一个个的单字，印刷时再根据所要印刷的文稿进行拣字排版，之后直接就版印刷或翻铸成整版进行印刷，印完后，单字还可以拆散再用。早在11世纪初的北宋庆历年间，雕版印刷工人毕昇就改革创新，发明了胶泥活字印刷术，中国而后又相继发明了木活字和金属活字的印刷技术。

(一)胶泥活字印刷术

最早关于活字印刷的记载就是毕昇的胶泥活字印刷术，宋代著名科学家沈括在他所著的《梦溪笔谈》中详细记载了毕昇的胶泥活字印刷术。"庆历中，有布衣毕昇又为活版，其法：用胶泥刻字，薄如钱唇，每字为一印，火烧令坚。先设一铁版，其上以松脂蜡和纸灰之类冒之，欲印则以一铁范置铁板上，乃密布字印。满铁范为一板，持就火炀之，药稍熔，则以一平板按其面，则字平如砥。若止印三二本，未为简易；若印

数十百千本，则极为神速。常作二铁板，一板印刷，一板已自布字，此印者才毕，则第二板已具，更互用之，瞬息可就。每一字皆有数印，如'之''也'等字，每字有二十馀印，以备一板内有重复者。不用，则以纸贴之，每韵为一贴，木格贮之。有奇字素无备者，旋刻之，以草火烧，瞬息可成。"①从中可以看出毕昇的发明，是一个完整的发明，从刻字、烧字、排印到活字收储都有科学的方法。

关于泥活字印书的最早的记载是宋光宗绍熙四年（1193年），周必大在潭州以胶泥铜版刊印了他的著作《玉堂杂记》。近年经专家考证，西夏政权时期（1038—1227年），用西夏文泥活字印刷了佛经《维摩诘所说经》。据记载，元朝初年有人用泥活字印过《近思录》《小学》等书。②

元朝初年，有人把毕昇的泥活字进行了一些简单改良，用泥板框代替铁框，把烧好的瓦字排在泥框里面，放入窑内再烧一次，使它成为整块陶版，再拿来印书，效果更好。

至清代还有人在研究泥活字印刷，康熙五十八年（1719年）山东泰安的徐志定就曾经用磁版印刷了张尔岐撰《周易说略》和《蒿庵闲话》，自称"偶创磁刊，坚致胜木"，这种磁版是在泥字上加一层磁釉烧造，相比普通的泥活字，这种加釉烧造的活字更加坚固，不容易被损坏。这是对活字印刷术的革新改良。

清道光年间，利用泥活字印书比较著名的是李瑶和翟金生。李瑶曾经用泥活字印刷了《南疆绎史勘本》30卷，后来又印刷了《校补金石例四

① （宋）沈括：《梦溪笔谈》，长沙，岳麓书社，2002，第131页。
② 金银河：《中国包装印刷技术发展史》，青岛，青岛出版社，2011，第19页。

种》。泥活字印刷术在江南一带使用较多，江苏常州、无锡和江西宜黄都有人印刷泥活字印本出版物。安徽泾县人翟金生耗时30年，采用毕昇的活字技术，在道光二十四年（1844年）制成泥活字10万多个，还按照大小进行了分类，成功印刷自己的诗集，名为《泥板试印初编》。

（二）木活字印刷术

木活字的最早尝试者也是毕昇，只不过不太成功。《梦溪笔谈》中有关于毕昇探索木活字印刷术的记载，"不以木为之者，木理有疏密，沾水则高下不平，兼与药相粘不可取。"[1]毕昇之所以放弃木活字，主要有两个原因，一是木理疏密不同，水墨印刷后，会出现涨版而使得版面高低不平。二是当印刷完成后，木活字非常容易与药墨相粘，不仅污染还难以脱字，所以毕昇后来改用胶泥活字。

现在发现最早的木活字印刷实物在西夏时期，12世纪下半叶，西夏有人成功采用木活字印刷术印制佛教经书。"至今发现的西夏木活字印本有《维摩诘所说经》《大乘百法明镜集》《三代相照言文集》《德行集》《吉祥遍至口和本续》《地藏菩萨本愿经》《诸密咒要语》《大方广佛华严经》等10种，还有一些佛经残页。这些木活字印刷实物比13世纪末元代王祯木活字要早一百年左右，为我们研究早期活字印刷品提供了重要资料。"[2]

继西夏之后，元代王祯是研究木活字印刷术的重要人物。王祯，字

---

[1] （宋）沈括：《梦溪笔谈》，长沙，岳麓书社，2002，第131页。
[2] 曹之：《中国古代图书史》，武汉，武汉大学出版社，2015，第96页。

伯善，著名农学家，其代表作品是农学著作《农书》。徽州旌德县令王祯在工匠帮助下，制作了3万多个木活字，并用这些木活字印制《旌德县志》。由于采用活字印刷术，不到一个月，6万多字的县志就印了100多部。王祯用木活字印刷书籍主要分五大步骤：一是在木头上刻字；二是锯字修字，把木板上刻好的字一个个锯开，每个字按照统一的大小规格进行修整，使它们合乎标准；三是造轮贮字，指的是制造两个直径七尺的轮盘用来储存木活字，为了使活字便于选取，轮盘是可以转动的，十分便利；四是排字，排字一般需要两个人，其中的一个人按韵喊号，另一个人就在轮盘中取活字，将活字按照顺序放在平板上；五是刷印，刷印是按照刻字的顺序进行竖刷。王祯把他自己探索出的这些实践方法，写成理论性文章《造活字印书法》，附在他的名作《农书》后面，这也为后人了解木活字印刷术提供了原始依据。这种方法已被译成多种语言流传至国外。

由于王祯木活字排版技术有很多优点，所以它推广和应用的广泛性远远超过泥活字。在王祯之后，元代的马称德也用木活字印书，他在浙江奉化做官时，刻了10万个木活字，印过《大学衍义》等书。另外，木活字还流传到了民族地区，在敦煌莫高窟也曾发现元代用维吾尔文刻制的木活字。

到了明万历年间，木活字印刷术已发展到成熟地步，木活字印书大为流行。明代木活字印书的特点有三：一是印刷数量大；二是印书分布地域广；三是印刷者众多。不仅私人印刷者很多，而且许多藩府和书院也采用木活字印刷图书。清代的活字印刷中，木活字的应用是较为广泛的。一个印刷工可以同时刻雕版和木活字，主要的材料和工序都大致相同，区别就是一个是单字，另一个是整版而已。清代木活字印刷术在全国通行，各地衙门、书院、官书局，大都备有木活字印制工具，并且清代出现了如"活字印刷坊""聚珍堂"等专印活字图书的书坊。

清代木活字印书的发展大大超过了前代，其中规模最大的一次木活字印书是始于乾隆年间，历时21年印制成的《武英殿聚珍版丛书》。武英殿成为皇家出版机构的所在地。到了乾隆时期，在武英殿要以木活字排印的方法刊行一批丛书，乾隆皇帝认为以"活字版"三字来命名这套丛书书名不雅，特地给"活字版"改名为"聚珍版"，因此以木活字排印的这套丛书就被命名为《武英殿聚珍版丛书》，也被叫作《武英殿聚珍版书》或《武英殿聚珍版全书》。乾隆四十一年（1776年），写成了《武英殿聚珍版程式》一书。所谓"程式"就是流程、法式、规章。这本书就是一部关于木活字印书的流程、方法之书。这是对实践中取得的经验所作的总结，比王祯的《造活字印书法》介绍得更详明具体。它是我国活字印刷史上的重要文献，已先后被译成德文、英文、日文传到国外。

清代的木活字印刷图书内容十分广泛，经、史、子、集等都有。大部头的就有《太平御览》《天下郡国利病书》《读史方舆纪要》等。其中《太平御览》是一部大型类书，初名《太平总览》，又称《太平类编》，由北宋李昉、李穆、徐铉等主编。全书1000卷，目录10卷，由宋太宗亲自主持编成。据清代叶德辉记载，这样一部类书曾由吴县（苏州）汪昌序用木活字重印，这是一项很大的出版工程。

清代的木活字不仅印刷书籍，还印刷报纸。袁栋说："近日邸报往往用活板配印，以便屡印屡换，乃出于不得已，即有讹渗，可以情恕也。"①木活字除印刷邸报外，还印刷现代报纸，其中比较出名的有《京报》。

(三)金属活字印刷术

金属质地坚硬，不易磨损，若制成活字，可以千百次印刷而不坏，相比泥活字、木活字显示出巨大优越性。在印刷史上，熔铸金属做活字是活字制作技术的一大进步。中国常见的金属活字有铜活字、锡活字和铅活字，金属活字印刷术的出现，不仅扩大了活字可用材料的范围，而且为后世大规模现代机械印刷提供了技术支撑。

锡活字是我国最早出现的金属活字，主要的排版、印刷及制作工艺和其他印刷技术并没有太大的差异。锡活字最早的记载见于元代初期王祯的《农书》之《造活字印书法》："近世又铸锡作字，以铁贯之，作行，嵌于盔内，界行印书。"②这是中国历代文献中关于锡活字的最早记载，也是世界上最早的金属活字，比欧洲金属活字创制早一二百年。当时的锡活字是铸造的，不是在锡上直接刻字。铸造需要经过刻字模、熔锡、浇铸、修整等工序。每个锡字的字身都有小孔，便于用铁条穿起来，排在字盘内，为了便于区分，还用界条区隔开来进行印刷。由于锡活字不像木雕版一样容易上墨，而且容易印坏，所以在中国没有普及。

但中国首先创造的金属活字，为后来的铜、铅等活字印刷术的创制奠定了基础。明代的文献中有关锡活字的记载，只有《勾吴华氏本书·

---

① 张秀民：《中国印刷史(插图珍藏增订版)》，杭州，浙江古籍出版社，2006，第315页。

② 李英：《中国彩印二千年》，南昌，江西科学技术出版社，2009，第132页。

华燧传》中提到的"范铜板锡字"一语，人们由此推测华氏除了用铜活字印书外，也铸过锡活字。

在锡活字之后出现的是铜活字。铜活字是古代金属活字印刷中最流行的印刷活字。主要制作过程是先用黄杨木刻字，翻成砂模，注入铜液成字。关于铜活字印刷术何时出现，目前学界并没有形成定论。清代孙从添著《藏书纪要》有"宋刻有铜字刻本、活字本"记载，由此推测，铜活字版宋代已有。但遗憾的是仅此只言片语，又无其他文献旁证，终显证据单薄。

继宋、金之后，元代铜活字大量运用于纸币印制。明代是包括铜活字在内的各种金属活字盛行的时代。明代的弘治、正德年间，在江苏无锡、常州、苏州、南京一带铜活字印书非常流行。较早用铜活字大量印书的是无锡会通馆的华燧和华煜。华燧对校阅版本很感兴趣，发现各种版本有异同时，总加以辩证，并随手记下来，时间长了，记了厚厚一大本，碰到宿儒就去请教，最后校订出一个正确的本子。为了使这个正确的本子广为流传，他就用铜活字把它印出来。他非常高兴，对人说"吾能会而通矣"，并把自己住的地方叫作"会通馆"。他用铜活字印的书，也冠以"会通馆"的名义。华煜是华燧的弟弟，兄弟两人用"会通馆"的名义印了不少书。比华燧略迟的还有华理，大概是华燧的族人，是一位官吏，也用铜活字印书。据《无锡县志》载，他"多聚书，后制活版甚精，每得秘书，不数日而印本出矣"。可见他印了不少活字版的"秘书"。现存华理的铜活字版《渭南文集》的确排印得非常精湛。

清朝康熙时"内府铸精铜活字数十万"，采用铜活字印刷技术排印《古今图书集成》。《古今图书集成》是我国现存最大的一部类书，仅目录就有40卷，整本书1万卷。雍正四年至六年（1726～1728年）清朝的内府采用了铜活字印刷术印刷了64部，每部约有5000多册。无论是从字数规模，还是排版的精细程度，都是史无前例的。不过，可惜的是当时所用的铜活字，在使用一次以后就被熔化铸成铜钱，没有留下实物。

在清代，铜活字在民间也使用较多。其中的代表人物有福州的林春祺、满洲人武隆阿等。吹藜阁用铜活字印刷的《文苑英华律赋选》比《古今图书集成》还要早40年。林春祺则是历史上制造铜活字最多的人，曾经花费了20多万两银子，耗时20多年，制造出铜活字40多万个，由于他的原籍在福清县的龙田，他特地为制造的铜活字取名为"福田书海"。他利用铜活字印刷的书籍有《军中医方备要》，顾炎武的《音论》和《诗本音》等。为了让后人了解他的造字经历，他写的《铜版叙》，详细说明造活字的原因和过程，这是我国有关金属活字的一篇重要文献。

铅的熔点低，容易铸成活字，是较理想的金属活字材料。我国历史文献有关铅活字印刷的记载显示，明朝已开始用铅为材料制作活字印刷。明朝弘治末年至正德初年（1505～1508年），陆深在《金台纪闻》中写道："近日毗陵（今常州）人，用铜、铅为活字，视版印尤巧便。"另外，清朝道光十四年（1834年），湖南人魏崧在他著的《壹是纪始》这本书里写道："活版印刷术开始自宋代，现在又用铜、用铅为活字。"这些都证明中国人已经使用铅这种金属做活字印刷的材料了。但由于铅的硬度较低，铅活字很容易被折损，所以在我国古代虽然开始试用铅作为活字材料，但未能推广。铅字印刷技术主要在西方比较流行，往往在铅里面加入其他金属，制成合金作为活字材料从而弥补了铅作为活字强度不够的缺点。

我国金属活字印刷术无论是锡活字、铜活字还是铅活字都采用得比较早，也都获得了一定的发展。但由于技术本身推广难度较大，加上统治阶级不够重视，特别是方块汉字不如拼音文字更适合活字印刷特点，活字印刷在中国缺乏大规模运用的客观需要，因此，中国活字印刷术并未像欧洲那样在被发明之后不断革新推广，活字印刷术最后逐渐落后于西方了。

三、套版印刷术问世标志着系列印刷技术均由中国发明

继雕版印刷术、活字印刷术之后，中国劳动人民又发明了套版印刷术，使印刷进入多色多彩印刷时代，这是中国对人类出版的又一重大贡献。套版印刷术是中国元代时发明的。

(一)套版印刷术原理与渊源

普通雕版印刷，一次只能印出一种颜色，或黑、或朱、或蓝，基本上为墨色。对于比较贵重或是第一次刷印的书，有时会选用红色或蓝色。这种印刷称之为"单色"或"单印"。

为了表现大自然丰富多彩的颜色，最初，人们是在一块版上的不同部位分别涂上不同的颜色，以达到彩色印刷的效果。这种分部位涂彩印刷的情况，严格讲还不能算是套印，只能称之为涂色印刷。真正的套版印刷，是往一张纸上分次印出几种不同颜色。套版印刷的技术要点是，将需要印制不同颜色的部分分别刻成相同大小规格的版，逐次印到一张纸上。"套版印刷术"，也叫"整版套印"，用这种方法印出的书籍，称为

"套印本"。在套版印刷发明的初期，主要用朱、墨两种颜色印刷，特别是在区分某书的正文和注文时，常用朱墨两色套印。以这种方法印出的书籍，被称为"朱墨套印本"，或叫"双印"。后来，进一步发展到用三色、四色、五色来套印作品，根据用颜色的多少，印出的书被称为"三色套印本""四色套印本""五色套印本"等。

套印书籍的出现，源于古代的写本书时期。在手工抄写的年代，为了达到方便阅读或使书的页面更加美观的效果，人们采用了朱、墨两色或多种颜色来抄书、写书。公元前2世纪以后，我国陆续出现了很多传注之类的对经书的解释性著作，如《春秋》有《左氏传》《穀梁传》《公羊传》等，《春秋左氏传》又有晋杜预注、唐孔颖达疏，《史记》有刘宋裴骃集解、唐司马贞索隐、张守节正义等。为了便于学习，必须想办法把不同注疏方式的内容用不同颜色区别开来，这样就出现了著、传、注、疏各用其色的情况。据记载，最晚在公元1世纪时，古人已采用朱、墨两色或多种颜色来抄书和写书。《隋书·经籍志》中有东汉时期贾逵撰写文章《春秋左氏传朱墨别》，这表明当时已采用朱墨两种颜色来标注文章了。而后因研究《左传》而著名的董遇，将《春秋》的"经"和"传"分别用两种颜色抄写，便于区分，这给后世的阅读和研究带来极大的便利。唐代陆德明撰《经典释文》，在该书卷首"条例"中，有"以墨书经本，朱字辨注，用相分别，便较然可求"的记述。

印刷术的推广，为图书的大量生产创造了极为方便的条件，对于社会和文化的发展起了积极的促进作用。当时的印版书籍只能一版一印，进行单色印刷，无法用不同颜色区分不同的内容。但抄本图书的著述方式已经越来越多样化，发展出注疏、批点、批语、批抹、评注等不同的图书标注形式。抄本图书著述方式的色彩多样，客观上要求印本书籍也能相应跟进。如何能够在印本中以不同颜色区分不同内容，成为当时印刷技术需要迫切解决的问题。现实要求人们在实践过程中不断改进和发展印刷技术，最终套版印刷术出现了。

(二)套版印刷术发展

关于套版印刷术发明的确切年代，还无从考证，但刻写或书写采用墨色以外的朱色，则可追溯到新石器时代。但这并不属于套版印刷技术。

元代是弓马天下的时代，也是中国古代唯一全域全朝使用纸币作为法币的朝代。出于防伪和精美印制需要，元代纸币印刷采用了主体雕版加"植字"及"拼版"技术，这样套版印刷技术在元代逐渐成熟。此外，元代还用了朱、墨两色套印佛经。套版印刷术问世，标志着雕印、活印、套印等系列性印刷技术均由中国完成发明。这是中国对于人类文化生产方式和文明演进范式的突出贡献。

套印技术虽然在元代已经被发明，但当时并未被广泛采用。到明代万历年间，套印技术有了较大发展，出现了最初的多彩套印技术。这种彩色套印技术是比较原始的，就是在一块版上涂抹上几种颜色，如在花上涂红色，在枝干上涂棕色、黄色，在叶片上涂上绿色等，然后伏纸印刷。如明万历年间刊刻的《程氏墨苑》中的"天姥对廷图""巨川舟楫图"及万历刻本《花史》等，就是用各种颜色涂在一块版上印刷的。

由于采用多种颜色，所以成品非常好看。之后明代的工匠很快又发明了多种颜色分版套印的方法。其中最为著名的闵、凌二氏，把这种印刷技术发扬光大，由两色而发展为三色、四色，甚至五色，这是彩色印刷史上的一大进步。今天所见到的常见套印本，绝大部分也都是闵氏、凌氏的套印刻本，闵齐伋和凌濛初是吴兴的名门望族，也是著名的套印刻书世家。"他们汇集刊刻套印了各家批、注、评、点的古书，其版式特色是周围有版框，中间无行线，这样便于栏上录批评，行格之间加圈点，书的每页虽然数版套印，但是技术上掌握得非常准确，从传本中极少发现参差错误，套版的颜色从朱墨两色增加到朱、墨、黛、紫、黄五色套印。"①闵刻《南华经》运用了五种不同的颜色，凌氏刻书大家凌濛初刻《世说新语》，也用了四种颜色。闵、凌两家都选用质量上乘、洁白光滑的纸张，用各种颜色分别代表批、注、评、点等，层次清晰，阅读时十分醒目。闵氏最早的套印本是万历四十四年（1616年）套印的朱墨本《左传》，之后又套印了很多书籍，内容包括经史子集。

有人曾统计，闽、凌两家的套印本有144种，其中大多数是朱、墨两色，三色有13种，四色有4种，五色有1种。经史子集中的集部最多，达到69种，还印刷了不少著名的诗文和戏曲。为了显示与普通印书的区别，往往还在书名上标出"朱批"和"朱订"的字样。

(三)饾版和拱花技术的出现

套版印刷应用到图画上就产生了饾版和拱花技术，图画最宜于用颜色套印，但在技术上也最困难。明万历后，市民的通俗文艺小说和戏曲非常流

---

① 卢贤中：《古代刻书与古籍版本》，合肥，安徽大学出版社，1995，第75页。

行，徽派的版画技术也达到了高峰，人们开始希望在图画上印上不同的颜色。在版画艺术和套印技术发展的基础上，产生了饾版和拱花的印刷技艺。

大约在万历二十八年（1600年），程君房（又名程大约）的《程氏墨苑》就开始使用涂色的方法印制成书，这种涂色法是先在一块版上涂上几种不同的颜色，一般给图画中的花涂上红色，叶子涂上绿色，枝干涂上棕色，然后再盖上纸张印刷。但是由于上的颜色是涂在同一块雕版上太接近易混淆，所以并不美观。之后第二版的《程氏墨苑》就开始采用分版分色套印，将每一种颜色都各刻一块木板，印刷的时候依次逐色套印，最后形成一幅完整的彩色图画。在这个过程中需要提前雕刻不同颜色的一块块小板，被称为"饾版"，饾版得名，是因其形似饾钉，饾钉是一种五色小饼。饾版的制作是一项复杂而细致的工作，首先需要勾描全画，然后将画分为几个部分，被称为"摘套"，一幅画往往需要刻制三四十个板子，先后重印六七十次，有时候就只是一朵简单的荷花，也需要根据颜色的深浅，刻制好几个饾版。再根据"由浅到深，由淡到浓"的原则，逐色套印，最后力求实现印制出来的彩色印刷品与实物相近。

"拱花"即拱出花形。拱花技艺也是在套版印刷的过程中出现的，不着墨色，而以突出的线条来表现花纹，类似现在的凸版印刷。印法是将花纹刻成正面的凸版，在木板上将画面所需线条刻成阴纹（凹形）印版，将宣纸覆盖于印版上，再在宣纸上加毛毡，用木棍或木槌压印或捶敲，使花纹线条凸出于纸上，这样制作出来的画面更加自然精美。

16世纪末至17世纪初，饾版和拱花技术得到较快的发展。明万历四十七年（1619年）进士颜继祖与南京制笺高手吴发祥合作，将饾版与拱花技术完美结合，印制了《萝轩变古笺谱》。明末书画家、篆刻家、出版家胡正言印制的《十竹斋书画谱》《十竹斋笺谱》更是进一步运用和发扬了饾版和拱花技术，作品历时多年完成，成为我国印刷史上较早能表现深浅层次的彩色印刷品，在我国彩色印刷史上占有非常重要的位置。

四、古腾堡的机铅活印技术

印刷术作为中国的四大发明之一，在13世纪传入欧洲。15世纪中叶，德国古腾堡发明了新的活字印刷技术，这种活字印刷是机械动力与铅活字印刷技术的结合，简称"机铅活印技术"。活字印刷术在中国诞生的时间比欧洲早450年左右，但由于汉字不是拼音文字，进行活字印刷时，每个汉字都需要单独铸造字模，加之汉字数量有10万之多，一套活字字模动辄需要铸造数十万字模，成本极高，因此活字印刷在中国发展较为缓慢。而欧洲的英语、法语、德语等主要语言文字符号都是拼音文字，特别适宜活字印刷，只需铸造出每种文字的非常有限的字母符号（一般二十几个字母），然后随意拼成各个单词，再扩大组成句子、段落、篇章，及至全书。所以活字印刷与拼音文字是天然的亲缘关系。古腾堡机铅活印技术的发明和使用，标志着欧洲近代出版业的诞生。新的印刷术出现后很快在欧洲大陆得到了广泛传播与应用，欧洲印刷技术也开始不断地发展与变革，最终领先于世界，并于19世纪初开始反哺印刷术的发明母国——中国。

（一）古腾堡的机铅活印系统

古腾堡是欧洲近代机械化金属活印技术发明人。古腾堡最开始研制印刷技术采用的是木活字，但因为西文是由单个字母拼写而成，使用具有一定强度的字母木活字印刷书籍时，字号会非常大，但制作小号的字母木活字又十分困难。字块太小强度不够，所以他改用了强度大的金属材料做活字。在坚硬的金属块上面镌刻向外凸的字母，一个金属块上只有一个字母，然后将这个金属压在一个相对较软的金属模块上，这样就形成了一个凹字。再将凹字字模放在铸造机中，把铅、锡等金属合金溶液浇铸其中，铸造出铅活字。通过这种方式能保证所有字母的标准化，这样就制造出完全相同的字母。铸造机就是为这项工作而被发明的，这项技术使人们能够系列地制造规格化的活字。

为了更好地使用这些新发明的金属活字，古腾堡开始研制新的印刷机。他从葡萄酒压榨机器上获取了灵感，发明了手扳印刷机。古腾堡的印刷机能够从机械中获取动力，并进行垂直和水平两种运动。这种印刷机还是一种木制机器，它所得到的压力不能一次成印，往往要经过两次的压印，才能达到印刷效果。

古腾堡为印刷技术进步做出了创造性的贡献，不仅铸造出了活字，设计出字模，制造出了新的机械动力的印刷机，还发明了新的油墨。古腾堡将这些新的印刷技术结合在一起，形成了一套高效的新印刷系统。早期印刷本和手抄本在功效上并没有太大的差别，而古腾堡机械印刷的优越性在于大规模生产，是一种批量印刷出版的生产过程。提到古腾堡，人们往往都在强调他在印刷技术方面的贡献，其实最大的影响是由技术革新而形成的一套完整的印刷生产过程，这代表了一种新的生产力，适应了欧洲乃至世界文化和社会发展的需要。

(二)印刷技术的革新与发展

古腾堡逝世后，尽管印刷技术有一些改进，但直到 18 世纪下半叶的工业革命前，都没有太大的创新。16 世纪末，阿姆斯特丹出现了"荷兰印刷机"，将古腾堡的木制印刷机加以改良。荷兰印刷机使压盘之上下升降更加容易，利用发条及重锤以使加压后的印版能自行返回原位，印刷能力可达到每小时 250 张。另一个对印刷技术有较大影响的就是印刷商哈斯发明的"哈斯印刷机"，哈斯印刷机更容易上墨，而且每一次压印后都能自动填补上一张新的纸①。这些新的改良技术，基本上还是围绕着古腾堡的印刷发明在进行完善，并没有给印刷技术带来大的突破，那些排字工人和印刷工人依然保持着最初的劳动模式，生产效率和技术水平也没有台阶式提高。

到了 19 世纪，在工业革命的影响下，出版的伴生性技术——造纸技术获得较快的发展。1798 年，法国人路易·罗贝尔，成功地发明了用机器造纸的方法，出现了长网造纸机。1844 年，加拿大诗人查尔斯·费纳蒂(Charles Fenerty)发明了木浆造纸技术，生产效率和产量均得到大幅提高。"到 1860 年，年产纸张已达 1000 吨/台高速机。"②造纸成本下降，印刷品价格随之降低，推动了印刷品的普及。

出版载体制造技术造纸术和出版技术印刷术的技术革命，带动整个出版行业的全球性进步。中国人长久领先世界的造纸术和印刷术被欧洲人超越，现代出版从此进入大机器生产时代。

19 世纪，欧洲的印刷技术获得了新的发展。在英国，斯坦霍帕爵士(Lord Stanhope)首先引入了全金属结构的印刷机，既节省了人力，又

---

① 〔法〕弗雷德里克·巴比耶：《书籍的历史》，刘阳等译，桂林，广西师范大学出版社，2005，第 102 页。
② 张建琦：《包装设计》，郑州，河南科学技术出版社，2007，第 4 页。

提高了印刷效率。这种印刷机的印刷尺寸比以前大了一倍，可以印刷出海报大小的印刷品。尽管还不是完全机械化运作，依旧需要人力进行手工操作，但由于改进机械部件并且采用金属构件，工作效率得到显著提升。

1810年3月，德国印刷工弗里得利克·康尼格（Friedrich Koenig）成功发明蒸汽印刷机，并在英国获得专利。他开始在自己的印刷厂利用新蒸汽印刷机进行实验性印刷，并对外推广新式印刷机。康尼格的蒸汽印刷机基本结构与手工印刷机很相似，主要创新点就是他将手工动力改为蒸汽动力，将人工上油墨变成滚筒自动上油墨，加快了印刷速度。康尼格后来又发明平板滚筒印刷，印刷压纸滚筒在字版上滚过，每次滚动都可以带入一张新纸，然后在字版上印刷出来。尽管纸张还是需要人工放入，由于滚筒的运用，速度又加快了很多。1811年4月，他印刷出的第一个样本是3000页厚的《年度注册目录》，印刷速度在当时可以说快得惊人。康尼格的蒸汽印刷机每小时可印刷400页，创造了当时世界印刷速度的最高纪录。

由于康尼格对印刷机的卓越贡献，伦敦《泰晤士报》的创始人约翰·沃尔特（John Walter）曾委托康尼格制造出一种新的双滚筒蒸汽印刷机，专门用来印刷大批量的报纸。这种印刷机的印刷速度达到了每小时1100张的水平，印刷的尺寸可以达到90厘米长、56厘米宽。1814年，沃尔特在报社宣布采用蒸汽印刷机，开启了印刷动力的新时代。

1815年，威廉·考柏（William Cowper）对印刷机技术进行了新的改革，他把平面的字版改成曲面的，使得字版能够与滚筒更紧密地接触，改进后的印刷速度达到了每小时2400张。1827年，英国《泰晤士报》委托考柏和他的伙伴安布罗斯·阿普加斯（Ambrose Applegath）设计制造了一种四滚筒的新蒸汽印刷机，成功地把印刷速度提高到每小时4000个双面印张。到1850年，《泰晤士报》的印刷数量从18世纪晚期的每天1500份激增到每天38000份，成为世界闻名的大报。

五、软质出版的装帧技术与书制形式

印刷技术的发展进步推动了装帧工艺的不断发展，尤其到了软质出版时代，羊皮纸书、缣帛、纸张为装帧技术提供了更加便利的制作条件。在中国，出现了各种纸质书籍的装帧技术和书制形式，包括卷轴装、包背装、线装等，不仅体现了高超的工艺制作水平，还展现出中国人的审美追求，是技术与艺术的完美结合。在西方，出现以欧洲为中心的书籍装帧形式，包括哥特式宗教手抄本书籍、古腾堡的平装本、袖珍本以及王室特装书籍等，随着印刷技术不断改良，书籍的装帧工艺也更加细腻精美。

(一)中国的装帧技术发展与书制形式

所谓装帧，是指书画、书刊的装潢设计，即印刷前后，对书的形态、用料和制作等方面所进行的艺术和工艺设计。随着装帧技术的发展，中国的书制形式也在发生演变。中国古代的书籍装帧与书制形式主要分为以下几种形式。

1. 卷轴装：软质出版的早期形态

硬质出版的简牍装与软质出版的卷轴装有一定的亲缘关系。卷轴装始于帛书，帛质轻，易折叠，书写方便，尺寸可长可短，将抄写好内容的缣帛一块一块地粘接在一起，在末尾加上一根轴，并以此为轴心从尾端向前卷成帛卷，就形成了以缣帛为书写材料的绢帛卷轴装。造纸术发明后，卷轴装是早期的一种书籍装帧形式。隋唐时期，雕版印刷术发明后，纸质书籍获得较快的印刷和传播，这一时期书籍的形制也产生了变化，出现了卷轴装的印刷纸本书籍。卷轴装的主要制作方法是将多张大小尺寸相同的纸粘接成一长幅，将木棒等粘于纸幅的左端，作为轴心自左向右卷成一卷，即为卷轴装。① 不过卷轴的形制并不完全相同，有的加轴辊，有的不加直接卷起来。有些比较精良的印刷品，不仅会加轴辊，还会在纸卷的右侧粘上一张空白纸，有时会用丝织品裱糊于纸上，被称作"襟"或"玉池"，俗称"包头"，在前端部分还有一条丝带，用来捆扎出版物，便于携带和存放。

卷轴装又称"卷子装"，其外形与装裱好的书画非常相似。隋唐时期最盛行的就是卷轴装书籍。在敦煌石室中发现的大批唐五代写本图书，都采用卷轴的装帧方式。据记载，古代宫廷收藏的卷轴装图书十分考究，《隋书·经籍志》描述秘阁藏书："上品红琉璃轴，中品绀琉璃轴，下品漆轴。"《唐六典》描述内府藏书："其经库书，钿白牙轴，黄带红牙签；史库书，绿牙轴，朱带白牙签。"②

唐以后，关于卷轴装的记载更多。北宋时期欧阳修在《归田录》中写道："唐人藏书，皆做卷轴。"元代吾衍在《闲居录》中写道："古书皆卷轴"。可见，卷轴装对当时的图书形制产生了重大的影响。

非但中国如此，古埃及的莎草纸文献，基本都是卷轴装，因此，又

---

① 王余光、徐雁：《中国阅读大辞典》，南京，南京大学出版社，2016，第513页。
② 白君：《国学公开课》，成都，天地出版社，2016，第124～125页。

被称为"纸草卷"。

2. 经折装：卷轴装走向册页装的过渡形态

经折装又叫"折子装"。经折装是在卷轴装的形式上改进而来的。随着社会发展和人们对阅读书籍需求的提高，卷轴装的许多弊端逐步暴露出来，因为阅览卷轴装书籍的中后部分时也要从头打开，看完后还要再卷起，非常麻烦。经折装是将图书长卷按一定宽度左右折叠起来，加之书衣，使之成为可以随时展读的册子。经折装的出现适应新社会之需，大大方便了阅读，同时便于取放。

隋唐时期，中国佛学发展到鼎盛时期，佛家弟子诵读研译佛教经典日益频繁，经折装是首先运用于佛教经典的一种装帧形式，便于展阅。经折装最开始是在佛经卷轴装基础上发展起来的，具体的制作方法：是将长条的卷子装佛经，依一定行数左右连续折叠，叠成长方形的一叠，再在前、后各粘裱一张较厚的纸，作为护封（也叫书衣、封面）。因其是互相连属的折子，故名经折装。经折装使人们展阅书籍的时候更为便利，人们要查阅哪一页书，就可以直接翻到那一页，而无须把全卷都展开来。它的出现，标志着中国书籍装帧的一个跃进。宋代以后雕版印刷的大藏经多采用经折装，如《毗卢藏》《思溪圆觉藏》《普宁藏》《碛砂藏》《崇宁万寿大藏》等。清代高士奇在《天禄识余》中说："古人藏书皆作卷轴……此制在唐犹然。其后以卷舒之难，因而为摺（折）……以便检阅。"[1]经折装是由卷轴装向册页装过渡的一种中间形式。

---

[1] 白淑春、蒋银凤、白放良：《古籍装修知识及其操作技艺》，银川，宁夏人民出版社，2014，第22页。

3. 旋风装：聚合卷轴装易存和经折装易阅的优势

旋风装又叫"旋风叶""龙鳞装"，由经折装发展演变而来。经折装是折叠式的最初形式，使用时较卷轴便利。根据其容易散开的缺点，人们后来又对其加以改进，发展出旋风装。旋风装的形式是长纸作底，首页全裱于卷首，自次后页依次贴于底卷上，如鳞状有序排列，但又保留了原有卷轴装的优点。《庄漫录》形容其"逐叶翻飞，展卷至末，仍合为一卷"①。这种装帧特点是外表虽然依旧是长卷，但里面的书页错落有致，是介于卷轴装和经折装之间的装帧方式。旋风装是卷轴装的最后一种书籍装帧形态，同经折装一样，它也是中国书籍由卷轴装向册页装发展的过渡形式。

旋风装的出现在唐代中期，与唐代诗歌的繁荣，特别是近体律诗的发展密切相关。诗歌要求作者引经据典，所以往往需要查阅大量的资料，旋风装是适应唐代诗歌创作经常翻检类书、韵书而对卷轴装进行的改进。目前存世的旋风装实物是北京故宫博物院珍藏的唐写本《王仁昫刊谬补缺切韵》，全书共五卷二十四叶，"其装帧方式：是以一比书叶略宽的长条厚纸作底，然后将书叶粘在底纸上。其粘法是，除首叶因只单面书字而全幅粘裱于底纸右端之外，其余二十三叶都是双面书字，故每叶都只能以右边无字空条处向左鳞次相错地粘裱于首叶末尾的底纸上。从书叶左端看去，错落相积，状似龙鳞。"②在不使用的时候，只需要将

---

① 王志国、李会林、车锦华：《中国书史（古代）》，呼和浩特，内蒙古人民出版社，2008，第325页。

② 中华文化通志编委会编：《中华文化通志·典籍志》，上海，上海人民出版社，2010，第276页。

书卷从左向右卷起，捆牢，仍是以卷轴装的形式收藏起来。旋风装聚合卷轴装便于保存和经折装易于展阅的优势，是我国书籍装帧史上的重要发明和创造。

4. 蝴蝶装：外表接近现在平装书

蝴蝶装简称"蝶装"，因书页展开似蝶形而得名。主要的制作方法是：将每页书在版心处对折，有文字的一面向里，然后再将若干折好的书页全部对齐，在书页背面折缝处用糨糊相互粘连，再用一张硬厚纸裹背粘于书脊作为前后封面。采用这种装订形式，外表与现在的平装书相似，展开阅读时，书页犹如蝴蝶两翼展开，故称为蝴蝶装。蝴蝶装产生于宋代，它完全适应了雕版印书一版一页的特点。每一页的文字向内集中于书脊，有利于保护版框以内的文字和之后进行改装。它的出现改变了沿袭千年的卷轴形式。《明史·艺文志序》称："秘阁书籍皆宋元所遗，无不精美，装用倒折，四周外向，虫鼠不能损。"[1]

蝴蝶装的书籍可以在书架上直立，与现代图书的排架形式差不多。书口向下，书背向上，书根向外，由于这种装订形式是版心向内，其余三边若有污损可以裁去，这是它的一大优势，书背也能较好地保存。由于蝴蝶装具有很多的优点，在宋元时期这种装帧方式非常流行，以蝴蝶装装帧的古书很多。其中年代比较久远的有北京图书馆收藏的宋代原装本《册府元龟》《欧阳文忠公集》《玉海》等。

5. 包背装：对蝴蝶装的一种改进

包背装是在蝴蝶装的基础上发展而来的。包背装改变了蝴蝶装版心

---

[1] 曹之：《中国古籍版本学》，武汉，武汉大学出版社，2015，第531页。

向内的形式，不再出现无字页面。主要的制作方法是：将印好的书页版面朝外对折，版心成为书口，再将一册书的所有书页以书口版心为准戳齐，在右边余幅处打眼，细绳穿入，订起砸平，再用一张硬厚纸对折后粘于书背，将书背全部包起，把书边修整，裁齐上下余幅后即成包背装。包背装图书逐页相连，装订牢固，是对蝴蝶装的一种改进，故自南宋末年以来，逐渐取代了蝴蝶装。盛行于元代及明中期以前，直到明代中叶以后，才被更先进的线装所逐渐取代。

现在存世的包背装古书以元、明版本最多，如元刻《汉书》《文献通考》《永乐大典》等，都是用的包背装。沿至清代，包背装依然在使用。清初著名内府刻本《御制资政要览》也采用包背装，精美漂亮，近年来的古籍拍卖会上常常出现。

6. 线装：最贴近当今的古书装订形式

线装是传世古籍最常用的装订方式。它与包背装的区别是，不用整幅书页包背，而是前后各用一页书衣，打孔穿线，装订成册。这种装订形式可能在南宋已出现，直到明朝嘉靖以后才流行起来，清代基本采用这种装订方式。线装书的主要制作方式：首先是折页，书页对折为两个半页，依卷页顺序分为若干册后每一页的书口需要对齐，书内加入空白页，再用纸捻穿订，给书本加上外衣之后三边截齐，打磨后去掉毛边，再打引线之孔穿线。一般的线装书多打四孔，开本大的也有打六孔的，称为"六针眼装"。有的线装书为保护图书及美观起见，还用绫、绢之类丝织品包起书背的上、下两角，称为"包角"。线装的优点主要有两点：一是比包背装结实，书页不容易脱落；二是书本旧了可以重新装订，让旧的也能变为新的。但主要的缺点是重装次数越多，针孔也就越多，越容易损伤原书。

线装书的出现是我国古书装订史上的一次重大改革，由于这种装订形式适应了当时书籍出版的客观要求，很快得到普及、推广，成为书籍的主要装订形式，在以后的三四百年，基本上是线装书一统天下。直到今天，用宣纸、连史纸或毛边纸印制的书籍，或仿古影印本，仍然采取这种装帧形式。

(二)国外的装帧技术发展与书制演变

国外装帧技术发展是一个较为缓慢的过程。最早是两河流域泥版书的连片装，而后是古埃及莎草纸的卷轴装，再后来是古印度贝叶书的梵夹装，及至古腾堡机铅活印技术发明后，印本书的装帧技术逐渐发展成熟。

1470年，佩特·舍费在美因茨出版了宗教题裁的集子《关于圣经》，是欧洲最早的金属活字印刷的印本书。它是根据手写样本仿制的一种活版印刷字体，各种印刷标记如首页标题、页码、一览表、目录、索引等都没有被印出来，并没有表现出任何的装帧艺术。

印刷技术的兴起，起初并没有给装帧技术带来革命性变化，早期的图书的装订，和抄本时代运用同样的技术。他们同样把书脊与实木制成的封面、封底的硬板一并裹起，制作工艺比较粗糙。但是为贵族制作昂贵的豪华书籍，装帧过程就比较复杂，往往会用到金帛、丝绸等贵重的织品做书套。

16世纪初，书本的印刷数量不断增加，那个时候的装订工人发明了滚轮压模。这是一种金属滚轴，主要是在表面刻上简单图案通过重复按压方式滚印，非常快捷方便。

16世纪20年代后，图书的面貌和形式发生了较大的变化。中世纪手抄本的文本上开始出现了标点符号，在作品的末尾加上作者名、译者名、印刷者以及印刷日期和地点，突出书名，出版商添加商标，版权页诞生。这些版权页和插页成为书籍重要的一部分，书眉上印上书名，页码也从罗马数字变成了阿拉伯数字，图书的形式在不断地完善。

文艺复兴时期，意大利的印刷业非常繁荣，威尼斯成为图书平面设计和印刷设计的中心。当时装帧的一个特点为对花卉图案的喜爱。很多抄本都广泛地采用卷草花卉图案，而文字的外部都用这类图案环绕。马努蒂乌斯是意大利印刷设计行业的重要代表人物，他的书籍使用插图的较少，主要集中在文字的编排方面，追求简洁工整，首写字母装饰是主要的因素，往往采用卷草环绕。

17世纪至18世纪，书籍最常见的就是犊皮封面，装饰以烫金边框。相对高级的书籍采用的是羊皮。一些贵族或者收藏家，经常让人在封面或者封面中央压印上自己的纹徽。18世纪，藏书家的品位开始有了新的发展，所以刺激了法国的豪华装帧。当时代表作品有1720年前后，装订工匠为摄政王奥林及其朝臣制作的镶拼图案，以及在中国风影响下，掀起时尚的多彩封皮。① 到了19世纪，随着造纸业的革新和蒸汽印刷机的发明，印制书籍更加方便和快捷，为了适应这种大规模的机械生产，出版商放弃了使用旧式的封皮，而采用了简单的封面、封底，缝贴在书本上。

---

① 〔法〕费夫贺、〔法〕马尔坦：《印刷书的诞生》，李鸿志译，桂林，广西师范大学出版社，2006，第96页。

19世纪中叶，英国的图书平面设计和出版业发展较快，开始领先于其他欧洲国家。英国图书装饰设计在旁注、红字、边饰、木刻插图和图书装订方面也经历了一个渐进和多元发展的过程。比如，系列丛书《黄金时代》由莫里斯担任版面和装帧设计。虽然从外表和形式上看来并没有太明显的改变，但其内部的具体结构，如旁注、边饰、插图和装订方式却在细微渐变。他用一排新的黑色铅体来做文字的主要字体。用健康的观念来渲染现代人眼中健康生活的理念。这就是文字的易读性，而这正是健康生活的趋向所致。

西方一直很重视图书装帧与设计，19世纪以莫里斯为代表的一批设计师非常钟情于书籍的装帧技术。图书装帧有精装与普通版本的区分，通常的精装本封面由牛皮或羊皮上色打磨制成。有时还会在上面镶上彩色图案或是纹饰。不过一些比较精致的装帧需要有做工灵巧的手工艺者完成，从而保证书籍精良品质。

由于当时图书装帧广泛使用动物皮质，许多爱护动物人士和社会团体群起抗议。莫里斯装订设计的另一种形式是选择更易获取、成本低廉的亚麻做封面覆膜，以蓝色或灰色纸覆盖在硬纸板上。这种形式的图书封面在后来成为一种时尚。莫里斯将皮质和亚麻作为封面，皮质多用于精装的图书，亚麻的封面被大多数书籍所使用。

第三节 论虚拟出版技术

出版技术的发展永无止境，当人们畅游在以植物纤维纸为主要载体的软质出版时代时，虚拟出版技术的革新却已悄然开始。从声光电磁到计算机,再到虚拟现实和人工智能技术,虚拟出版开始逐渐走向人类出版舞台的中心。

一、声光电磁肇端虚拟出版技术

(一)声音的记录与出版技术

刚刚起步的第二次工业革命迎来了如火如荼的发展,人类科技随着机械技术的发展而加速进化。也正是在这一时期,人们发明了可以留住声音的机器,声音的出版史也是从这时开始的。

1857~1860年,由巴黎人德·马丁维尔录制的年轻女子演唱的18世纪民歌《致月光》(仅10秒),是现在的人类历史上第一次实现声音记录的作品。

1857年,法国发明家斯科特发明了声波记振仪,并取得了相关专利。它更像是留声机的雏形,能将声音转换成声波振动的形态,记录到一种可视媒介上,但是无法从声波的形态再转换成可以播放的声音,记录能力还没有达到成熟状态。直到1877年12月,爱迪生公开展示了其发明的留声机,至此,人类历史上第一个较为成熟的声音记录和播放的机器诞生了。

留声机的诞生加速了唱片的出现,这给声音出版创造了现实条件。1888年德国人艾米利·伯林纳,推出一种叫Gramophone的机器,使用扁圆形涂蜡锌板作为播放和录音的媒体,同时也可制成母版复制,此举大大增加了唱片商业化量产的可能性,这即是今日圆形唱片的始祖。

随着唱片技术的进一步成熟，人类从声音记录和出版的萌芽期走入了成熟期。1891年，伯林纳设立了唱片生产公司，成功研制出虫胶原料唱片，开启了唱片的批量生产出版时代。1896年，随着机械技术的精密化，唱机进入了"自动化"的阶段——只需旋转一下把手，就可自动播放。这种方便快捷的新机器立刻博得大家的青睐，于是开始大量生产新唱机和唱片。最初的虫胶唱片直径为175毫米，后来逐渐增加到250～300毫米。旋转速度最初是78.26转/分，完整播放一张唱片需要3分钟。到1903年时，唱片开始双面录音，播放录音的时长增加一倍。1907年，扬声器实现内置，便捷式唱机诞生。20世纪30年代初，唱机又有了新的改进。唱机使用了钢针，但吊在钢针上的拾音器因其100～130克的重量，使钢针在唱片播完后严重磨钝、磨薄。很快，科学家们便研制出了拾音器的新材料——电磁材料，大大减轻了拾音器的重量。到1939年，蓝宝石唱针出现，其坚硬的质地解决了钢针磨损的问题，可播放唱片多达2000张（次）。

在电声、电磁技术尚未普及之前，留声机和唱片率先实现了将声音这种虚缥的物质记录在出版载体上。出版史也不再局限于文图出版史，而是开启了声音出版史的新篇章。

(二)光学技术的应用与影像出版

人类影像出版的开端几乎和声音出版处于同一时期。1839年8月19日，法国画家发明"达盖尔银版摄影术"，促成了世界上第一台可携式木箱照相机的诞生。这是人类史上首次能够将所看到的画面通过拍摄的方式记录下来，影像出版时代由此开启。照相机的诞生得益于人类长久以来在光学技术领域的积累和探索。

1839年，套色石版画《疯狂的达盖尔法摄影》中记录了摄影在巴黎风靡的盛况：人们在照相机前排起蛇形长队，兴奋又好奇地等待着关于自己的影像记录——照片。与留声机和唱片的诞生类似，照相机在早期并未能实现照片的大量制作和生产。直到1888年美国柯达公司生产出胶卷以后，才使得摄影技术真正开始普及。

胶卷由感光乳剂、片基和防光晕层构成。胶卷在数码技术诞生之前曾是影像出版中最重要的一环。胶卷是将卤化银涂抹在软性聚乙酸酯片基上，卷成卷以供使用。当有光线照射在胶卷上时，影像便在片基上形成了。再通过不同的冲洗显影工艺，最终使影像还原并固定在胶片上。胶卷的诞生，使得相机拍摄的影像有了一个较好的载体，为静态照片的生产、动态影像的录制打下了坚实的基础。

动态影像的拍摄放映技术离不开照相技术。多张连续拍摄的照片在高频连续放映的状态下会呈现出动态的影像。1851年，克罗代等摄影师就成功地拍摄出了这种动态的影像。1851~1870年，慢速摄影、快速摄影、天文电影摄影等各类摄影技术也不断被尝试。麦布里奇通过24架照相机连续拍摄了24张马匹奔跑时的照片。1887年，法国的科学家马莱用一条连续感光的相纸连续拍摄，这个原理一直沿用至今。1889年，爱迪生依据这个设计原理制作了一台可以连续拍摄600多个画幅的摄影机，这台摄影机能够连续拍摄超过一分钟的活动影像，成为现代摄影机的雏形。1927年，第一部有声电影《爵士歌王》诞生，这标志着电影正式从视觉内容扩展为视听内容。声音出版和影像出版至此终于结合在了一起。1935年，彩色胶片的发明使《浮华世界》出现在大众视野中，极大地丰富了观众的视听享受。影像出版在 20 世纪最后 20 年得到超常发展。进入 21 世纪，音像出版开始走下坡路。

(三)电磁、电子技术的发展与声音影像出版

无论是唱片承载的声音，或是胶片承载的图像和影像，它们都曾给人们极大的感官享受。然而随着电磁、电子技术的进步，它们逐渐被淘汰，声音和影像出版业进入了一个新的阶段。

1888 年，美国科学家奥伯林·史密斯依据电磁感应理论，首先提出了磁性录音的设想和理论，十年后的 1898 年，在这个设想的启示下，丹麦工程师瓦尔德马·波尔森成功地进行了录放音的试验，世界上最早的磁性录音机诞生了。从此，直接刻录唱片技术发展为间接录音技术，这是声音出版技术的伟大进步。声音信息传播的载体也由唱片转为磁带。

磁带一经出现，其便携的体积，较大的容量，更方便的播放形式使其迅速普及，占据了声音出版物的主流地位。而广播更是从根本上改变了声音出版物的传播模式，消除了时空的障碍与隔阂。在今天，唱片、磁带已经逐步退出历史舞台，而广播及有声书乃是我们生活当中非常常见的一种声音出版形式。

二、计算机技术推动虚拟出版不断进阶

1946 年 2 月 14 日，由美国军方定制的世界上第一台电子计算机"电子数字积分计算机"ENIAC(埃尼阿克)在美国宾夕法尼亚大学诞生了。ENIAC 的问世具有划时代的意义，表明电子计算机时代的到来。从那

时起到现在，计算机技术以惊人的速度发展，给人类社会带来巨大变化，同时也推动虚拟出版向纵深发展。

(一)计算机技术引领的出版领域技术革新

计算机技术的出现深刻影响到了人类社会的各个领域，在出版领域，计算机改变了出版的排版、制作、印刷、发行等一系列流程，掀起了一场技术革命。

1. 激光照排技术

直到20世纪70年代，中国印刷业仍处于铅活字印刷阶段，不但能源消耗巨大、环境污染严重，而且从业者劳动强度高、效率低，严重影响了文化和信息的传播，制约了经济与社会的发展。终于，激光照排技术的诞生改变了这一切。

激光照排系统的工作原理是计算机将文字转化成点阵，然后控制激光在感光底片上扫描，再还原成文字和图像。它大致分为录入、设置排版指令并排版、发送到发排系统输出校样和照片，最后晒版、胶印、装订。相比于传统排版印刷，激光照排技术更高效、更环保。我国激光照排技术当时处于国际领先地位，这要归功于"汉字激光照排系统之父"、著名科学家王选的不懈努力。

2. 计算机直接制版技术

"所谓CTP(Computer to Plate)技术就是从计算机到印版的技术，其中没有了传统印刷中的胶片和拼版工序，是印前技术的又一次飞跃，实现了印前操作的完全数字化。它是目前印前领域发展最快、影响最大的高新技术之一。"①CTP 技术不仅大大提升了排版效率，降低了排版成本，还提升了排版质量和准确性，因此一经问世，就备受出版界关注。

CTP 系统由直接制版设备和相关软件组成，直接制版设备有脱机直接制版机和在机直接制版机两种，两者最大的差别在于：前者可以为数台印刷机供应印版。脱机直接制版机实际上是一台由计算机控制的激光扫描设备，它的曝光成像原理如下：由激光器产生的单束原始激光，经多路光学纤维或复杂的高速旋转光学裂束系统分裂成多束（通常是200～500 束）极细的激光束，几百束微激光直接射到印版表面进行信息记录工作，微激光照射到的区域印版将发生物理或者化学变化，在印版上形成图像的潜影。经显影后，计算机内的数字页面信息就准确地再现在印版上供胶印机直接印刷。②

3. 数字化直接印刷技术

20 世纪 90 年代，随着计算机、自动控制、激光等高新技术在印刷业的应用，数字印刷技术诞生了，它是一项综合性很强的技术，涵盖了印刷、计算机、网络、通信等多个技术领域。在 DRUPA95 国际印刷技术博览会上，数字印刷机被公认为第一明星产品，它的应用被称为印刷技术的又一次革命。

数字印刷是指利用数码技术对文件、资料进行个性化处理，利用印前系统将图文信息直接通过网络传输到数字印刷机上印刷出产品的一种

---

① 景翠宁、康晓兵：《CTP 技术及其应用现状和前景》，《包装工程》2007 年第 7 期。
② 胡维友：《输出设备介绍——脱机直接制版技术（CTP）》，《印刷世界》2006 年第 1 期。

印刷技术。[①] 它与传统印刷完全不同，开拓了个性化印刷与可变信息印刷领域，是快速、实用、经济且适合于彩色短版的全新印刷工艺。数字印刷可根据客户需要，在时间、数量、距离和内容上都真正实现按需印刷。

数字印刷是由图文合一的印前处理系统和数字式印刷机相结合来完成的。数字印刷机直接接收从印前处理系统传送来的数字信息并将其转换成黑白/彩色印刷品。系统的关键是硬件拷贝技术的输出速度应能满足大量复制的基本要求，即必须实现彩色化并具有较高的分辨力及良好的操作性能。

(二)计算机技术催生多种新技术诞生

计算机的产生，还推动许多新兴技术的诞生和应用。这些新技术与出版领域相结合，为虚拟出版打下坚实的发展基础。

1. 数字技术(Digital Technology)

数字技术是指借助一定的设备将图像、文字、声音、视频等各种类型的信息，转换为二进制数字"0"和"1"后进行运算、存储和传播的技术。早期计算机在运算能力、储存能力和数据处理能力等方面的表现一般，人们对计算机的利用程度较低。然而，CPU 和存储材料技术日新月异的发展，使 CPU 的运算速度从 75 MHz 提高到目前的 4000 MHz 以上。现在人类对计算机的存储和计算能力已经难以望其项背了。

这种将所有信息数字化处理的技术，催生出了数字出版、出版数据

---

① 火金：《数字印刷综述》，《中国印刷物资商情》2003 年第 5 期。

库、大数据出版等新兴的出版技术和出版模式。

2. 多媒体技术(Multimedia Technology)

这是由多种单媒体复合而成的多种媒体集合技术。最初是描述与包含声音通道的幻灯片演示有关的计算机技术，后来，由于计算机技术的发展扩展了计算机处理的信息类型，文字、图形、影像、声音等多种形式的信息兼收并蓄，多媒体的概念便由此发生扩展和转移。

交互作用是多媒体的一个重要特性。随着应用发展的需要以及网络技术和通信技术的发展，多媒体技术与网络通信技术相结合，有了更广泛的用途。其中，数字音频技术和数字视频技术对于交互作用的实现显得尤为重要。

当数字技术与多媒体技术相结合，真正实现了文字、图片、动漫、音频、视频等多种信息形式的完美融合，并且能够实现与人的交互。多媒体出版物大大增强了对人们的感官刺激，给人们更好的使用体验。

3. 网络技术(Network Technology)

计算机网络是在网络通信协议和网络操作系统的管理控制下，通过通信设备和通信线路连接处于不同位置的计算机，达到彼此之间通信和资源共享的目的，包括局域网(Local Area Network，LAN)和广域网(Wide Area Network，WAN)等。局域网是由距离很近的计算机连接而成，"局域"一词主要指计算机间分布的空间距离较近，比如局域网内所有计算机被布置在一幢建筑物内。与局域网对应的是广域网，组成广域网的计算机可位于不同城市、不同地区，甚至不同国家。因此，人们将广域网看作远程网络。组建网络的最主要目的是实现包括对计算机软件、计算机硬件、数据等资源的共享。换言之，安装在网络中的一些软件可供网络中的所有计算机共同调用,连接在网络中的某些外部设备(如激光打印机、扫描仪等)可供全网共享,网络中建立的数据库可以提供面向全网的服务等。

网络技术最大的贡献在于它将每台机器,甚至每个人都连接起来,它将孤立的、静止的、大量的信息激活,使人们能够更方便地查阅、获取、运用。网络图书馆、网络数据库等都是互联网对于出版业的改造体现。

三、虚拟现实、增强现实、混合现实技术在虚拟出版中的应用

2016 年是虚拟现实元年,技术发展迅速,市场上也出现了各种新产品,获得人们极大的关注。虚拟现实技术也被更加广泛地应用到各行业内,新闻出版业就是其中的热门领域。虚拟现实(Virtual Reality,VR)、增强现实(Augmentend Reality,AR)、混合现实(Mixed Redlity,MR)等技术发展迅速,为出版业转型升级和虚拟出版发展奠定技术基础。

(一)VR 出版技术

VR 一词最早于 20 世纪 70 年代在麻省理工学院(MIT)出现,是一门涉及计算机技术、多媒体技术、人工智能、脑机接口技术、传感与测量技术、仿真技术、微电子技术等众多学科的高新技术。虚拟现实技术就是利用这些技术,通过计算机创建一种虚拟环境(Virtual Environment),通过视觉、听觉、触觉、味觉、嗅觉等作用,使用户产生身临其境的感觉,并可实现用户与该环境的直接交互。

相比 AR 技术的适应现实、保留现实、增强现实、调整现实，虚拟现实技术强调的则是完全沉浸和自然交互，主要有以下特征：沉浸性即用户置身于一个高度"真实"的多维信息空间，感知被虚拟世界所包围，好像完全融入其中一样，产生身临其境的感觉，使用户由被动的观察者变成主动的参与者，沉浸于虚拟世界之中，参与虚拟世界的各种活动。互动性，用户通过自然的动作（如人的走动、头的转动、手的移动等）与虚拟世界中各种对象进行交互，使用户能够对虚拟环境进行实时操作，从虚拟环境中得到反馈。想象性，用户通过对虚拟环境中物体的操纵与观察，加深对事物的认识和理解，提高感性与理性认识，从而启发新的构思。

虚拟现实技术这种沉浸、交互与想象的基本特征可以很好地与出版图书相结合，从而为用户提供更加完美的阅读体验。早在 2015 年 9 月，电子工业出版社与易游无限公司合作，推出图书《梵高地图》，该书通过 VR 技术和 AR 技术，让读者可以从凡·高人生的起点津德尔出发，"亲眼"游历凡·高的艺术之路，并亲身感受凡·高当时的生活。

区别于 AR 出版技术，VR 技术除了能够与图书阅读结合起来，还能衍生开发出各种具有特色的数字出版产品。

2016 年年初，凤凰传媒宣布旗下凤凰创壹软件有限公司研发的教育云平台——"100 维尔教育网"正式上线，这个虚拟现实在线教育云平台，通过将平台数据中心和学校信息中心、多媒体教室终端、教师教学终端、学生个人终端等连接起来，为学员提供高质量、全方位的在线教学。2017 年 6 月，吉林科学技术出版社举办了"书香吉林 VR 阅读体验"

活动，利用 VR 技术向儿童科普关于宇宙、海洋等知识，大大地激发了学生的学习兴趣。2017 年 7 月，中国新闻出版研究院举办的第七届数字出版博览会上，人民卫生出版社展示了《3D 系统解剖学》VR 教学版，通过 VR 技术带来的虚拟沉浸式体验，让用户能够直观感受到立体全面的人体结构，弥补课堂教学的不足。2017 年 11 月，青岛出版集团与 HTC 联合推出 VR 阅读平台，通过图书馆、书店等渠道向读者提供优质的 VR 阅读内容，VR 技术被更加有效地运用于书店、图书馆等不同的阅读场景，丰富用户的阅读购物体验。相信在未来，出版业对 VR 技术的运用也会更加多元化，成为出版业融合发展的新形态。2020 年，世界 VR 产业大会公布了中国 VR 50 强企业，歌尔、百度、科大讯飞等榜上有名。

(二) AR 出版技术

AR 是一种将计算机虚拟技术、云存储数据、终端与现实场景进行融合互动的技术，本质上是通过电脑技术生成的虚拟物体、场景或其他信息叠加到真实世界的现实影像中的图像技术，将真实的环境空间和虚拟的物体影像相互补充与叠加，生成一种能感知的虚拟环境。这种综合了图像识别、动作捕捉、虚拟现实的人机交互技术被很好地运用到了出版行业，AR 技术开始不断融入大量的虚拟出版产品中。

2013 年，中国矿业大学出版社在江苏书展上展示图书《采掘机械与液压传动》，号称是国内首部采用 AR 纸数互动移动阅读技术的图书。只要将摄像头对准图书上印有黑白挖掘机图像的一页，显示屏上立即出现3D立体大红色挖掘机，齿轮不断地转动。在此之后，接力出版社出版的"香蕉火箭科学图画书"系列，中信出版社引进的"科学跑出来"系列丛书都是运用了AR出版技术，让"AR＋出版"这一模式得到更好的发展。

2016年3月，谷歌公司申请了两项专利，一个为"交互式图书"，另一个为"增强式立体书"，其中"增强式立体书"使用的就是AR技术。AR技术在出版领域取得了重大突破。2016年11月由中国新闻出版研究院、五洲传播中心共同发起的首届"VR/AR＋"媒体融合发展研讨会，重点探讨将虚拟出版技术运用于媒体出版行业。之后，AR出版技术得到更为广泛的运用，一批结合AR技术、视听融合的新形态图书不断涌现。其中包括北京联合出版公司的"艾布克的立体笔记"探索系列丛书、海天出版社的"童喜乐AR/VR魔幻互动百科"系列、江西美术出版社的"AR世界大探索"系列、中国法制出版社的《贤二前传之宝藏传奇：钱可不是白花的》、西南财经大学出版社的《有趣的中国节日：AR互动游戏书》等。①

2017年，AR出版技术又被运用到更广泛的出版领域，很多的图书都出现了AR版本，其中包括《汽车文化(AR增强现实版)》《大学体育(AR＋慕课版)》，摄影图书《中国世界遗产影像志》就是将AR技术与传统图书相结合，配上具有强烈视觉冲击的三维立体图像，给读者身临其境的感觉。连最近广受读者欢迎的图书《朗读者》也运用了AR技术，读

---

① 王扬：《"出版＋AR/VR"：出版行业的新机遇——AR/VR技术在出版业中的运用综述》，《出版广角》2018年第3期。

者只要下载"朗读者 AR"客户端,扫描书中的任何一张图片,就可观看董卿的采访视频。这些利用 AR 出版技术实现的虚拟出版形式获得了读者的热烈追捧,为出版行业带来新的发展前景。

根据 IDC 数据,2020 年全球和欧洲 AR、VR 市场支出规模为 107 亿美元,同比增长 35.3%。在国内,VR、AR 在教育、会展、工业、军事等多个领域开始进入小规模应用,越来越多传统企业加入 VR、AR 军团。

(三)MR 出版技术

MR 是指混合现实技术,是数字化现实与虚拟数字画面的结合。最早由"智能硬件之父"多伦多大学教授 Steve Mann 提出,认为智能硬件最后都会从 AR 技术逐步向 MR 技术过渡。1994 年,保罗·米尔格拉姆和岸野文郎提出现实-虚拟连续统一体的概念,对 MR 的内涵进行了开创性的探讨,认为在虚拟现实统一体中,左端代表完全真实的世界,右端表示完全虚拟的可视化环境,而在两极之间的区域即为混合现实,既包含增强现实,也包含增强虚拟,强调了混合现实是真实世界与虚拟环境的无缝融合。MR 技术经常将 VR 技术和 AR 技术进行混合与合成。MR 出版技术业已引起出版领域的关注。

四、大数据与云计算技术引领虚拟出版变革

互联网技术的飞速发展将人们带入了一个全新的信息时代,面对海量的信息和数据,大数据和云计算技术发展起来,它们以精确的计算和

海量储存能力革新整个出版流程，引领虚拟出版变革。

(一)大数据技术与出版

大数据主要指的是大大超出了传统的数据库软件工具的抓取、存储、管理和分析的数据群。[①] 大数据处理技术就是通过计算机软件对海量数据和信息进行挖掘、分析、处理、应用，从而使信息变为资源、资源转化为知识、知识产生价值。

它是基于计算机技术以及海量数据进行的可视化、个性化处理方式。大数据规模庞大，类型丰富，会随着数据格式及来源日渐增加，更新速度十分快，具有可测量价值，真实度高。

大数据技术主要有以下特征：第一，数据量大。一是非结构化数据的超大规模和增长，比结构化数据增长快 10 倍到 50 倍；二是计算量大。第二，多样性，大数据的形式多样，有很多不同形式，如文本、图像、视频、机器数据等。第三，快速。一是数据量增长速度快，二是大数据要求实时分析，处理速度要求快。第四，真实性。数据必须是准确的、可靠的、一致的，具有可追溯性。

随着手机、Kindle 等阅读设备的普及以及网络技术发展，越来越多的读者开始在数字化的环境中阅读和学习，如使用手机、平板电脑进行看书、学习、分享、互动等。与传统的纸质图书阅读相比，数字化的阅读设备更容易获取和记录用户在阅读和学习时所产生的数据，

[①] 王婧：《大数据时代大学生道德教育研究》，北京，现代教育出版社，2016，第 21 页。

如个体知识点的停留时间、点击次数以及该知识点相关内容的点击情况。

除和图书直接相关的数据外，还有更多的与读者阅读有关的数据，如微信阅读、微博阅读、图片浏览、视频浏览等数据，这些数据经过大数据分析后，对于图书选题分析、图书宣传策划、图书营销等都会产生很大的价值。比如对读者行为进行跟踪，并在已有数据基础上为读者提供图书的个性化推荐，如根据读者在不同时间段的阅读偏好推荐不同题材的图书，这样不仅实现了精确营销，还为用户提供更加优质的阅读服务体验。

早在 2012 年，世界著名的大众图书出版商企鹅集团与社交数据分析站点 Peer Index 公司合作推出了一本畅销书《神没有男人》（*Gods Without Men*），成功地将大数据技术运用到出版营销环节。企鹅出版社利用 Peer Index 提供的大数据支持，对主流社交媒体进行精细化分析，筛选出不同领域的意见领袖，然后利用他们的影响力进行营销，达到了良好效果。①

互联网是一个万物数据互联共享的平台，出版业可以凭借大数据的海量信息处理技术，将大数据与出版的各个环节相结合，通过大数据技术更加准确地掌握图书编辑、发行、销售过程中的全部信息。出版社基于大数据分析进行选题创新和多样化的内容生产，实现灵活的图书营销，更加合理地确定销售路径，划定销售区域，通过充分利用和挖掘出

---

① 陆利坤、游新冬：《大数据技术在出版行业中的应用研究》，《出版科学》2017 年第 6 期。

版数据，为数字出版行业带来新的利益增长点。

(二)云计算技术与云出版

云计算是一种融合计算机网络虚拟化、分布式计算和数据存储等多种技术，集中整合软硬件资源为资源池，通过统一抽象接口向用户提供应用资源支持的系统统称。[①] 云计算是大数据分析的基础架构和关键技术，区别于大数据，云计算是从计算角度出发，最终将数据进行集中管理，通过互联网以服务的方式提供动态可伸缩虚拟化资源的计算模式。

2012年，中国云计算大会专门设立了虚拟出版云专场，利用互联网、云计算技术为数字出版领域提供数字内容管理、在线阅读、在线教育、数字图书馆、电子商务等产品与服务。它与数字出版的深度结合越来越成为业界关注的焦点，亚马逊、谷歌等也早已在云计算领域展开激烈竞争。亚马逊推出云计算服务"亚马逊网络服务"的同时，谷歌也推出云计算服务"谷歌计算引擎"。

2020年，中国政府的《"十四五"规划和2035年远景目标纲要》，明确将云计算作为强国战略科技力量前沿行业，是国家重点发展的战略性新兴产业之一。世界各国也都对云计算技术采取了大力扶持的政策态度。

随着云计算技术的不断发展，云计算也在出版业内不断被应用，包括管理过程编辑。与在线提交系统类似，管理过程编辑功能非常强大，

---

① 张官元：《变电站视频监控系统》，北京，中国电力出版社，2016，第180页。

包括编辑、发布信息、提交、统计信息等。

由云计算技术衍生出的"云出版"就是将出版从一个企业平台转变为产业链中所有的参与者,如读者、出版商、发行商都可以享受到服务的公共服务平台。我国学术期刊数字化就从"云出版"中获得新的发展,通过统一开放的服务平台,实现各期刊社数字出版全流程的自主经营,实现期刊数字化内容的编辑、出版、经营与平台、物流、渠道建设全面对接,从而弥补中小期刊社人才短缺、规模小、资金少、技术弱等方面的短板,使期刊社获得主导内容数字出版和经营的地位,与平台运营商各展所长,优势互补,共同做大做强期刊产业。

"云出版"服务平台的出现,革新了传统出版业的一些固有弊病,解决了虚拟出版过程中产业链混乱、职责不清晰等问题,保护了读者和各合作方的利益,在提高技术的同时,建立了一种全新的数字出版模式,也衍生出更加高效的产业链,促进各个环节的发展创新。

目前,云计算技术和云出版在虚拟出版中的研究和应用还处于探索阶段,还需要有关部门建立相关法律法规,包括在版权保护、行业标准和数据安全等方面,不断完善标准化操作机制,并加强对云计算最新研究成果的分析和研究,创新自主知识产权技术,加大相关人才和资金的引入,为云出版技术发展提供良好环境。

值得注意的是,无论是大数据还是云计算技术都需要保证数据的安全性。互联网上信息都是以数字化的形式存储,这也使得数据更加容易产生和传播,极容易被盗取、泄露及篡改,增大隐私暴露的风险。所以必须要保证相关用户数据的完整性和安全性,这不仅是云平台运行的基础,更是各种新技术在出版领域成功应用的关键。

五、人工智能出版和大脑意识出版预示出版未来

随着科技的不断发展进步，科学家们更多关注人工智能和大脑意识相关技术，希望能够实现对人思维的模拟与创造，这种新技术势必会影响出版业的未来发展。

(一)人工智能技术与智能出版

人工智能(Artificial Intelligence，AI)，是指一门研究、开发用于模拟、延伸和扩展人的智能行为(如学习、推理、思考、规划等)的新技术科学。[①] 其本质即为对人的思维信息过程的模拟，再现人类智能活动的能力。人工智能是计算机技术系统的一个非常先进的分支，该技术的应用代替了更多的人力操作，把信息技术转化为高效生产力。

2016年3月，谷歌Deep Mind团队开发的AlphaGo程序以4比1的成绩"战胜"韩国棋手、世界冠军李世石，关于人工智能的热议达到了顶点。随着2016年"人工智能元年"的到来，在大数据、云计算、泛在网络、深度学习、图像识别和语音识别等新兴信息技术的支撑以及大量资本涌入的背景下，人工智能技术更是有了突飞猛进的发展。

2017年7月，国务院发布的《新一代人工智能发展规划》中明确提出"把人工智能发展放在国家战略层面系统布局，推动我国经济社会各领域从数字化、网络化向智能化加速跃升"，这标志着人工智能被列入国家战略层面，成为未来科技发展重点。其中涉及的人工智能的五大发展

---

① 武菲菲：《人工智能技术与出版行业的融合应用》，《出版广角》2018年第1期。

方向与新闻出版业有着重要联系,人工智能技术将与出版相结合,打造新的智能出版。

截至 2020 年 7 月,全球已有 38 个国家制定了国家层面的人工智能战略政策、产业规划的相关文件。

群体智能在数字出版相关领域已经得到了部分运用,比如基于群体编辑的维基百科、基于群体开发的开源软件、基于众问众答的知识共享、基于众智众筹的万众创新、基于众包众享的共享经济等。

智能识别技术包括语音识别、图像识别、表情和手势识别以及眼动跟踪技术。如基于计算机视觉的"拍图搜图"功能,可以实现图像的智能识别、标识、定位等。人工智能技术在数字教育出版领域得到了较好的运用,可以基于智能技术对用户进行个性化的学习和评估。如"贝芽教育机器人",依托情景式地垫游戏产品,针对婴幼儿进行全脑开发并定制个性化智慧成长解决方案。同时贝芽智能还提供全套人工智能芯片和 API 个性化定制服务,使学习和认知更有趣味性,更能增加小朋友的学习兴趣。[①]

如今,人工智能的语音录入、机器校对和机器写作等已经被广泛运用到新闻出版行业。人工智能技术已经可以基本解读人类模块化的撰写稿件,协助作者进行资料整理和分析,甚至可以从事一定的智力性、创造性活动。在一些体育、突发性事件即时新闻报道、播报企业收入报告和法律文书等呈现明显数据模式的领域,人工智能能够凭借精确化的技

[①] 王卉、张瑞静:《人工智能技术在数字出版中的应用现状与发展趋势》,《出版发行研究》2018 年第 2 期。

术检测出人工难以识别的线索，进而基于精准筛选进行再创作。

人工智能出版可以模拟出版工作人员的意识与思维模式，利用计算机程序性功能实现各项出版事务、出版数据处理，并且速度更快、内容更精确。该技术拥有与出版人员相似的出版技能和出版思维能力，具备基本的编辑、学习、翻译、交流、管理、处理的能力，这也是一种能够令计算机具有出版智能性能的基本方式。

智能出版将优化出版流程，构建一套自动化、智能化、系统化的出版流程，以同时支撑传统出版业务和数字出版业务，做到让传统图书和数字产品的生产、制作、发行一体化、协同化和同步化。

(二)大脑意识与出版深度结合

大数据和人工智能技术的发展为大脑意识出版发展奠定了良好的技术基础。人们掌握了对复杂算法进行有效描述的技能，了解从大数据中提取信息的策略，便有机会和条件基于全面、完整、系统的数据深入探索大脑的工作原理，将脑功能的开发运用到出版领域，从而实现大脑意识出版。

长久以来人类一直对人脑运作原理充满好奇。大脑始终是神经科学、心理学、教育学重点研究的对象，精密的神经成像设备和脑机接口可检测神经元的电活动，让我们能够解读甚至改变思维过程中的神经系统信号。2017年的一份研究表明：当前最新科学技术可以实现大脑之间的通信。"邮购心灵感应"能够记录印度某人心里所想问候语的脑电波活动，之后通过电子邮件发送、解码并植入西班牙和法国接收者的大脑中，当遥远的异地接收者收到来自印度的脑电波时，"邮购心灵感应"设备会出现闪光。[①]

大脑意识出版就是深度开发大脑功能并将脑功能应用于出版领域，实现各项出版事务、出版数据处理的技术科学。大脑意识出版推动虚拟出版进一步深化，超越时空限制，大大提高出版效率，是虚拟出版发展的最高级形态。

2013年1月，欧盟启动"脑计划"（Human Brain Project，HBP），核心研究目标就是通过超级计算机构建人脑模型，用计算机模拟的方法研究人脑如何工作，并为未来的计算系统和机器人技术提供启发，促进其变革。2014年初，中国科学院也启动脑科学与智能技术卓越创新中心，开始正式进行人脑领域的研究。2021年9月，科技部正式发布科技创新2030"脑科学与类脑研究"重大项目年度申报指南，涉及59个研究领域和方向，国家拨款经费预计超过31.48亿元人民币，"标志着酝酿6年多的中国脑计划项目正式启动"，有望"比肩美国脑计划"。

大脑意识出版可以通过前期的实验、数据录入、模型建造，为特定的功能输入特定的脑电波波谱程序，为大脑植入传感器，当读者想进行某些操作，通过大脑神经末梢或者神经元细胞发出指令，当机器读取到相应的脑电波释放出的信号时，可以根据指令实现诸如自动翻页等场景切换功能。

当进行进一步的交互时，读者也可以加入文字中的剧情，成为剧情的作者、主导者，这时候就已经达到了视觉的第三层"作者意志"，比如

[①] 叶倾城：《蜂巢意识：未来机脑互连和共享大脑或将终结个人思维》，《科学与现代化》2018年第1期。

用脑电波控制文字所述的无人机的起飞和降落，甚至控制出版作品中主人公的思维和选择。

大脑意识与出版结合发展到高级状态时，空气就是阅读界面，化无形为有形。读者甚至无须借助眼镜或装载软件的机器保持裸眼状态，当读者的大脑发出指令时，脑电波的波谱程序被感知，空中就会出现屏幕，读者可以选择用手滑动，或是彻底解放双手，全由脑意识操控屏幕实现字体放大、缩小、翻页，同时可以通过脑意识自由地在书中做批注、修改。

另外还可以实现文字中的多场景切换，如《黑客帝国》电影中所呈现的，自如穿梭于虚拟世界，体验海底世界、太空、火山爆发中心等，任何阅读中的场景都可以身临其境。同时，不同读者之间，不需要通过语言或文字，直接用脑意识即可实现实时交流，随时调取脑部所需要的信息，比如通过脑意识共同探讨对同一本书的感受，或是通过脑意识实现书籍资源共享，从而彻底摆脱了对外部世界的依赖，这也可能是虚拟出版发展的最终形态。

第六章　出版活动及成就论

　　人类整个出版活动在出版思想及理念的引领下，运用出版技术将出版符号与出版载体有机结合，其直接的结果就是生成众多出版作品。出版活动及成就，既包括参与这项活动的主体——出版家、出版人及出版机构，还包括确保出版顺利进行的出版制度、出版策划、出版编校、出版制作，永无止境的出版创新、出版传播，以及为实现出版物商品属性的出版交易和出版经营等。

　　无论是硬质出版时期、软质出版时期，还是虚拟出版时期，每一个时期都有丰富卓越的出版活动，也留下大量的实物成就、思想成就、制度成就。出版活动中蕴含出版的本质和规律，对出版本质和规律的正确认知，也是出版研究的成就。

文明不断进步，出版活动的手段方式也在不断创新，不变的是出版人的初心坚守和文化情怀，以及供给人类文化生产和精神食粮的不懈努力。

第一节　论硬质出版时期主要活动及成就

开启文明的硬质出版时期，不同文明利用不同种类的硬质出版载体，通过不断地尝试和探索，留下珍贵的出版作品。非洲硬质出版时期出现多种石碑铭文作品，社会对文化知识的需求，推动了职业出版人"书吏"的出现，莎草纸出版呈现出向软质载体过渡的趋势；两河流域硬质出版时期，颁布了史上最早的成文法典，多种类型图书馆的出现让书籍存放更具系统性，并且注重出版与教育相结合；中国硬质出版时期出版载体在不断升级的过程中，推动了出版效果的多元呈现；美洲的硬质出版通过古老的石刻、抄本、壁画遗迹等，同样为人类出版文明做出积极贡献。

一、非洲硬质出版时期的主要活动及成就

人类最早使用的出版载体都是硬质的，因为早期人类需要出版发表和广而告之，只能在身边的硬质物质上做文章。非洲的硬质出版载体主要为石质、木质、陶器、金属、莎草纸等。在异彩纷呈的古代非洲硬质出版文明中，当属古埃及的硬质出版的成就最具代表性。古埃及硬质出版文明以象形文字作为典型的出版符号，石质、木质、陶器、皮革、金属、莎草纸等都是重要出版载体。刻、铸、抄、画是主要出版技术。在

非洲文明的演进过程中，石质出版和莎草纸出版的作用和成就尤为重要。

(一)古代非洲的岩画出版及成就

非洲史前岩画出版是早期人类出版活动萌芽的重要探索。

1. 南非境内的布须曼岩画

布须曼岩画有着 6000 年历史，具有强烈的叙事性质和时代气息，昭示了古代非洲出版实践的萌芽。南非布须曼岩画主要为岩刻和岩绘。岩刻的年代较早，题材各式各样：动物、人物以及狩猎、捕鱼、采集、舞蹈、战争和欢庆场景。岩绘早期为黑白两色，耐久性强。岩绘的画笔可能是羽毛或动物尾毛，因为岩绘线条流畅。在很多岩绘中，存在一些精致的小圆圈，那是用空心芦苇秆点成的。岩画有生活场景也有战争题材。

2. 坦桑尼亚及其他地区的岩画

坦桑尼亚岩画历史悠久，最早的距今有 3 万年历史，其岩画出版遗迹丰富。岩画中的人物一般没有脸部特征，这与当时人们的习俗和信仰有一定的关系。岩画早期的图案画风粗犷，后来开创了一种在动物身体上涂满平行线来描绘轮廓和形态的风格。坦桑尼亚的岩画主要记录了石器时代当地人们的衣着面貌和日常衣食住行等一系列生活场景。

之所以将岩画归入出版史，是因为这些岩画使用的出版符号是图画符号，与我们今天的图册出版只是形式上的不同——出版载体不同而已，即现在是纸质载体，岩画是石质载体。出版的本质和目的是一致的，而且出版三元素和四维度均具。这些写实主义风格的岩画，是早期人类记载和表现事物、习俗、信仰的一种重要方式，反映了史前人们对自然的思考和自我的认知。

(二)多种出版作品呈现：石碑铭文

1798年拿破仑出征埃及发现的罗塞达石碑，被认为是世界考古学上最重要的硬质出版文物之一。这是一篇研究托勒密王朝的重要石碑铭文作品，经过商博良的成功译读，逐渐揭开了古埃及象形文字的神秘面纱。

石碑、墙壁上的文字等，被统称为"铭文"。这些铭文内容广泛，涵盖古埃及王国的政治、经济、文化各个方面，是传播和保存古埃及王国历史的主要途径。古埃及王国出版史料文献主要为个人文献。各种硬质出版载体上的文字，主要包括王室陵墓建筑中的铭文、纪年、政令，采石场石头上的铭文，采石场标记、王表和诅咒铭文等；石碑铭文、"假门"和雕像上的文字，内容主要是人的名字、头衔、献祭祈祷等。

古埃及王国的不同时期有着不同的铭文出版内容。第一中间期（约为公元前2181～前2040年），这一时期的出版史料文献内容主要集中在铭文出版、棺文出版、文学文献出版。中王国时期（约为公元前2040～前1786年，包括第十一和第十二王朝），出版文献种类丰富，包括王室和非王室铭文、纸草文献、文学、书吏教育。出版内容包括文字、赞美诗、丧葬和仪式文字出版、技术文献出版、诅咒文字等，主要硬质出版载体为陵墓和神庙的墙壁、石碑、雕像、圣甲虫宝石、封印以及岩石等。第二中间期（公元前1640～前1550年）在古埃及历史上没有留存下来多少出版文字材料。第三中间期（公元前1077～前664年，开始于第二十一王朝，结束于第二十六王朝），主要铭文有："弘苏神庙铭文""吉别林铭文""建筑铭文""皇家木乃伊铭文""达赫勒石碑""庆典铭文""阿蒙神高级祭司奥索尔康年录""塔尼斯石碑"等。

埃及各地的金字塔神庙、古墓、棺椁、寺庙墙壁上，以及日常生活使用的器皿上，镌刻着各种不同的象形文字。对象形文字的成功解读是探寻古代埃及文明的重要方式。各种篆刻在石碑或莎草纸上来记录埃及社会历史、生活方式、思想状态的出版作品，是研究非洲硬质出版的主要活动及成就的重要文献。

(三) 职业出版人的出现：书吏

古埃及象形文字系统烦琐，只有少数人经过长时间的努力学习才可掌握。因此书吏逐渐分离出来成为一种专门职业，表面上承担主要书写任务，实际在创造、传播和保存古埃及文化方面也扮演着重要角色，可以说是古埃及出版成就的直接书写者与传播者。在古代埃及政府的官僚组织中，大部分国家官员都是书吏出身，"书吏"是一个最基本的官员头衔。[①]

书吏数量庞大，种类繁多，凭借其出色的文字书写、记录、算数、整理能力，书吏主要承担人口、土地、财产的清查工作，负责处理繁重的税收事务。如若对不同领域的书吏进行划分，可大致分为政府部门书吏、军队书吏、神庙书吏三大类。看似古代书吏在长期不断地进行着记录、计算、抄录工作，实则与现今职业出版家的日常工作区别不大。历

---

① 万安伦：《中外出版史》，北京，高等教育出版社，2017，第38页。

代君王的历史记录和档案整理、文学和宗教等古埃及文明的硬质出版作品，亦皆出自书吏之手才得以流传后世。

(四)硬质向软质出版载体的过渡：莎草纸出版

书籍"是公开散发而把文字或符号记录在一定的物质材料上；这种材料既分量轻又坚固耐久，因而比较便于携带"①。古代埃及多使用莎草纸作为书写材料，将若干莎草纸片连成一幅长卷，抄写者正面书写文字内容后再向里卷起，这样莎草纸"书"便制成了。这种莎草出版物具备了书籍的特点，可以看作现代书籍的先祖。

莎草纸发明后，古埃及人开始在莎草纸上书写，写好后卷在木杆上，用细绳扎好，形成卷帙。由此可见，与古代非洲的石料、木料、陶器、金属等不同，莎草纸具有软质出版载体所具备的一定的韧性和软度。因其无法像羊皮纸和植物纤维纸那样可折叠、不易磨损，因而将莎草纸划分在硬质出版载体中。但莎草纸的特色之处，在于表明硬质出版载体开始向软质载体过渡。在出版载体的迭代演进之下，传统的龟甲兽骨、石质木料、陶瓦碑壁经历过渡甚至是淘汰后，新的硬质偏软的出版载体走上出版舞台。莎草纸的出版成就标志着古代非洲人民为人类出版和文化传播过程做出的不懈努力，也为日后真正的软质出版载体的成功创制与广泛应用探索道路。

二、两河流域硬质出版时期的主要活动及重要成就

古代两河流域的出版和文明，是在与其他民族交流互鉴中成长成熟

---

① 俞振伟：《世界书籍发展史概况 I》，《编辑之友》1989 年第 1 期。

的。泥版书记载下来的文明为重建现代中西亚文明提供了坚实的基础，物质的交换也伴随着文明的交流，两河流域文字符号及泥版书的发展史，就是其古代文明和文化的发展史。

(一)出版作品的典型性：最早的成文法典

两河流域出版发布的多部成文法典，不仅仅是对人类法律的巨大贡献，同时对于出版领域来说也是人类早期非常重要的出版实物成就，作为促进两河流域发展和经济繁荣的重要法律条款，始终维护着帝国统治的稳定与强大，后世不同种类的出版作品亦可从中获取出版精髓。

两河流域最早的成文法典《乌尔纳木法典》于乌尔第三王朝形成。《乌尔纳木法典》将改良和简化后的苏美尔楔形文字作为主要出版符号刻写在泥板载体上，随之采用封印等进行编号与封存。本质上该法典大力维护奴隶制以及奴隶主的权益，但为缓和社会矛盾，某些法律条文在一定程度上也可保护公众权利。现存的《乌尔纳木法典》内容包含前言和正文两部分。前言内容主要是：乌尔纳木作为统治乌尔王朝和苏美尔地区唯一的合法者是月亮女神的授权，为乌尔国王的统治披上君权神授的外衣。正文部分大致涉及社会伦理、婚姻家庭、土地的占有和使用、奴隶制、司法和诉讼程序以及刑法等诸多方面，几乎覆盖了两河流域的方方面面。从法律角度来看，该法典显示出当时苏美尔人无与伦比的聪明才智与法律修为。从出版成就来看，《乌尔纳木法典》开启两河流域成文出版先河，其符号刻写、内容编排、封存方式等成为后世研究泥版书出版的作品代表。

两河流域最为成熟和完整的成文法典《汉谟拉比法典》由统一两河流

域的汉谟拉比王制定而成。该法典的出版载体为黑色玄武岩石碑，出版符号采用巴比伦王国改良后的楔形文字。这种硬质出版载体坚固、耐久、不易磨损，因此法典内容得以完整保存。三块黑色玄武岩石碑总高2.25米，上部周长1.65米，刻有体现"君权神授"思想的浮雕作品；下部周长1.90米，主要为楔形文字刻写的3500行法律条文。除"君权神授"的浮雕作品外，国王的丰功伟绩与立法目的都作为前言内容呈现。法典正文内容共282条，包括审判、权利义务、借贷及婚姻生活、租用和雇工、赎还奴隶、不同伤害层次的法律处罚等，几乎涉及巴比伦人日常生活的方方面面。结语部分是宣扬该法典如何实现社会"公平"与"正义"，表达对日后流传后世的美好希冀，甚至还有对法典有非分之想的不法分子的诅咒。

《汉谟拉比法典》采用碑刻铭文形式，铭文是巴比伦改进后的楔形文字符号，对于研究楔形文字演化、出版载体演进、出版史与文明史发展等都提供了重要的实物支撑。

公元前1595年，古巴比伦王国被赫梯王国消灭，军事实力强大的亚述帝国逐渐强大起来。为巩固王权、维护统治，亚述统治者在泥板载体上刻写出版《中期亚述法典》，但部分内容已被毁坏。两河流域较晚出版并发布的法典是《新巴比伦法典》，同样也是采用泥板作为出版载体。这些法典都是研究泥版书的重要作品。

(二) 集中存阅出版作品的图书馆出现

公元前2000多年的两河流域就已出现不同类型的图书馆，数量庞大的泥版书在此进行合理编号与分类后进行存放并提供给读者阅读。两河流域的书吏，类似于"职业出版人"，终身为图书出版事业和图书管理事业尽职尽责。

当时图书馆的类型主要分为三类：第一类是最早的神庙图书馆，储藏神话故事和有关祭祀的泥版书籍；第二类是全国性的图书馆和档案馆，这是由汉谟拉比建立的、两河流域最发达的图书馆；第三类是亚述帝国的图书馆，这是当时美索不达米亚平原最重要的图书馆。这三类图书馆的建设成为两河流域文化高度发达的标志。这三类图书馆留下来的泥版书和史诗珍藏，成为我们研究两河流域文明发展和出版作品的主要依据。

这三类图书馆中面积最大、藏书最多的当属亚述帝国的尼尼微图书馆。当时的国王巴尼帕举全国之力建设尼尼微图书馆，召集全国优秀书吏齐聚此处抄写全国所存图书，同时搜集素材、整理国家大事记和民间神话。尼尼微图书馆不仅藏书量大，并且保留着国家的许多重要文献档案。每一本书都被编号，书吏在抄写图书的时候会为每本书做简介和整理说明。这些泥版书为我们展现了当时两河流域的文化、艺术、历史和科学的方方面面。尼尼微图书馆的藏书对世界文明史和世界出版史的研究具有重要的文献价值和史料意义。

亚述帝国时期的图书馆在具体的书籍编排上比其他的图书馆更加严格。书吏严格按照要求进行编排，并且用不同形状的题签来记录书籍的内容，这样就使得书籍的管理和查阅更加容易。再加上陶筹码的编号，整个书籍的管理井井有条。其实在亚述帝国之前，苏美尔人就学会了对泥版书的管理，可见当时对图书整理的系统性与科学性的重视。也正因为古代两河流域劳动人民的集体智慧和共同努力，才得以将古代两河流域的出版史和文明史以清晰完整的姿态展现在今人眼中。

(三)出版活动与教育完美结合

两河流域最早出现学校的雏形，并且具备最基本的知识传授功能。苏美尔人发明了最早的文字符号系统。当时的学校首先从苏美尔语言和楔形文字教起，教师设计一套分类教学法，将词组、语句根据不同的意思进行归类分组，并结合背诵和默写来反复记忆，直到学生真正掌握为止。除此之外，学校还教授文学、艺术和技能，现今发现的许多浮雕、刻画类泥版书，有部分便出自当时学生的课业作品。两河流域还有着最早最先进的科学体系，学校里开办相关课程，如数学计算、地理、音乐、美术、天文、生物等传播科学文化知识，使得科学精神代代相传，也使得两河流域的文明得到发扬。

两河流域拥有最早最先进的出版文明和教育体系，学校课程都是由书吏编写并出版在泥版书上。两河流域的书吏具有极高的文化地位，和其他知识分子一样受到人们尊重。他们不仅扮演着良师的角色，教授学生学习楔形文字，还承担着传播文化、传递知识的相关出版工作，负责整理、编辑和记录国家大事，并将内容刻写在泥板上制成泥版书。同时这些泥版书作为教科书，被作为教师的书吏拿来传授书中智慧、检查学生作业、安排考试等。这些书吏不仅将当时的两河文明传遍整个两河流域，更是将两河文明保存完好并传播至全世界，他们用自己的辛劳照亮通往未来的出版和文明之路。

三、印度硬质出版时期的主要活动及重要成就

古代印度文明历史久远，蒙着一层神秘的面纱，其在文学、宗

教、艺术、科学等众多方面都对人类文明的发展与演进做出了独创性的贡献。如现今世界通用的阿拉伯数字其实就是古代印度人发明的，阿拉伯人仅仅是在这种数字的传播过程中起到了突出作用，又如属于世界三大宗教之一的佛教，其起源地就是古代印度。古代印度孕育的灿烂文明就包括丰富多彩的硬质出版文明。从神秘古老的印章文字、阿育王铭文、梵文，到形形色色的摩崖石刻、壁画中的杰出代表阿旃陀壁画，再到彰显独特地理文化特色的贝叶书，其硬质出版成就可谓举世无双、异彩纷呈。

(一)贝叶书传播促进佛教发扬光大

贝叶书是古代印度对人类出版和人类文明的独特创造。"贝叶经"是贝叶书的主要类型，产生于古代印度，贝叶经就是书写在特制的贝多罗树叶上的经文，且大多数为佛学典籍，还有一些古代印度梵文典籍。在造纸术尚未传入印度以前，智慧的印度人开始使用特制的贝多罗树叶作为写作的载体。

肇始于印度的佛教在传入中国之后，又经过中国传入了朝鲜和日本，经历了各个地方的本土化的发展演变后，在世界上的影响力越来越大，并最终演变为世界三大宗教之一。佛教经典中一部分为古印度佛教典籍的翻译和中国高僧的撰著，而古代印度佛教经典的翻译作品大都是用贝叶作为出版载体刻写出版的贝叶书。现今世界佛教中最主要的三个流派汉传佛教、南传上座部佛教以及藏传佛教中的最早的经典无不是源于佛教贝叶经。可以说，贝叶经对佛教的发扬光大起到了重要的促进作用。

贝叶载体的文献除宗教类的贝叶经外，还有世俗类的书籍文献。我们把包括贝叶经在内的贝叶文献统称为"贝叶书"。"贝叶书"耐磨、防水、防蛀，可保存千年。当前，保存在中国的贝叶书存量不多，只在西藏布达拉宫、西安大雁塔、峨眉山、普陀山、中国国家博物馆等处保有很少的样本。因而，对贝叶书的研究，不仅仅是硬质出版研究的题中之义，在当前"一带一路"背景之下，研究贝叶书在中国的传播及贝叶书与中国文化的关系更加具有时代意义。

(二)摩崖石刻中保存的人类文化瑰宝

摩崖石刻是印度石质出版的代表作品，其风格狂放、气魄奔放、巧夺天工，展现独特的阳刚之美，不仅是研究古代印度硬质出版的重要实物，也是人类文化宝库中的瑰宝。

象岛是印度孟买东6千米处的一个风景秀丽而安静的小岛，象岛石窟是印度著名石窟。象岛石窟年代久远、规模庞大、壮丽雄奇、引人入胜，其施工周期很长，石雕技艺造型奇特、典雅别致、巧夺天工、富有特色，印度的文化与艺术在这些石窟作品中获得了生动展示。1987年联合国教科文组织就将其列入《世界遗产名录》。象岛石窟不仅是人类的艺术精品，也为研究古代印度的硬质出版提供了宝贵实物材料。

埃洛拉石窟是世界寺院雕刻中最具典型的代表，它的石窟作品有14个部分，雕刻在玄武岩材质的悬崖峭壁之上，不仅表现了美观的寺院外形，还展示出了精美的寺院内部构造，确为世界寺院雕刻中的精品。埃洛拉石窟的石窟作品展现了350～700年中的宗教发展演进历史，对研究古代印度宗教文化具有极其重要的文物价值。石窟作品丰富，涉及印度教、佛教和耆那教的宗教习俗。石窟南端的 12 个作品展示的是佛教题材，这些阐释佛学文化的石窟作品表现出庄重、高雅而崇高的佛教含义；中间的 17 个作品则表现了印度教习俗的演进和发展；石窟北端的 4 个作品则展示了耆那教的教旨教义。

(三) 阿旃陀壁画遗迹举世瞩目

阿旃陀石窟是蜚声国际的石窟，在印度德干高原的一个悬崖之上，代表着古代印度石窟壁画和石窟艺术的极高成就。为了诵经布道、修炼佛法，僧众需要一个安静的场所，而阿旃陀石窟开凿的初衷也是古代印度僧众为修学而凿制，有大大小小的洞窟 30 多个。阿旃陀石窟大概从公元前一二百年开始修建，这正是孔雀王朝阿育王统治时期，阿育王对佛教的大力推崇，对阿旃陀石窟的修建起到了很大的推动作用。阿旃陀石窟于 5~6 世纪凿制而成，历时约 700 年，其修建规模之大令世人赞叹。

阿旃陀石窟体现了极高的独具匠心的艺术特色，是古代印度的建筑、雕塑与壁画技术的集大成者。石壁上的绘画作品题材多样、丰富多彩，有的表现了当时王公大臣的生活场景，有的则表现了国王会见来使的外交景观，其余大量的壁画则展示了古代印度人民丰富的生产和生活场景。这些壁画作品是阿旃陀石窟中最为精华的部分，更被视为古代印度绘画的杰出代表。从壁画的风格和绘画手法来看，这些壁画作品中有不少与中国敦煌莫高窟中的壁画相类似，从这里也可以看出当时中国与印度在"丝绸之路"的连通之下获得了密切的交流与往来。阿旃陀石窟壁画不仅是印度古代硬质出版成就的杰出代表，也是世界文化宝库中的瑰宝。

四、中国硬质出版时期的主要活动及重要成就

古代中国的硬质出版随着出版载体的不断发展完善，在出版的符号、技术、文化等方面出现了新的转变与突破，取得了丰硕成果。

(一)出版载体演进推动出版成果丰产

在古代中国的硬质出版中，载体经历从绳、陶器、石器、甲骨、青铜到竹简木牍逐步变迁的过程，符号、技术、文化等因素也因此而转变，对出版成果有直接影响。每一次载体的变化，都或多或少地推动了文明的发展与进步。

"结绳记事"就已反映了文字与文明的进程。绳，不仅仅帮助人们完成生产和狩猎任务，也作为早期出版载体、符号与技术的结合体，彰显了结绳者与识绳者二者之间的认知默契及共同建构的文化空间，促进了信息和知识的传播传承，也促成了人与人之间的沟通和交流。随着有形的绳逐步过渡到无形的绳，单纯表意也重新赋义到文化建构空间中。甲骨、青铜作为硬质出版载体取代了绳质载体，而具有符号意义的绳，转化隐退到更加抽象的文字符号中。

在探索新载体的过程中，人们处理载体的方式日益成熟。出版载体不仅仅是单纯意义上的器物。通过细致的加工与制作，人们将规范系统的出版符号熟练运用，出版成为远古先民敬畏宇宙自然、理解世界万物、遵从社会礼法、模拟表述现实生活的文化活动。如新石器时代的陶器和玉石器等出版载体的出现，推进了古代中国早期硬质出版载体发展，诸多隐晦信息得以记录、表达与传播。但因社会需求的变化，陶器易碎、玉石器使用范围有限等问题日益显现。随后出现的青铜器，因自身铜锡合金材质的优越性，不仅仅规避了这些问题，也解决了陶画符号及甲骨符刻保存的诸多难题，出版技术也得以提升，早期硬质出版出现质的突进。随着古代人们渴望知识与传播信息的需求被不断激发，为方便互相之间的沟通和交流，易获取、易加工、易携带、易书写的新载体竹简木牍逐渐成为历史舞台的主角。简牍的突出优点也不断加速社会符号信息传播。在结绳记事时代，文字符号尚在孕育之中，到甲骨青铜时代，无论是文章体量还是文化产量都堪称"简约轻量"，而到了简牍盛行的汉代已出现《史记》《汉书》这样的煌煌巨制。这是出版载体演进推动出版成果的丰产。

出版载体的变迁是历史长河前进过程中人们为探索文明与进步的自觉选择。在新旧迭代过程中，不同载体也会长时间并行存在。虽然伴随出版进步的因素多种多样，但是载体的更迭换代，直接影响了技术提升与符号变化，对出版的影响有广度、有深度，也有时间长度。

(二)出版作品多元呈现

在载体迭代过程中，新技术、新符号、新理念之间相互促进、相互融合，共同推进出版作品甚至是社会文明成就的多元呈现。

结绳记事时代，通过对绳的不同结节，实现信息传递、符号表达、文化传播。新石器时代，符号的象形与会意功能增强，不同的意象组合让意义表达更丰满、更多元。结绳记事后，人类文明的视野中开始出现中国的文字书册。

《河图》与《洛书》，是古代中国最早的图书出版。最早《尚书·顾命》中记述："大玉，夷玉，天球，河图在东序。"《管子·小匡》记载："昔人之受命者，龙龟假，河出图，洛出书，地出乘黄，今三祥未见有者。"《周易·系辞》记载："河出图，洛出书，圣人则之。"汉代时有《河图》九篇、《洛书》六篇。一般认为《洛书》到西汉初年已经存在，然而《河图》的来源以及图书的相关问题至今还存在争议。根据记载，"河洛"文献是一系列符号，呈现"赤文绿色""篆字""丹甲骨文"的外部形制特征，早期出版的一些要素，如龟甲载体、符号、篆刻技术、抽象文化内涵等已具备。硬质出版各载体在历史演进过程中相互交叉、并行存在。这些硬质载体承担出版功能，在融合变迁过程中也给中国早期硬质出版带来丰硕成果。

古代中国早期硬质出版内容从甲骨卜辞与早期文献的互证中可以看出古代中国早期出版的情形。20世纪30年代，郭沫若以西周青铜器铭文验证早期文献《周礼》，从500件铜器的铭文中整理出近900条铭文材料，与《周礼》逐一进行比对，发现其内容与铭文记载内容大体相似。古代中国较早的文献是《尚书》和《诗经》。《尚书》涉及商代内容的有《商书》17篇，《诗经》涉及商代内容的有《商颂》5篇。但这些文献并非出自商代，而是后人整理结集。而商周青铜铭文则是原始记载，铭文往往以"王若曰"开篇，如孟铭文、毛公鼎铭文等。

古代中国出版和文化传播的繁荣，从春秋战国时期竹简木牍大规模使用可见一斑。20世纪90年代，上海博物馆从香港购回战国竹简（以下简称"上博简"）。从"上博简"中清理出《孔子诗论》竹简29枚，有6枚上有"孔子曰"字样。这一发现或者证明了春秋战国时期孔子编订六经的说法是可信的。

随着硬质载体的发展，春秋战国时期至汉代的散文出版活动异常活跃。《汉书·艺文志》中收录了儒家、法家、道家、纵横家等多家著述，其中大部分是战国时期的作品，比如《老子》《孟子》《庄子》《墨子》等。除了这些诸子散文，还有一些历史散文，比如《春秋》《竹书纪年》《世本》《国语》《战国策》《吕氏春秋》等；一些农学、医学、法学、手工技术等专门领域的书籍，比如《禹贡》《考工记》《法经》等也在社会发展进步中相继出现。

进入汉代，文献的出版进一步发展。借助竹简木牍刻抄和传播便利这个优势，这个时期出现了大量抄录古籍的现象，《管子》《山海经》《皇帝内经》等这些文献最初内容写成于先秦，后来被以单篇形式抄录流传。汉代政府图书编校机构相继出现。未央宫内所建石渠阁、天禄阁、麒麟阁等，都是重要的皇家藏书和图书编校场所。汉代文化制度稳定，传播领域日渐扩大，《尔雅》《说文解字》《广韵》《方言》《释名》《九章算术》《周髀算经》《神农本草经》《伤寒杂病论》《氾胜之书》这些工具、数学、天文、医学、农学类书籍集中出现。出版载体和出版技术的双重进步，加之当政者的支持与提倡，都为出版作品的多元呈现和出版成就的丰饶取得提供了可能。

司马迁的《史记》与班固的《汉书》代表了汉代散文的最高成就。司马迁通过本纪、世家、列传、表、书的体例架构，系统展示了上自远古传说中的黄帝，下至汉武帝的 3000 多年的历史，用简牍和笔墨书就 50 多万字的中国第一部纪传体通史。班固亦用简牍和笔墨为后人书写 70 多万字的西汉断代史（汉高祖元年至王莽地皇四年共 230 年的丰盈史实）。刘向的著名作品有《列女传》《别录》《说苑》等，现存完整的只有《战国策叙录》《管子叙录》等，而其子刘歆则在《七略》的编撰过程中创立了古代图书六分法的分类体系以及叙录体形式，对后世图书出版和图书管理产生了重要影响。

总之，从陶器、玉石器、甲骨、青铜器到竹简木牍，这些硬质出版载体的更迭演进，衍生出丰富多元的出版作品。从单纯符号、组合意象，直到大段文字与成篇文章，最后是整本书籍的编纂出版，不同程度地体现了符号、技术、文化与载体的共生共进。这是出版文明发展的整体脉络，蕴含丰沛思想的出版作品大量涌现，凸显无与伦比的先民智慧，人类文化和文明跨越式向前迈进。

五、美洲等硬质出版时期的主要活动及重要成就

在异彩纷呈的远古文明中，古代美洲文明最具神秘色彩。在神奇的中南美洲，若隐若现的玛雅文明、印加文明、阿兹特克文明，从宗教建筑、象形文字阶梯，到手抄本、口头诗歌，都是研究古代美洲硬质出版成就的重要入口。

古代美洲硬质出版作品，和其他古文明一样，附着于石质、陶质、木质等硬质载体之上。此外，极具出版智慧的美洲先民，利用身边随处可见的树皮材料自制"树皮纸"出版载体。这种树皮纸硬度较大，类似于贝叶书和莎草纸，容易破碎，不易折叠，所以我们将其看作硬质出版载体，其出版作品作为硬质出版成就。但是这种"树皮纸"比贝叶书、莎草纸更明显地表现出向软质出版过渡的形态和趋势。

(一)玛雅象形文字创作的书籍与石刻

玛雅人用象形文字创作了成千上万的书籍和石刻，但大部分书籍被

入侵的西班牙殖民者付之一炬，残留的仅有《契伦巴伦之书》《卡奇克尔年鉴》《波波尔·乌》《拉比纳尔的武士》。

《契伦巴伦之书》内容极为丰富，有预言、咒语、神话、宗教仪式，有天文学资料，还有处决、灾荒等时事记录，最重要的是里面还有对玛雅古代历史的编年概述。这是一部未经西班牙传教士改动过的书，一部极具宗教神灵色彩的抄本。西班牙语 chilam balam，意为"通神者讲解神秘知识"。玛雅的预言家或是通神者往往指的是祭司，据传他们具有上通神明、下达民众的能力。此外，他们还能占卜，预言未来的天上人间之事。而美洲豹则是玛雅神的化身，它象征着神祇及其相关的神秘事物。《契伦巴伦之书》用尤卡坦半岛玛雅人的语言创作，完整地保存了原来的风貌，真实记载玛雅当时社会的历史和文化。

(二)古玛雅文明仅存的"树皮纸"古抄本

5世纪，玛雅人制造由脱毛榕木内树皮为主要材质的"树皮纸"。这种纸张，相较于美洲同时期其他载体，更适合书写。玛雅古抄本，由专业抄写员在神职人员委任下，将出版内容抄写在"树皮纸"上，这是研究玛雅文明的重要文献。抄本名称来自最后存放的城市名，目前有四本留存下来：《马德里古抄本》《巴黎古抄本》《格罗利埃古抄本》《德累斯顿古抄本》。其中最后一本最为重要。还有一些古抄本是从用来殓葬的祭物中被发现的，但是这些古抄本因压力及湿度的改变，有机底层全被侵蚀，很多宝贵的古文明出版内容已无从考辨。

《马德里古抄本》在蒂卡尔被发现。整本共112页，由8个抄写员完成，手工较差，但内容相比《德累斯顿古抄本》更为多样。《巴黎古抄本》

1832年最早见于巴黎法国国家图书馆，内容记述了盾及卡盾的预言和玛雅天文，并集二者制成方士秘录。1859年法国东方学者莱昂·戴·罗斯尼(Leon de Rosny)在法国国家图书馆炉角边发现纽波瑞图书馆一篮子文献中的《巴黎古抄本》，当时《巴黎古抄本》状况较差。

(三)古印加结绳"奇普"与美洲壁画遗迹

人类试图将所有的文字内容、文化作品、艺术形式借助不同载体进行表达与保存，从而为文明连续发展寻找多种途径。

结绳记事是印加人民创造的一种文明形式，是瑰宝，通过绳结遗留下来的，流传于民间的文字，确实不朽的。印加人缺少文字，他们通过结绳记事或是通过口头流传保存一些文学片言只语，已经被最早的一些作家汇编而成。特别是印加-西班牙混血儿西拉索·德拉维加和他的伙伴，他们的诗歌由许多绳结"奇普"或口耳相传保存下来。

远古的玛雅壁画呈现了古玛雅硬质出版的杰出成就。博南帕克壁画是中美洲玛雅文明最重要的壁画遗迹。1946年一位新闻记者偶然间发现了墨西哥恰帕斯州博南帕克的一座玛雅神庙。神庙内保留有重要壁画遗址，被誉为"彩色金字塔"。壁画内容展示了贵族仪仗、战争与凯旋、游行舞蹈等场景，不仅展现了古玛雅壁画艺术的高超水平，也成为古玛雅硬质出版成就中的一块瑰宝。阿兹特克文明也留有许多优秀硬质出版作品。墨西哥诸多神庙墙壁上留有许多表达宗教情感的艺术壁画，对一些常见的动物图像或是自然现象都有描绘，从而达到敬奉神灵的目的。

第二节　论软质出版时期主要活动及成就

跨入"以柔克刚"的软质出版阶段，出版载体的质地较为柔软、体量较轻、可以折叠、便于携带、易于流转传播、承载的信息量远超硬质出版载体。像绢帛、兽皮、纸张、塑料布等都属于"软质出版"载体。

中西方出版史几乎同时迈入"软质出版"时代。西方"软质出版"时代由公元前2世纪羊皮纸开启，到12～13世纪中国植物纤维纸制造技术传入，13～15世纪中国的植物纤维纸取代羊皮纸成为主要出版载体。中国早在公元前8世纪东周时期就有一种软质出版的载体形式，即缣帛。但是这种软质出版载体价格昂贵，难以普及和推广。造纸术自公元前2世纪中国西汉发明，东汉蔡伦给予重大改良之后，中国的植物纤维纸因其原料低廉、工艺先进、能够承载印刷和规模复制而成为软质出版载体的佼佼者，逐渐发展成为全世界的主流出版载体。

在植物纤维纸制造技术发明后，中国又发明了自己的印刷技术。中国在唐代发明雕版印刷技术，在北宋时期发明活字印刷技术，在元代发明套版印刷技术。欧洲的手抄技术一直延续到15世纪中叶，直到古腾堡机铅活印技术的发明，欧洲进入印刷出版时代，拉开影响全球的"近代出版"序幕。

软质出版时期，中西方从一个封闭、狭小的出版空间迈入一个开放、广阔的出版格局，东西方文化共同进入一个全新的融合发展阶段。

一、中国软质出版时期的主要活动及重要成就

中国古代软质出版成就集中表现在手抄复制、拓印及雕版印刷、活

版及套版印刷等方面，对文化发展也起到积极推动作用。近代中国在不同时期的出版成就异常醒目，出版机构、出版人物层出不穷，出版作品精彩纷呈。

(一)中国古代软质出版成就

1. 手抄复制的软质出版成就

手抄复制的软质出版成就主要以"敦煌文献"抄本、《永乐大典》抄本、《四库全书》抄本为代表。

"敦煌文献"抄本，1900年6月22日于中国甘肃敦煌莫高窟藏经洞被发现。敦煌石窟密洞中藏有4～11世纪的佛教经卷、社会文书、刺绣、绢画、法器等文物4万余件，其中所藏遗书以佛教典籍最多，并且皆为写本，对于古典文献学研究具有非常重要的价值。抄本更接近古籍文本原貌，大多早于刻本，没有经过繁复、易出现疏漏的书籍刊刻过程，因此可以用来校勘传世古籍。如何晏《论语集解》抄本残页多达60余件，对于今本文字校勘具有重要的参考价值，李方将其汇集，撰成《敦煌〈论语集解〉校证》。这些珍贵的敦煌古籍写本是进行古籍辑佚的重要资源，对于研究者梳理古籍文本变化有重要的参考价值。此外，敦煌抄本为研究古典文献的出版载体与书籍形制也提供了大量实例。

《永乐大典》抄本，编写于明成祖永乐年间，是中国历史上内容最丰富、辑录最广博的一部类书，属我国重要的历史文化资源。全书共22937卷(目录60卷)，11095册，约3.7亿字。明成祖审阅完后赞扬该书"包括宇宙之广大，统会古今之异同，巨细精粗，粲然明备"，"上自古初，迄于当世，旁搜博采，汇聚群书，著为奥典"(朱棣《御制永乐大典序》），赐名为《永乐大典》。《永乐大典》编撰完成后，明朝政府征集了大量缮书人对《永乐大典》进行缮写、抄录、圈点，在永乐年间抄录的《永乐大典》被称为"永乐正本"，嘉靖年间又重新抄录一套"嘉靖副本"。由于战争、天灾、人为等原因，《永乐大典》基本散佚，余存不到原书的百分之四。

《永乐大典》的文献价值主要体现在以下几个方面：第一，改变了中国古代传统类书编纂模式，将类书的编纂发展为百科全书的形式；第二，《永乐大典》在书籍的辑佚上起了重要作用，使得大量书籍得以传承；第三，虽然《永乐大典》已所存不多，但仍为研究者提供了许多无法从其他典籍中得到的文献资料；第四，由于《永乐大典》中提及的书籍，大多是按照明代文渊阁中的宋、金、元精本摹写，因而可以将《永乐大典》中征引的书籍和今天流行的版本进行比较，订正今本中的讹误，在古籍校勘中具有重要作用。

《四库全书》抄本，清乾隆年间所修，因其是按经、史、子、集四部进行编撰，故取名为《四库全书》。《四库全书》共抄录7部，分藏北四阁和南三阁。《四库全书总目》，其目录学意义和文献检索价值巨大，不仅是我国软质出版的光辉成就，也是我国文化史上的光辉一页。《四库全书》收书3457种，从搜集到完成历时20年，共79070卷，总纂修官是纪昀和陆锡熊，纪昀设定全书体例。许多著名学者如周永年、邵晋涵、戴震等都参加了编纂工作。《四库全书》中，抄入并刻录的是有益于世道人心的书，除此之外还有"应抄之书"（即有实用价值的书，只抄入《四库全书》中，而不予刻印），另外还有一些书虽有价值，但讹误较多或较为浅露，这些书不抄入《四库全书》，但将书名保存在《四库全书总目提要》中，成为"存目之书"。

2. 拓印和雕版复制的软质出版成就

拓印和雕印也是中国古代软质出版的突出成就。拓印以汉代以后的石经为主要代表成就，成为雕版印刷的重要技术源头之一。随后的雕版印刷技术更是在中国古代软质出版发展中留下了一抹亮丽的色彩。

以石经为代表的拓印作品。汉代以后有据可考的石经主要有七种，分别为东汉的《熹平石经》、曹魏的《正始石经》、唐代的《开成石经》、五代的《西蜀石经》、北宋的《北宋石经》、南宋的《南宋石经》以及清代的《清石经》。这些石经是长篇巨制，而且具有独特的文化意义。以《熹平石经》为例。《熹平石经》又称《汉石经》，于东汉灵帝熹平四年（175年）开始雕刻，刻成于光和六年（183年），立于洛阳太学前。《熹平石经》的内容包括《诗》《书》《礼》《易》《春秋》《公羊传》《论语》。东汉末年蔡邕、李巡等奉诏，为正定经本文字，《熹平石经》用隶书一体写成，所以《熹平石经》又称《一字石经》或《一体石经》。《熹平石经》的刊刻与公布，平息了东汉末年文化界的今古文之争；带动拓印发展，促进图书出版；在其编纂的过程中，进行了大量古籍校勘工作，在一定程度上促进了学术研究的深入发展；《熹平石经》使用的字体为隶书，为文字的发展和简化提供了标准文本。

以唐代的《金刚经》、宋代的《资治通鉴》、民国初的"嘉业堂"雕版刻书为代表的雕版印刷成就突出。

《金刚经》，全长十六尺，由六个印张粘贴而成，印成于唐代懿宗咸通九年（868年），卷末有"咸通九年四月十五日王玠为二亲敬造普施"题字。经卷首尾完整，文字遒劲，刀法老练，墨色均匀，印刷清晰，图文浑厚，描绘精美，在印刷技术上已接近成熟。这也是现存于世的唯一的留有明确、完整的刻印年代的早期雕版印品。1907年被英国人斯坦因从敦煌掠去，至今仍存于英国伦敦大英博物馆。

《资治通鉴》，是一部具有重要文化和史学价值的著作，适应了北宋时期统治者的资政需要。司马光及其助手刘恕、刘攽共同研究决定将《资治通鉴》分为丛目、长编和定稿三个步骤进行编修，每一步都需要严格、翔实、专精。司马光作为杰出的编辑出版家，在其编修出版中展现出优秀出版人的精神：第一，善用熟悉文献之人；第二，编修既博且约；第三，研究穷其根本；第四，善于多方位比较与思考。这种不畏艰辛、细致入微的编辑态度对于现代编辑人和出版活动来说，具有重要的学习与借鉴意义。

我国私人藏书楼刻书，古代以江苏常熟毛晋的"汲古阁"为最，在40多年里，毛氏家族共刻"汲古阁"本600余种。近现代以"嘉业堂"刻本最为出名。从1910年开始，"嘉业堂"楼主刘承干开始广泛搜罗古籍和各种书版，加上自己雇工雕刻，先后雕印线装书近300部，约3000卷，藏有书版三四万块。《吴兴丛书》是刘承干编辑的最大的一部书，共收书66种，不加分类，全系刘氏家乡湖州地区的"乡贤文献"。"嘉业堂"是目前中国保存雕版实物较多的场所。刘承干坚持使用传统雕版印刷技术，刻本校勘仔细、刊刻精美、书品考究。刘承干坚守传统，严肃认真，"傻公子""笃公子"精神值得出版人学习。

3. 活字和套版复制软质出版成就

在中国古代出版人的不懈努力下，活字印刷中泥活字、木活字、铜活字均有传世佳作，早在木活字之前，一些文献中便有关于锡活字的记载，但是未能发现传世作品。套版印刷同样产出了一些优秀的出版作品。

泥活字为北宋毕昇发明。历史上以泥活字印书出名的出版家还有清代道光年间的李瑶和翟金生。李瑶的印书主要有《南疆绎史勘本》《校补金石例四种》。安徽泾县翟金生在长达30年的时间里制成10万余个泥活字，排印《仙屏书屋初集》《修业堂集》《水东翟氏宗谱》等。

木活字的集大成者为元代的王祯。元武宗至大四年（1311年），王祯为印刷所著《农书》，令工匠造3万多个木活字，造成后先试印100部6万多字的《旌德县志》。《旌德县志》今已无传本，但流传下来的王祯所撰《农书自序》及所附《造活字印书法》记录了木活字印书的基本流程。明代盛行木活字，崇祯年间官方报纸《邸报》也改用木活字印刷。清代木活字印书十分普遍，乾隆年间所印《武英殿聚珍版丛书》是当时规模最大的木活字印书活动。程伟元用木活字排印120回《红楼梦》，共有两个版本，乾隆五十六年（1791年）的称"程甲本"，乾隆五十七年（1792年）的称"程乙本"。

明代著名的出版家有无锡的华氏和安氏两家。华氏一家四代均从事铜活字印刷，比较有名的印刷作品有华理排印的《渭南文集》，华燧"会通馆"的《宋诸臣奏议》《锦绣万花谷》《百川学海》，华坚"兰雪堂"的《元氏长庆集》《艺文类聚》《蔡中郎集》等。嘉靖年间安国的"桂坡馆"排印了《正德东光县志》和《古今合璧事类备要》，质量上乘。佚名的"金兰馆"印有铜活字本《石湖居士集》和《西庵集》。清代最著名的铜活字印本，当属现存最大的类书《古今图书集成》，共用铜活字排印了60部，纸质优良，印刷精美。

套印技术元代发明，明代普及运用。明代社会盛行评点，为将评点性文字在印刷时与正文区分，广泛采用套版印刷技术。如前所述，套印技术著名的出版代表人有吴兴闵氏和凌氏。吴兴闵氏之套印"闵刻"风靡天下。吴兴凌氏凌濛初，刻书多为戏曲小说，采用朱墨二色套印，配有插图，代表作有《初刻拍案惊奇》《二刻拍案惊奇》。闵、凌两家采用套版技术印书130多种，单版分色套印技术逐步走向炉火纯青的地步，色彩丰富时多达五色套印。这是中国古代套版印刷技术的一次飞跃，并启发饾版、拱花技术的诞生。

明代末年的胡正言在饾版和拱花印刷方面取得较大成就。崇祯年间，他在鸡笼山侧以饾版和拱花技法印制了《十竹斋笺谱》和《十竹斋书画谱》二书，其刊版套印精美，施墨敷色娴熟，技术上达到新高峰。清代饾版套色印刷的代表出版家是沈心友，代表作品是四集《芥子园画传》，绘画精湛，历来为世人珍视。

(二) 中国近现代软质出版成就

1. 晚清时期的软质出版成就

新技术引进促进出版现代转型。19世纪二三十年代，来华传教士将第一批石印机带进中国沿海。1843年，澳门、广州建立石印所。1876年，上海天主教出版机构土山湾印书馆在法国天主教传教士爱桑和华人邱子昂主持下，专门采用石印出版书籍。1879年，英国商人美查在上海创办"点石斋书局"，印刷《圣谕详解》，缩印《康熙字典》，广受科考士子的欢迎。1881年，徐鸿复创设"同文书局"，翻印中国古籍善本。1905年，清政府废除科举，石印技术走向衰落，但民国时期仍有一些大出版机构(商务印书馆、世界书局、开明书店等)采用石印技术。19世纪中前期，中西交往加深，传教士研制铸造中文铅活字。1814年，耶稣会传教士马礼逊手工雕刻20万个铅合金活字，印刷《华英字典》600部。1858年，美国传教士姜别利在宁波建立印刷所，创制"电镀字模"。美华书馆率先大量制造了7种规格大小的"电镀字模"，当时称为"美华字""宋字"，沿用数十年。甲午战争后，西方书籍、报刊、教材等大量引入国内，铅印成本随之降低，逐渐成为印刷技术"主流"。印刷技术转型后，胶钉装这种西式装订技术也广为采用，古老的线装书逐渐被淘汰。出版的现代转型在清末基本完成。

教会出版催生多种出版机构。教会出版因西方传教士的出版活动传入，客观上对中国软质出版的近代化产生了巨大的推动作用。这些出版机构，对当时职业化作者和编辑队伍的形成、出版物的内容结构、新式出版观念等产生重要影响。比较重要的出版机构有：1815年前后伦敦传教士马礼逊和米怜创建的英华书院；1843年伦敦传教士麦都思创办的墨海书馆；1844年于澳门开设的花华圣经书房，1860年迁入上海时改名为美华书馆。美华书馆是早期传教士来华创办的规模最大的、设备最全的出版印刷机构，曾用铅活字出版《圣经》、宗教报刊、教会学校教学用书、自然科学书刊等。近代影响最大、出版物最多的西方多国联合出版机构是原名为"同文书会"的"广学会"，一些传教士中的精英人物，在"广学会"担任总干事或撰稿者，成为优秀的出版人，如韦濂臣、李提摩太、林乐知、狄考文等。1900年广学会共出版书刊176种，1911年增出"新学"书籍，内容独特开阔，深受王韬、孙中山、康有为等新派人士欢迎。

洋务派的翻译出版成就。洋务运动时期，官方出资创办翻译出版机构，翻译西方书籍，帮助国人"睁眼看世界"。1861年京师同文馆开设，培养诸多翻译人才，师生合力翻译西书30多种，多用活字印刷出版。出版内容主要涉及国际知识类、科学类，如《万国公法》《各国史略》《格致入门》。外文工具书《英文举隅》，弥补了英文教科书的缺失，成为后人新编教科书样本。1868年江南机器制造总局翻译馆开办，主要翻译西方军事、工业、航海、法律等书籍，介绍西方社会思想。

民营出版业主体地位确立并促成全新出版业态。1895年到1911年民营出版崛起。西学思想、新式知识体系的传播与需求，为新式书报刊出版打开广阔市场，新式民营出版业应运而生。1897年，近代最成功、影响力最大、最具代表性的民营出版公司——商务印书馆正式在上海挂牌成立。1895年后的10多年，全国各地兴起的新型民营出版机构不下200家。大量民营软质出版企业创办，促成了一种前所未有的全新出版业态：资本化运作、社会化分工、先进印刷技术的运用、出版内容的更新与调整等。1905年上海成立"书业工会"，在加强行业内部联络的同时，进行协调、监督和自我规范。

2. 民国时期的现代软质出版成就

民国时期，出版物数量与种类激增，出版物结构出现重大调整。《新青年》《每周评论》《少年中国》《新潮》《星期评论》《太平洋》等杂志纷纷创刊。"四大副刊"《时事新报·学灯》《晨报副镌》《京报副刊》《民国日报·觉悟》出版发行。老牌杂志的内容也着意更新，如商务印书馆的《东方杂志》《教育杂志》《小说月报》《妇女杂志》等。现代软质出版将目光聚焦于"大众化知识"的普及读物,出版物内容结构出现大调整。如商务印书馆、中华书局出版内容转向"一般性知识图书、学术著作并重",除出版《共学社丛书》《新文化丛书》等学术著作,还发行"入门小丛书"系列(《学生国学丛书》《百科小丛书》《商业小丛书》《体育小丛书》《新时代史地丛书》等)等一般性知识图书。文学读物的种类更是激增,新式白话作品开始出现。儿童读物从内容、数量上得到了突破性发展,尤其是白话儿童读物数量激增,如《儿童画报》《儿童世界》《小朋友》《小朋友画报》《小弟弟》等期刊。社团与软质出版机构联合也是一种新的出版与文化现象,二者之间利用各自的优势进行良性互动,不仅壮大了社团,还培养出更多的优秀出版人。

值得一提的是,民国时期涌现出一些重要的软质出版人物,他们对软质出版文化事业作出了较大贡献,如职业出版人张元济、陆费逵、王云五、沈知方、赵家璧、李小峰等,兼职出版人胡适、陈独秀、鲁迅、茅盾、巴金等,这些出版人以其创造性的出版实践,推进着中国近代软质出版事业的发展进步。

3. 中国共产党领导下的软质出版活动

中国共产党认为报纸、刊物、书籍是党的宣传鼓动工作最锐利的武器。随着革命斗争不断深入,宣传的观点逐渐明晰。中国共产党领导的现代软质出版事业有着鲜明的政治立场,始终与日本帝国主义、北洋军阀、国民党政权针锋相对,不论是在根据地还是国统区,现代软质出版业始终与革命形势相配合。软质出版业是当时复杂斗争环境中的政治文化事业。党报党刊、领导人著作、历史文献、马列著作、政策文件等重要出版内容,均体现鲜明的党性特征。

(1)将先进的马克思主义学说引入中国

马克思主义学说,最早由传教士的《万国公报》等传入中国。清末梁启超的《新民丛报》、孙中山的《民报》(东京)上都有零星介绍。十月革命后《新青年》《每周评论》等刊物上,李大钊等人系统介绍该学说。1920年陈独秀在上海成立"马克思主义研究会",翻译出版这类书籍。1920年8月,由该会会员陈望道翻译、新青年社发行的《共产党宣言》问世。1920年11月李达主编《共产党》月刊宣传了列宁建党学说等。

(2)建立先进的出版发行机构

新青年社。五四运动后,《新青年》杂志内部发生分化,1920年在陈独秀主持下,自北京又回迁上海,宣布脱离群益书店,成为同人组织。因出版《阶级争斗》《到自由之路》等书籍及画片遭巡捕房查封。《新青年》迁移广州,刊印《伙友》《劳动界》等"工人刊物""新青年丛书"。

人民出版社。该社是中国共产党在上海召开党的一大时(1921年7月)决议成立的,任务是集中出版马克思、列宁著作。该社一年间总共出版了16种印刷质量较高的书籍。出版了《马克思全书》3种,《列宁全书》4种,《康民尼斯特[①]丛书》4种。

上海书店。作为"一个小小的书铺子"[②],上海书店成立于1923年11月,负责出版发行对外宣传刊物《中国青年》《向导》等。发行方式隐蔽:或晚上秘密发行,或另租房子转移目标。前后总共出版30多种革命书籍。

长江书店。随着北伐军攻克长沙、武汉,1926年12月长江书店宣

---

① "共产主义"之早期音译。
② "我们要想中国新文化运动史上尽一分责任,所以开设这一个小小的书铺子。"——引自《前锋》

告成立，由瞿秋白、苏新甫等主持，在蓬勃发展的大革命形势下，出版、重印了《中国青年社丛书》《向导周报汇刊》等50余种书籍。

《新华日报》。它是全面抗战期间中国共产党在大后方创办的公开合法出版物。抗战初期，大敌当前、国民情绪高涨，在国统区，中国共产党出版了大量政治理论性的书籍，将马列著作和毛泽东的著作扩大了传播范围。"皖南事变"后出版环境严重恶化。

(3)发展苏区的软质出版事业

1927年秋收起义后，南方各省先后成立以赣南为中心的中央革命根据地和几十个地方革命根据地，统称为"苏区"。苏区的软质出版工作，在"反围剿"的环境中服务于政治军事斗争和人民大众的需要。在苏区，创办的首家出版社是福建长汀"毛铭新印刷所"，后改编为"闽西列宁书局"，地下党员、工人在此印刷布告、传单、小册子、文化教育图书及《红旗报》《战线报》。1931年中华苏维埃共和国临时政府在瑞金成立，软质出版业随之出现一度的繁荣。中共中央机关报《红色中华》《红星》等相继创刊，中央出版局、中央印刷局、印刷厂、总发行部纷纷宣告成立。苏区创办的报刊有300种之多。[①]

(4)大力建设根据地和解放区的软质出版事业

陕北根据地先后出版了20余种报刊和400多种书籍。[②] 主要由解放社、大众读物社、新华书店、华北书店等刊行。鲁迅艺术文学院、边区文化教育研究所等团体也出版了一些图书、地图、年画等。解放社主要

[①] 叶再生：《出版史研究》(第三辑)，北京，中国书籍出版社，1995，30～110页。

[②] 赵晓恩：《延安出版的光辉：〈六十年出版风云散记〉续编》，北京，中国书籍出版社，2001，第23页。

负责出版马克思、恩格斯、列宁、斯大林的译著；新华书店则出版了《中国通史简编》(范文澜)、《甲申三百年祭》(郭沫若)等非政治类书籍。① 延安在各根据地的"出版中心"地位得以确立。

晋察冀、晋冀鲁豫、山东、晋绥根据地的出版业，往往先由一家报社附设出版发行部，然后慢慢单独分立出来，集出版、印刷、发行于一体；而且所印图书以翻印延安出版物为主。

中国共产党领导的出版活动，基本是以软质出版活动为主。这些出版活动和出版成就是中国近现代软质出版的重要组成和先进构成，是中国软质出版史上辉煌灿烂的一页。

二、欧洲软质出版时期的主要活动及重要成就

古代欧洲的软质出版在文明发展的过程中，不断从萌芽走向成熟。出版载体经历莎草纸、羊皮纸、蜡板植物纤维纸等。欧洲民众用智慧创造了莎草纸卷轴、羊皮纸册页、亚麻纸册页等装订形式；发展出插画、描边贴金、水印等或繁复或实用的装帧艺术；制定了规范详细的书籍复制、编辑、校对的出版流程；直接推动了书店、图书馆的产生和发展。15世纪中叶欧洲古腾堡发明机铅活印技术，翻开了近代欧洲软质出版活动的新篇章，欧洲的出版业凭借新的印刷技术彰显出强大的生命力。

(一)古代欧洲的主要出版活动及重要出版成就

1.古希腊、古罗马的软质出版成就

官方机构与民间图书编辑活动盛行，早期书店、书商出现。公元前

---

① 抗日战争中，延安建立"中共中央出版发行部"，统一党的出版印刷发行工作。

259年，亚历山大图书馆建立。这是当时希腊化时代最大的图书编辑机构和图书翻译机构，所有书籍在这里统一被翻译成希腊文，以满足和服务于学术研究。《圣经》第一次被翻译成希腊文，对犹太教的希腊化和基督教的发展都有深刻影响。经过长时间的抄写与翻译，亚历山大图书馆迅速崛起成当时西方世界中最大的图书馆，采用复杂的图书分类方式收藏卷帙浩繁的藏书。诸多举世闻名的著作，如诗人荷马的全部作品、数学家欧几里得的《几何原本》原件、科学家阿基米德的著作、医生希波克拉底的著作等均在此收藏。民间图书编辑同样盛行，抄写员担任着类似于现代出版人的角色，独立出来成为一个重要手工行业。古罗马时期出版形制得到完善，出版行业十分兴旺，最早的书店、书商也已产生。

书籍流通形成产业。5世纪中叶开始，借助商业流通，古希腊普通民众接触书籍非常便利，古希腊图书销售已超出几个城邦范围。罗马帝国时期，作家的作品进入商业流通渠道属于普遍现象。罗马的书店主要集中在繁华地区，当时的书商与发行商负责图书的印刷和销售，一些大书商通过出版作家的著作获得丰厚利润。罗马疆域不断扩大，一些行省形成了发达的出版产业，但当时各行省之间的出版合作不够紧密，人们往往习惯于阅读自己所在地区的图书。

2. 造纸术传入前中世纪软质出版的成就

宗教出版盛行并遵循严格的出版流程，形成宗教藏书体系。中世纪教会势力扩张，基督教文化兴起，教会中的一部分修道士与修女，在修道院中受到极为严格限制。他们需要自我节制、潜心祈祷、苦心修行达到脱离尘世的目的。5~6世纪，意大利修士圣本笃在罗马东南面的卡西诺山建立规模较大的修道院，在院内设立抄写室，设立了宗教书籍抄写和翻译的制度，使出版成为宗教机构的固定专职。7世纪时，教堂开始大量抄写和收藏图书，修道院还开办学校，教授识字课程，培养僧侣和普通学生。在严格认真的抄写过程中，许多规范的出版流程得以保留下来，对现代出版业规则制定有很好的借鉴意义。在莎草纸书籍转录为羊皮纸书卷的过程中，古希腊古罗马的经典著作得以保存。古罗马帝国衰落后，宏大的图书馆也相继衰败，一些书籍主要留存在修道院中。修道院藏书，成为中世纪社会文化教育的主要教科书。

世俗文学作品广泛出版流传。11世纪末，法国《罗兰之歌》、西班牙《熙德之歌》、北欧《贝奥武甫》等著名民族英雄史诗产生，传奇故事如《亚瑟王与圆桌骑士》出现，骑士文学风靡整个西欧。这些作品在修道院图书馆中通过手抄、笔录的方式得到保存和流传，恢复了出版行业的活力，对后世世俗文学产生持续影响。

3. 造纸术传入后欧洲出版组织与出版成就

大学兴起促进教育出版。中世纪早期，学校主要存在于教会之中，学生主要学习古希腊流传下来的"七艺"、拉丁文及大量基督教作品。11世纪始，欧洲大学兴起，如意大利博洛尼亚大学、法国巴黎大学、英国牛津大学等，促进了知识繁荣，催生了新的阅读群体，各行各业的人们阅读需求也逐渐扩大。教材的需求量与出版量日益增加，手抄书行业日益繁荣。早期大学出版中，集出版与销售为一体的书商开始出现。

出版推动文艺复兴蓬勃发展。文艺复兴之前，出版活动主要集中在修道院，手抄本主要作品集中于《圣经》、圣徒传和用于礼拜的祈祷书等，还有一小部分历史书、教材和古代书籍。在新兴出版的大力推动下，知识群体迅速扩大，启蒙思想日渐深入，文艺复兴运动蓬勃发展，涌现出一批具有人文主义色彩的作家如彼得拉克、薄伽丘等，出现《神曲》《十日谈》等优秀出版作品。

(二)近代欧洲的主要出版活动及重要出版成就

1. 图书出版业繁荣

古腾堡印刷术发明之后，欧洲近代图书批量生产开始，大量印刷书籍涌现。这些早期印本在字体、标点、符号、版式以及纸张等方面，均和后来的印刷物有很大的不同。所以，西方目录学家把15世纪50年代至15世纪末欧洲活字印刷文献称为"摇篮本"，这是西方印刷书籍发展的早期阶段。其中最具代表性的图书就是《古腾堡圣经》和《纽伦堡编年史》。它们代表了当时软质印刷图书的最高成就。18世纪法国狄德罗《百科全书》开启了百科全书编撰出版新时代。随着全球的经济一体化，出版业的不断发展扩大，一些早期的出版公司慢慢发展成为大型图书出版集团，这些集团占据出版市场很大份额，开始形成自己的垄断地位。在欧洲，最著名的出版集团是德国的贝塔斯曼集团，有170多年的悠久历史，是居世界前列的出版传媒集团。

2. 软质出版发行业成熟

18世纪末，英国出现了专门作为中间商的图书批发商，它们是图书流通渠道中重要的一环。如今法国有8家大型图书出版发行公司，其中最为出名的是阿歇特发行公司，控制了60%的图书发行市场。19世纪末，欧洲出现了图书俱乐部，它是新的图书发行渠道，是为会员读者购书及开展其他文化活动而搭建的平台，对20世纪的图书出版业产生了重要的影响。1900年瑞士兴起的合作运动是现代图书俱乐部的雏形。

1924年，德国一共有4家图书俱乐部，到1933年会员总人数已发展到80万人。20世纪80年代发展起来的超级书店，风靡整个欧洲。在英国，图书最主要的销售渠道是大型的连锁书店，25家连锁书店大约占据了70%的图书零售市场，剩下只有30%的市场却有3000多家独立书店在竞争。英国主要的连锁书店有W.H.史密斯、瓦特斯通、迪龙和奥塔卡等。

近年来，纸质出版物受到互联网的巨大冲击，为摆脱传统出版物的发展困境，欧洲出版业努力拓宽海外市场，进行专业科学的出版定位、积极宣传推广图书，为新时代的图书出版做积极探索。

三、美洲软质出版时期的主要活动及重要成就

古代印第安人在广袤的美洲大陆上所创造的成就十分显著，为我们探索古代美洲的软质出版文明掀开了精彩的帷幕。随着近现代工业文明的发展，美国和加拿大等发达国家，软质出版业发展水平引人注目。

(一)古代美洲地区软质出版成就

古代美洲的三大文明古老而神秘，但是每种文明都在为信息传递、知识积累、文化传承做出积极的努力。玛雅文明时期，文字类似于古埃及、古巴比伦和古代中国的象形文字，采用以鞣制过的鹿皮或树皮为主要原料制成"纸"，编订各种书籍，内容涉及历史、科学和仪式典礼等方面。阿兹特克时期，为解决口传信息不准确与遗漏之失，阿兹特克以图画作为提示，保存下来大量的文字古抄本。记录复杂事物，便用20～25

厘米长的牛皮当纸，多幅画面连续组成。除牛皮纸之外，也将画面记录在布帛之上，甚至还发现压制"阿玛德"的树皮可制成纸浆制造原始纸张，用以记载印加历史上发生过的重大事件。

(二)近现代美洲地区软质出版成就

近现代美洲地区的软质出版成就，主要集中在美国。美国是世界著名的近现代出版大国，近现代软质出版(主要是纸质出版)领跑世界。17世纪30年代末，美国近代出版印刷业开始起步。1638年，英国移民斯蒂芬·戴在北美建立剑桥印刷厂，这是北美英国殖民地的第一家印刷厂。1744年美国出现了第一份近代学术期刊，基本与欧洲同步。20世纪，美国的软质出版印刷业开始领跑世界，并形成了波士顿、费城和纽约等软质出版中心城市。第二次世界大战之后，美国科学技术发展迅速，科研文献需求量激长，进一步刺激了软质出版业的繁荣与发展。此后，美国出版物的发展历经印刷型—微缩型—视听型—电子型的发展历程，领导着世界出版业的发展潮流。美国有900多家大型印刷公司，专门从事图书印制工作，因此其出版社很少设立自己专门的印刷厂。20世纪80年代，美国出版物中出现了较为成熟的虚拟出版物——电子出版物，为虚拟出版的发展开辟了广阔前景。

四、其他地区软质出版时期的主要活动及重要成就

(一)亚洲其他地区的软质出版

亚洲作为七大洲中面积最大、人口最多的一个洲，其文化和文明历

史悠久、底蕴深厚。除中国外，下面仅以印度、日本这两个国家为例，简单说明在软质出版时期的主要活动及其成就。

1. 印度的软质出版成就

印度婆罗门教的圣典——"四吠陀"(《梨俱吠陀》《娑摩吠陀》《夜柔吠陀》《阿达婆吠陀》)及"两大史诗"(《摩诃婆罗多》《罗摩衍那》)等经典文献，也由硬质载体贝叶改为软质载体植物纤维纸来出版。著名诗人泰戈尔1913年以《吉檀迦利》成为第一位获得"诺贝尔文学奖"的亚洲作家。其软质出版成就较多，有长诗《野花》《诗人的故事》等；有抒情诗集《暮歌》《晨歌》《梦幻集》等；有诗集《刚与柔》《儿童》《渡船》等；有长篇小说《小沙子》《沉船》等；还有戏剧《国王》《邮局》《顽固堡垒》等。泰戈尔出版的作品充满了鲜明的爱国主义和民主主义精神。

2. 日本软质出版业的发展

日本早期没有自己的文字，而是使用汉字作为日常文字，故此，汉字不断被日本化，日本语用汉字标音，对汉字进行'训读'，改变原有的语序，使其具有和氏的意义。① 飞鸟时期，汉字、变异汉字和标音假名等"三种文字形式"共同存在。平安时代，假名发展，日文书写符号逐渐成熟起来。明治维新时期，日本"教育立国"，在一定程度上促进了出版业的发展，活版印刷业和"洋纸"造纸业也开始产生，从而拉开了日本近代出版业的序幕。②

---

① 万安伦：《中外出版史》，北京，高等教育出版社，2017，第393页。
② 孙洪军：《日本出版产业研究》，博士学位论文，吉林大学，2007。

1878年，大桥佐平创立的出版业综合性组织"博文堂"较有影响。20世纪初期日本主要出版机构有"三省堂""博文堂""讲谈社"等，博文堂的主要杂志有《太阳》《少年世界》《文艺俱乐部》等；讲谈社的主要杂志有《少年俱乐部》等。这一时期杂志的盛行为日本"杂志王国"的发展奠定了良好的基础。

此后盛行"一元本热潮"，主要是指在1925年至1926年图书市场上流通的每册售价一日元的读物，这一阶段图书的种类和数量急剧上升，1926年出版图书20212种，1938年出版图书29466种。日本教育发展也促进其出版业的发展。20世纪后半期，日本受美国文化影响，出版物有西化倾向。

(二)非洲地区的软质出版

非洲大陆是古人类和古文明的发源地之一。古埃及作为世界四大文明古国之一，公元前35世纪就创造了象形文字。在硬质出版上，以铭文出版为主，大致可以分为墓铭、庙铭、碑铭和采石场铭文等，而后莎草纸这种载体已经表现出向软质出版过渡的倾向。9世纪，中国植物纤维纸制造技术沿"丝绸之路"传入北非，由此开启非洲软质出版新局面。"公元1100年前后，摩洛哥首都菲斯建立了造纸厂。此后，造纸术迅速扩散传播到西非、东非和南非等地区。"[①]非洲大陆有斯瓦希里文字、阿扎米文字、瓦伊文字、巴蒙文字、恩西比底文字等较为成熟的地方性文字符号，这些文字符号不但镌刻在岩石等硬质出版载体上，也记录在软

---

① 万安伦：《中外出版史》，北京，高等教育出版社，2017，第423页。

质载体之上，共同构成非洲的软质出版长廊。

(三)大洋洲的软质出版

大洋洲为汪洋所隔，被称作"孤独的大陆"。大洋洲的主要国家有澳大利亚、新西兰等，而澳大利亚近现代的软质出版发展令人瞩目，其发展模式值得学习和借鉴。现代出版离不开造纸术和印刷术这两项基础技术，造纸术19世纪后期才最后传入大洋洲。此后，澳大利亚的软质出版有了载体和技术的支撑，才有了发展的基础。

20世纪50年代，随着人口增长和经济发展，澳大利亚国内出现争取教育与文化独立的倾向，这一举措推动了澳大利亚出版业的发展，60~70年代是出版业迅速发展时期。同时，政府积极发展官方出版机构，并对私人出版公司采取优惠政策。这一系列措施为澳大利亚出版业的发展创造了良好的环境，到80年代，澳大利亚出版业已初具规模。

澳大利亚的出版管理体制实行的是注册制而非审批制，澳大利亚出版业生存压力巨大，故而分工明确，各自保存自身的优势和特色，出版社主要有以下几类：第一类，出版学术、专业和技术领域读物的出版社，如澳大利亚学者出版社、ACER出版社等；第二类，出版儿童读物的出版社，如ABC出版社、澳大利亚步行者书屋等；第三类，出版教育读物的出版社，如法律学院出版集团、墨尔本大学出版社等；第四类，出版本土读物的出版社，如地方研究出版社、Magabala土著居民图书出版集团等；第五类，出版图书、杂志等出版信息的出版社，如纳勒森图书档案出版社、纳勒森图书浏览出版社等；第六类，出版商业方面读物(含小说类和非小说类)的出版社,如南澳大利亚美术图库(出版社)、澳大利亚地理(出版社)等。

五、世界文化交流与图书出版事业日趋繁荣

泥板、甲骨、青铜、玉石、简牍、莎草纸、贝叶等硬质出版载体,具有刻写困难、传播不便、承载信息量少等缺点,其出版载体的主体地位最终被绢帛、羊皮纸、植物纤维纸、塑料薄膜等软质出版载体所取代。文字体系的成熟,出版载体的更新,出版技术的发展,使得软质出版时期留下了许多文化经典,为人类文化的萃积和文明的传播作出了巨大的贡献。同时,手抄复制的盛行催生了"书吏"这一职业的诞生,而印刷复制使得出版行业以前所未有的速度快速发展起来。

(一)图书产业的发展

1. 中国书肆的出现

秦汉时期,书籍以传抄为主。一般认为,我国两汉时期图书市场已经开始萌芽。纸最早出现在西汉时期,东汉蔡伦将纸改良使其变得适合写印,纸作为新生事物,虽然已进入社会生活,但仍未取代简帛成为主要的出版载体。汉武帝"罢黜百家、独尊儒术",统治者重视文化发展,为了发展儒学,兴办太学,需要大量标准的经学文本,这在某种程度上促进了图书市场的出现。西汉时,已出现了以图书买卖为主的书肆——"槐市"。"槐市"位于长安城东南,形成了包括图书买卖在内的综合性市场,长安学子每逢休假日便至"槐市"进行图书交易,

因其地多槐树而得名。书肆的出现，有利于促进书籍的流通与传播，而对书籍需求量的不断增加，催生了专门以抄书为生的职业——"佣书"，这种情形主要发生在雕版印刷术发明之前。在手抄本被大量需要的时候，"佣书"逐渐成为一个行业，贫苦人家的学子一般是这个行业的主力，当时编辑出版事业的发展主要以官府出版、民间出版和寺庙出版为主，抄写员根据雇主的不同需要，替官府、私人或者寺庙抄写其所需要的书本。随着书肆的萌生，"佣书"的出现，出版行业逐渐形成一个比较完整的产业，并在雕版印刷术出现之后形成更加完备的产业链。

2. 古希腊和古罗马的图书产业

在古希腊时期，出版产业只是雏形，而在古罗马时期的出版行业则较为完善，最早的书商书店已经产生。中国处于春秋战国大混战之时，同时期的古希腊民众已通过商业渠道开始接触书籍。当时书籍的流通主要靠传抄。不同于中国的"佣书"主要是平民书生，古希腊的抄写员主要是由奴隶或雇员组成。古罗马的书商承担着图书的印刷和销售任务，而图书的抄写和销售往往结合在一处，作为西方出版行业的萌芽，古希腊和古罗马的图书产业为出版行业的形成奠定了良好基础，图书的流通也为教育普及作出了极大贡献。

(二)印刷术极大解放了出版生产力

软质出版时期，造纸术改变了出版模式，使得人们从"手抄复制"时代进入"印刷复制"时代，开启了照原版无差别规模复制的新时代，大大解放了出版生产力。使用印刷术出版作品，还能在一定程度上减少因手写产生的差别，减小失误，提高效率。不仅如此，印刷术和造纸术传播到世界各地，也正是文化生产传播方式提升的标志。中国印刷技术发明后，东传朝鲜、日本，南至越南、印度，西传中亚、西亚、非洲及欧洲。世界各国因印刷术的传入，很快改变了当地的出版情况。而造纸术经由非洲传到欧洲，不仅改变了出版情况，更是便利了当地人的生活。造纸术和印刷术传播的影响甚巨，中国造纸术和印刷术使世界文化交流与图书出版事业日趋繁荣，为人类文化发展和文明跃升作出了卓越贡献。

经历了"开启文明的硬纸出版"时代和"以柔克刚的软质出版"时代，人类出版史开始进入"有容乃大的虚拟出版"时代，在这一时期，出版形式出现颠覆性改变，这是划时代的改变。

第三节　论虚拟出版时期主要活动及成就

"告别铅与火，迎来光与电，奔向数与网。"人类出版史迎来了另一个重大转折——从"软质出版"转向"虚拟出版"。虚拟出版时期是从声光电磁的发明和发现开始的，这是虚拟出版的萌芽期，即第一阶段，第二阶段的虚拟出版主要以计算机技术与出版的结合为特点，由此虚拟出版进入快速发展期。当今时代，虚拟出版进入高速发展期，以数字出版的方式呈现，这有赖于信息化和数字化技术的发展。从"硬质出版""软质出版"到"虚拟出版"，也是一个从"实体出版"到"虚体出版"的过程，出版形态由实变虚，表现内容则由静变动。虚拟出版极大地改变了人们的日常生活，日益成为人们数字生活的重要组成部分。

一、新征程：虚拟出版的阶段及成就

声光电磁的发明发现，开启虚拟出版新时代。计算机革命是虚拟出版发展期。数字出版是虚拟出版的当下状态。未来将进入人工智能出版和大脑意识出版。虚拟出版已走过若干阶段并取得令人瞩目的成就。

（一）虚拟出版的萌芽期及成就

虚拟出版的逻辑开端是从人类能够记录虚无缥缈的声音开始的。这一时期，声音也通过人类的努力，得以记录在磁电等虚拟或半虚拟的出版载体之上，这成为出版史上的大事件。1857 年至 1860 年，人类已经能够记录歌声了。戴维·焦万诺尼发现的人类最早的录音，一段 10 秒的女声歌唱。[①]

这是人类通过媒介记录声音的开始，也是虚拟出版的最初萌芽。

几乎同时发明的"声波记振仪"，虽然能将声音转换成声波振动的形态，记录到一种可视媒介上，但是无法从声波的形态再转换成可以播放的声音。但托马斯·阿尔瓦·爱迪生受到启发，制作出了真正的留声机，这种能记录声音的机器被视为 19 世纪最引人振奋的三大发明之一，随后，唱片在留声机发明以后产生。

摄影摄像技术的发展大致经历了三个阶段，技术逐渐成熟和专业化，为准确复制提供了便利，照相技术更是直接促进了摄影技术的发

[①] VIVIAN：《人类一个半世纪的有声记录》，《电脑报》2013-10-21。

展，现今世界的音像出版成就仍得益于此，视频在现代生活的运用已经渗透到各行各业，成为出版的重要形式之一。

唱片发明后，各国在音像出版方面也取得了一定的成就。英国的百代唱片成立于 1897 年，是英国五大唱片公司之一，其总部设在伦敦，在世界范围内 146 个国家和地区有分支机构，影响深远。法国于 1912 年成立的环球唱片公司成为现今世界上最大的唱片公司。欧洲在虚拟出版萌芽期处于领跑地位，取得录音录像等方面的探索性成就。

(二)虚拟出版的发展期及成就

1946 年计算机在美国被发明，虚拟出版进入发展期。计算机技术与出版技术深度融合，极大促进虚拟出版向纵深发展。美国由此领导发展期的全球虚拟出版。

1948 年 6 月 21 日，哥伦比亚广播公司公开发布了高音质可长时间放唱的新型唱片——密纹唱片，它提高了放唱的质量，大大推进了唱片业的发展。美国广播唱片公司录制了《浮士德的天谴》《查拉图斯特拉如是说》《英雄生涯》。

中国的音像出版开始于 19 世纪 90 年代，直到 1949 年中华人民共和国成立才规范了文化出版产业，唱片公司有了新的发展。唱片出版业经过市场竞争和技术推动，很快形成了完备的出版运作机制，并且在不同的时期，有不同的发展重点：20 世纪 20 年代以前，唱片的内容以戏曲为主；20 世纪 20 年代以各种曲艺唱片为主；20 世纪 30 年代，受西方文化的影响，多歌曲、器乐类唱片；20 世纪 40 年代，电影业的发展带动了电影歌曲唱片的出版，如《渔光曲》等。20 世纪 30 年代和 50 年代是唱片业的繁荣期，虽然经历了很多挫折，但唱片出版业还是顽强地存活了下来，并在改革开放之后抓住了新的发展机遇。从1978年的中国唱片社到2007年的363家音像出版社，无疑是巨大的飞跃。近年来，音像出版开始式微。

虚拟出版发展期，在出版载体探索方面取得巨大成就。主要的虚拟出版载体包括虫胶唱片、磁带、3.5寸盘、ZIP软盘、JAZ软盘、MO磁光盘、MD磁光盘、MP3、CD-R光盘、DVD光盘、蓝光盘等，这些载体相对于以前来说，具有质量轻、储存量大的优势，在音像出版、音乐、游戏等领域都得到了不同程度的运用，但严格说来还不能算是完全的虚拟出版载体，只能算是"半虚拟"的出版载体。随着科技的发展，这些出版载体也会逐渐成为"明日黄花"，渐渐被淘汰。完全虚拟的云存储、云出版、在线出版等呼之欲出。

(三)数字出版：虚拟出版的当下状态

在当今时代，数字出版成为虚拟出版的最新状态，数字出版依托互联网为基础的网络世界，主要形式包括电子书出版、数字期刊出版、数字报纸出版、网络游戏出版、数字动漫出版、数字音乐出版及网络广告出版。数字出版的成果已经惠及社会生活中的方方面面。数字出版是指利用数字技术进行内容编辑加工，并通过网络传播数字内容产品的一种新型出版方式，其主要特征为内容生产数字化、管理过程数字化、产品形态数字化和传播渠道网络化。下面是世界主要国家的虚拟出版现状。

1. 欧洲各国大力发展数字出版产业

英国作为数字出版强国，与英国政府的政策支持是分不开的。英国政府成立专门的部门来支持数字出版的发展，并将发展创意产业作为一项基本国策，文化传媒体育部设立了"出版""电影""音乐""网络游戏"四大部门，支持数字出版的发展。数字出版与传统出版比翼齐飞。

法国的数字出版产业发展迅速，表现在其市场份额不断增加。意大利的主要出版社着意于数字出版转型，其最重要的网上书店主要销售电子书，同时大力推进数字图书馆的建设。

德国人爱阅读，这就造就了德国成为世界三大出版巨头之一，在数字化的浪潮下，传统出版开始向数字出版转型。德国电子书的年销售额居于世界领先地位。德国政府还十分重视在数字出版环境下对未成年人的保护，《危害青少年道德的出版物和其他媒体传播的法律》明确规定：音像载体、数据存储设备、图片和其他表现形式等同于文字作品，ISP可以通过选聘一位保护青少年特派员或者选择加强自律的方式来履行保护未成年人的义务，两者必选其一。如果 ISP 没有选择两者中任何一个，根据该法规定，被视为违反了行政法规，需要承担法律责任。[①] 这一点上，德国作出了很好的表率，各国在数字出版时期都应加强对未成年人的保护。

2. 美洲的数字出版居全球前列

美国的数字出版开始早，数字出版产业稳步向前。美国的数字出版

[①] 郝婷、黄先蓉：《德国数字出版法律制度的现状与趋势》，《出版科学》2013年第1期。

经过近年来的发展，有着非常亮眼的成绩。2016年美国数字出版市场收入达到72亿美元，占全球电子出版市场的47.3%。美国出版商协会公布的最新资料显示，美国2019年数字有声书产值达4.9亿美元，较2018年的4亿美元上涨23.2%；电子书产值则略有下降，从2018年的8.9亿美元降至2019年的8.5亿美元，降幅为4.3%。由于有声书销量大涨，导致数字图书销售额占到2019年出版商总收入的27%，比2018年占比的25.1%，上涨将近2%。

根据加拿大数字出版报告，九成出版商正在开发电子书，几近一半的受访者表示有超过半数的纸质书都开发了电子版，近半数出版社表示已将50%以上的存书转换成数字格式。得益于加拿大政府的支持，其有声书发展态势良好。

古巴、巴拿马、墨西哥等受经济、地缘条件限制，数字出版处于初步发展阶段。但总体上看，美洲仍是全球数字出版高地。

3. 中国有望在数字出版阶段实现弯道超车

中国是出版母国，曾长期居于世界出版的巅峰位置。近代以来有短暂的跌落。近年来，中国致力于建设"文化强国"和"民族复兴"伟业，出版当担大任。中国的数字出版整体收入持续增长，这与政策的支持与引导分不开，纵观中国数字出版的发展，未来的数字出版要与传统出版打造"纸媒＋数字出版＋PC端"的深度立体融合格局。《2019—2020年中国数字出版产业年度报告》显示，2019年中国数字出版产业持续健康发展，全年总收入规模超过9881.43亿元，比上年增长11.16%。2019年，移动出版收入2314.82亿元，在线教育2010亿元，互联网广告4341亿元，网络游戏713.83亿元，网络动漫171亿元，博客应用类

171.82亿元，在线音乐达124亿元，互联网期刊23亿元，数字报纸8亿元。出版业融合发展向高质量迈进。中国有望在数字出版阶段实现弯道超车。

4. 世界其他国家和地区的数字出版奋力争先

澳大利亚报业历史悠久，在长期的竞争中，形成了费尔费克斯传媒集团(Fairfax Media)和新闻传媒集团(News Corporation)两大具有影响力的传媒集团。数字出版的便携性、时效性，以及载体的多样性、丰富性、色彩性、鲜活性更多地吸引年轻人的注意。调查数据显示，在澳大利亚的新闻消费人群中，调查数字媒体受众已超过纸媒受众，数字出版和数字阅读正在成为新趋势。在过去几年，澳大利亚最大的两家有声书供应商Bolinda和Audible分别实现了3倍和4倍的收入增长，有声书发展值得期待。

印度作为"亚洲硅谷"，其互联网发展走在世界前列。再者，印度的人才资源丰富，每年约有50万信息工程师毕业，印度互联网产业创造的产值占全国国内生产总值的6.4%，占出口总额的26%[1]。由此，印度发展数字出版有了技术的坚实基础。印度大力发展本土数字出版，有益于发展适合本国的文化产业，增强文化自信，值得我们学习。

日本国民热爱阅读，因此日本算得上是出版强国。近年来随着计算机技术和数字化技术的发展，数字出版态势良好。由于智能手机普及率高，移动出版渐渐成为数字出版的主流，仅手机漫画就达到百亿日元的规模。

---

[1] 李斌：《印度数字出版的勃兴与启示》，《出版科学》2017年第1期。

韩国政府近年来制定了一系列激活数字出版的政策和规划，其数字出版产业发展的基础是制作与挖掘优秀电子书。

非洲地区由于经济上与发达地区有一定的差异，导致非洲地区数字出版的发展稍稍落后于发达地区，但"数字出版"已是大势，在非洲各国也都被提上了发展日程。

二、新特征：虚拟出版的属性和优势

编辑、复制、发行是传统出版的三个要素，传统出版要经过信息采集、选题策划、组稿、审稿、签订出版合同、加工整理、整体设计、发稿、校样处理、样品检查、出版物宣传、信息反馈12个环节，缺少任何一个环节都不能完成一本书的编辑出版工作。虚拟出版有其自身的特色与优势。

（一）多媒体性和全信息化

"多媒体"是现代社会提及较多的词语，也叫"全媒体"。从字面意思可知，多媒体是多个媒体的集合，包括声音、图像、文本等两种以上媒体进行互动的传播媒介。多媒体总体而言是一种媒介，是服务于信息传播的一种介质，而多媒体所具有的属性就称为多媒体性。多媒体性主要体现在信息传播的过程中和传播媒介本身的特性，如信息时效性、感官控制性、技术非线性等。这些属性也是数字出版的属性，因为虚拟出版是多媒体融合后的产物，是依靠多媒体展现的出版形式。虚拟出版的多媒体性在现代生活中也是非常普遍的，例如读者用手机阅览电子书的时候，信息被阅读者快速接受，与此同时，阅读者的视觉、听觉被电子书所关涉，阅读者沉浸在阅读的乐趣中，感受阅读带来的愉悦。这就是数字出版多媒体性的表现。

技术非线性主要是针对虚拟出版本身的技术而言的，虚拟出版依托计算机技术和数字技术而发展，打破传统出版循序渐进的阅读模式，实现点到面、点到线、点到点等非线性阅读模式。采用非线性阅读，在超文本链接或超媒体链接功能的支持下，可随时跳转到阅读者感兴趣的位置，亦可立即返回原处。以电子书为例，它可不采用纸质书的线性阅读和检索方式，直接通过超链接查询书中的某个关键词，实现对整段文字的链接拓展，对内容进行扩展阅读，从而实现章、节、目、次甚至是整体内容的超文本阅读，不再需要以文章的结构框架为逻辑顺序进行循序渐进的线性阅读。这种阅读模式带给读者的是灵活、多变、随意且快速的阅读体验。正是这样的属性与现代的快餐式阅读消费相适应。数字出版在今天快速发展的原因之一，也是其多媒体性给读者带来了不同以往的阅读感受。

全信息化也是虚拟出版的一大属性，其实它与多媒体性是密切相关的，全信息化也是感官全体验、信息快传播的表现。信息化是计算机时代的主要表现形式，从信息获取到信息传递、处理再到信息利用等这一系列过程都体现着信息化，通过信息技术改变着人们的生产方式、生活方式、学习方式、交往方式等，使人类社会发生深刻的变化。全信息化更是如此，出版本身就是包含着信息采集、选题策划等12个环节，数字出版依靠信息技术实现这12个环节的智能化、可视化、便捷化。这样使得出版从过程到结果都与时代发展相契合，改变着人们的阅读方式、消费方式和生存方式，从而真正实现全信息化。

多媒体性和全信息化是虚拟出版的技术表现，也是数字出版智能化的体现。它们是数字出版在网络信息技术发展下形成的属性，也是数字出版本身所具有的属性。多媒体性和全信息化实现了信息的时效性，使得阅读成为一种多感官互动和体现，把阅读变得更具趣味性和生动性，消除传统阅读的单感官性和乏味性。这就是虚拟出版在今天迅猛发展的优势和原因所在。

(二)海量存储和即时传播

信息技术和网络技术带来的最大的变化就是存储量的极大增加。可以想象，在20世纪中叶，计算机刚诞生的时候，为了存储数据，计算机机房需要占用上万平方米的空间，通过上千台服务器才能实现。而现在只需要一片轻薄的芯片就可以轻松存储大量甚至海量信息。20世纪90年代中期，我国计算机群组最大存储量不足现在普通家用计算机的百分之一。当时的存储介质是最普通的3.5英寸软盘，存储量只有几MB，即使这样的存储也不是人人可以拥有的。而现在的一个普通U盘就能有多达几十甚至几百GB的存储量。

对于出版而言，存储更是需要面对的难题，因为大量的书籍信息需要存储，以一本300页16开本的纸质书为例，假定每页平均字数1500，在没有插图的情况下，总字数为45万字，即900000字节，约合0.86 MB。按照"橙皮书"标准，一张CD-ROM光盘的存储量为650 MB，可保存约750本这样的纸质书内容。古人引以为傲的以简牍为出版载体的"学富五车""汗牛充栋"对于数字出版物而言只能算是九牛一毛。这也充分显示出数字出版改良存储的属性，在现代大数据条件下，存储量只能越来越大。

传统出版物的优点是无须专门的设备即可阅读,但却无法实现信息的压缩和非物理移动。然而在网络技术和大数据、云存储技术发展下,虚拟出版物可以通过对信息的压缩来储存,在此过程中,不仅可以存储文字,还能将冗余信息进行大幅度压减,其中尤以图像、音频和视频内容为甚。利用数据压缩技术,可以以很高的压缩比压缩数据。例如,采用 MPEG Ⅱ 动态图像压缩标准压缩包含音频信息的视频内容后,一张 CD-ROM 光盘可以保存 74 分钟的视频节目。在播放和阅读数字出版物时,再由系统的解压缩程序对压缩后的数据作解压缩处理。现在计算机的 CPU 处理速度已经相当快捷,因而对数据作实时解压缩处理和实时播放已不是问题。这样的技术使得虚拟出版克服了传统上需要大量物理空间进行出版存储的局限性,可实现海量存储。当然也促使虚拟出版与大数据、云存储、大模型相匹配,与时代发展相适应。

互联网技术的发展,带来的是信息的海量涌现,同时也促使信息大范围传播,从时效性上来讲,信息的传播属于即时传播。这种即时传播带来的效果,随时随地,即写即发。海量信息通过互联网技术渠道实现传播,分享给受众。读者在数字阅读过程中体验着内容和情感带来的愉悦,这便是虚拟出版即时传播的独特魅力。快阅读消费时代在改变人们的阅读方式的同时,也让感官互动成为受众阅读享受的基础,即时传播正是在这样的基础上实现的,受众的快消费需求打破传统出版的固态化、延迟性的传播模式。特别是对于互联网快速发展的今天,这一需求越来越强烈,即时消费、即时传播就成为数字出版效果的评定标准。依托互联网平台发展起来的数字出版完全继承了这一属性,将内容和传播相结合，在互联网快速传播的基础上实现即时传播，获得受众即时关注，收获良好的传播效果。即时传播的属性带来的是，读者既是传播者也是接收者，通过共享的方式，将信息进行传播的同时也接收其他信息，与虚拟出版的交互性、个性化相结合，从而使得虚拟出版更加生动形象，更具吸引力。

虚拟出版的海量存储性和即时传播性充分显示出互联网给出版带来的变革，也正是这种属性，使得虚拟出版可以实现与大数据相结合，与云出版相适应。海量存储性让信息可以即存即用，既可以保护纸质书籍，也可以实现存用一体，不必拘泥于时间和地点。虚拟出版的海量存储性和即时传播属性满足了信息社会对信息储存和信息传播高速化、无延迟的要求。

(三) 交互性与个性化

随着信息技术和网络技术的高速发展，数字阅读已经成为现代社会一种主要的阅读方式。实现阅读者和作者的实时互动是数字阅读的一种新体验和新境界。数字出版具有交互性特点，不仅可以实现读者与作者的互动，还能实现线上与线下的互动，这就是数字出版的交互性。交互性是传统出版的局限，传统的纸质读物，在阅读过程中只能通过文字了解作者的思想，而这一过程是在大脑中进行想象，并不一定是作者的想法，所谓"有一千个读者，就有一千个哈姆雷特"。在纸质阅读过程中，读者只能通过将自己的经历和感情赋予这些静态的文字中，来体会和感悟作者所要表达的思想和感情。

虚拟出版条件下，读者和作者之间可以进行实时互动。读者可以在网络平台上与作者进行在线交流互动，可以了解作品的创作背景，了解作者所处的环境和真实想法，再加之读者自己的生活阅历和情感体验，自然可以对作品有更加深入的理解和更加全面的掌握。与此同时，在阅读的过程中读者将自己的阅读感受与作者进行分享和交流，也能激发和感染作者，对作品进行修改和提升。读者与作者的交流互动，也会促进读者对作品的购买欲望。

交互性是虚拟出版的重要属性。虚拟出版作品不仅仅是单向地为读者提供知识和信息，更重要的还在于可以搭建起作者与读者之间互通的桥梁，最大限度地调动读者的阅读兴趣，依靠视觉和听觉器官接收多方面的信息，激发读者了解新知识的欲望。交互性体现读者与作者零距离，读者与读者零阻隔，真正实现互动于心，互动于情，让读者体验到数字化带来的阅读乐趣，也让作者在交互中创作更贴近读者的佳作。

"个性化"一词已经成为对差异性表达的专有名词。大数据时代，创造用户感兴趣的内容和个性化的阅读体验是现代出版数字化的主要目标，也是未来出版发展的主攻方向。出版的核心是服务于读者，而个性化正是对读者的量身定制，使之更切合用户的需求点和兴趣点，这样才能将出版物精准化推向读者，获得良好的市场反应。数字出版具有个性化属性，无论是内容生产还是渠道传播甚至阅读方式都极具个性色彩。现在我们只需要一台智能设备就可以实现随时随地阅读，不拘泥于传统的阅读方式，可以坐着、躺着甚至是在等公交的片刻时间进行阅读。甚至我们在做饭或者运动时，还可以"阅读"有声书。正是因为其个性化的属性，我们能想象的任何形式的数字阅读几乎都能实现。

在 Web 3.0 时代中，除了数字内容的个性化、阅读方式的个性化以外，出版服务也体现出个性化，我们可以通过数据平台，看到书籍清单，了解书籍的方方面面，这样在阅读之前已经对书籍有了深入的了解，并且在大型图书馆，可以通过书籍信息进行查阅和寻找，省时省力，这也是虚拟出版服务的个性化，我们随时随地都能感受到数字出版个性化带给我们的便利和惊喜，但也有挑战和考验。

交互性和个性化是虚拟出版的本质属性。这两方面的属性是有紧密联系的。正是由于交互性的属性，写作者、出版者才更能准确了解读者的个性化需求，这样才能出版更多符合读者兴趣需求的个性化作品。反之，虚拟出版的个性化发展，又极大地鼓励和推动了虚拟出版的交互属性，激发读者与作者和出版者之间的长久互动的热情和力量。

(四)便捷性和环保性

传统出版物大多功能单一，这是传统出版的主要缺陷之一。单一性的信息传递和接收使得传统出版缺乏丰富性和趣味性，也使得出版呆板化，例如报纸仅供阅读，广播仅供收听，电视虽然兼具音、画、文字，但不能用来进行即时的信息交互。虚拟出版物整合了人类的各种感官体验，可以更高效地进行信息存储、传播与再现。一方面使得信息多元化，传播和接收实现双向互动，另一方面也使得创作和阅读更加便捷，不用像传统写作和阅读那样复杂而又烦琐。虚拟出版的便捷性不仅体现在这些方面，对于出版机构来说也具有便捷性，传统出版的 12 个环节被大大地简化和压缩，省时省力，这就是虚拟出版便捷性的主要体现。

大多数虚拟出版物是多媒体出版物，同时包含了文字、图形、图像、音频、视频和动画等多种形式。丰富多彩的多元化信息极大地吸引了使用者的兴趣和关注，由此出版物的表现力得到了显著的提高。虚拟出版的便捷性在出版效率上表现得更加充分，"一册起印，即需即印"的按需出版是虚拟出版便捷性的重要标志。

虚拟出版对于当代社会最重要的贡献之一就是它的环保性，这是传统出版无法比拟的。众所周知，传统出版主要是以纸张为出版载体。造纸业是高耗能、高污染的行业。造纸需要浪费大量的水，这些被污染的水很难自然沉淀清洁、循环再用。此外，造纸更需要大量木材。据统计每生产一吨纸，就要消耗 2.2 吨木材，相当于 4 立方米的木材，同时耗水高达 100 吨，还要消耗相当的电量。而数字出版则是一种绿色出版，环保性是其突出优点之一。虚拟出版的编撰过程就是生产过程，无须出版载体，没有印刷环节，是真正的绿色环保产业。虚拟出版符合可持续发展和绿色发展的战略要求，因此虚拟出版会成为未来国民经济的优先发展产业。

虚拟出版的便捷性和环保性利国利民，既符合各国政府的产业政策，又适应当今资源短缺的时代特点，相信虚拟出版一定会拥有更加美好的明天。

三、新范式：虚拟出版的符号转向

人类社会中，丰富的社会化符号系统以"视觉与听觉为基础"[①]。听

[①] 〔英〕特伦斯·霍克斯：《结构主义和符号学》，瞿铁鹏译，上海，上海译文出版社，1987，第 139 页。

觉符号以时间为主要结构力量，以口头语言、音乐等为主要形式；视觉符号则以空间结构力量为主，绘画、文字等是主要形式。而基础的语言和文字符号在社会交流交往中居于支配性地位。出版的出现完成了时间性语言的空间性重现和流动性思维的符号性固化。换言之，达成了时间与空间的初步结合，即实现从听觉符号到视觉符号的转变。听觉符号与视觉符号的关系，突出表现为语言符号与文字符号之间的关系，由此推动符号学的产生与发展。从古希腊学者亚里士多德谈及声音符号与心灵、事物之间的内在关联，到后来斯多葛学派对符号学本身进行探究，接续而下的莱布尼茨阐释的符号逻辑学的科学化趋向，及至索绪尔成为语言学和符号学的集大成者，其直接或间接地指向了出版符号的研究。在初级的硬质出版时代，出版符号以图画和象形文字符号为主；在中级的软质出版时代，出版符号以抽象的表音和表意文字符号为主；发展到高级的虚拟出版时代，随着出版载体与出版技术的快速进步，出版符号开始出现音频、视频等重大的范式转向。

(一)出版符号类型从文字出版符号转向非文字出版符号

人类从硬质出版时代迈向软质出版时代，出版符号从以具象思维为主的图画符号和象形文字符号开始转向以抽象思维为主的、或表音或表意或综合性的文字符号。这些表音、表意、综合性的文字符号系统不但高度抽象，而且代号性特征更加鲜明。这就决定了对这些文字符号的学习和掌握的难度极高，不经过长期艰苦的系统专业训练是难以熟练掌握和自如运用的，因此社会分工中逐渐分离出职业化的精英知识分子专门从事文字符号的编撰和出版工作。如今，人类出版开始从软质出版时代迈向虚拟出版时代，出版载体以声、光、电、磁、芯片等虚拟或半虚拟物质为介质特点和载体表征。在新型"录""显"技术推动下，虚拟出版符号开始出现以声音、影像等非文字符号为大宗，有声书、短视频、直播等新型出版传播形态方兴未艾，出版符号类型从文字出版符号朝非文字出版符号的转向趋势凸显。出版形态呈现全息化、多媒介、融合性及场景化特征，与之伴随的是人的各种感官也开始全面参与到出版阅读之中。

1. **出版载体虚拟化为出版符号的非文字转向奠定技术基础并创造容量条件**

人类虚拟出版是出版技术推动下的革命性变革。纵观人类出版的发展历程，人类出版历经硬质出版阶段的岩画壁画出版、玉器石器出版、龟甲兽骨出版、铜彝铁券出版、泥板陶体出版、竹简木牍出版、梁柱石碑出版、贝叶出版、莎草纸出版等，出版技术以"铸""刻"为代表，出版符号多以图画符号和象形符号为表征。进入软质出版阶段后，人类出版历经缣帛出版、皮纸出版，逐渐发展为以中国发明的植物纤维纸为全球软质出版的载体大宗，出版技术则以"抄""印"为典型手段，出版符号开始从具象走向抽象，并逐渐形成印欧语系、汉藏语系、阿尔泰语系、闪含语系、德拉维达语系、高加索语系、乌拉尔语系以及其他语系等语言文字符号系统，这些文字出版符号均以抽象性、系统性及符号化为主要表征。直至近代声光电磁的发现发明，人类的出版载体呈现虚拟、半虚拟的革命性变革，从最初的唱片、留声机推进到较为先进的录音带、录像带等音像出版，以"录""显"作为主要技术手段，出版逐步跳脱纸面外。随后以计算机技术和数字技术快速发展为标志，虚拟出版进入"发展期"。而今，网络技术和芯片技术高歌猛进，虚拟出版进入"当下期"，3R(VR/AR/MR)、5G、人工智能、大数据、云存储、区块链、物联网、大模型等出版技术日新月异，虚拟出版符号也在疾步演进。

出版符号从硬质出版的"少量"，到软质出版的"大量"，再到虚拟出版的"海量"，体现人类文明演进的"加速度"特征。图画符号和象形文字由于描画不易，加之硬质出版载体刻铸困难，硬质出版符号表现出"少量性"特点。随着绢帛、皮纸、植物纤物纸、塑料薄膜等软质出版载体行世，出版技术从"抄"到"印"，出版符号开始走向"多量性"，几十万字甚至上百万字的作品司空见惯，但这与虚拟出版网络小说动辄上千万字相比则有小巫与大巫之别，更不用说与影像出版占据的巨量存储空间相比。虚拟出版的文字出版符号和非文字出版符号均出现"海量化"特征。在硬质出版后期及整个软质出版时代，人类出版符号大宗是文字出版符号，人类对文字出版符号的视觉感知和反应认知是出版阅读的主要方式。伴随出版载体"由硬到软、由大到小、由宏到微"的演变过程，其出版符号也由承载很小的信息量到承载海量信息量"的转变。虚拟出版阶段，出版载体愈发微小轻便，出版容量则呈现"海量"甚至"无量"特征，这为出版符号的非文字转向奠定技术基础并创造容纳条件。

2. 非文字出版符号中声音、影像出版符号蔚为大观

人类虚拟出版，最初是以声音出版符号开启。19世纪中叶，人类最早实现了对虚无缥缈的声音的捕捉和留存，而后发明留声机、唱片、磁带、录音机等，人类对声音符号的出版传播变得广泛普及。屏幕的出现是人类影像出版的巨大进步。从录音技术到录像技术，音像出版曾经风行一时。进入21世纪，网络技术和数字技术又为音频出版和视频出

版带来新的发展机遇，有声书、短视频、网络直播蔚为大观。伴随信息技术的发展推动，从3G到4G再到5G，万物互联，智能出版，单纯的文字出版符号已然不能满足人们的感官需要和心理需求，声音和影像出版符号成为潮流和趋势。

场景化、全息化、融合性是虚拟出版符号的发展趋向。在虚拟出版早期阶段，从最初的声音出版符号发展到影像出版符号，多种虚拟出版符号与出版载体"瞬合长离"，在数字出版、移动出版、智能出版等技术加持下，听觉、视觉、触觉甚至嗅觉多感官参与出版和阅读。有声书大卖、短视频风行、网络直播兴盛、虚拟现实潮涌，人类出版迈向场景化、全息化及融合性发展的新时代。

3. 出版符号类型从文字转向非文字促使人类阅读的感官解放

首先，由单一感官的阅读感知转向多种感官的阅读感知是人类阅读体认的发展进步。人类最早是单一的"口传耳受"的原始声音传播模式，后来发展到对较为抽象的文字符号的阅读阶段，但仍是单一的感官参与，只不过是从听觉转移为视觉，这也是硬质出版阶段和软质出版阶段人类阅读的基本形态。进入虚拟出版阶段以后，人类的阅读就从单一视觉感知转向了语音、影像、触觉等的多维知觉感知。如今，对于信息知识的保存、记录以及传播的手段多样复杂，除却听觉之于声音、视觉之于影像外，嗅觉之于气味、触觉之于感受都交互涵括其中。计算机、网络的出现是人类出版符号系统的突变性变革，手机移动出版盛行当下，语音识别、指纹识别、图像识别、人脸识别等技术手段进一步加强与出版符号之间的多知觉感官互动。虚拟现实技术与人工智能技术的推进提升，"听书""短视频""网络直播""沉浸式阅读"等出版形式层出不穷，全面实现人类阅读的感官解放。

其次,由文字出版符号转向非文字出版符号适应了人类阅读的感官解放趋势。在硬质出版和软质出版阶段,人类主要以视觉阅读图画和文字等出版符号为主。虚拟出版阶段,人类对声音、影像等非文字出版符号的"感知系统"逐步被唤醒和开启,对于出版符号的认识感知逐渐转向以非文字符号为大宗。人们既可以通过听觉来接受声音出版符号,以拓展视觉阅读对文图出版符号的单项接收,也可以通过眼耳同时参与对影像出版符号的阅读和接收,快速感知音像综合的出版信息知识。在"信息过载"和日渐盛行"读屏模式"的当下,人们的视觉疲劳现象已然突显,通过"听书",不但能实现对听觉出版的接受感知,而且能解放双手双眼,"知书"和"劳作"两不误。人类对"阅读"行为的便捷追求是天性使然,由文字出版符号转向非文字出版符号正是适应了人类阅读的感官解放之趋势。

(二)出版符号内涵从精英话语体系建构转向精英话语体系建构与草根话语体系建构并存

在硬质出版时代和软质出版时代,文字出版符号在构建精英话语体系过程中起到了重要作用。进入虚拟出版时代,草根话语体系在虚拟出版符号的传播中逐渐展露头角。出版符号内涵开始从精英话语体系建构转向精英话语体系建构与草根话语体系建构并存。

1. 硬质出版和软质出版时代文字出版符号内涵的精英话语体系建构

两河流域创制出人类最古老的文字符号系统,人们把这种一头大一头小、像楔子一样的文字符号称为楔形文字,苏美尔人将楔形文字符号刻在特制的泥板上,并采用特殊的编码方式或者后一块泥板的第一行重复前一块泥板的最后一行等方式，构成具有逻辑文意的前后书页，最终形成泥版书。中国成熟系统的文字符号是距今 3300～3500 年的殷商甲骨文，其发明有"仓颉造字说""结绳记事说""刻符图画说"等纷纭不一。古今中外的文字符号大多是由精英知识分子在群众集体智慧基础上发明创制的。人类发明文字符号，并将其进行出版传播，是人类历史的大事件。从此，人类知识信息的横向传播和纵向传承开始走向符号化、抽象化和精准化。人类文明也由此进入加速发展期。这些指向明晰、表意精准的文字符号由于其高度的抽象性和代称性特征，必须经过长期艰苦的专业训练才能习得并熟练掌握，因此社会上只有少数精英人士或称知识分子的人方能准确运用文字符号从事知识生产和文化交流，因此，在以文字符号为大宗的硬质和软质出版时代，出版传播表现出明显的精英话语体系特征。官员、学者、作家、编辑、教师等是这一话语体系的代表性人物。

出版传播作为一种媒介复制行为，对人类知识信息具有"收集""挖掘""整理""编选""校勘""把关""传播""传承"功能，在硬质和软质出版时代，该功能主要由精英知识分子担负。政府和精英知识分子也一直依靠出版传播掌控着社会的话语体系和话语权力。出版管理逐渐流程化和制度化。在我国，"选题审批""书号管理""三审三校"等一系列制度，实现对于出版符号所构建的出版内容从意蕴到形式的"把关"，在确保我国中国特色社会主义出版"双为"方向和性质不变的前提下，也走在人类出版符号的精英话语体系之路上。[1]

---

[1] 中国出版工作者协会：《中国出版年鉴1983》，北京，商务印书馆，1983，第2页。

2. 虚拟出版时代精英式的文字出版符号遭受草根式非文字出版符号冲击

数千年来坚定稳固的出版传播话语体系，在虚拟出版时代开始受到无情挑战和重大冲击。长期担负知识生产和文化传播主角的精英知识分子仍然活跃，"草根""网红"也开始在文化传播的前沿阵地发声。

传统观念认为出版是通过物质载体将著作物复制传播，出版社、报社、杂志社是主要出版机构，图书、报纸、杂志是出版物的主要形态。当传统的软质出版载体跃进为虚拟出版载体，出版技术也更新迭代，计算机技术、互联网技术、二进制技术、音频技术、视频技术等协同发展，虚拟出版技术则集中表现为"录"和"显"的技术。出版符号则从书面的文字出版符号转为易于为民众所掌握的音频、视频等非文字出版符号。由于运用非文字出版符号不像运用文字出版符号（创作文章和办报、办刊、办社）那样需要极高的文化修养，因而出现"人人都是写作者，人人都是传播者"的虚拟出版新景观。人人都能通过自媒体和自出版发表以"说话"和"出镜"为主要形式的虚拟出版符号，成为知识和信息的生产者和传播者。"扁平化"的网络虚拟出版一时成为民众的狂欢之地，并对传统出版的精英话语系统形成巨大冲击甚至无情解构。在话语体系的传达方式上，传统出版是"自上而下"的，而虚拟出版则是"自下而上"的，民众不但能自由发表观点，而且往往能形成舆情，影响事件走向和社会进程。

新信息社会将使所有的行为者都受益。[1] 虚拟出版符号的传播在打

---

[1] 郑永年：《技术赋权：中国的互联网、国家与社会》，北京，东方出版社，2014，第45页。

破原有精英话语体系的同时，势必需要构建出版符号的新秩序和出版内容的新话语体系。其"自由开放""去中心化""以用户为中心"之特性，使民众获得更多机遇之门，同时也营造一个更为公平公正的社会。

(三)出版符号与载体之关系从"与子偕老"转向"瞬合长离"

出版符号与出版载体的关系从硬质和软质出版时代的"执子之手，与子偕老"转向虚拟出版时代的"闪婚闪离，瞬合长离"。在出版符号与出版载体关系的转变过程中，人类的阅读场景发生根本性转变，出版内容的存储方式也出现单体物理存储向公共云端存储的转变。

1. 出版符号与载体从"执手偕老"转向"闪婚闪离"是出版技术逻辑的必然

出版技术是出版载体与出版符号结合分离的关键性要素。硬质出版时代的主要出版技术是"刻"和"铸"，软质出版时代的主要出版技术是"抄"和"印"。无论是"刻""铸"，还是"抄""印"，出版符号经过某种出版技术一旦与出版载体结合，便会成为某种物质形态的出版物，出版符号与出版载体之间形成"执子之手，与子偕老"之关系，二者一荣俱荣，一损俱损。在虚拟出版时代，出版技术以"录"和"显"为主要手段，文字出版符号、图画出版符号、音频出版符号、视频出版符号等均可显现在同一电脑屏或手机屏上，出版符号与出版载体之间的关系变化为"闪婚闪离，瞬合长离"。

出版符号与出版载体的瞬合长离，展现出前所未有的出版场景。人工智能、大数据、云计算、物联网联手推进，出版场景打破时空的限制，物与物、物与人、人与人之间的互联问题将成为人们生存生活以及阅读场景的未来重点。① 当下 3R、5G 等出版技术疾步推进，虚拟出版符号呈现多样性、个性化及精准化趋势。特别是在算法加持下，出版符号依乎用户行为而不断优化，以构筑新的虚拟出版空间。出版符号与出版载体的"瞬合长离"，带给阅读用户的最大益处是"一屏在手，世界我有"。

2. 出版符号与出版载体的关系转向引发阅读场景的根本性转变

公共阅读空间与个体阅读空间阅读场景从分离到融合。硬质出版和软质出版阶段，藏书楼、图书馆、阅览室是惯常的公共阅读场所。个人居所中的书房则是常见的私人阅读空间。由于出版载体与出版符号合一的特性，个人阅读场景与公共阅读场景呈现时空分离状态。进入虚拟出版阶段，虚拟出版载体可打破空间限制，纵横于个人空间与公共空间。一个非常显著的例子就是现在的个人书房、公共图书馆中都配置了计算机等虚拟出版阅读设备。个人在阅读私人书房藏书的同时，也能随时随地访问公共图书馆的数字图书实现扩展阅读目的。我们还可以边跑步边听书，通过声音出版符号来获取知识信息，进一步摆脱固定阅读空间的局限。

由实体物理阅读场景到虚拟阅读场景的转变。在硬质出版和软质出版阶段，无论是陶器泥板、兽骨龟甲还是金石铁券、缣帛皮书，出版物形态是实体物理的，出版阅读是实体物理的，阅读场景亦是实体物理的。在虚拟出版时代，随着移动互联技术发展，阅读者逐渐摆脱对传统阅读空间的依赖。阅读形式从"读书"到"读屏"，而且屏幅从电视大屏、

---

① 孙玉玲：《智慧城市建设背景下的数字出版企业转型》，《出版发行研究》2016 年第 3 期。

转向电脑中屏，再转向手机小屏，阅读场景也逐渐实现出版载体的虚拟化。移动互联网时代智能出版技术的发明，阅读空间进一步突破时空局限，虚拟出版在更大意义上实现了阅读的"空间解放"。① 尤其是在人工智能全息化的时代，阅读场景越发呈现虚拟化状态。

3. 出版符号与出版载体的关系转向造成出版内容存储的革命性变革

虚拟出版阶段，出版符号与出版载体关系的"瞬合长离"，使得出版符号能够脱离出版载体而虚拟存在于网络云端。这样就实现了出版容量的"海量"甚至"无量"跃升，出版存储从对出版物的单体物理存储转为网络云端存储。基于云计算技术的升级跃进，宽带业务迅速提速，在技术层面为"存储虚拟化和自动化"云存储的实用普及提供了支撑。2006 年，亚马逊推出简易云端存储服务，开启了云存储服务的新纪元。2016 年至 2019 年，全球新数据存储量分别为 16.1 ZB、21.6 ZB、33.0 ZB、41 ZB(1 ZB 等于 1 万亿 GB)，且每年都在持续增长，伴随 5G 商用，网络直播风行，短中长视频流行，2020 年的数据存储量为 44 ZB。基于"海量存储"的特点，仅仅凭借个体的直连式存储是难以实现的，只有发展云存储技术，才不会因为单体计算机的故障损毁而丢失数据信息。云存储还可以实现系统同步升级，自动转移，没有上限的设备扩容，能有效实现设备管理及其兼容性。②

此外，个体获取知识的方式也发生了根本性转变。知识和信息的爆

---

① 万安伦、王剑飞：《虚拟出版：从技术革命到阅读场景的二重变奏》，《河北大学学报》2019 年第 1 期。

② 孟凡淇：《云存储与传统海量数据存储技术的比较》，《信息通信》2014 年第 9 期。

炸式增长，亟须对文本获取、信息交换等方面随时、随处易达易得，这便在一定程度上解决了人脑面对海量知识信息的困扰和负担。云存储技术的发展，极大地突破了出版个体的存储瓶颈。云游戏的出现也为当下网络游戏的发展开辟新的空间。在未来，出版涉及的各个领域，教育、文化、科技、游戏、娱乐、直播等，都会呈现公共云端存储的总体特征，人类出版由此开启容量解放新模式。

(四)对虚拟出版符号转向的思考

科技是把双刃剑，给人们带来便利的同时，也带来了相应的负面影响。技术推动下的出版传播的符号转向，在解放人类阅读感官的同时，是否容易陷入出版技术主义泥潭？出版符号内涵的草根转向，对于人类文明演进意味着什么？出版符号和数据的云端存储与相关安全问题如何平衡？出版符号外延的非文字扩展与现有出版规制如何衔接？这些问题都值得政界、学界、业界的冷静思考。

1. 出版的感官解放与出版技术主义倾向问题

人类对事物的感知，最初是从本能的视觉和听觉开启的。人类对出版符号的感知也从最初的视觉出版符号，转向听觉出版符号和影像出版符号。技术主要影响感知系统的组织和人的思想[1]，人类在虚拟出版的发展过程中，越来越借助声音和影像符号进行多触觉感知。因此，我们承认出版技术对人类感官解放的巨大推动作用，技术本身也含有特定偏

---

[1] 〔美〕林文刚：《媒介环境学：思想沿革与多维视野》，何道宽译，北京，北京大学出版社，2007，第118页。

好、思想或态度，在被人接受以后，就会按照其设计的目标前进。[1] 新出版技术的出现有可能导致一种生态性的现象，因此对人产生的影响也可能是全局性的。我们也应该看到，出版技术的演进自然含有人性化的趋势，也含有自主选择的能力。人类与科技的"博弈"也将继续下去，科技为我们提供机会去发现自己，更重要的是预测未来的自己。[2]

2. 出版符号内涵的草根转向对于人类文明到底意味着什么

硬质出版时代，出版载体的稳固难移和坚硬难刻，决定人们在进行知识生产和文化传播时的精益求精，精品和经典垂传久远。软质出版时代，知识生产和文化传播以文字出版符号为大宗，人类出版呈现精英引领特征。虚拟出版时代，出版符号类型开始从文字出版符号转向非文字符号，出版符号内涵开始从精英话语体系转向草根话语体系，知识生产和文化传播开始从高知群体转向草根网红，这些现象对于人类文明到底意味着什么？是前进抑或倒退？值得进一步观察和思考。技术逻辑下，人类在文明进步过程中越来越倾向于暴力。[3] 出版领域的草根引领、暴力倾向、技术主义、人文缺失等，给人类文明带来的不确定性的确值得忧虑，应引起相关部门的警惕和重视。

3. 出版的云存储、大数据给国家、部门及个人隐私安全带来威胁

在硬质出版时代和软质出版时代，出版符号的存储与传递，依托有

---

[1]〔美〕尼尔·波斯曼：《技术垄断：文化向技术投降》，何道宽译，北京，北京大学出版社，2007，第3页。
[2]〔美〕凯利：《科技想要什么》，熊详译，北京，中信出版社，2011，第351页。
[3]〔加〕麦克卢汉：《媒介与文明》，何道宽译，北京，机械工业出版社，2016，第17页。

形的实物出版载体。人们想要获取出版物的信息内容，必须拥有并阅读这些出版符号。进入虚拟出版时代，数字化程度越来越高，知识和信息的传播不再依赖出版物的物理移动，信息技术也进入"云"时代，云存储技术带来便捷的同时，必然带来信息和隐私的安全问题。其安全性涵括"机密性""完整性""可用性"。机密性主要是防止未经许可的用户读取数据。完整性是指数据在存储或传输过程中不被破坏或丢失。可用性，是根据用户需求保证其对数据的使用。近年来，数据和隐私泄露事件高发，给国家安全、部门安全及个人隐私安全均带来极大影响，需要认真对待和着力解决。

4. 出版符号外延的非文字扩展与现行出版规制的衔接问题

出版符号在出版技术的推动下不断升级跃迁，由硬质出版早期的图画出版符号为主，发展到硬质出版中后期和软质出版时期的文字出版符号为大宗，再到虚拟出版时代"音频""视频"等非文字出版符号大行其道。出版符号的外延在不断扩大。在硬质和软质出版阶段，出版符号必须依托实物载体，其传播过程必须实现出版物的物理位移，故而传播速度较慢效率较低。政府和组织对于出版符号和出版内容的限定规制相对较易，可以通过直接控制出版载体的流通达到对出版符号的传播规制。在虚拟出版时代，出版符号跳脱出版载体，即时传播。其虚拟出版特性，使得现行出版规制很难完成整体覆盖，特别是出版符号外延的非文字扩展，更使得出版监管捉襟见肘，如一个笑脸表情包，到底是肯定性微笑，还是否定性嘲笑，或者一笑置之，很难做出准确的把关判断。

第七章 | 出版制度及版权论

在人类出版的发展过程中，政府和组织一直扮演着管理出版活动的重要角色。在古代，书籍更多地是作为政治思想和文化意识的承载物而存在，长时间被皇族和权贵阶级所垄断和管理。随着出版业的产业化和市场化，这种管制也慢慢地成了定律。与此同时，存在了四万年的出版活动经历了从单一的出版复制发展为成熟的出版业的过程，其中不乏作者、编者、抄工、刻工、坊主、书商等不同类型出版人的协作努力，此间也形成了许多编辑出版制度规范，一直影响后世的出版文化和出版实践。

中国的出版实践活动源远流长，形成一系列出版制度和规范，值得认真梳理总结。两河流域、古埃及、古印度、古希腊、古罗马每个时代都有自己独特的出版制度和规范。欧洲中世纪的出版审查非常严厉。版权观念历经长时间演变发展，业已形成国际通行的著作权法和版权贸易规则。

第一节　论中国的主要出版制度

中国古代，朝廷及相关部门对出版具有控制权和管理权，主要通过事前晓谕、事后追惩对出版进行导向和内容管制。近现代以来，各种出版机构风起云涌，出版管理的相关制度规章逐渐完善，有的上升到法律法规层面。

一、古代中国的出版管制

中国古代，属于上层建筑中思想文化领域的出版活动，始终要听命于政治意志，历代帝王也深知出版管控对于其政权稳定的重要性。因此历朝历代都不曾放松对于出版的管制，出版内容的传播不能违背统治者意志，不能对统治者有负面言辞，不能违背公序良俗。这很大程度上束缚了思想的自由开放和文化的繁荣兴盛，但在一定程度上维系了统治者倡导的主流价值观和社会道德风尚，促进了图书典籍的规范生产。

(一)先秦时期的出版管制

夏商周时期，"官守其学，学有其书"，图书典籍的出版、收藏、使用及管理主要掌握在官府手中，民间罕有私家藏书，因此对于出版的管制主要是官府对相关出版活动及内部藏书的管理。先秦时期，君王分设不同官职掌管不同的出版范围和内容，如《周礼·春官·宗伯》中记述了春官是记录和管理史籍的重要官职，各国史记、先人典籍等都由他们进行编辑和管理，春官扮演着史官的重要角色；《周礼·天官·冢宰》记载，冢宰作为六卿之首，负责掌管王室财物及其宫廷事务，要专门派人负责将国家的赋税等财政情况记录在册。"左史记言，右史记事"，史官是主要出版任务执行人。本时期的出版活动以及出版管理主要是服务于王室统治和王国运转。

春秋战国时期，王室式微，史官流散，史官制度在各诸侯国得以延续，但上层贵族及御用史官把持书籍、垄断知识的局面一去不返。彼时社会剧烈变动，各种思潮风起云涌，诸子百家都将心力投注于对社会变革的探索中，带动了大批思想著作的诞生。在那样一个"邦无定交，士无定主"的时代，由于缺乏一个统一、强大的中央政府，士大夫"朝秦暮楚"，纵横家"危言耸听"，各诸侯国对于出版活动的管制都效果甚微。相反，各诸侯国为了生存图强，纷纷鼓励和支持学者著书立说，最终出现了"百家争鸣"的学术盛况。

(二)秦汉时期的禁书与出版管制

公元前221年，秦灭六国，建立起中国历史上第一个统一的中央集权封建王朝。公元前213年，因博士淳于越主张师从古法，主张分封建国，丞相李斯予以强烈驳斥，由此引致秦始皇燔灭诗书，废除私学的活动，并坑杀四百余儒生，史称"焚书坑儒"。此次禁书活动所涉及的范围主要包括：除秦国以外其他各国的史书；民间所藏的儒家《诗》《书》及其他诸子百家之书。民间敢有议论《诗》《书》者，一律处死。这次禁书活动主要禁民间藏书，并不涉及官方图籍，医药、占卜、种树之书不在禁毁范围内。

秦始皇此举对于维护其中央集权统治有一定积极意义，一定程度上也适应了强化专制主义中央集权的历史潮流，对于巩固国家的统一也有一定积极作用。但其所采取的"焚书坑儒"政策过于简单、残暴，对异己文化一味禁毁铲除，使中国上古典籍文化遭受无法挽回的巨大损失，严重阻碍了我国文化的多元发展和文脉传承，是我国历史上一场空前的文化灾难，更为后世统治者对待知识分子和文化典籍树立了恶劣的样板。除却焚书坑儒外，秦始皇统一六国后采取了"书同文"政策，由丞相李斯以大篆为基础，精简笔画后形成秦小篆，作为全国的统一文字，这一政策客观上有利于图书出版活动的发展和思想文化的交流。

西汉建国初期的十余年间，仍沿用秦代的"挟书律"，对私家藏书进行严格控制。随着西汉与民休息国策的实行，加之黄老之学流行开来，最终于汉惠帝四年，"挟书律"被废止，官府对出版书籍管制松绑放宽，民间著书、抄书、藏书活动逐渐活跃起来，社会进入一个文化相对昌明宽松的时代。

与新的图书出版政策相适应，汉代开始建立新的出版官职制度，汉武帝设置太史公官职，位居丞相之上，并开设臣民向国家献书的渠道及奖励政策。百年间，国库图书典籍堆积如山。随着汉朝的国力不断强盛，其对文化出版事业也愈加重视。至汉成帝时，朝廷一方面继续广征图书，另一方面委派刘向组织一批饱学之士作为编辑出版团队，开始对所征书籍进行全面的整理校勘。最终由刘向之子刘歆总括群书，择其要旨，辑成《七略》，成为我国历史上第一部综合性的图书分类目录著作，对后世学术、文化发展产生了重要影响。这次开创性的图书整理编目工作，确立了官方藏书校书的基本制度，其后的东汉政府设立了"兰台""东观"作为主要藏书之所，并创立了我国历史上第一个主持图书编校的政府专门机构——"秘书监"，此制度为后世历朝历代所沿用。

图书出版的繁荣也带动了图书贸易的发展。西汉时期出现了我国最早的图书贸易场所——槐市。槐市受政府直接辖制，政府设有专门机构对槐市进行管理。

(三)魏晋南北朝时期的禁书与出版管制

魏晋南北朝时期对出版活动的管制主要是与禁绝宣扬迷信之书联系在一起的。此种书籍主要分为两类：一是谶纬之书，"谶"即号称能够预言未来吉凶的话语；"纬"则是以神意对儒家经典进行穿凿附会的书籍，充满迷信色彩。二是占星之书，是指古代以天文现象为基础从而对未来做出吉凶预测的书籍，同样充满迷信色彩。纵观历史上任何一次大规模的禁书活动，究其根本原因都无外乎维护统治。在迷信之风盛行的封建时代，魏晋南北朝不少统治者在借助此类迷信书籍登顶后，深知"水能载舟，亦能覆舟"，此种书籍极易被野心家所利用，从而威胁其统治，因此在黄袍加身后无不对谶纬占星之书采取严厉的禁绝措施。早在建安年间，魏王曹操就曾下令禁谶纬之书。而到西晋时期，司马炎更是将禁谶纬占星之书写进晋代法律《泰始律》。北魏统治者也下令禁图谶书籍，南朝的刘宋、萧梁政权也曾禁过谶纬之书。

除却禁绝谶纬占星书籍外，北魏政权还曾大肆禁毁佛道书籍。北魏太平真君六年(445年)，因在长安佛寺中发现兵器，怀疑佛僧参与谋反，加之丞相崔浩鼓动，遂于次年发布灭佛令，大批佛寺、佛经遭到焚毁，僧人遭到杀害。北朝后期，佛道相争激烈异常，且与儒家文化冲突，北周遂下令禁佛毁道，佛道两教的典籍均遭到焚毁。

(四)隋唐时期的禁书与出版管制

隋唐时期，文化政策较为开明，并未出现大规模禁书活动，但统治者仍然十分注重通过对出版的管制来加强对思想文化领域的管理。隋唐时期的禁书种类主要有以下几种：第一，承袭前代，禁谶纬占星等妖言惑众、威胁统治之书。第二，禁私人修撰国史。国史即为当代史，其中包含了对当朝统治者及大臣的臧否，容易被人用来议论朝政，评价是非。因此为确保统治阶级思想能够在史书中得到确立，隋文帝下诏禁止民间私人修撰国史。随后，唐贞观三年(629年)，又设史馆于门下省，并确立了宰相监修国史制度。这一官修史书制度为后来历朝历代所沿用。第三，唐朝禁民间私刻历书。雕版印刷术自唐朝发明以来，首先便应用在历书的刻售中。但民间书坊为求利润，其刊刻质量往往难以保证。而历书事关国家农业生产，不可出现差错，因此唐文宗太和九年(835年)下令禁止民间私刻历书。第四，唐朝禁民间书坊私刻佛经售卖。唐玄宗认为民间书坊刻写佛经以营利为目的，是对佛的不敬，下令禁止民间书坊刻售佛经。信徒可到官方指定寺庙购买佛经。

除却禁书外，隋唐时期文化高度发展，其对于图书的收集整理不断加强。皇家为求能够收集更多珍贵文献，还会制定一定的奖励措施。隋开皇三年，为扩大国家藏书，皇帝下令向全国征集图书，每献书一卷，赏绢一匹，并且在抄写复制后将书物归原主，因此民间献书热情高涨。

隋唐时期政府为了更好地对图书进行收藏整理，在中央专门设置了负责抄书的官员，人数众多，分工细致。唐贞观年间，政府中负责抄书的人员达到100余人，他们都是经过皇帝亲自选拔的书法精良者。为保证抄书质量，唐政府还设置校雠20人，并将校勘质量与考核、职位升降结合在一起。① 此外，唐政府还将经过整理的书籍，以甲、乙、丙、丁为次，分列经、史、子、集入库收藏，从此便开始有了图书分四库贮藏的制度。

(五)两宋时期的禁书与出版管制

雕版印刷术自唐代发明，至宋代已臻于成熟。版印书籍大量进入市场，对思想文化领域产生重要影响，统治者也日益重视对于图书出版的管制。两宋时期军事力量羸弱，先后与辽、西夏、金等少数民族长期对峙，时战时和。但在此期间，民族间文化交流仍非常频繁，其中就包括图书贸易。

在宋与少数民族对峙时期，边境传布的书籍当中有许多论及边关军机、朝政公务以及朝廷实录会要等，这对政局形势及军事战略等造成影响。宋朝当局此前已对此种情况进行过管制，严禁边民输出贩卖此种书籍，但因利润丰厚，依然屡禁不止。在此情况下，宋仁宗决定从源头抓起，建立起中国最早的出版审查制度。除却加强对边境书籍管制外，宋朝对不利于其统治的宗教书籍、违背正统儒家思想的科场应试文字、私印历书等也加强了管制。

值得一提的是，随着雕版印刷术的广泛普及，宋代坊刻事业十分发

---

① 肖东发、于文：《中外出版史》，北京，中国人民大学出版社，2010，第48页。

达，书业竞争已趋激烈，版权问题也日益突出。目前已知我国最早的版权声明出现在南宋，四川眉山程舍人宅刊王偁《东都事略》，其上有两行木记："眉山程舍人宅刊行，已申上司，不许覆版。""已申上司"说明宋代官方已经对版权有所保护，但尚未形成成熟的体制机制。随着宋代商业不断发展，市场中出现了许多较为成熟的行业组织，称为"团行"，而书业团行便是其中重要组成部分。"凡从事图书刊刻、贩卖的坊肆经营者，多被纳入书商行业组织。行业的首领称行头或行老，多由有名望的书坊大户担当。书行的主要任务是维护行业利益，防止不当竞争，共同占有图书市场。同时还要替官府向本行的行户收取捐税，摊派各种劳役。"[①]

总的来说，两宋时期是一个图籍兴盛，文化昌明的时代，对思想文化领域的限制也较以往朝代更为宽松。但通过加强对出版的管制来稳定政权的方法，统治者已熟稔于胸。借助审查制度，宋代已经逐步建立了较为完善的出版管制制度，将不符合统治者要求的书籍限制在萌芽阶段，违者罚，遵者赏。这些制度与理念，也为后代政权所借鉴，在中央集权的封建环境下，这种管制理念对于社会与政权的稳定有一定帮助，但对民众的思想钳制消极意义较大。特别是近代民主思想萌芽后，这样的出版管制，更是束缚了思想与文化的自由发展，成为人们亟待斗争挣脱的枷锁。

(六)元代的禁书与出版管制

元代文化政策较之前朝相对宽松，其禁书主要包括以下几类：

---

① 李明杰：《中国出版史（上册·古代卷）》，长沙，湖南大学出版社，2008，第328～329页。

①禁止出售阴阳谶纬、占星迷信之书，以防有人利用此类书籍制造不利舆论，威胁元朝统治。②禁妄撰词曲，恶言犯上。但此项禁令并未严格执行。③禁毁道藏。因道教在与佛教的竞争中屡遭失败，元朝统治者曾数次下令禁毁道教典籍。此外，"由于元朝建国者为蒙古族人，他们的名字均为音译汉字，所以他们并不太重避讳，这在历代刻本中也是十分独特的。"①

在出版管理方面，元朝则着重于控制经费。各路儒学或州、县官署刊行书籍的经费多由学田开支，但须事先向本路总管府申请，再转呈本道肃政廉访司。经肃政廉访司审查批准，再层层下转，最后由经费申报者获资刊行。

(七)明代的禁书与出版管制

明代书禁从整体上来说较为宽松，不再对书坊刻书实行审查制度，甚至取消了书籍印刷税，以鼓励书商多出书，但这并不意味着明代完全放任对出版业的管制，以下几种书也是严格禁止的：

禁天文图谶、妖言惑众之书。

禁与当权者政见不合者之文字。

禁亵渎帝王圣贤的词曲、小说：明代对杂剧的创作禁令甚严。

禁冒犯程朱理学的文字。明代崇儒兴学，强化程朱理学在意识形态领域的统治地位。

禁八股文选本。

---

① 万安伦：《中外出版史》，北京，高等教育出版社，2017，第228页。

禁违制改制官颁教材：明政府对一些重要典籍采用官方钦定本作为样本，其他人只能依样翻刻，不得篡改。

此外，由于明代民间书坊竞争愈发激烈，许多书坊为提高利润、加快周转，刻印假冒伪劣书籍，书籍质量日趋低下。因此，明政府除在书籍内容上有所管制外，对于图书的刻印质量也加强了监管。如福建主管全省刑法的提刑按察司便参与了对书坊业的管理，并制定了三条具体规定，这可以说是我国历史上最早的地方性出版管理法规。① 在书籍流通价格上，政府对民间一般不加干预，只有一个特殊事例，即《永乐南藏》。《永乐南藏》书版为政府官刻，刻成后即藏于南京报恩寺，万历年间，寺僧及附近以此谋生的刻经铺、装裱铺哄抬刷经价格，结果引起政府干预，当时曾限定书价。

明代书禁是封建专制进一步强化的体现，总体表现为前紧后松，在出版管理方面有所创新。与宋元相比，明代民间出版不必事先呈请官府审查批准，且享受免税优惠，应该说是历史的一大进步。

(八)清代的禁书与出版管制

清代是我国封建专制统治发展至巅峰的时期，对于思想文化领域的管制也达到极致。而清代前期民族矛盾尤为激烈，清朝统治者十分担忧汉族知识分子利用图书等出版物宣扬反清复明主张，颠覆其统治。因此格外注重对于出版物中不合乎统治思想的查禁，甚至已经到了牵强附

————————

① 李明杰：《中国出版史(上册·古代卷)》，长沙，湖南大学出版社，2008，第335页。

会、草木皆兵的境地。而一旦发现任何对其统治有所不利的内容，清政府便会不遗余力地予以追究严惩，从写书者至刻书者、售书者，甚至是读书者，都难以幸免，素有"文字狱"之称。

康熙朝最为残酷的文字狱当属"庄廷鑨《明史》案"，因其在清兵入关后仍采用南明年号，故被冠以"逆书"罪名。作者及其父亲虽已故去，但仍被开棺戮尸。其子孙 15 岁以上者皆斩，妻女发配为奴，更有无数关联人员惨死刀下，骇人听闻。雍正朝时间虽短，但文字狱却比康熙时期还多，最著名的有"曾静、吕留良案"等。而到乾隆时期，文字狱愈演愈烈，甚至到了无中生有、穿凿附会的地步，仅记录在案的就有 130 多起，较为严重的有 30 多起。让人诟病的是乾隆借修《四库全书》之机大肆收缴图书，对各地藏书家贡献上来的珍贵书籍进行查禁，一旦发现有违碍清朝统治的内容则一律销毁，其中不少是海内仅存的古籍善本。并对收入《四库全书》的有些文献内容进行窜改。除此之外，清朝还十分注重对通俗小说及戏曲的查禁。顺治年间，戏剧家李渔的《无声戏》和《无声戏二集》，被清廷以"煽惑人心"的罪名定为禁书。

清代文网的酷烈并没有阻碍图书市场的发展，繁荣的图书市场促进了书商行会组织的发展，出现了行业自律公约。或许是残酷的书禁使得苏州书业界为了抵制淫书、禁书等，订立了同业公约，这是我国文献记载中最早的书业行规行约，对促进行业自律起到了很好的作用，这标志着清代图书市场已相当成熟。

二、近代中国的出版制度及规约

晚清以降，时代风云突变，中国进入了近代社会。图书出版作为一种文化产业，最先感受到时代的脉搏，并与之一齐跳动。各种新型出版技术不断传入、新式出版机构异军突起，当出版业越来越成为举足轻重的产业，历届政府都小心对待，不敢掉以轻心。西方先进思想传入以及中国本土知识分子的觉醒，都促使我国近代出版制度不断走向成熟，为出版近代化转型奠定基础。

(一)晚清时期的出版制度与规约

1. 光绪帝保护知识产权上谕

在晚清出台正式法律对出版活动予以规制之前，富有革新理想的光绪皇帝便已意识到了知识产权保护对国家发展的重要性。因此在光绪二十四年(1898年)，皇帝下发了一道保护知识产权的上谕，成为我国政府公开保护知识产权制度的开端，为后世编辑出版、科学技术等领域的知识产权保护奠定了基础。

光绪皇帝认为国家要实现发展，必然要创新技术、成就事业。中国地大物博，从不缺乏聪明的头脑，但是缺少合理的制度对创新成果予以保护。因此他提议颁布新的法律条例，通过奖励和保护措施来刺激创新，并命令各级衙门根据具体情况制定相应的规章制度。例如，对于新式工具，要颁发执照，允许其在有限时间内按照专利进行售卖。出版事业的繁荣需要知识产权等相关法律条例的完善和保护，光绪皇帝保护知识产权的上谕不仅促进了科学技术的发展，也为出版事业的发展打下了基础。

2.《大清印刷物专律》

出版法律是出版业发展到一定阶段的产物。在清代以前，出版物被视为普通商品，并无特殊规定专门管理。这一方面使得政府对出版物管理无从下手，常常量刑过重；另一方面也让出版行业无法可依，处于一种"动辄得咎"的处境，无法实现健康发展。1901年，清政府被迫进行改革，推出"清末新政"，政治气氛稍有缓和，文化上鼓励书局和报馆的创办。较为宽松的文化政策，导致了许多新思想新舆论传播手段的出现，这也促使清政府思考制定一部对出版物进行管理的法律法规。于是在1906年，清政府在参考日本出版法规的基础之上，相继出台了三部出版法规，其中尤以《大清印刷物专律》最具代表性。

《大清印刷物专律》分为"大纲""印刷人等""记载物件""毁谤""教唆""时限"六个部分。该律例首重注册登记：所有从事印刷行业的单位都要在"印刷总局"进行登记；所有从事印刷业的人员也要在警察局进行登记备案，并在其所印物品上印明印刷人姓名及印刷地所在。同时该律例明确规定了禁止出版发行的印刷品范围，但没有规定事先检查，而是以事后追惩为主；并对"毁谤""汕谤""诬诈"等罪名做出了界定，其中的"汕谤"罪名尤其针对革命党人。《大清印刷物专律》虽然明显有压制舆论、控制出版的意图，但作为我国首部出版法律，较之以往仍增加了执法的透明度和便利性，一定程度上符合资产阶级新闻出版自由，为中国近代出版业营造了一个较为宽松有序的环境。

3.《大清著作权律》

我国早在南宋时期就已经形成了著作权观念，但是并未出现专门的著作权法规，只是以官府布告、禁令的方式对著作权归属加以明确。到20世纪初期，各种新式印刷技术的采用为书籍的大量印刷复制提供了便利，各种盗版活动也日渐猖獗，这已经严重阻碍了出版行业发展。而部分外国书籍遭到盗版后,西方列强不断向清政府施压,且随着西方法律观念逐渐传入中国,社会各界均呼吁清政府尽快建立一个完善的著作权保护制度。在此背景下,我国第一部著作权法《大清著作权律》应运而生。

《大清著作权律》全篇分为正文和附件两个部分。正文是其核心部分,包括通则、权利期限、呈报义务、权利限制、附则五个部分,含55条细则,分别从概念、保护期、权利归属、救济措施等方面作出规定。附件又包括了三种呈报格式,为注册呈式、继续著作权呈式和接受著作权呈式。《大清著作权律》特点鲜明,可操作性强,吸收了西方先进的立法观念,顺应了世界潮流,可以说是一部比较完备的著作权法,标志着我国版权保护制度的逐渐成熟。1915年北洋政府的《著作权法》和1928年国民政府的《著作权法》均以此为"蓝本"。

(二)民国时期的出版制度与规约

1. 1914年《出版法》

进入民国后的第一部出版法规,是由袁世凯的北洋政府在1914年颁布的《出版法》。虽然已经到了民国时期,但袁世凯的《出版法》仍大量延续了晚清时期发布的《大清印刷物专律》及《大清报律》中的内容,其中的第十一条更是详细列举了禁止出版的八种情况,简言之即是不允许出版任何冒犯当局的思想内容,与晚清专制统治时别无二致。袁世凯颁布《出版法》的用意十分明显,即借助法律来钳制思想,限制表达自由,从而能够维护自己的专制统治。《出版法》一经发出,袁世凯倒行逆施的行径便遭到社会各界的声讨,出版界多次公开声明要求废止该法。最终于

1926年，北洋政府迫于舆论的巨大压力宣布废止《出版法》。

2. 1928年《著作权法》

1928年，国民政府在《大清著作权律》及北洋政府时期的《著作权法》的基础之上颁布了新的《著作权法》。该法基本没有超出前面两部著作权法的范围，仅在出版物保护范围、登记注册生效制度以及外国作品保护等方面做了一些补充。但其在第二章第二十二条中加入了对违背国民党党义的出版物不予注册的条款，并依据此款内容查禁了许多进步刊物和马克思主义出版物，体现了其意图通过立法弹压舆论、控制思想的目的。

3. 1930年《出版法》

国民党政府的专制体制决定了其势必要在全国上下统一贯彻其思想，而为达到这一目标，其势必会加大对出版物的审查和管理。于是在此背景下，国民党政府于1930年颁布了新的《出版法》。

《出版法》全文共六章四十四条，是关于新闻出版的基础性法律，对以新闻报纸和杂志为主的出版物予以限制规定。《出版法》的一大特色是浓厚的"党治"色彩，其将"三民主义"作为规范的标准，严格禁止出版物中包含有违国民党党义的内容。《出版法》多处表述含糊不清，可操作性较低，给执法者留有较大的解释空间，但这也正符合国民党政府的立法目的，即通过法律手段合法地钳制思想，控制舆论。

客观上讲，《出版法》对许多事项作出了明确规定，一定程度上有利于出版行业的发展，如该法颁布后的一段时期内报刊的数量确实有所增加。此外，《出版法》对不健康内容的传播限制也促进了新闻出版界职业道德的确立和发展。必须看到的是，《出版法》有关条文的背后实质上是国民党政府意图管制新闻出版事业的目的，其对新闻出版自由的限制多过保护,且其需要的也只是符合国民党思想的自由而不是真正的新闻出版自由,虽然报刊数量有所增加,但对出版业整体健康发展益处不大。

三、中华人民共和国的出版法规体系

1949年中华人民共和国成立,出版进入新的历史发展时期。新中国成立70多年,建立健全了一整套出版的法律法规体系,并不断根据形势发展进行修订。

出版法规的形式多种多样。在我国,根据立法机关和制定程序的不同、法的效力和适用范围的差别,出版法规主要有七种具体形式:《中华人民共和国宪法》(简称《宪法》),法律,行政法规,行政规章,地方性法规、规章及其他规范性文化,国际条约和协定、法律解释。[①] 这七种不同形式的法规中都有涉及出版的相关规定,我们主要选取其中的重点内容进行介绍。

(一)《宪法》对于出版的规定

《宪法》是国家的根本大法,具有最高的法律地位和法律效力,是其他一切法律的基础。其他一切法律的制定与实施都不得违背宪法,《宪法》是我国法律体系的基石。宪法不仅对国家的政治、经济制度等方面作出了规定,同时也规定了公民的基本权利与义务等。《宪法》对出版业也作出了最基本的原则性规定,是后续相关出版法规的根本立法依据。

言论、出版自由是我国公民的一项基本权利,我国《宪法》第35条

---

① 黄先蓉:《出版法规及其应用》,苏州,苏州大学出版社,2013,第4~6页。

规定:"中华人民共和国公民有言论、出版、集会、结社、游行、示威的自由。"这从根本上保障了我国公民享有出版自由的权利。《宪法》第47条规定:"中华人民共和国公民有进行科学研究、文学艺术创作和其他文化活动的自由。国家对于从事教育、科学、技术、文学、艺术和其他文化事业的公民的有益于人民的创造性工作,给以鼓励和帮助。"这表明了我国公民所享有的出版自由具有真实性。

《宪法》还明确规定:"国家发展为人民服务、为社会主义服务的文学艺术事业、新闻广播电视事业、出版发行事业、图书馆博物馆文化馆和其他文化事业,开展群众性的文化活动。"这就明确指出了我国出版发行事业的根本原则和根本任务是为人民服务、为社会主义服务。

(二)涉及出版的相关法律

我国目前尚未颁布专门的出版法,与出版相关的法律以《著作权法》为主,其余则散落在刑法、民法等相关法律条文中,对出版活动以及违法出版的犯罪行为进行约束和制裁。

著作权,也称版权,是指公民、法人依照法律规定对自己的文学、科学和艺术等作品所享有的专有权利,是知识产权的重要组成部分。《著作权法》则是确认作者对其创作的作品享有权利以及规定因创作、传播和使用作品而产生的权利和义务关系的法律规范的总称。

《著作权法》于1990年由第七届全国人大常委会第十五次会议正式通过。我国在2001年对《著作权法》进行了第一次修订,2010年进行了第二次修订,这使得我国著作权法律制度更加趋于完善,著作权保护进入了一个新的阶段。2020年11月11日,十三届全国人民代表大会常务委员会第二十三次会议审议通过了关于修改著作权法的决定，2021年6月1日起施行。我国《著作权法》共六章六十七条，对著作权的主体、客体、保护期限等各方面内容都做出了明确规定。其立法原则为：保护创作者的正当权益；鼓励有益于社会主义的作品的创作与传播；促进社会主义文化事业繁荣发展。

除专门的《著作权法》外，我国其他各项法律中也均有涉及出版的内容。如我国《刑法》第217条专门对侵犯知识产权罪做了规定。此外，我国《刑法》中的危害国家安全罪，制作、贩卖、传播淫秽物品罪等罪名也对出版内容中的违法行为进行了制裁。《合同法》《广告法》等相关法律则对出版经营方面进行了规范约束，促使出版业健康有序发展。

(三)有关出版的行政法规

行政法规是指国家最高行政机关为执行宪法和法律而制定的具有普遍约束力的行为规则。我国宪法规定，行政法规是由国家最高行政机关——国务院制定与批准的、进行国家行政管理活动的规范性文件，大部分称"条例"。我国对出版活动进行管理的最为主要的行政法规是由国务院1997年发布，并于2001年至2016年先后进行过四次修订的《出版管理条例》。

《出版管理条例》共9章73条，其第一章总则规定了"出版活动必须坚持为人民服务、为社会主义服务的方向""从事出版活动，应当将社会效益放在首位，实现社会效益与经济效益相结合"，为出版业的发展指明了方向。其具体内容既包括对于出版活动的管理，如出版单位的设立与管理、出版物内容的管理、出版各环节的监督管理等，也包括了对于出版活动的保障与奖励，以及各出版主体所应当承担的法律责任。《出版管理条例》的设立与修订，能够有效地对出版行业进行管理扶持，有利于繁荣出版事业，保障公民依法享有出版自由，行使出版权利。

除《出版管理条例》外，涉及出版的行政法规还有《音像制品管理条例》《著作权法实施条例》等，这些行政法规与其他法规形式互补，使我国出版法规体系日益完善。

(四)其他有关出版的法律法规

除上述法律法规外，我国还有部分由国务院各部委及其他直属机构出台的与出版相关的行政规章，如1997年的《电子出版物管理规定》等。各地方政府也会出台适用于本辖区内的规范性文件，如《上海市图书报刊市场管理条例》由上海市人民政府颁布，仅针对上海市辖区内的图书报刊市场进行管理。此外，凡我国参加的国际条约和协定，其中有关出版活动的规定，也属于我国出版法规的具体表现形式。如我国已于1992年加入了《伯尔尼保护文学艺术作品公约》和《世界版权公约》，这两个公约对我国出版业具有约束力。

四、中国出版的制度孕育和机制运行

(一)先秦简策制度孕育及影响

我国先秦时期的主要出版载体由竹简、木牍制作而成，其书制形式竹简书制孕育成熟，称为"简牍制度"，或"简策制度"，形成右手执笔(或刀)，左手执简，每片简牍从上往下书(刻)写，这样衣不沾墨，每写好一片简牍，便按顺序排放在书案前面，从右往左排放整齐，一篇文章完成后，按序用丝绳或皮绳编连成册，然后卷起捆扎，或码放或加帙。这套完整的流程逐渐固化变成程式，简牍的书籍制度孕育成熟。简牍书制是我国较早的书籍制度。作为出版载体的简策的制作使用以及简策制度的发展成熟，将我国文化发展推向第一个高峰期，极大地促进了春秋战国时期我国思想文化领域的繁荣发展，为"百家争鸣"及后期儒家文化的大发展奠定了物质基础。

简策的制作流程和制度程式大体如下。

裁截简策。不同时期、不同内容的文献资料所用的简策的长短是不一样的，并非恒制。

杀青缮写。将简策表面经过名为"杀青"即烘干的特殊处理后再进行文字刻写，可保证简策不烂不腐，不易招虫。简策的书写工具主要为笔墨，刀可用来修改。其书写方式为由上至下，由右至左。

编连成册。一般认为是先将简策进行编连，然后再进行书写，可保证篇章连贯，不易错乱。但也有出土文献为先进行书写随后再编连成册的，不一而足。

装帧保存。这是简策大体制作完成后的最后一道工序，包括切边、卷起、加帙等。

简策制度对我国后世的书籍抄印及书制形制具有深远影响。比如，"从上往下的书写或排字制度""右起竖排的排版制度""卷轴书制"等，都受"简策书制"的直接影响形成。

(二)汉朝时期的图书编校流程

汉朝时规模最大的一次图书整理活动由刘向、刘歆父子主持，他们探索开创出一整套完整的图书编辑整理方法，为后世图书编校工作做出了开创性贡献。总结其编校工作流程，大致可以分为以下几步。

第一步，取本参校。这一步包含两部分内容，一是搜求一本书的不同版本，二是校勘书中文字。刘向当时所参考的书籍中不仅有皇家藏书，也包括许多私人藏书，只有最大限度地博览群书，才能做到精益求精。

第二步，编次定名。包括删除重复篇目、编定篇目先后次序、确定书名三项内容。

第三步，撰写叙录。刘向乃受皇帝之命整理图书，因此每校勘一书，就要撰写一篇叙录，叙述作者生平及书籍内容、学术渊源等，以供皇帝查阅。

第四步，杀青缮写。撰写完毕后，将成稿书于简牍、缣帛之上，藏于秘阁。

第五步，分类编目。刘向去世后，其子刘歆主持最后的整理工作，完成了系统目录《七略》的编纂工作。

(三)魏晋南北朝及隋唐时期的出版运行机制

魏晋南北朝是中国的出版载体更迭换代时期，竹简木牍的载体主体地位逐渐为植物纤维纸取代。到隋唐时期，包括南方的竹纸在内的各种造纸工艺均完全成熟。这个时期的图书生产，逐渐形成一套完整的出版运行机制。

南朝宋元徽元年，王俭在主持国家书目《宋元徽元年四部书目》编撰的同时，完成了其私家书目《七志》的撰写，且成就远超前者，开创了私家编纂图书目录的先河。《七志》改四分法为七分法，在目录方法和著录内容上都有所贡献。其后数十年，阮孝绪又撰成《七录》，全面反映了梁代的藏书情况，是这一时期最高水平的全国综合性系统目录。

及至隋唐时期，出版校勘，图书编目，编辑、印刷、发行等一套完整的流程规范和运行规章逐渐形成并完善。

1. 校勘、抄书、编目相结合

隋唐时期，官方每进行一次大规模的书籍抄写整理前，都会对图书进行校勘，勘误正伪，并在抄写整理完毕后为所抄写的书籍编排书目，方便后人翻检查阅。例如，隋开皇三年，皇帝下令广开献书之路，一时间民间藏书尽出，典籍日趋丰盈。待藏书逐渐充实后命萧该、刘绰、郑译、何妥等人对所献书籍进行校勘。校勘完毕后，组织人员对所校书籍进行抄写复制，最后编成《开皇四年四部目录》。如此一来，校勘、抄书复制、编目就成为整个出版活动中不可或缺的三个重要环节，这种出版流程的确立对于保证图书质量具有重要意义。

2. 编辑、出版、发行一体化

隋唐时期，图书出版流程尚未产生细致的分工。编辑、出版、发行往往由一家统一包办，这样做的好处在于省去了大量中间环节，方便对整个出版流程进行统一管理，确保图书质量和出版效率。隋朝几次较大规模的图书整理出版活动均由秘书省主持。例如，隋开皇九年，晋王杨广灭陈后"收陈图籍，归之秘府"，秘书省马上组织人员对所收图书进行整理编校，随后召集全国抄工补抄残缺，抄写正副二本藏于宫中。秘书省既负责校勘整理，也负责组织人员进行抄写复制，并且抄写完毕后的书籍去向，也均由秘书省定夺。时至今日，这种编辑、出版、发行一体化的做法仍然被许多出版社所沿用。

(四)宋元明清时期的出版运行机制

雕版印刷自唐代发明后,到宋代已完全成熟,宋代雕版印书已成大宗。除官方刻书外,民间书坊刻书渐成规模。明清时期书坊刻书已形成商业模式。

编、刻、售合一是本时期民间出版业发展的一大特点。自唐代坊刻诞生以来,发展至明代中后期,书坊已不再是一个仅从事书籍刊刻的坊户了,而成了一个集编辑、出版、发行为一体的专业书商。因书坊常年面向市场,对市场上的图书需求感知更为灵敏,书坊主人往往更能够准确了解市场的图书需求,从而自主决定刻书内容,再进行统一销售。这种改变大大增强了书坊的竞争力,也促进了出版事业的发展。如建阳书坊的熊宗立、熊冲宇的种德堂,自撰、自编、自校、自刻了许多医书,其编印的《名方类证医书大全》被日本人称为医家至宝,在日本翻刻,成为日本刊行最早的医书。

明朝时期的图书流通发行渠道相较前朝也产生了一些变化。出版中心与书籍贸易中心逐渐分离,一些地区因其交通便利和商业发达,即使刻书业并不发达,也逐渐成为书籍流通中心。而在出版业较为发达的地区则逐渐形成以批发为主、零售为辅的书籍发行格局。

明代书坊由于竞争日趋激烈,部分书商为了获取利润,采取一些不当竞争手段,出现了一些假冒伪劣图书。因此除政府加强管控外,部分书商开始在自家所刻书籍中加入防伪措施,防止他人翻刻,保障自身利益和自家清白。例如,在明代万历年间,印本书中出现了现代意义上的防伪标志。如当时所刻的《宣和印史》，书前空白页上即印有一汉佩双印印记，印记图案复杂，线条极细，使一般刻本难以仿制。这可能是世界上最早的商品防伪标志实例。

(五)近代稿酬制度和书业公会制度确立

1. 近代稿酬制度的确立

作者是出版内容的唯一来源，也是出版业不断向前发展的源头和基石。只有作者的权益得到保障，才能激发创作动力，为社会提供源源不竭的优秀出版内容，使出版业不断向前发展。近代以前，知识分子大多秉持着"著述立名""重义轻利"的创作思想，因此他们的作品往往不能换来应有的报酬，而他们也并没有主动保障自身权益的意识，因此许多作者纵使著作等身，也难逃一生穷困潦倒。

晚清以来，新的出版思想在中国大地广泛传播，过去不规范的"润笔"惯例逐渐被现代规范的稿酬制度所取代。现代稿酬制度在中国落地生根，并日趋规范。用著作换取报酬成为人们普遍接受的事实，许多知识分子因此拥有了更为宽阔的谋生渠道，有些甚至成为专职作家。我国第一个版税合同是严复为翻译《社会通诠》同商务印书馆签订的，合约规定："此书版权系稿、印两主公共产业。若此约作废，版权系稿主所有。""此约未废之先，稿主不得将此书另许他人刷印。""此书出版发售，每部收净利墨洋五角。""此书另页须粘稿主印花"。[①] 这份合同具体规定了当事人双方各自的权利和义务，对双方同时起着约束和保障作用。

---

① 张元济：《张元济全集·第4卷·诗文》，北京，商务印书馆，2008，第277页。

2. 出版自我管理的书业公会制度形成

同业公会是近代中国普遍成立的工商行业组织，早在南宋时期就已初现雏形，至近代更是遍布全国，成为社会治理中的重要力量。书业公会作为近代重要的文化商业团体，在各地书业活动中发挥了重要作用。书业公会也是政府和书坊书商之间的桥梁纽带，近代历届政府都曾发布不同内容的行政命令，下发给各地的书业公会。政府借助书业公会进行组织发动和社会管理，是近代出版管理的一个重要特征。

上海作为近代中国的出版中心，书业公会成立时间较早，开展活动较多，影响较大，值得关注。书业公会虽时常与政府机构打交道，但其本质上仍然是一个民间组织，其经费均来源于会员，领导人选也由各会员推举选举，王云五、陆费逵等人先后当选过书业公会主席。上海书业公会以"联络感情，维持公益"为宗旨，主要开展以下几方面工作。第一，保护书业版权。多次代表书业与政府有关部门沟通版权保护，代表书业处理与外商的版权纠纷。第二，争取出版自由。面对国民党政府愈加严苛的书业审查，上海书业公会多次代表行业上书政府，申请停止对出版自由的限制。第三，谋求政策扶持。上海书业公会时常出面奔走，呼吁政府降低税收、邮资等费用，以期降低行业成本，谋求行业利益最大化。第四，进行行业自律。上海书业公会曾于1936年制定书业业规，规定了行业应遵守的制度规范，对维护行业秩序，促进书业健康发展起到了积极作用。第五，协调行业内外纠纷。第六，开展书业调查。

从上述书业公会所做的诸多工作可知，上海书业公会称得上是书业同行的重要组织和依靠力量，在维护书业的同业利益，发挥行业的自治与自律方面，起到了不可或缺的重要作用。同时，书业公会在很大程度上，又是政府进行出版调控与管理的重要市场中介组织，是书业行业管理的主要承担者。①

3. 近代出版企业的体制建设

随着新式印刷技术逐渐普及，新出版政策逐渐施行。近代以来，尤其是进入民国后，新式出版机构如雨后春笋般涌现。其中尤以商务印书馆最为著名。其在经营中所形成的种种出版管理制度，对出版界产生深远影响。

商务印书馆是我国最早按照现代企业制度建立起来的出版企业，由张元济最先创设"三所一处"，即编译所、印刷所和发行所及总务处。作为决策中心，重要事项由"三所一处"负责人共同商定。编译所是商务印书馆的头脑部门，负责各种出版物的选题策划、组稿、出版。编译所按照出版物类型分为若干科室，然后又按学科进行小组细分。这种细致的分工有利于编辑事务开展，也方便出版机构按需招纳人才。后期，王云五引入"科学管理法"，对财务、人事、管理等方面进行了体制改革和机制创新，调整了出版策略，取得一定成效。

(六)出版审校制度与行业协会制度

1. 审读制度

图书审读制度是图书出版编辑工作的基本制度，是确保图书质量和效益的一项基础性工作，是图书质量管理的核心。出版业是内容产业，

---

① 吴永贵：《中国出版史（下册·近现代卷）》，长沙，湖南大学出版社，2008，第362页。

内容质量始终是其生命线，内容质量的好坏直接决定其出版产品的优劣。而审读制度则是保障出版产品质量尤其是内容质量的一项关键制度。

审读分为出版社审读与行政部门审读，前者是出版社自身对于其产品质量进行管理控制的关键环节，其目的是保障出版物最终质量。行政部门审读则是分管出版的行政管理部门依据国家法律法规，对出版物内容是否符合国家法律规定、是否有利于社会规范和价值导向、是否符合广大人民群众的根本利益等进行权威评定。

三审制是现代出版社所普遍采用的审读制度。三审制包括责编初审、编辑部主任复审和总编或副总编终审。三次审稿目的不同、作用不同。初审是对原稿的政治倾向、思想品位、艺术或学术价值、结构体例、文字水平等各个方面进行认真细致的审查，对全书的优缺点做出实事求是的评价，同时从两个效益方面对出版价值做出初步估计；复审则是复审者在全面了解稿件内容的基础上，从更高的角度审核初审者的意见是否中肯、周全、可行，表明自己的看法，并处理初审未能解决的问题；终审的主要任务是在充分了解初复审意见和重点抽查稿件内容的基础上，从全社会和全局的高度，考虑并最终决定稿件是否适宜出版。

2. 校对制度

校对制度，也称为"三校一读"制度，即三次校对一次通读。校对是编辑工作的延续。编辑工作是针对文字内容方面的工作，而校对则是要解决一切排版、形式上的问题，并且检查原稿是否有错漏和不妥之处。

校对主要有两方面责任，一是"校异同"，即要对原稿负责，要比照原稿查看是否有排版过程中的错漏；二是"校是非"，即不比照原稿进行校对，这样做的目的是要在消灭排版错漏的基础上，发现并协助编辑消灭原稿及版式设计中存在的差错。不同的校次中，校对的方法和注意的重点也有所不同，在一、二校中，主要以"校异同"为重点。"在原稿电子化、无原稿可作比照的情况下，以发现录排差错（如形似字、同音字误排）、非规范文字（如错简字、异体字、旧字形及数字、量和单位名称不符合国家标准）和格式差错为重点，这实际上是扩大了的'校异同'，即以国家有关规范标准作为比照物。"[①]三校与通读不比照原稿审读校样，以"校是非"为重点，着重检查书稿中存在的版式设计、政治性、知识性、规范性问题。一般来说，校对员无权修改原稿，如发现原稿上的差错只能交由责任编辑决定。但有条件的出版社可以试行授权校对员直接校改的制度，但校改后须经责任编辑过目确认。

随着计算机在编辑、校对环节中逐渐广泛应用，电脑排版校对在显示其优越性的同时也出现了一些新问题、新情况。电脑校对固然能够在一定程度上减轻校对劳动，但目前来看仍不可能完全取代专业校对。校对是出版流程中不可或缺的环节，是编辑工作的重要组成部分，校对工作的完成情况将直接影响到图书质量，必须予以高度重视。

3. 出版业的行业协会制度

除政府管理外，出版业还有较为完善的行业协会制度，实施自我管理。在一些发达国家，出版业的管理主要是通过出版行业协会的自律来实现的。我国《出版管理条例》中第八条规定："出版行业的社会团体按

---

① 朱胜龙：《现代图书编辑学概论》，苏州，苏州大学出版社，2013，第119页。

照其章程,在出版行政主管部门的指导下,实行自律管理。"

行业协会是生产专业分工和市场竞争发展到一定阶段的产物,当行业迅速发展并逐渐走向成熟时,行业成员往往会因各自利益考量而做出不利于整个行业发展的行径,长此以往势必会导致行业发展陷入恶性循环。此时便急需行业协会作为第三方对行业经营行为进行约束、规范,以保证行业健康发展。出版业同样如此。

随着我国加入世界贸易组织,出版市场快速发展并愈发成熟,政府管理也逐渐由直接管理向间接管理、微观管理向宏观管理转变,出版行业协会将在行业的自我管理中发挥更大的作用。1995年,中国出版工作者协会为了提高出版从业人员的职业道德修养,加强行业自律,出台了《中国出版工作者的职业道德准则》,并于其后多次修改。其主要内容包括:为人民服务,为社会主义服务;增强使命感,责任感,坚持社会效益与经济效益相结合;树立精品意识,提高出版质量;遵纪守法,廉洁自律;爱岗敬业,忠于职守;团结协作,诚实守信;艰苦奋斗,勤俭创业;遵守外事纪律,维护国家利益。该准则为出版行业的职业道德建设指明了方向,有利于推动出版事业繁荣进步和出版产业健康发展。

但总的来看,"我国目前的出版工作者协会、印刷技术协会、发行业协会由于资金问题,以及权威性不足等原因,与行政机关存在着无法摆脱的依附关系,所起的作用仅限于培训、组织出版科研活动等,还不是纯粹意义上的行业协会"[①]。未来,各级出版业协会应逐步改变目前

---

① 中国出版科学研究所:《出版改革与出版发展战略研究:中国出版科学研究所"八五"科研成果汇编》,北京,中国书籍出版社,1998,第16~17页。

依附于行政管理机关的状况，体现其自主性，配合出版行政主管部门，加强行业自律管理，以推动出版业健康有序发展。

第二节　论外国的主要出版制度

从四万多年前最早的岩画出版，到公元前 3800 年两河流域的泥版书，及至当代出版，在漫长的社会发展和文明演进中，出版一直处于世界各国政府和组织的管辖和规制下。中世纪的欧洲之后，书籍经常被当作鼓动叛乱、宣传政治运动甚至策动战争的替罪羊，书籍经常性地受到审查、践踏、禁毁和焚烧，但书籍更多的时候是受到尊重甚至崇拜的，即使是晦涩的作家和某个时期不合时宜的书籍，也有可能突然变成文化偶像或文化名片。通过对欧洲出版审查制度的挑战，出版自由和版权保护制度在文艺复兴、启蒙运动和资产阶级革命的连续性社会变革中被建立起来，并发展出现代世界的两种主要出版制度：登记制和审批制。

一、古代两河流域、古埃及、古印度的出版规制

(一)古代两河流域的出版规制

1. 苏美尔文明的图书特权

在古代两河流域的南部苏美尔地区，很早就出现了学校。学校的主要任务是培养书吏和书记员为王室和神庙等统治机构服务，因此，作为专门教材的楔形文字泥版书都必须经过严格的编辑出版流程。由于楔形文字的学习和泥版书的制作难度极大，只有贵族子弟才有学习的通道和

路径，文字和文化的学习实际上被统治者所垄断。在这一时期，政府并未对泥版书的制作作出明确的制度规定，但是，书写和阅读都被认为是统治阶级和贵族子弟所拥有的特权。

2. 亚述帝国时期的图书管理制度

亚述帝国时期的最后一个国王巴尼拔十分重视文化事业，他在两河流域地区建立了王宫图书馆，并制定了一系列图书馆管理制度，包括从泥版书的摆放到人员的安排。当时，两河流域的泥版书比较沉重，不便于来回挪动，需要特定的架子来摆放和查阅。

亚述帝国时期图书馆对于收藏泥版书的具体编排有严格规定。书吏严格按照泥版书的要求进行内容编排，并且用不同形状的题签来记录书籍的内容，以便书籍的查询和翻阅。再加上陶筹码的编号，整个书籍的管理严格有序。其实在亚述帝国之前，苏美尔人就开始探索泥版书的管理方法和管理制度。"克莱默教授是美国著名的亚述学家，他曾发表过一份古代苏美尔人的'书单'，并称它为世界上最早的图书分类目录。"[①]可见当时已经形成了一套系统有效的书籍管理制度。

(二) 古代埃及的出版规制

古埃及行政管理体系中的知识分子阶层——书吏，主要负责记录、计算和抄录工作，成为古埃及社会出版活动的主要承担者和传播人，相当于古埃及的职业出版家。

---

① 张健、袁园：《巴比伦文明》，长春，吉林美术出版社，2012，第 177～178 页。

在古埃及，大量的书吏承担起几乎所有文学和宗教方面出版内容的传抄工作，形成了职业抄书人制度。许多在当时有名的文学作品、教谕文献副本，皆出自这些专门负责抄录的书吏之手，例如，《两兄弟的故事》《辛努亥的故事》等，他们为后世保存了大量的古埃及文明的珍贵资料。"生活之家"是古埃及最高的知识机构，其中有一个单独的部门，专门负责抄录工作。生活在公元前 1 世纪的孟菲斯的两个书吏奈恩和潘图尔，他们和一些杰出的手稿作者有联系，奈恩是财政书吏，他抄录的多卷学校文集现仍存在，以及单独的一份手稿纸草，里面包括《两兄弟的故事》。潘图尔抄录了赞美拉美西斯二世的《卡迭什诗歌》。

(三)古代印度的出版规制

1. 宗教文献的出版标准化制度

在古印度的笈多王朝时期，统治者十分重视对于国民的思想控制，并希望能复兴印度教。为了维持印度婆罗门教的稳定，统治者下令编撰和修订婆罗门教文献，包括婆罗门教的教义和史诗。

在统治者的支持下，婆罗门教学者还负责修订、编撰各类法典。当时，婆罗门教的学者编撰和统一了三大类吠陀文献：吠陀本集，梵书和婆罗门经，奥义书。这些文献的规范和统一，为当时的统治提供了理论支持，这些法典和文献的编撰，体现了古印度统治者希望通过宗教文献的出版标准化，来维持统治和规范思想。

2. 梵语的标准化

在古印度，梵语是庄重严肃的寺庙用语，因此梵语的标准化受到统治阶级的重视。现存最久远的梵语文法是波你尼的《八章书》，大概成书于公元前 400 年，唐代高僧玄奘的《大唐西域记》有载。波你尼文法的特质是标准化，它规定了梵语的标准使用方法。其后虽然出现了一些新的用法，但波你尼所规定的基础规范，仍旧被视为当代梵语使用方法的根基。

梵文字母具有典型意义的共有三类，悉昙体、兰札体及极为盛行的天城体。其中天城体字母是获得印度佛教界和国际社会所认可的梵文写作的规范字母。据史料记载，梵文字母是缔造宇宙的神灵"梵天"大帝发明的。梵天创制的梵语写作方式为从左向右横书，且词语之间不留间隙，从不间断。因而古代梵文文献的词语之间是无空隙的。直到近代，随着西方的书写习惯传入印度并被模仿和接受，词语之间才开始被空格隔开。

二、古代欧洲的出版保护和出版审查制度

(一)手抄时代的出版保护

尽管在漫长的欧洲中世纪，知识分子和学者由于附属于贵族阶级而没有政治上的话语权，其创作的文学艺术作品任皇权和宗教统治者剥夺和占有，但也发生过一些承认作者身份、反对剽窃和将作品视为作者私有财产一类的事情，这不仅是欧洲社会中版权观念的萌芽，也是早期人权思想的反映。

1. 古希腊、古罗马的抄书制度

古希腊、古罗马时期，出版活动和图书贸易十分繁荣，由此衍生了初具雏形的出版流程。作家的作品通常先由秘书(抄书人)将草稿记录在

蜡版上，并进行修订，然后用芦苇笔在莎草纸上清晰地誊写一遍。抄书人大部分都是经过专业训练的、有学识的奴隶，能代替作家进行抄录。后来，市场需求导致了抄书作坊的出现，出版角色也从抄书人变为专业的出版商，抄录的办法也从一个人直接抄录，到一人朗读多人记录抄写，再到轮班替换的抄录，最后再由专人加以订正，查漏补缺。抄写员使用相似的书体，每行文字的数目一致。这样就有大量的复制书籍在市场上流通，包括一些粗制滥造的书籍也有出现。抄书作坊同时提供转抄服务，读者可从书店租赁图书回家抄写。

公元 1 世纪，罗马讽刺诗人马尔提阿利斯曾经指责一位与自己作对的诗人为"强盗"；因为后者将他的诗说成是自己创作的。整个远古时期及中古时期，文学剽窃事件时有发生，虽然也受到道义上的谴责，但未曾形成法律后果。207 年，罗马的抄书作坊意识到要通过建立社团组织来维护自身的权利，便在罗马成立抄写人协会，成员是罗马自由公民，协会也对作者、抄写人的薪酬做了规定，按行数计酬。但事实上，除了政府机构出资购买或赞助创作的情况，书籍作者一般都没有酬劳，可见当时出版活动主要依赖于政府和机构的支持。

2. 古希腊的图书馆制度

埃及托勒密王国的亚历山大图书馆是古代图书馆中规模最大、建制最全、藏书最多的图书馆。巅峰时期藏有大约 70 万卷由纸莎草制作而成的图书。托勒密一世十分热衷于搜集图书，通过行政命令使亚历山大图书馆征集了许多海内外的孤本，甚至为了收藏原册，雇用大量抄写员抄写复制本还给原书主人。由于不同版本、保存不当导致的文本缺失等情况，亚历山大图书馆的学者们开始对图书进行校勘和注释，这是现代编辑校对勘误工作的雏形。

在公元前2世纪，埃及托勒密国王和帕加马国王开始图书馆建设竞赛。当时，帕加马国王非常羡慕托勒密王朝的亚历山大图书馆的藏书之丰和制度之优，想通过劫持其馆长的办法，进行图书馆的资源建设和制度建设，未获成功。托勒密国王为了报复，将阿里斯托芬尼斯馆长（怀疑他共谋）投进监狱，并下令禁止向帕加马王朝出口莎草纸原料、莎草纸和纸草书。

3. 修道院抄书制度及版权保护雏形

在中世纪的欧洲，书籍的管理权一般在教皇手中，因此，书籍复制基本是经过修道院中的修道士按照一系列既定规则，在被称为"抄写室"的修道院工场里进行书本的传抄工作。他们的一部分任务是抄写宗教方面的著作，凭此积累进入天国的勋业，同时满足教育新教徒和礼拜活动之需，但他们也曾同样复制用拉丁文写作的世俗书籍。在中世纪晚期，各民族的英雄史诗和骑士文学有时也经由他们之手，传抄到贵族和市民手中。

中世纪的修道院已经形成了相对标准化和系统化的生产流程，图书制作一般需要以下几个步骤。第一步，校勘。由于大多数手抄本的作者是早已故去的古代作家或圣徒，而且作品内容也许已经被反复抄写多次，多次的手抄复制可能会导致讹误，因此收藏、注释、校勘和复制环节的校对显得极为重要。一般而言，修道院的校勘者必须具有渊博的学识和严谨的态度，比较不同历史时期的书籍版本，勘正文本的表达方式。今天我们所看到的西塞罗、李维、盖里乌斯等古罗马时代学者的早期文本的保存都得益于中世纪修道院学者。第二步，羊皮纸的准备。中世纪的修道院抄写者将抄写行为看作修行的一种方式,并不注重对于这些典籍的保存,因此经常将已经抄好的典籍用磨石磨掉,再进行抄写,这样在传承了一些典籍文献的同时,也毁掉了一些珍贵的文献。第三步,书籍设计。即确定开本大小,安排版面和布局。依照流行体例,一般圣经等宗教类书籍使用大开本,而经典类作品多用四开本,羊皮纸通常折成三折或四折。第四步,抄写。由木炭制墨,盛在兽角所制的容器里,使用鹅毛笔等翎管笔进行抄写。第五步,彩饰、插图和装订。从加洛林时代开始,书籍的装饰愈加繁复精致,达到了极高的艺术水准,甚至堪称奢侈(如镶嵌黄金、珍珠、宝石等)。

为了防止火灾发生,抄写只在白天进行,室内不允许点燃人工光源。抄写前,修士们要进行祷告,然后进入抄写室,由一人朗读、其他人抄写,其中还有一位德高望重的"阿尔琴"进行监督。"阿尔琴来回注视着大家,指出并手把手地改正每一个人的拼字和标点错误。"[①]如果一本书需要复制很多本,母本就会被拆成几段,分给不同的抄写员,每个抄写员拿到自己的部分,抄写多个复本,而后再把这些部分连接起来,抄写员的字体必须保持一致,以当时流行的最美字体为标准。

修道院里也曾出现过作品保护的现象,据爱尔兰的故事记述:大约在6世纪,号称"加里多尼亚使徒"的圣哥伦巴去拜访他的老师修道院院长芬宁。拜访期间,这位年轻的学者晚上偷偷地把自己关在教堂里,擅自抄写老师的作品《萨尔特》。不巧,烛光从其左边漏出,引起

---

① 万安伦:《中外出版史》,北京,高等教育出版社,2017,第328页。

了一个过路人的注意，此人透过大门的钥匙孔发现了圣哥伦巴的不轨行为，便向院长告发，院长大怒，要圣哥伦巴交出抄本，但遭到年轻学者的拒绝。官司打到住在塔拉城堡的国王那里，国王迪亚米德听取了双方的争论，最后宣判"牛犊归其母牛，抄本归其原作"，修道院院长打赢了这场官司。此后"牛犊归其母牛"的原则，一再被主张版权保护的人们引用。

(二) 印刷术兴起之后的出版审查和特许证制度

古腾堡发明机铅活印技术后，伴随着文艺复兴与宗教改革，欧洲掀起了一股宗教热与学习热，人们不仅需要宗教著作，也需要世俗之作。在15～16世纪，出版商不仅开始雇用作者创造文学、艺术作品，更多的出版商开始复制和印刷已有的、无须授权的古典作品，欧洲图书市场上出现了大量内容相同甚至排版和装帧格式都相同的同质化的出版物，例如Pollard在他的著作 *Fine Books* 中提到，Aldus一直对在里昂市场上出售的斜体八面体的假冒伪造品感到恼火。[①]

随着欧洲印刷业的产业化和出版业迅速发展，以英国王室为代表的欧洲统治者，发现印刷出版是巩固统治的一种强有力的新式武器，他们既可利用审查待印书稿的机会，禁止出版反对自己统治的作品，禁止传播新思想，又可通过给印刷商人颁发许可证增加税收。

这种出版特许制度起源于意大利。15世纪中后期，威尼斯市政当局开始颁发某些图书的印刷垄断权许可证。例如，1469年，威尼斯参

---

① Pollard, Alfred. *Fine Books*. G. P. Putnam's Sons, 1912: 58.

议会发布法令，授予德国印刷大师 Johannes Speyer 印刷西塞罗和普利尼的书信专有权五年。但这种特权并未成为一种制度，只是由威尼斯政府随意地授予。法国皇帝路易十二分别于 1507 年对圣·保罗的《使徒书信》的出版和 1508 年圣·布鲁诺著作的出版发过类似的特许令，此项特许权同样针对印刷商。事实上，许多与书籍相关的早期特许权被授予用于印刷技术和类型设计的创新，例如 1496 年至 1502 年为 Aldus Manutius 授予斜体字体和希腊新的印刷系统的特权；1498 年批准由 Ottaviano Petrucci 推出的用于改进乐谱的印刷方法的特权，以及版画家 Ugo da Carpi(1516 年)发明的明暗对比技术的特权。

在英国，印刷特许权是亨利八世在 1518 年下令执行的，他废除了在此之前英国开放的图书交易政策，并控制印刷特许权，禁止书商购买和出售由别国带来本国的书籍。1530 年，他授予了一位神父和教科书作者 John Palsgrave(约 1485～1554 年)印刷特许权，这是英国授予的第一个图书印刷的特权。1556 年，英国女王玛丽一世将皇家对印刷商颁发特别许可证的办法纳入法律程序，并成立书业公会(当时统管图书出版、印刷、发行的伦敦印刷商的行会组织)，公会成员享有出版图书的垄断权。但是，法律规定图书必须呈送皇家审查，并在该公会登记注册，凡未注册和未经许可发行的图书，都交由法院依法惩处。1662 年英国颁布了第一个"许可证法"。该法规定，凡印刷图书者必须先到书业公会注册，取得许可证；持有许可证的印刷商，在经过注册的每本图书的开头，要印上本书没有违反基督教信仰、英格兰教会的教义和原则，以及没有反对国家和政府内容的"证明"。违反"许可证法"，偷印和进口未经注册的图书，一经发现，不但一律没收，而且每本书罚款六先令又十八便士。此种罚金，一半上交国王，一半分给领有许可证的原书的印制者。

像其他欧洲国家一样，法国的印刷商也开始寻求特许权。在法国，国王拥有最高的执行权力，以保证特许权制度运作良好。最早的印刷特许权申请是在16世纪初，通过主权法庭发布。另外，印刷商的特许权需要巴黎大学的图书馆管理人员进行授权，并且需要将授予特许权的书籍的副本存入图书馆，这项权利通常是永久性的。1556年，亨利二世对知识产权进行了界定，并宣布将出版贬低或反对当权者的书籍定为叛国罪，而且，侵犯图书特权也会被认为是严重罪行。

仔细研究历史可以发现，封建统治下的特权制度实际上是版权制度和专利权的共同来源。但与现代版权和专利相比，早期特权被认为是一种市政利益的形式，政府主要是承认印刷商、出版商的特许权。从法律角度而言，早期印刷特许权还没有形成独立的官僚制度，并且依靠特许权机制在竞争中获得保护并获得初始投资的安全回报。从社会文化层面来看，特许权制度到版权概念的出现与社会关注点的变化有着相同的趋势，即首先关注印刷技术的物质领域，然后再将其扩展。

(三)中世纪欧洲的焚书制度

整个欧洲在15世纪和16世纪都流行着一种焚书制度。自从印刷商从事出版活动以来，焚烧书籍是一种常见行为。

在西班牙宗教裁判所，许多希伯来圣经和其他犹太书被烧毁，有些被认为是不恰当或者不正确的基督教文学也会被烧毁。比如，威廉·廷代尔(William Tyndale)翻译的《新约》英译本于1526年在伦敦被烧毁；

坎特伯雷大主教约翰·惠特吉夫特和伦敦主教理查德·班克罗夫特禁止讽刺诗的出版。1599年，他们下令将约瑟夫·霍尔、约翰·马斯顿和托马斯·米德尔顿著作中涉及讽刺宗教的作品烧毁，此被称为1599主教禁令。此外，所有的历史类的戏剧都需要被批准，并且不允许有讽刺皇权和宗教的内容。

中世纪晚期，宗教裁判所成立后，作者常常被作为异教徒与他们的书籍一起被焚烧，这种酷刑在16世纪和17世纪的欧洲十分流行。在古腾堡印刷术发明的一个世纪后，教皇保罗二世在罗马成立了宗教裁判所这一"神圣"的机构。Bosmajian提到焚烧作者的现象：这种转喻的联系，以及将书籍内容与作者本身联系在一起，最终酿成了悲剧。用作者创作的书籍包裹他们的身体，并且将作者和书一起焚烧，通过死亡，作者和书成为一体。

西班牙神学家迈克尔·塞尔维特（Michael Servetus，1509～1553年），以神学和科学著作而闻名。在1553年，他被作为异教徒而实施火刑。他最后一本书的副本被死死锁在他的腿上一起焚烧。

罗马作家马尔科·安东尼奥·多米尼斯（1560～1624年），在被裁定为异端之后，他的照片和书籍都被焚烧。他本人在1624年9月死于监狱。死后，罗马宗教所将他的尸体从棺木中拖出，拖到罗马的街道上，并于1624年12月与他的书籍一起焚烧。

这些焚烧酷刑并不局限于意大利。利马的作家弗朗西斯科·马尔多纳多·德席尔瓦（1592～1639年）也被绑在火刑柱上烧死，他的脖子上还缠绕着他自己的作品。被称为"Auto de Fe"的那天，有十几名犹太人被烧死，这是欧洲历史上较大的团体火刑事件。

对于撰写和出版所谓"异端邪说"的作者或出版商，火刑仅是其一，有时也用其他刑处。有学者说：作者和印刷商可能会被囚禁、被流放、被窒息至绞死，或者切断他们的手和耳朵。

1536~1541年，许多修道院图书馆及藏书被毁坏。仅伍斯特修道院图书馆的600本藏书，就有594本被摧毁。

三、其他国家的主要出版制度

(一)英国现代主要出版制度
1. 政府宏观管理制度体系

在英国，出版机构的设立采取登记注册制，任何个人或公司，不论国内国外，只要在威特克(Whitaker)条码公司登记注册，申请国际标准书号(ISBN)即可出版图书。

英国没有专门设立管理出版的政府机构，是由主管英国文化事业的英国文化委员会对出版行业进行政策性管理，其他相关的政府机构进行辅助管理与补贴扶持。政府通过税收等手段来管理和支持出版业，英国对一般商品征15％的增值税，对图书、期刊、报纸均免征增值税。英国文化委员会主要负责制定出版政策、印发宣传品，对能够促进英国出版物出口的计划进行经济上的扶持，例如，每年提供150万至180万英镑作为图书推广费，鼓励英国出版业的图书出口，资助英国出版商参加世界各地的国际书展。此外，英国海外贸易局每年也提供几十万英镑的图书出口补贴。

国际出版条约是英国出版业版权管理的主要依据。例如，英国1886

年加入《伯尔尼公约》，1957年加入《世界版权公约》。1995年，英国采取了与欧共体一致的步骤，将文学艺术作品的保护期延长至作者去世后70年。另外，《公共借阅权》会以公共图书馆中的图书的借书频率来向作者支付少量的报酬，以鼓励作者的创作。

2. 行业协会的自律机制

行业自律在英国出版管理中占突出地位，职能机构一般是书商协会或出版协会。1896年成立的英国出版协会是英国出版业行业自我管理的重要职能机构，英国出版协会下设主管图书销售的英国全国图书联盟、主管图书发展的个体出版商协会和主管教育出版的教育出版委员会对英国出版业进行协调管理。例如，举办行业培训，制定出版业的整体发展战略，确保安全的图书贸易环境，组织国际书展等出版活动。

3. 出版企业的流程控制机制

大多数英国出版商对于出版内容都有一整套严格的流程控制体系。在出版社内部有系统、严格的出版活动流程表，有详细的工作描述和严谨的审稿清单，以此保证图书出版的质量。在出版活动中十分重要的职位是项目经理人和策划编辑，项目经理人会自己组织文字编辑和校对人员，负责除了联系作者之外，包括选题策划在内的全部编辑活动。策划编辑专门进行交流沟通，与印制部门、市场部门、财务部门等出版社各个部门，以及项目经理人和作者进行沟通和协调，共同完成图书的出版发行。

(二)美国现代主要出版制度

1. 政府的宏观调控制度

美国政府不直接干预出版业，但在宏观层面，如在实际的立法、司法、行政等方面都采取不同手段对出版活动进行管理和调控。其主要表现在：第一，美国的两级立法机关会对美国的出版业施加影响。第二，运用法院解决各类出版纠纷的案例来对出版活动进行导向性管理。第三，白宫可以向法院提出对于出版的立法建议，也可以直接干涉。

以不同的税收调控出版业是美国政府最常见的出版管理手段，美国政府对不同类型、规模的出版商和出版物征收的税率也不同。例如，对于营利性的出版企业，美国联邦政府会根据盈利情况，征收与其他行业企业同样的所得税，税率在15%～34%，各州政府征收不超过12%的所得税和少量的零售税。对于非营利性的出版商，美国政府会免除其税费，并给予一定程度的补贴。美国政府同样十分重视出版物的出口，例如，美国新闻署曾长期支持出版社在发展中国家推销平装教科书，组织他们参加各种国际书展。

2. 基金资助制度

美国出版业有一个非常重要的资助制度——出版基金制度。全美有不少于100个基金会为出版活动提供直接或间接的支持，如有国家直接拨款的国家科学基金会、国家人文基金会，由社会赞助和捐款组成的梅隆基金会等，主要是资助学术著作的出版。

3. 行业协会的协调管理

美国的各个出版业行业协会都是独立机构，没有联合起来形成像欧洲各国出版协会那样大的话语权。他们基本属于自主发起、各自独立的民间组织，对美国的出版业管理作用较小，更多的是沟通与协调。各出版相关协会能代表其成员与政府沟通，去争取利益；建立与出版活动相关的规章制度，以起到行业自律的作用；举办研讨会、提供各种信息服务与行业培训等。

(三)法国现代主要出版制度

1. 政府机构与行业协会共同管理制度

法国出版业由政府机构与行业协会共同管理。政府管理机构是文化通信部的图书与阅览司，主要负责对全国的出版和阅读活动进行管理、指导与资助，一般不直接干预出版社的业务活动。

法国管理出版业的法律法规有宪法、版权法和具体业务法规三类。宪法是最重要的法律依据，从根本上保证出版自由和限制出版自由的滥用。版权法是宪法对出版业管理的具体化，是规范作者和出版者行为的重要出版法规。自1709年英国颁发《安娜法令》确立版权是个人财产权之后，法国也于1793年颁布《版权法》。在市场活动日益频繁的今天，制定《版权法》是实现出版管理现代化的前提条件。

法国对出版的经济管理主要体现在税收优惠政策。与一般商品18.6%的增值税相比，图书税率为5.5%，期刊为4%，报刊为2.1%。政府的图书与阅览司每年都要拨款资助图书出版业的发展，包括资助图书的出口和推销活动，情报与培训服务，以及"薄弱地区"的读书活动等。

法国还通过建章立制保护图书的文化特性。1981年通过的《雅克朗法》规定：全国实行统一书价，不许随意降价销售图书，违者会被罚款等。这里指的"统一书价"不是指书的定价，而是指销售价格，书的定价由出版社自主，只允许书店在图书定价5%上下的幅度售书。这样规定是为保护文化产业的多样性。如果允许图书在销售过程中大降价，那么，那些难于出版的学术性著作、非畅销书的销售就会受到压制，从而导致非畅销书的出版更加困难。

2. 出版商协会的国家公会属性及制度实践

法国出版商协会(The French Publishers Association)成立于1892年，是随着法国出版企业的兴起、出版商的聚集、法国出版事业的发展而问世的，属于国家公会的性质。它代表大约670家出版商，其业务占法国出版业的绝大部分。法国出版商协会的作用有：提供行业最新信息；研究法国出版业的问题和现状并进行指导；维持图书价格的稳定；维护出版市场的秩序。例如，法国出版商协会经济委员会主要关注图书贸易以及会计和税务问题的研究和统计。此外，法国出版商协会还会协同法国政府部门推动一些全国性的举措，例如在2012年与法国教育部合作推出了主要针对年轻人的阅读挑战活动，鼓励书籍出版和培养年轻人的阅读习惯。

3. 出版企业的微观运行机制

现代西方的大中型出版企业，一般都设有专业编辑室或编辑部，小型出版社也有分工做编辑工作的。除了在职的编辑人员，不少出版社还采取措施延伸编辑力量。例如，成立文学审稿委员会和其他读物的审读委员会，聘请社外专家学者参加审稿工作。另外，出版商普遍实施科学严格的选题决策机制，注重强化编辑功能，提高图书的内在质量。20世纪90年代初，电子出版系统的问世引起了出版流程的变革。现代化的出版技术使得出版流程精简、效率提高、成本节约。

(四)德国现代主要出版制度

1. 德国政府的"追审制"管理政策

由于王室和教皇专制统治的需要，德国政府对出版业的限制曾经很严。自1848年废除出版审查制度之后,由联邦政府及有关各界代表组成出版管理委员会负责管理德国的出版工作,由于市场经济的要求和规律,德国对出版业的管理方式也从"预防制"变成了"追审制",淡化了对图书生产过程的管理,着重于对图书成品的管理。根据法律规定,公民可以自由创办出版社。在适用法律方面,德国的《德意志联邦共和国基本法》《德国著作权法》等都可用于管理出版业的某些方面。

为了促进出版业的繁荣发展、宣传本国文化并出口创汇,德国还通过设立"印刷补贴基金"、减免税收、政府资助等多种管理手段引导和扶持出版业。政府对图书进口征税、对出口免税,并降低增值税,一般商品的增值税为14%,而图书、报刊仅为7%。德国外交部还直接资助图书的出口活动,德国研究与技术部领导的德国研究协会对学术著作的出版给予资助。

2. 图书定价和奖励制度及组织书展

德国出版商协会成立于1825年,长期以来一直致力于推动图书市场和图书行业的发展,也进行了多项与出版有关的科学研究。为鼓励出版商的公平合作,确保出版社能够平衡机会和风险,德国出版商协会提出了一个核心议题:对作为文化资产的图书固定价格给予定价的规定(1888年)。在2002年,法律通过了定价制度,并明确规定了图书的降价、零售幅度。德国出版商协会还会针对出版物设立图书奖,例如,向个人的文学、艺术或学术著作颁发和平奖(1950年开始),设立各国图书奖(2005年开始),以鼓励作者的创作和增加出版物的多样性。

此外,德国出版商协会还组织举办每年一届的法兰克福书展,促进世界出版业的交流与合作，推动德国出版物的出口。

(五)加拿大现代主要出版制度

1. 以完善的法律法规体系管理出版

加拿大没有专门设立主管出版业的政府机构，主要由加拿大遗产部和加拿大艺术委员会共同管理，主要是在税收和财政等经济政策方面来规范和推动本国出版业的发展。加拿大遗产部下设的文化产业司主要职责是制定促进加拿大出版业发展的政策，并对有助于促进加拿大出版业发展的项目提供经济支持，支持文化产业及产品的开发；加强对电影业、音像业和出版业的扶持；支持版权保护。加拿大艺术委员会通过为出版商创办基金和补贴、翻译基金、作家宣传巡游、创作与出版联合行动计划来推动出版发展。

加拿大十分重视出版法律，并形成了相对完善的出版法律制度。加拿大早在1960年的《加拿大权利法》和1982年的《加拿大权利和自由宪章》提出要保障加拿大公民的言论和出版自由。《加拿大刑法典》禁止出版儿童色情出版物并禁止诽谤，对出版物内容的规范提供了指导。

2. 多家行业协会共同推动出版行业自律

除了相关政策的推动，加拿大对出版的监管更多借助行业自律实现。加拿大主要的出版行业协会有：加拿大出版商协会、加拿大图书出口协会、加拿大法语书商协会、加拿大出版商委员会和加拿大作家协会等。这些协会一方面代表协会成员与政府进行交流，另一方面为协会成员提供培训，帮助成员随时了解业界动态，共同推动加拿大出版业健康发展。

(六)俄罗斯出版管理有较强政府色彩

俄罗斯在1991年颁布了专门的《新闻出版法》，明确规定了出版物的版权保护，规定了出版活动的限制条件。1994年，俄罗斯通过了《俄罗斯联邦义务上缴文献样本法》，规定了出版物在发行同时需要将少量的样本上缴至俄罗斯图书局进行备案。

在经济政策方面，俄罗斯政府首先会拨款来扶持本国出版业的发展，主要是针对教育、俄罗斯各民族语言、科学、纪念日类比较重要的出版领域。此外，俄罗斯对于中小型出版商减免税收，对于一般或大型的出版企业征收10%左右的增值税。

俄罗斯的出版管理有较强的政府色彩。其出版行业协会对于出版业的管理作用不大，一般是组织行业交流活动和提供行业信息等。

(七)日本现代主要出版制度

1. 政府对出版的宏观管理制度

在日本，出版社和期刊社的成立都实行注册登记制，政府对于小型出版社的成立没有设立条件限制，但对成立株式会社则有资金和人员文化方面的要求(要有300万日元的资金和有大学学历的编辑人员，并经过文化厅认可)。日本每年都有一批新的出版社、杂志社创立，并有数量大体相当的出版社和杂志社破产或停办，目前日本出版社大小约有7000多家，而实际开展活动的只有4000多家。

日本法律不允许进口任何被认为"有害于公共道德"的书籍或影片，因此海关依据关税法及关税率法对进口书籍、影片进行检查。不论本国人还是外国人，如将露骨的色情图像带进国内，都要处以五年以下的徒刑或50万日元以下的罚金。警方是管理淫秽、色情出版物最有执行力的机关，它行使揭发、调查和查封的权力。

日本主要通过相关法规和限制性条约对出版业实行综合管理。日本宪法还保障地方自治当局拥有广泛的自治权，承认地方当局在其管辖地域拥有有效的立法权。地方上大多数有关青少年条例都有"有碍于健全地培养青少年"的书籍、杂志、影片等出版物应当接受检查的条款。

2. 强有力的学术出版资助制度

日本学术著作出版资助主要来自四大群体：日本文部省、学术振兴会、各大学的学术出版资助项目及各公益财团的资助项目。文部省的资助经费从 1965 年开始资助学术著作出版，主要针对图书出版的直接成本，即排版、制版、印刷、纸张和装订费用。这一制度有着严格的资助条件，例如，受资助的图书必须是销售时间比较长的图书；第一版的发行量少于 1000 册；作者放弃出版物第一版本的版税。

3. 数量较多的出版行业协会各司其职

日本出版业的行业自律也主要来源于与出版有关的协会。第二次世界大战后，主管出版的日本出版物协会废除后，日本出版行业协会也朝着多元化的方向发展，目前在日本有 100 多个与出版有关的协会和团体，数量较多的行业协会各司其职。出版类行业协会主要有日本书籍出版协会、日本书店商业公会联合会、日本杂志协会等，它们的主要职责是交流图书信息，协调出版社之间、出版社与政府之间的关系，制定行业规则，如出版销售伦理纲领、出版批发伦理纲领等。

(八)韩国现代主要出版制度

1. 政府设立多个专项基金资助出版产业

在韩国，专门管理出版事业的政府机构是文化、体育和旅游部，主要职责是制定促进出版业发展的政策和规定。在立法方面,《图书馆法》等法律都在不同的程度和方面对出版业进行限制。在税收方面,韩国文化部在2015年出台了免除电子出版物的增值税公告。此外,韩国政府先后设立了文艺振兴基金、文化产业振兴基金、信息化促进基金、出版基金等多个专项基金,有针对性地资助出版产业发展。

2. 版权管理制度健全并得到较好落实

韩国出版协会是出版业管理的主要非政府机构,其官方网站为人们提供了韩国出版的注意事项,例如,编辑过程中应该注意的版权问题、文学作品的版权问题、互联网中的版权问题等。

韩国重视版权管理,各项制度健全,并能得到较好落实。出版协会下设的版权委员会是韩国版权管理的重要团体机构,其主要职责和义务是:①协调和处理出版纠纷;②按照文化、体育和旅游部规定,管理涉及版权管理承包费和特许权使用费税率或税额;③确定作品使用顺序和合理使用作品的项目;④促进与海外出版市场的图书贸易与合作,保护国际版权合作,拓展出版文化;⑤组织版权研究,提供出版行业教育、培训和推广;⑥对版权政策的制定提供建议;⑦支持制定技术保护措施和权利管理信息政策;⑧提供版权信息的信息管理系统的建设和运行;⑨履行文化、体育和旅游部长委托的其他职责。

(九)蒙古国现代主要出版制度

1992年前,蒙古国政府对出版的管理实行严格的出版审查制度,之后,蒙古国对出版活动的管制放开。目前,蒙古国没有专门的政府机构对出版业进行管理,在申请ISBN和不触犯法律的情况下,所有国民都能自由地出版图书。

在立法方面，蒙古国没有专门的出版法。但是，蒙古国议会通过了一些法律来限制和管理出版业的活动。例如，《蒙古国刑法典》规定了蒙古国国民自由出版的权利。此外，蒙古国"媒体委员会"是由政府批准成立的特殊团体，由出版商等媒介组织、股东、记者、其他利益相关者和公众组成，并由法律保障其在出版业中的协调和管理权。

第三节　论版权及其贸易与管理

印刷术的发明，为文学、艺术和科学作品的印制复制和广泛传播创造了技术条件。随着中产阶级的崛起和识字率的提高，欧洲的文化生活正在发生变化，而在17~18世纪政治、经济急剧变化的背景下，复制和印刷权利的斗争不断出现，版权意识觉醒。版权制度开始成为出版制度的基础性制度。

英国的《安娜女王法》是世界上第一部版权法，该法确立版权是个人财产权，规定印刷者未经作者同意不得擅自印刷、翻印或出版作者的作品，以鼓励有学问的人写作编辑有益社会的作品。自此之后，欧美各国家的近代版权法律不断建立，发展为成熟的版权法律体系。

一、现代版权观念萌芽与成熟

现代版权制度源于15~16世纪欧洲普遍形成的印刷特许权制度，到18世纪，欧洲作家提出"有权控制和处理自己的作品，有权分享因作品被使用而产生的经济利益"的版权理念,这是版权观念觉醒及发展的结果。

(一)《安娜女王法》的出现

1640年,英国议会撤销了专门管理出版的星法院,书商公司及其成员印刷图书的垄断权亦随之丧失。然而,1643年,英国议会通过了一项《关于纠正印刷业秩序混乱的法令》,延长了书业公会对于图书的印刷出版垄断权。该法令规定:"未经书商公司依惯例授权与登记,任何人不得擅自印制销售图书,已经授权登记之图书,任何人不得擅自进口。"

在这种情况下,英国哲学家约翰·米尔顿于1644年在下议院向英国议会发表演说,提出了"私有财产不可侵犯"的革新思想(《论出版自由》),随后,约翰·洛克也开始关注知识产权以及审查问题,他认为作者对自己的思想作品拥有财产权。

经过资产阶级革命,代表新贵族和资产阶级的议会制代替了"君权神授"的君主专制,人们对印刷出版中的垄断制度也提出挑战。《关于纠正印刷业秩序混乱的法令》和1662年通过的新许可证法最终在1694年失去效力,书业公会失去了对于其出版和印刷作品的特权,印刷出版垄断制度终于解体。1695年至1709年,不受书业公会约束的印刷商和出版商,乘机大肆翻印现有作品,盗版变得猖獗,因此,作者和出版商联合起来向英国议会申请版权保护。

1709年1月19日,英国议会下院有人提出一项法案,要求在该法案规定的时限内,将图书的复制权授予作者或作品原稿的买主,以鼓励学术创作活动。这项提案于1710年4月10日由英国议会通过,题为

《授予作者、原稿买主于法定期限内专有复制权,以鼓励学术创作法案》,由安娜女王批准实行,简称《安娜女王法》。

《安娜女王法》是世界上第一部版权法,它标志着英国版权专制独裁的终结并确立了一套民主原则:承认个人文学艺术和科学作品的作者为保护的最终受益人和源头,确立了作者有权控制和处理自己的作品,而不需要政府或其代理人事先约束和审查出版内容。它废除了封建的印刷垄断特权和原始的新闻检查制度,是版权发展史上的一次"革命"。这一法令对英国国内及世界各国后来的版权(著作权)立法产生了重大影响。自1710年的《安娜女王法》至1911年的《版权法》,前后200余年,英国议会先后通过了涉及版权(著作权)保护的法案40多个。其中比较重要的有:1735年的《保护艺术家、设计师和画家权利法》,1814年的《雕塑版权法》,1862年的《美术作品版权法》等。这些法律不仅承认了作者的著作权,而且承认了音乐、戏剧作者的表演权。从1814年起,英国把版权的保护期从14年改为28年。

(二)书商之战

尽管作者越来越多地参与出版过程,但知识产权和版权问题更受出版商和书商的关注。罗斯说文学财产问题本质上是一场商业斗争,是两个出版商之间的争斗,其核心是版权期限的限制,这对于通常直接向书商出售作品的作者来说影响不大。[①] 在1710年至1774年,英国更是爆

---

① Mark Rose. *Authors and Owners*: *The Invention of Copyright*. Cambridge,Harvard University Press,1993:20.

发了长时间的书商之战，书业协会对于独立的出版商进行一系列的法律诉讼，要求政府和法院禁止其他出版商印刷他们享有出版权的作品，这在版权法的历史上意义深远。

亚历山大·唐纳森（Alexander Donaldson，约 1727—1794 年）是苏格兰的印刷商、出版商和书商。1748 年，他在爱丁堡建立了一家书店，后来又涉足一些印刷业务。他因印刷出版了数千册詹姆斯·汤姆森所著的诗歌集《季节》，并提供更加便宜的价格而被当时的出版商贝克特诉至法庭。但唐纳森认为依照《安娜女王法》这些作品的版权已经过期。他不服从法庭的裁决禁令，并一直上诉到贵族院。这就是著名的唐纳森诉贝克特案。

在唐纳森诉贝克特的诉讼过程中，双方提出了各自的理论和主张，法院也重新审视了《安娜女王法》的意义，最后法院决定支持唐纳森。书商之战使得法院得以参与到最初版权法的意义构建过程中，此后，法院在版权法的发展中起到了不可替代的作用。法院直接面临争议和对抗双方，因此必须注重让版权的概念为人们所理解和接受，确立版权的正当性基础及合理的界限。正是法院的努力，明确了版权保护具有期限，没有永久版权，才使得版权法的意义不断得到丰富和深化。

(三) 其他国家的版权立法

继英国制定了世界上第一部版权法后，其他西方国家在 18 世纪至 19 世纪也相继订立了保护版权的法律，版权法逐渐在世界范围内流行起来。

在卢梭、孟德斯鸠等人的先进思想推动下，1789 年，法国发生了资产阶级革命，要求废除封建特权、实现自由竞争的资产阶级提出了

"天赋人权"的口号。"天赋人权"的思想使欧洲的著作权观念又有新的发展，如受卢梭思想影响较深的德国哲学家康德认为：作品不是一般的商品，作品是人格化的商品，从某种意义上说，是作者的延伸，是作者人格的反映。版权中人格权应与财产权等量齐观，甚至比财产权更为重要。这就是"著作权—人权"理论的起源。

法国在 1791 年颁布了《表演法令》，1793 年颁布了《复制法令》。这两部法律基础是承认作者有控制其创作的自然权利。法律认为作品不仅仅是作者的财产权利，而且享有人身权，版权的期限与作者的生命息息相关。关于制定《表演法令》的提案曾十分明确地指出："在所有财产中，最神圣和最能体现人格的莫过于作者的作品，即作者的智力成果。"《表演法令》规定：未经作者本人正式书面授权，不得在法国境内的任何公共剧场演出他的作品，如有违反，演出收入全部没收。该法令还规定，作者去世 5 年之内，其继承人或权利受让人是作品的产权的享有者。《复制法令》规定：作者对其作品享有复制、发行或授权他人复制、发行的专有权，作者死后，此项权利可由继承人或权利受让人享有 10 年。

德国巴伐利亚州在 1865 年颁布的版权法名为《关于保护文学艺术作者权法》，在立法中直接使用"作者权"的概念，明确提出著作权的受益者是创作作品的作者，进一步发展了版权理论。

二、从国际图书交易到世界版权贸易

(一)古代国家间的图书交换

古代尽管各个国家地区相继出现图书贸易，甚至形成了一些小的图书市场，例如中国汉代由政府管理的槐市，古希腊、古罗马时期出现的流动书摊等，但从严格意义上来说，这个时期书籍并不是作为一种商品在不同国家中流通，而是作为主要记载着政治、宗教和文化文献的书籍，在传播中也承载着一定的社会历史意义。以中国为例，古代国家间的图书交换主要有下列情形。

1. 古代外交中的重要工具

中国作为四大文明古国，是唯一完整地承续至今的文明。在封建时期作为东方大国的中国，吸引了一些周边国家。日本在隋唐时期便多次派遣使者来华访问，其中，书籍作为中国文化的重要载体，被广泛赠予包括日本在内的他国。宋元时期，高丽经常遣派使者来宋请求典籍，宋朝为了彰显国力会颁旨赠书。①

2. 作为传播宗教的主要手段

西汉末年，佛经从印度传入中国，《三国志·魏书·乌丸鲜卑东夷传》篇末裴松之注引鱼豢的《魏略·西戎传》说："昔汉哀帝元寿元年（公元前2年），博士弟子景卢受大月氏王使伊存口受《浮屠经》，日复立者，其人也。"唐代以后，越来越多的僧侣开始进行印度佛经的搜集、复制、翻译等工作，成为中国古代图书交换的重要方式。元代之后，西方传教士来华传教，不仅带来了《圣经》等宗教性书籍，还通过其他类型的书籍给中国带来了西方的文化和科技。

(二)近代国际的图书交易

15世纪古腾堡印刷术的发明降低了图书制作的成本，在16～17世

---

① 李明杰：《中国出版史·上册》，长沙，湖南大学出版社，2008，第342页。

纪的欧洲，书籍成为大众化的商品，涌现了大批印刷商和书商，推动了图书的贸易和流通。例如，荷兰著名的爱思唯尔出版公司（Elseviers）在16世纪成立，出版了很多价格低廉的学术书籍和经典文献，并通过航运的方式在欧洲和地中海地区贸易和流通。荷兰的贸易和商业也帮助它成为欧洲识字率最高的国家，扩大了政治和宗教小册子、年鉴、报纸、歌本、会徽书和通俗文学的市场。那是一次伟大的航程，自然科学和历史类出版物，包括各种各样的地图的传播都是那时国际图书交易的主要内容。

(三)现代世界范围的版权贸易

到19世纪末，书籍在全球范围内销售。虽然有些国家和地区仍然存在比较严重的版权问题，但基本的共识是：书籍应该在全球范围内流通，读者应该是世界性的。

爱德华·佩瑟里克是澳大利亚人。在为书商和买家工作之后，他认识到需要一个关于书籍销售的全球视角。1887年，他建立了殖民书商署。虽然公司于1894年破产，但他的工作奠定了国际书商合作的基础。

20世纪以来，国际版权贸易正式成为国际图书市场最重要的贸易方式。国际版权贸易的出现得益于三个方面：一是全球化进程使图书贸易成为国际经济、文化交流的重要方式；二是国际版权协议的制定对国际版权贸易进行了法律层面的规范；三是国际书展的举办为世界图书国际贸易洽谈提供了良好的契机和场合。

国际书展是目前世界进行版权贸易的重要场所，每个月几乎都有不同国家举办大规模的国际书展，其中，最著名的书展有德国法兰克福书展、英国伦敦书展、美国书展等。在书展中，来自不同国家和地区的出版商聚集在一起，进行版权贸易的商务洽谈和合作。在国际书展上，各出版商都会把即将出版的样书和最近出版的新书展示出来，并制成书目，以引起不同出版商的注意。虽然，国与国之间的版权交易业务一般是由版权业务人员通过传真、函信、国际旅行、面谈后商榷的，但许多出版公司、书商乐意在书展中签订版权交易协议，因为在书展中能够结识更多其他外国同仁，把本公司的版权卖给更多的国家。与此同时，如发现国外出版的新书、好书，也能迅速地将其版权买到手，提高出版发行效率。

此外，前来参加书展的还有一些国家的文学代理人，在书展设立的"文学代理人中心"聚会，相互推荐各自代理的文学书稿，使一些还未脱稿或业已脱稿的手稿，在海外寻找出版公司。这种方式能够使书稿作者除在本国出版获得版税外，还可从海外出版公司那里得到国外版或翻译版的版税。

法兰克福图书博览会是德国出版商与书商联合会于1949年开始举办的大型书展，每年10月举办，以促进出版业和图书市场的发展，在20世纪80年代取得优势和国际名望。现在，法兰克福书展是世界上最大的版权贸易市场，每年有来自120多个国家的7300余家参展商、近30万观众参加这一国际盛会。

在中国，最大规模的书展是北京国际图书博览会，现已开办了30届。北京国际图书博览会有来自100多个国家和地区的2600多家出版商参展，包括国外众多大型出版商、国内各省市出版社和其他独立出版社。近年来大多数国内大型出版集团和知名出版社也逐渐投入国际版权贸易市场中，北京国际图书博览会专门举办了众多出版活动和会议促进版权贸易深度开展。

此外，每年4月在意大利举办的"博洛尼亚儿童图书博览会"是世界上最大的儿童书展，因此也是各国出版商的版权业务人员聚会和洽谈版权交易的又一重要场所，其业务主要是儿童图书和插画。

三、具有普遍效力的国际版权法

19世纪，许多国家相继按照英、美模式（著作权—财产权理论），或法德模式（著作权—人权理论）制定了著作权法，并逐步建立了双边或多边的著作权协定。1886年，《保护文学和艺术作品伯尔尼公约》的签订，标志着现代著作权概念的确立，推动了现代著作权制度在世界范围的建立和发展。

(一)《保护文学和艺术作品伯尔尼公约》

19世纪，以小说为代表的文学艺术作品在世界范围内广泛流行，版权的国际保护逐渐提上了日程，并日益受到人们的重视。在此背景下，1878年，雨果在巴黎主持召开了一场重要的文学大会，会上成立了国际文学艺术学会。随后，该协会起草了一份国际公约草案提交给瑞士政府，以供各国参考。最终，瑞士政府于1886年在伯尔尼举行的第三次文学艺术大会中通过该草案，并定名为《保护文学和艺术作品伯尔尼公约》(Berne Convention for the Protection of Literary and Artistic Works)，简称《伯尔尼公约》。这是世界上第一个国际版权公约，我国于1992年正式加入其中。

《伯尔尼公约》受大陆法系影响较深，公约宗旨为尽可能有效和尽可能一致地保护作者对其文学艺术作品所享有的权利。公约从结构上分正文和附件两部分，从内容上分实质性条款和组织管理性条款两部分。正文共 38 条，其中前 21 条和附件为实质性条款，正文后 17 条为组织管理性条款。该公约的规定比较具体、详细，规定作品享有版权不依赖于任何手续（如注册登记、缴纳样本等），保护期也比较长。《伯尔尼公约》以国民待遇原则、自动保护原则和独立保护原则为基本原则。

(二)《世界版权公约》

《世界版权公约》(Universal Copyright Convention)是继《伯尔尼公约》后的又一国际性的著作权公约。其于 1955 年 9 月 16 日生效，1971 年在巴黎修订。我国于 1992 年正式加入该公约。

该公约由联合国教科文组织负责筹备管理，其所规定的保护水平主要反映在其对缔约国国内法的最低要求上。它的条文内容并不像《伯尔尼公约》那样详细，而是比较笼统。该公约的最低要求可以归纳为六点。

第一，国民待遇原则。其国民待遇原则同样兼顾作者国籍与作品国籍。其内容可归纳如下：成员国国民的已出版作品，不论在何地出版，均在各成员国内享有该国国民已出版的作品同等的保护；凡在成员国中首次出版第一版的作品，不论作者是否系成员国国民，均享有各成员国给予本国国民已出版的作品同样的保护；成员国国民的未出版的作品，在每个成员国中均享有该国给予本国国民未出版的作品同样的保护。

第二，非自动保护原则。即必须在作品中加注"版权保留"标记，方可予以保护。

第三，受保护作品范围。该公约并未详细列举其保护客体，而是较为笼统、概括地列举了几种文学艺术形式作为参考，其主要交由各缔约国自行决定保护范围。这样有利于一些保护范围较窄且刚刚建立版权保护制度的发展中国家加入该公约。

第四，经济权利。《世界版权公约》要求各缔约国所必须保护的经济权利只有四项：复制权、公演权、广播权及翻译权。并且公约没有对精神权利的保护做出规定，只是在针对发展中国家的优惠条款中含有禁止篡改他人作品，以及作者有权收回已进入市场的作品等相当于保护精神权利的规定。

第五，保护期。原则上，受公约保护的作品保护期不应少于作者有生之年及其死后的 25 年。

第六，无追溯力规定。公约并未明确承认作者的身份权，不具有追溯力。

(三)《马拉喀什条约》

《马拉喀什条约》(The Marrakesh Treaty)，全称为《关于为盲人、视力障碍者或其他印刷品阅读障碍者获得已出版作品提供便利的马拉喀什条约》，于 2013 年 6 月 27 日在摩洛哥的马拉喀什通过，并于 2016 年 9 月 30 日正式生效。它旨在促进盲人、视力受损者或其他残障人士获读已出版的作品。该条约现在是世界知识产权组织所管辖的国际版权条约的最新组成部分。该条约在促进人道主义和社会发展方面有着重要意义，其主要目标是为视觉障碍者及其他印刷品阅读障碍人士制定一套可供遵循的强制性制度规范。

它要求各缔约方为版权制度设计一套标准规则,以便于复制、发行并且以印刷品阅读障碍人士可接受的方式制作出版物。此外它还允许那些旨在服务残障人士的组织跨国使用这些作品。

该条约明确指出,其受益者是那些由于一系列障碍而无法有效阅读印刷物的残障人士,其广泛包括失明人士、视力障碍人士以及其他因身体残疾而无法操作书籍的人士。其对于作品的定义是"以文字、符号或相关插图形式出版,且不论是以任何媒体形式公开发表或以其他方式公开发表的作品",包括音频、书籍等,均在此条约的规定范围内。

(四)《与贸易有关的知识产权协议》

《与贸易有关的知识产权协议》,简称《知识产权协定》,是世界贸易组织体系下的多边贸易协定。该协定于1994年4月15日由各国代表在摩洛哥的马拉喀什签字,并于1995年1月1日起生效,可以说是当前世界范围内知识产权保护领域中涉及面广、保护水平高、保护力度大、制约力强的一个国际公约。该协议不仅是保护知识产权的一个公约,而且是将知识产权保护纳入世界贸易组织体制的法律根据。

该协议分为序言和七个部分,共有73个条文。协议规定,各成员政府必须承担根据国内的法律提供程序和方法的义务,以确保外国的产权所有人切实得到国民待遇。协议所说的"知识产权"包括:著作权与邻接权;商标权;地理标志权;工业品外观设计权;专利权;集成电路布线图设计权;未披露的信息专有权。

该协议具有三个突出特点。

第一,它是第一个涵盖了绝大多数知识产权类型的多边条约,既包括实体性规定，也包括程序性规定。这些规定构成了世界贸易组织成员必须达到的最低标准，除了在个别问题上允许最不发达国家延缓施行之外，所有成员均不得有任何保留。这样，该协议就全方位地提高了全世界知识产权保护的水准。

第二，它是第一个对知识产权执法标准及执法程序作出规范的条约，对侵犯知识产权行为的民事责任、刑事责任以及保护知识产权的边境措施、临时措施等都作了明确规定。

第三，它引入了世界贸易组织的争端解决机制，用于解决各成员之间产生的知识产权纠纷。过去的知识产权国际条约对参加国在立法或执法上违反条约并无相应的制裁条款，协议则将违反协议规定直接与单边及多边经济制裁挂钩。

(五)"世界知识产权组织互联网条约"

1996年12月，世界知识产权组织缔结了两部新条约，分别是《世界知识产权组织版权条约》和《世界知识产权组织表演和录音制品条约》。这两部条约在数字化技术飞速发展的时代诞生，其主要目的便是将版权保护带入数字时代，对数字技术的迅速发展做出反应。因此这两部条约也被称为"世界知识产权组织互联网条约"。

《世界知识产权组织版权条约》属于《伯尔尼公约》所称的特别协议，涉及数字环境中对作品和作品作者的保护。任何缔约方均须遵守《保护文学和艺术作品伯尔尼公约》文本的实质性规定。此外，该条约还提及受版权保护的两个客体：一是计算机程序，无论其表达方式或表达形式如何；二是数据或其他资料的汇编（"数据库"），无论采用任何形式，只要由于其内容的选择或编排构成智力创作（如果数据库不构成智力创作，则不在该条约范围之内）。在授予作者的权利方面，除了《伯尔尼公约》承认的权利以外，该条约还授予三种权利：发行权，出租权，扩大的向公众传播的权利。

《世界知识产权组织表演和录音制品条约》涉及两种受益人的知识产权，特别是在数字环境中的知识产权：①表演者（演员、歌唱家、音乐家等）；②录音制品制作者（最先将声音录制下来并负有责任的自然人或法人）。这些权利之所以在同一份条约中处理，是因为由该条约授予表演者的大部分权利都是与其录制的、纯粹有声的表演（即录音制品中的内容）相关的权利。该条约还规定表演者享有精神权利，即要求承认其系表演者的权利，以及反对任何有损表演者名声的歪曲、篡改或其他修改的权利。

两部条约均要求各国提供一个基本的权利框架，以使创作者能够因他人以各种方式使用其作品而得到补偿。最具意义的是，这两部条约真正确保了当作品通过数字技术进行传播复制时，将继续受到同样的保护。此外，这两部条约还开辟了新的领域，要求各国不仅对权利本身做出规定，而且还对附于这些权利上的两类技术附件做出规定。第一类是该条约要求缔约各方必须规定法律补救办法，制止规避由作者为行使其权利而使用的技术措施（如加密码）；第二类是制止去除或改变为对其权利进行管理（例如，发放许可、收取和分配版税）所必需的信息，诸如辨认作品或作品的作者身份的某些数据（"权利管理信息"）。

参考文献

一、报刊类

[1] 埃玛努埃尔·阿纳蒂，威丽斯. 岩画类型学[J]. 南方文物，2019(2).

[2] 半夏. 泥巴上的辉煌[J]. 出版广角，2013(11).

[3] 本刊记者. 两次殷墟甲骨发掘的亲历者——刘一曼先生访谈[J]. 中国书法，2019(23).

[4] 陈昌凤，霍婕. 澳大利亚纸媒的数字化生存[J]. 新闻战线，2017(3).

[5] 陈丹，周红. 德国双元制教育模式对我国数字出版人才培养的启示[J]. 科技与出版，2010(12).

[6] 陈建明. 2018年日本出版业发展状况分析[J]. 出版发行研究，2019(8).

[7] 陈金锋. 媒介与权力：詹姆斯一世时期的印刷媒介管制[J]. 济南大学学报(社会科学版)，2014(4).

[8] 陈绍怀，叶耀增，曹国辉. 盲文与盲文出版事业[J]. 中国残疾人，2008(1).

[9] 陈兆复.《中国岩画全集》序[J]. 中央民族大学学报，1994(3).

[10] 冯天瑜. 中国古文化的伦理型特征[J]. 新华文摘，1986(6).

[11] 傅志毅. 非洲史前岩画的世俗性审美初探[J]. 西南民族学院学报（哲学社会科学版），2002(4).

[12] 高珑. 美国数字阅读现状及数字出版趋势分析[J]. 出版广角，2015(10).

[13] 高明. 论陶符兼谈汉字的起源[J]. 北京大学学报（哲学社会科学版），1984(6).

[14] 高书生. 探寻数字出版的载体[J]. 出版参考，2010(1).

[15] 龚刃韧. 马克思新闻出版自由经典理论之重温[J]. 法学，2010(7).

[16] 郭沫若. 古代文字之辩证的发展[J]. 考古学报，1972(1).

[17] 郭平兴，张志强. 论中国印刷史研究的现状及其重构的基点[J]. 河南大学学报（社会科学版），2016(2).

[18] 郝婷，黄先蓉. 德国数字出版法律制度的现状与趋势[J]. 出版科学．2013(1).

[19] 郝振省. 出版史研究的新视角[J]. 出版发行研究，2017(10).

[20] 何林英. 试论隶书的笔画形态和演变路径[J]. 汉字文化，2017(1).

[21] 侯霞. 甲骨文与玛雅文象形字取象方式比较[J]. 中国海洋大学学报（社会科学版），2010(3).

[22] 胡建升. 石鼓文的物质文化与神话图像研究[J]. 民族艺术，2013(2).

[23] 胡维友. 输出设备介绍：脱机直接制版技术（CTP）[J]. 印刷世界，2006(1).

[24] 胡新宇. 法国数字出版业的现状、发展策略及其启示[J]. 科技与出版，2016(2).

[25] 胡郁. 结合脑科学实现人工智能突破的可能性[J]. 中国科学：生命科学，2016(2).

[26] 胡媛媛，苏金成. 佛经版画起源及其发展过程[J]. 美术学报，2013(2).

[27] 黄赞雄. 中国古代丝绸文化的历史地位[J]. 浙江丝绸工学院学报，1993(3).

[28] 辉. 中国盲文出版社历史简述[J]. 出版史料，2007(4).

[29] 慧超. 论甲骨占卜的发展历程及卜骨特点[J]. 华夏考古，2006(1).

[30] 姜为. 中国壁画发展历程述评[J]. 边疆经济与文化，2009(5).

[31] 姜晓娟. 印度出版业发展状况[J]. 出版发行研究，2005(2).

[32] 蒋娟，吴燕. 出版业形态的有益补充：中国有声书发展研究[J]. 中国编辑，2017(10).

[33] 景翠宁，康晓兵. CTP技术及其应用现状和前景[J]. 包装工程，2007(7).

[34] 孔正毅. 关于编辑出版学科名称的若干思考[J]. 中国出版，2006(12).

[35] 赖睿. 宣纸：历久弥新　古韵犹存[N]. 人民日报（海外版），2011-05-27.

[36] 兰小平. 浅谈古代碑刻的拓印技法[J]. 文物世界，2007(2).

[37] 李斌. 印度数字出版的勃兴与启示[J]. 出版科学，2017(1).

[38] 李零. 简帛古书的整理与研究[J]. 中国典籍与文化，2003(4).

[39] 李明霞，耿立宏，王闰强. 基于云计算的数字出版的发展优势的探讨[J]. 信息与电脑（理论版），2017(22).

[40] 李频. 论出版学的核心与边界[J]. 陕西师范大学学报（哲学社会科学版），2009(4).

[41] 李晓菲. 试比较中西雕版印刷文化的差异[J]. 探索与交流，2005(3).

[42] 李义民，刘礼聪. 阴阳八卦起源新论——"阴阳"作为中国哲学起点的证明[J]. 九江学院学报，2008(2).

[43] 李英. 中华出版源起[J]. 出版参考，2014(21).

[44] 李钟国. 韩国出版教育考察[J]. 出版发行研究，2000(3).

[45] 林溪. 从手抄新闻到印刷新闻：浅谈欧洲新闻传播方式的早期进化[J]. 新闻战线，1984(12).

[46] 令狐若明. 古埃及文字及其影响[J]. 世界历史，2000(5).

[47] 刘果. 对于编辑史、出版史研究的一点想法[J]. 中国出版，1999(6).

[48] 刘丽华. 印度的学位与研究生教育[J]. 中国研究生，2005(4).

[49] 刘仁庆. 中国造纸术的西传[J]. 中华纸业，2008(9).

[50] 刘文鹏，张晔. 1989—1999年埃及考古学的新发现[J]. 世界历

史，2001(2).

[51] 刘忠波，李贞玉. 韩国数字出版产业发展的战略布局与实施方式[J]. 出版科学，2017(5).

[52] 陆利坤，游新冬. 大数据技术在出版行业中的应用研究[J]. 出版科学，2017(6).

[53] 罗建平. 西方古文明与拉丁语的兴亡——政治与语言的关系研究[J]. 海外英语，2011(3).

[54] 罗立群. 编辑出版学学科归属与课程设置[J]. 中国出版，2013(20).

[55] 罗勇. 浅析日韩出版教育对我国出版教育的启示[J]. 新闻前哨，2019(11).

[56] 马东方. 出版学的学科分析[J]. 科技传播，2015(23).

[57] 马海群，王迎胜. 俄罗斯的编辑出版学专业高等教育及对我们的启示[J]. 出版发行研究，2005(5).

[58] 马建平. 编辑出版学学科建设现状、问题与突围[J]. 三峡论坛，2017(3).

[59] 孟凡淇. 云存储与传统海量数据存储技术的比较[J]. 信息通信，2014(9).

[60] 倪晋波. 秦系文字的时间序列与石鼓文的勒制年代[J]. 扬州大学学报(人文社会科学版)，2010(2).

[61] 聂震宁. 出版学应该成为一级学科的五个理由[J]. 现代出版，2020(3).

[62] 聂震宁. 新时代：阅读与出版共生发展[J]. 编辑之友，2020(4).

[63] 宁永彦. 泥板·纸草·羊皮纸：古代世界几种书写材料[J]. 中学历史教学参考，1995(12).

[64] 乔吉，乌力吉. 关于德国出版的桦树皮蒙文文献：兼评《蒙古科学院收藏的从哈剌布罕·巴尔嘎松发现的桦树皮文献》一书[J]. 蒙古学信息，2001(3).

[65] 裘锡圭. 关于石鼓文的时代问题[J]. 传统文化与现代化，1995(1).

[66] 施佳佳. 数字出版时代我国有声书发展的新契机[J]. 现代视听，2015(3).

[67] 舒天. 基督教与中世纪的西方文学发展[J]. 国外文学，1993(3).

[68] 宋原放. 迫切需要建立社会主义出版学[J]. 出版工作，1984(1).

[69] 苏化颖. 世界第一本塑料书在中国印刷[J]. 丝网印刷，2006(4).

[70] 孙宝国，郭丹彤. 论纸莎草纸的兴衰及其历史影响[J]. 史学集刊，2005(3).

[71] 孙玉玲. 智慧城市建设背景下的数字出版企业转型[J]. 出版发行研究，2016(3).

[72] 田建平，黄丽欣. 出版学学科属性新探[J]. 河北大学学报（哲学社会科学版），2008(1).

[73] 万安伦，曹楚，周家翠. 阿基米德FM有声书场景建构的得失思考[J]. 科技与出版，2018(10).

[74] 万安伦，曹晶晶，曹继华. 对出版学科理论逻辑和结构范式的思考[J]. 出版发行研究，2018(4).

[75] 万安伦，崔潇宇，刘苏. 论汉文版式竖排转横的历史动因及影

响[J]. 现代出版，2018(5).

[76] 万安伦，胡晓，王剑飞. 论5G时代虚拟出版的发展进路与盈利模式[J]. 出版科学，2020(1).

[77] 万安伦，黄婧雯，曹培培. 对出版和出版学科的再认识[J]. 出版科学，2021(2).

[78] 万安伦，刘浩冰. 论虚拟出版时代编辑出版教育的学术逻辑和实践路径[J]. 出版广角，2020(2).

[79] 万安伦. 论人类出版的内涵、外延、阶段及风貌[J]. 出版参考，2019(1).

[80] 万安伦，王剑飞，李仪. 论中国雕版印刷术的三大源头[J]. 中国出版，2018(18).

[81] 万安伦，王剑飞，李宜飞. 出版载体视角下中外出版史分期新论[J]. 中国出版，2018(4).

[82] 万安伦，王剑飞. 虚拟出版：从技术革命到阅读场景的二重变奏[J]. 河北大学学报(哲学社会科学版)，2019(1).

[83] 万安伦，位聪聪. 论中国古代木刻版画的出版史地位[J]. 中国出版，2017(3).

[84] 王成龙. 阿拉伯文字体的起源[J]. 阿拉伯世界，1986(1).

[85] 王恩全. 中国汉字的形成及演变规律之考辨[J]. 沈阳农业大学学报(社会科学版)，2006(3).

[86] 王海燕. 中国古代帛画研究述评[J]. 艺术探索，2009(4).

[87] 王好君. 草书的起源、嬗变与书法艺术自觉[J]. 美与时代(中)，2012(6).

[88] 王骅. 版权的产生与发展述略[J]. 学术论坛, 1987(2).

[89] 王卉, 张瑞静. 人工智能技术在数字出版中的应用现状与发展趋势[J]. 出版发行研究, 2018(2).

[90] 王克荣, 邱钟(山仑), 陈远璋. 巫术文化的遗迹——广西左江岩画剖析[J]. 学术论坛, 1984(3).

[91] 王立东. 影像出版新概念[J]. 数码印刷, 2008(8).

[92] 王扬. "出版＋AR/VR": 出版行业的新机遇: AR/VR技术在出版业中的运用综述[J]. 出版广角, 2018(3).

[93] 王珍慧. 古代埃及的文明——象形文字[J]. 现代交际, 2009(12).

[94] 王振铎, 王刘纯. 由甲骨版片探编辑出版之源[J]. 编辑之友, 2001(3).

[95] 魏建国. 西方字母文字、印刷术、报纸与城市化及民主法制[J]. 史学理论研究, 2014(2).

[96] 吴祺. 20世纪最具影响力的化学家之一——贝克兰[J]. 大学化学, 2000(6).

[97] 伍振华. 知识与信息的定义及其关系新探[J]. 图书情报工作, 2003(10).

[98] 武菲菲. 人工智能技术与出版行业的融合应用[J]. 出版广角, 2018(1).

[99] 肖东发. 佛教传播与雕版印刷术的发明[J]. 编辑之友, 1990(1).

[100] 肖东发. 中国古代图书事业总体特点的分析——中国古代出版印刷史专论之十(上)[J]. 编辑之友, 1992(2).

[101] 徐健. 外国手工制作书的历史[J]. 津图学刊, 1994(4).

[102] 徐忆农. 东亚活字印刷术在世界史上的价值[J]. 新世纪图书馆，2016(11).

[103] 薛正昌. 贺兰山岩画文化[J]. 宁夏社会科学，2004(2).

[104] 杨贵山. 国际出版教育模式概览[J]. 大学出版，2000(3).

[105] 杨贵山. 美国磁带书出版业发展迅速[J]. 出版广角，2000(2).

[106] 杨金荣. 澳大利亚高等出版教育的定位、特点与启迪[J]. 中国编辑，2007(4).

[107] 杨军. 出版制度文化论析[J]. 思想战线. 2012(3).

[108] 杨楷. 数字时代"音像＋"新媒体出版探索[J]. 新媒体研究，2017(16).

[109] 叶倾城. 蜂巢意识：未来机脑互连和共享大脑或将终结个人思维[J]. 科学与现代化，2018(1).

[110] 叶燕君. 从粘土版、纸草纸到羊皮纸的书：谈谈国外历史上几种主要的文献载体[J]. 图书与情报，1988(1).

[111] 一文. 非洲美术[J]. 青苹果，2003(Z1).

[112] 殷焕良. 源远流长的中国古代桦树皮文化[J]. 草原文物，2011(2).

[113] 于学斌. 北方民族的桦树皮文化：历史学考古学民族学的会通[J]. 满语研究，2006(1).

[114] 袁敏，唐泉. 古代文明中的算法研究新进展——"古代数学史与天文学史国际会议"综述[J]. 自然辩证法通讯，2015(5).

[115] 岳占伟，岳洪彬，刘煜. 殷墟青铜器铭文的制作方法[J]. 中原文物，2012(4).

[116] 张美娟，张婷，王仕密. 媒介融合环境下日本出版高等教育现状述评[J]. 出版科学，2012(1).

[117] 张美娟，张婷，徐新. 英美出版高等教育现状述评[J]. 出版发行研究，2011(12).

[118] 张山明. 解放区印刷出版工作[J]. 出版史料，2003(1).

[119] 张淑珍. 中国录音制品出版事业八十年(1908—1987)[J]. 中国音乐学，1994(1).

[120] 张艳秋，雷蕾. 非洲出版业的历史、现状与挑战[J]. 现代出版，2016(6).

[121] 张映娣，张小慰. 我国盲文读物出版及使用回顾与思考[J]. 中国出版，2006(3).

[122] 张远帆. 从欧美的发展历程看中国有声书市场的可能性[J]. 出版广角，2016(20).

[123] 张志强. "出版学"概念的历史考察[J]. 编辑学刊，2001(2).

[124] 张志强，姚瑶. 德国大学的数字出版类课程分析[J]. 出版发行研究，2015(12).

[125] 张志强. 英美国家的出版学学科归属及对我国的启示[J]. 出版科学，2009(5).

[126] 赵沁平. 虚拟现实综述[J]. 中国科学(F辑：信息科学)，2009(1).

[127] 赵彦昌，黄娜. 简牍文书制度研究[J]. 档案学通讯，2011(2).

[128] 赵毅衡. 第三次突变：符号学必须拥抱新传媒时代[J]. 天津外国语大学学报，2016(1).

［129］甄西. 韩国的大学出版教育现状［J］. 出版参考，2009(33).

［130］郑新超. 日本扶持数字出版业发展的措施及启示［J］. 传媒，2017(1).

［131］郑也夫. 造纸术的起源［J］. 北京社会科学，2015(7).

［132］周娅. 刻写在树叶上的传承——南传佛教贝叶经的源流与特点［J］. 中国宗教，2016(4).

［133］Alison Baverstock, Jackie Steinitzs. How is the discipline of publishing studies accommodated within universities?［J］. Learned Publishing, 2014.

［134］Rinaldo Fulin, "Documenti per servire alla storia della tipografia veneziana", *Archivio Veneto*, 1882(23).

二、图书类

［1］白君. 国学公开课［M］. 成都：天地出版社，2016.

［2］白淑春，蒋银凤，白放良. 古籍装修知识及其操作技艺［M］. 银川：宁夏人民出版社，2014.

［3］北京大陆桥文化传媒，编译. 记录世界变迁的七大文字［M］. 北京：中国发展出版社，2006.

［4］曹之. 中国古代图书史［M］. 武汉：武汉大学出版社，2015.

［5］曹之. 中国古籍版本学［M］. 武汉：武汉大学出版社，2015.

［6］陈洁. 数字出版商业模式研究［M］. 北京：中国社会科学出版社. 2017.

［7］戴联斌. 从书籍史到阅读史：阅读史研究理论与方法［M］. 北京：

新星出版社，2017.

[8] 范文澜. 中国通史(第一册)[M]. 北京：人民出版社，1978.

[9] 费夫贺，马尔坦. 印刷书的诞生[M]. 李鸿志，译. 桂林：广西师范大学出版社，2006.

[10] 芬克尔斯坦，麦克利里. 书史导论[M]. 何朝晖，译. 北京：商务印书馆，2012.

[11] 弗雷德里克·巴比耶. 书籍的历史[M]. 刘阳，等译. 桂林：广西师范大学出版社，2005.

[12] 戈公振. 中国报学史[M]. 北京：中国传媒大学出版社，2016.

[13] 黑格尔. 历史哲学[M]. 王造时，谢诒征，译. 上海：商务印书馆，1937.

[14] 亨利·彼得洛斯基. 书架的故事[M]. 冯丁妮，冯速，万绍愉，译. 海口：海南出版社，2002.

[15] 侯开嘉. 中国书法史新论[M]. 上海：上海古籍出版社，2003.

[16] 黄晖. 论衡校释[M]. 北京：中华书局，1990.

[17] 黄先蓉. 出版法规及其应用[M]. 苏州：苏州大学出版社，2013.

[18] 姜越. 梦回隋唐：一本书读懂隋唐文明[M]. 北京：群言出版社，2015.

[19] 金银河. 中国包装印刷技术发展史[M]. 青岛：青岛出版社，2011.

[20] 凯利. 科技想要什么[M]. 熊祥，译. 北京：中信出版社，2011.

[21] 凯尼恩. 古希腊罗马的图书与读者[M]. 苏杰，译. 杭州：浙江大学出版社，2012.

[22] 李安山. 非洲古代王国[M], 北京：北京大学出版社，2011.

[23] 李晓东译注. 埃及历史铭文举要[M]. 北京：商务印书馆，2007.

[24] 李英. 中国彩印二千年[M]. 南昌：江西科学技术出版社，2009.

[25] 林剑鸣. 简牍概述[M]. 西安：陕西人民出版社，1984.

[26] 林文刚. 媒介环境学思想沿革与多维视野[M]. 何道宽，译，北京：北京大学出版社，2007.

[27] 令狐若明. 埃及学研究：辉煌的古埃及文明[M]. 长春：吉林大学出版社，2008.

[28] 刘凤君. 昌乐骨刻文[M]. 济南：山东画报出版社，2008.

[29] 刘行光，李志国. 印刷术[M]. 重庆：西南师范大学出版社，2014.

[30] 卢贤中. 古代刻书与古籍版本[M]. 合肥：安徽大学出版社，1995.

[31] 鲁迅全集[M]. 广州：花城出版社，2021.

[32] 陆九渊. 陆九渊集[M]. 北京：中华书局，1980.

[33] 罗伯斯比尔. 革命法制和审判[M]. 赵涵舆，译，北京：商务印书馆，1965.

[34] 罗伯特·洛根. 字母表效应：拼音文字与西方文明[M]. 何道宽，译. 上海：复旦大学出版社，2012.

[35] 马克思恩格斯选集：第2卷[M]. 北京：人民出版社，1995.

[36] 马克思恩格斯选集：第1卷[M]. 北京：人民出版社，1995.

[37] 马克思恩格斯选集：第4卷[M]. 北京：人民出版社，1995.

[38] 马如森. 殷墟甲骨学：带你走进甲骨文的世界[M]. 上海：上海大学出版社，2007.

[39] 麦克卢汉. 媒介与文明[M]. 何道宽译, 译. 北京: 机械工业出版社, 2016.

[40] 尼尔·波斯曼. 技术垄断: 文化向技术投降[M]. 何道宽, 译, 北京: 北京大学出版社, 2007.

[41] 尼古拉斯·奥斯特勒. 语言帝国: 世界语言史[M]. 章璐, 等译. 上海: 上海人民出版社, 2016.

[42] 钱存训. 书于竹帛: 中国古代的文字记录[M]. 上海: 上海书店出版社, 2003.

[43] 钱存训. 中国古代书籍纸墨及印刷术[M]. 北京: 北京图书馆出版社, 2002.

[44] 裘锡圭. 文字学概要[M]. 北京: 商务印书馆, 1988.

[45] 上海新四军历史研究会印刷印钞分会. 雕版印刷源流[M]. 北京: 印刷工业出版社, 1990.

[46] 司马迁. 史记(全10册)[M]. 北京: 中华书局, 1982.

[47] 斯大林文集(1934—1952年)[M]. 北京: 人民出版社, 1985.

[48] 斯蒂芬·伯特曼. 探寻美索不达米亚文明[M]. 秋叶, 译. 北京: 商务印书馆, 2009.

[49] 苏新平. 版画技法(上)[M]. 北京: 北京大学出版社, 2007.

[50] 特伦斯·霍克斯. 结构主义和符号学[M]. 瞿铁鹏, 译, 上海: 上海译文出版社, 1987.

[51] 万安伦, 吕建生. 数字出版导论[M]. 北京: 北京师范大学出版社, 2021.

[52] 万安伦. 数字出版研究: 运行模式与发展趋势[M]. 北京: 中国传

媒大学出版社，2017.

[53] 万安伦. 中外出版简史[M]. 北京：北京师范大学出版社，2021.

[54] 万安伦. 中外出版史[M]. 北京：高等教育出版社，2017.

[55] 万安伦. 中外出版原著选读[M]. 北京：北京师范大学出版社，2019.

[56] 王鸿雁，郑小芳，黄秋凤. 俄罗斯历史文化研究[M]. 北京：新华出版社，2015.

[57] 王婧. 大数据时代大学生道德教育研究[M]. 北京：现代教育出版社，2016.

[58] 王鸣盛编，黄曙辉点校. 十七史商榷[M]. 上海：上海书店出版社，2005.

[59] 王余光，王琴. 中国阅读通史[M]. 合肥：安徽教育出版社，2017.

[60] 王志国，李会林，车锦华. 中国书史（古代）[M]. 呼和浩特：内蒙古人民出版社，2008.

[61] 文兴吾. 科技进步与社会发展导论[M]. 成都：四川人民出版社，2016.

[62] 沃尔夫. 欧洲的觉醒[M]. 郑宇健，顾犇，译. 北京：商务印书馆，2011.

[63] 吴简易. 书籍的历史[M]. 太原：希望出版社，2008.

[64] 吴平，钱荣贵. 中国编辑思想发展史[M]. 武汉：武汉大学出版社，2014.

[65] 吴永贵. 民国图书出版史编年：1912～1949（上册）[M]. 北京：社

会科学文献出版社，2018.

[66] 吴宇虹，等. 泥板上不朽的苏美尔文明[M]. 北京：北京大学出版社，2013.

[67] 肖东发，于文. 中外出版史[M]. 北京：中国人民大学出版社，2010.

[68] 肖东发. 中国图书出版印刷史论[M]. 北京：北京大学出版社，2001.

[69] 谢灼华. 中国图书和图书馆史[M]. 武汉：武汉大学出版社，2005.

[70] 徐丽芳，刘锦宏，丛挺. 数字出版概论[M]. 北京：电子工业出版社，2013.

[71] 许必华. 遗失的印加帝国[M]. 北京：红旗出版社，2012.

[72] (汉)许慎撰. (清)段玉裁注. 说文解字注[M]. 上海：上海古籍出版社，1988.

[73] 许维遹. 吕氏春秋集释(上)[M]. 北京：中华书局，2009.

[74] 严文科. 汗青·雕版·活字：古代的印刷出版[M]. 贵阳：贵州教育出版社，2013.

[75] 于殿利. 巴比伦与亚述文明[M]. 北京：北京师范大学出版社，2013.

[76] 郁沅，张明高. 魏晋南北朝文论选[M]. 北京：人民文学出版社，1999.

[77] 张官元. 变电站视频监控系统[M]. 北京：中国电力出版社，2016.

[78] 张建琦. 包装设计[M]. 郑州：河南科学技术出版社，2007.

[79] 张树栋，等. 中华印刷通史[M]. 北京：印刷工业出版社，1999.

[80] 张煜明. 中国出版史[M]. 武汉：武汉出版社，1994.

[81] 章太炎. 国故论衡[M]. 上海：上海古籍出版社，2006.

[82] 赵晓恩. 延安出版的光辉：〈六十年出版风云散记〉续编[M]. 北京：中国书籍出版社，2001.

[83] 郑永年. 技术赋权：中国的互联网、国家与社会[M]. 北京：东方出版社，2014.

[84] 中国出版科学研究所. 出版改革与出版发展战略研究：中国出版科学研究所"八五"科研成果汇编[M]. 北京：中国书籍出版社，1998.

三、学位论文

[1] 付淑峦. 论17世纪前的欧洲媒介嬗变与传播：文明史视阈的考察[D]. 长春：东北师范大学，2015.

[2] 李振峰. 甲骨卜辞与殷商时代的文学和艺术研究[D]. 哈尔滨：哈尔滨师范大学，2012.

[3] 罗莉. 技术与电影艺术的发展[D]. 长沙：湖南师范大学，2016.

[4] 孙宝国. 18世纪以前欧洲文字传媒与社会发展研究[D]. 长春：东北师范大学，2005.

[5] 孙洪军. 日本出版产业研究[D]. 长春：吉林大学，2007.

后　记

　　古云："十年磨一剑"。继"原史"系列《中外出版史》《中外出版简史》，"原著"系列《中外出版原著选读》（中国卷、外国卷），"方法论"系列《数字出版研究》《数字出版导论》之后，这部历时十三载艰难产出的《出版学原理》终得付梓问世。至此，本人关于出版学"三原一方"（原理、原著、原史及方法论）的学科思考初步成型（"方法论"有待深入）。冀望拙著能为正在大力建设的中国特色出版学科专业建设提供一点理论参考，为中国出版学自主知识体系建构贡献一点微薄之力。

　　十三年间，我带领一茬接一茬的博士后、博士生、硕士生在开展大量基础资料收集和理论框架思考过程中，进行了无数次推倒又重来的学术讨论，大纲数易其稿，终于形成"出版本质及规律论""出版思想及理念论""出版载体论""出版符号论""出版技术论""出版活动及成就论""出版制度及版权论"七大理论版块。其底层逻辑是出版载体、出版符号、出版技术"三元素"，及由"三元素"聚合而形成的"出版活动及成就"，而"出版活动及成就"中又隐含和潜在"出版本质及规律""出版思想及理念""出版制度及版权"。这七大理论板块既是出版学的基本内涵，也是出版学研究的学术外延，此即出版学原理。

在此，我要由衷地向参与本书资料收集、内容撰写、编辑校对的刘浩冰、王剑飞、黄静雯、张小凡、曹培培、都芃等同学们表示感谢。本书既是我个人学术生涯的一个小小总结，也是我们科研团队十余年集体智慧的结晶。我深切体会到，正是这种代际相传的学术接力，让出版学的理论之树在数智时代焕发出新的蓬勃生机。

此外，我还要特别感谢北京师范大学出版集团的总编辑饶涛、策划编辑禹明超、责任编辑郭瑜等，得益于他们严谨的学术态度、专业的编校功底与高效的统筹推进，本书方能以现在面貌问世。囿于本人水平，难免错误不足，敬希批评指正。

是为后记。

万安伦

2025 年 4 月 16 日

图书在版编目（CIP）数据

出版学原理 / 万安伦著. —北京：北京师范大学出版社，2025.5
ISBN 978-7-303-28281-4

Ⅰ.①出… Ⅱ.①万… Ⅲ.①出版学 Ⅳ.①G230

中国版本图书馆 CIP 数据核字（2022）第 212297 号

营 销 中 心 电 话　010-58805385
北 京 师 范 大 学 出 版 社
主题出版与重大项目策划部

CHUBANXUE YUANLI

出版发行：北京师范大学出版社　www.bnupg.com
　　　　　北京市西城区新街口外大街 12-3 号
　　　　　邮政编码：100088

印　　刷：保定市中画美凯印刷有限公司
经　　销：全国新华书店
开　　本：730 mm×980 mm　1/16
印　　张：33
字　　数：400 千字
版　　次：2025 年 5 月第 1 版
印　　次：2025 年 5 月第 1 次印刷
定　　价：139.00 元

策划编辑：禹明超　　　　责任编辑：郭　瑜
美术编辑：王齐云　　　　装帧设计：王齐云
责任校对：张亚丽　　　　责任印制：赵　龙

版权所有　侵权必究

反盗版、侵权举报电话：010-58800697
北京读者服务部电话：010-58808104
外埠邮购电话：010-58808083
本书如有印装质量问题，请与印制管理部联系调换。
印制管理部电话：010-58808284